Studien und Materialien
zum Straf- und Maßregelvollzug

herausgegeben von
Friedrich Lösel, Gerhard Rehn und Michael Walter

BAND 6

Fernstudium im Strafvollzug

Eine empirische Untersuchung

Rainer Ommerborn
Rudolf Schuemer

Centaurus Verlag & Media UG 1999

Die Deutsche Bibliothek – CIP-Einheitsaufnahme

Ommerborn, Rainer:
Fernstudium im Strafvollzug : eine empirische Untersuchung / Rainer
Ommerborn ; Rudolf Schuemer. – Pfaffenweiler : Centaurus-Verl.-
Ges., 1999
  (Studien und Materialien zum Straf- und Maßregelvollzug ; Bd. 6)

ISBN 978-3-8255-0232-4   ISBN 978-3-86226-395-0 (eBook)
DOI 10.1007/978-3-86226-395-0

ISSN 0944-887X

Alle Rechte, insbesondere das Recht der Vervielfältigung und Verbreitung sowie der Übersetzung, vorbehalten. Kein Teil des Werkes darf in irgendeiner Form (durch Fotokopie, Mikrofilm oder ein anderes Verfahren) ohne schriftliche Genehmigung des Verlages reproduziert oder unter Verwendung elektronischer Systeme verarbeitet, vervielfältigt oder verbreitet werden.

© *CENTAURUS-Verlagsgesellschaft mit beschränkter Haftung, Pfaffenweiler 1999*

Inhaltsverzeichnis

Teil A: Fragestellung *1*

1 Einführung 3
1.1 Untersuchungsgegenstand und Zielsetzung 3
1.2 Zum Fernstudienbegriff und zum Anwendungsbereich von Fernstudium 5
1.3 Zur Struktur dieses Berichts 7
1.4 Danksagungen 8

Teil B: Zur Entwicklung eines Fernstudiums für Inhaftierte in der Bundesrepublik *9*

2 Zur Entwicklung des Fernstudiums für Inhaftierte an der FernUniversität 11
2.1 Kurzbeschreibung der FernUniversität 11
2.2 Abriß der Entwicklung eines Fernstudienangebots für Inhaftierte an der FernUniversität 12
2.3 Die Studienzentren in Geldern, Hannover und Freiburg 17
2.3.1 Das Studienzentrum in der JVA Geldern-Pont 17
2.3.2 Das Studienzentrum an der JVA Hannover 19
2.3.3 Das Studienzentrum in der JVA Freiburg 21
2.3.4 Bemühungen zur Verbesserung der Studiensituation weiblicher inhaftierter Studierender der FernUniversität 22
2.4 Zur Rolle der Mentoren bei der Beratung und Betreuung inhaftierter Studieninteressenten und Studierender 23
2.5 Zur Nutzung von PCs bei einem „Studium in Haft" 25

3 Erfahrungen mit Fernstudium für Inhaftierte in der Bundesrepublik Deutschland ... 26
3.1 Fernunterrichtserfahrungen in Gefängnissen 26
3.2 Erfahrungen an der FernUniversität 30
3.3 Angebote der türkischen Anadolu Universität für die türkisch-stämmige Bevölkerung in Westeuropa 37

Teil C: Befragung inhaftierter Studierender an der FernUniversität *39*

4 Methodik und Durchführung der Befragung 41
4.1 Untersuchungsplan 41
4.2 Entwicklung und Erprobung des Fragebogens 42
4.2.1 Erstellung einer Liste von Befragungsthemen und Fragebogenentwurf 42
4.2.2 Diskussion des Entwurfs mit Experten 49
4.2.3 Erprobung des Entwurfs bei Betroffenen und weitere Revision des Fragebogens 49
4.3 Probleme der Erreichbarkeit der Zielpopulation und Bestimmung der Untersuchungsgruppe 50
4.3.1 Zur vermuteten Anzahl der inhaftierten Studierenden an der FernUniversität 50
4.3.2 Zur Erreichung der Zielgruppe 51
4.4 Erhebungszeitpunkte 52
4.5 Rücklauf 53
4.6 Hinweis zur Auswertung 54

5 Ergebnisse der Befragung von inhaftierten Studierenden der FernUniversität 55
5.1 Sozio-demographisches: Alter, Geschlecht und Staatsbürgerschaft 55
5.2 Schul- und Berufsausbildung 56
5.3 Letzter ausgeübter Beruf und angestrebter Beruf nach der Entlassung 59
5.4 Familienverhältnisse sowie Kontakte zur Familie und zu Bezugspersonen außerhalb der JVA (ohne studienbezogene Kontakte) 60

5.5	Haft-Situation	61
5.6	Verhältnis zu den Mitgefangenen und vermutete Einstellung des Vollzugspersonals zum Studium	68
5.7	Quellen der Informationen über Studiermöglichkeiten	70
5.8	Studienmotive	71
5.9	Hörerstatus, Fachwahl und angestrebter Abschluß	74
5.10	Förderung und Unterstützung für das Studium	78
5.11	Studienbezogene Kontakte	82
5.12	Teilnahme an Kurs-Abschlußklausuren und Teilnahme an Zwischenprüfungen	86
5.13	Bewertung des Studiums, Studienzufriedenheit und Studienprobleme	88

Teil D: Ausländische Erfahrungen mit Fernstudium für Inhaftierte (Institutionenerhebung) 117

6	Methodik der Institutionenerhebung	119
6.1	Informationsquellen	119
6.2	Methodik und Durchführung der Institutionenbefragung	120
6.2.1	Entwicklung des Fragebogens	120
6.2.2	Auswahl der Fernlehreinrichtungen	121
6.2.3	Fragebogenversand und Rücklauf	122
6.3	Hinweis zur Auswertung	123
7	Ergebnisse der Institutionenerhebung	124
7.1	Einige institutionen-übergreifende Trends aus der Institutionenbefragung	124
7.2	Darstellung zu einzelnen Institutionen - nach Erdteilen und Ländern geordnet	132
7.2.1	Europa	132
7.2.1.1	Großbritannien	132
7.2.1.2	Norwegen	136
7.2.1.3	Schweden	137
7.2.1.4	Finnland	138
7.2.1.5	Dänemark	140
7.2.1.6	Niederlande	140
7.2.1.7	Belgien	141
7.2.1.8	Frankreich	142
7.2.1.9	Schweiz	143
7.2.1.10	Österreich	143
7.2.1.11	Spanien	144
7.2.1.12	Griechenland	145
7.2.1.13	Hinweise zu weiteren europäischen Ländern	146
7.2.2	Asien	147
7.2.2.1	Israel	147
7.2.2.2	Hong Kong	147
7.2.2.3	Thailand	148
7.2.3	Australien (einschl. Ozeanien)	149
7.2.3.1	Australien	149
7.2.3.2	Neuseeland	152
7.2.3.3	Papua Neuguinea	153
7.2.4	Afrika	153
7.2.4.1	Sambia	153
7.2.4.2	Südafrika	153
7.2.5	Nordamerika	154
7.2.5.1	Kanada	154
7.2.5.2	Vereinigte Staaten von Amerika (USA)	161
7.2.6	Mittel- und Südamerika	166
7.2.6.1	Mexiko	166

7.2.6.2 Kolumbien 166
7.3 Abschließende Bemerkung zum Grad der Anpassung der Institutionen
    an die Gruppe inhaftierter Studierender 167

Teil E: Empfehlungen zur Weiterentwicklung eines Fernstudiums für Inhaftierte 171

8   Schlußfolgerungen und Empfehlungen 173
8.1   Empfehlungen für konkrete Maßnahmen der FernUniversität 173
8.2   Ausblick 184

Literatur 193

Anhang 203

A-1.4   Dankesliste
A-4.2   Fragebogen für inhaftierte Studierende der FernUniversität
A-6.2.1 Fragebogen für die Institutionenerhebung
A-6.2.2 Liste der Institutionen, an die der Fragebogen zur Institutionenerhebung versandt
         wurde
A-7.1   Liste der Institutionen, die einen ausgefüllten Fragebogen einsandten

Teil A:

Fragestellung

1 Einführung

Bildungsmaßnahmen für Inhaftierte gehören zu den unverzichtbaren Instrumenten des Strafvollzugs bei dem Bemühen, Gefangene in die Lage zu versetzen, „künftig in sozialer Verantwortung ein Leben ohne Straftaten zu führen" (§2 StVollzG).
In den Justizvollzugsanstalten der Bundesrepublik Deutschland werden dementsprechend von den Pädagogischen Diensten vielfältige Bildungs- und Ausbildungsmaßnahmen durchgeführt (u.a.: Angebote zum Nachholen schulischer Abschlüsse; Angebote zur beruflichen Aus- oder Fortbildung in den verschiedensten Berufssparten). Diese (Aus-) Bildungsmaßnahmen werden in Schulen oder Ausbildungszentren in den Justizvollzugsanstalten von Mitarbeitern der Pädagogischen Dienste durchgeführt.[1]

Wenn bestimmte Ausbildungsmöglichkeiten in der jeweiligen Haftanstalt nicht vorhanden sind, kann Inhaftierten zudem unter bestimmten Bedingungen gestattet werden, an Fernlehrmaßnahmen teilzunehmen. So haben viele Inhaftierte Angebote von Fernlehrinstituten genutzt, um sich auf die Zeit nach ihrer Entlassung vorzubereiten; einige der traditionellen Anbieter von Fernunterricht haben von Zeit zu Zeit inhaftierte Teilnehmer an ihren Kursen durch Stipendienprogramme unterstützt (Näheres s.u.: Kap. 2).

Seit Gründung der FernUniversität haben Inhaftierte zudem die Möglichkeit, ein (universitäres) „Fernstudium in Haft" zu absolvieren. Die vorliegende Schrift befaßt sich mit diesem Angebot eines „Fernstudiums in Haft" und den damit gewonnenen Erfahrungen; es wird über zwei empirische Untersuchungen berichtet, die Möglichkeiten zur Optimierung dieses Angebots aufzeigen sollten.

1.1 Untersuchungsgegenstand und Zielsetzung

Fernunterricht bzw. -lehre ermöglicht den Lernern ein Lernen bzw. ein Studium, das nicht an bestimmte Ausbildungsorte oder -zeiten (wie bei den traditionellen Präsenzeinrichtungen) gebunden ist, und eignet sich daher insbesondere auch für Gruppen, die - aus welchen Gründen auch immer - nicht dazu in der Lage oder bereit sind, orts- und zeitgebundene (Aus-) Bildungsangebote wahrzunehmen, die aber auch nicht - wie bei einem reinen Selbststudium - auf eine Unterweisung durch geschultes Lehrpersonal verzichten wollen (vgl. Holmberg 1977, p. 9, und Holmberg 1985, p. 1; Näheres zum Fernstudienbegriff s.u. Abschn. 1.2).

Zum Auftrag der 1974 gegründeteten FernUniversität gehört es (vgl. Peters 1976; Rau 1976; vgl. ferner Kramme 1996), Bildungschancen und Studiermöglichkeiten für solche Gruppen zu eröffnen, die wegen der mit den Präsenzformen der Lehre einhergehenden Restriktionen hinsichtlich Zeit und Ort keine oder nur geringe Chancen haben, das Bildungsangebot traditioneller Präsenzuniversitäten zu nutzen; zu diesen Gruppen gehören u.a.:

- Berufstätige, die ein "Studium neben dem Beruf" (zu Aus- oder Weiterbildungszwecken) absolvieren möchten;
- Alleinerziehende (zumeist Mütter) mit kleineren, zu versorgenden Kindern oder Personen, die pflegebedürftige Angehörige zu versorgen haben;
- Angehörige der Bundeswehr und Zivildienstleistende;
- Senioren;
- Behinderte und chronisch Kranke; sowie auch
- Inhaftierte.

Während aber zumindest für einige der genannten Gruppen Material und Untersuchungsbefunde vorliegen (so z.B. zur Studiensituation von Frauen an der FernUniversität - s. z.B. von Prümmer & Rossié 1989, 1990; von Prümmer 1997; oder zur Situation behinderter Fernstudierender - s. insbes. Ommerborn 1995a; oder zu Grundwehrdienst- und Zivildienstleistenden

---

[1] Diese Aussage gilt für Inhaftierte im geschlossenen Vollzug; beim offenen Vollzug ist auch eine Teilnahme an (Aus-) Bildungsmaßnahmen außerhalb der Haftanstalten möglich.

Teil A

im Fernstudium - s. Ommerborn & Tilly 1993), ist nur relativ wenig über die Studiensituation und die Studienbedingungen inhaftierter Studierender bekannt. (Es liegen zwar einige Erfahrungsberichte vor, und es wurden auch zwei kleinere Befragungsaktionen bei inhaftierten Fernstudierenden durchgeführt - Näheres dazu s.u. Kap. 3 -; es fehlen aber systematischere empirische Untersuchungen größeren Umfangs. Zudem fehlen vergleichende Betrachtungen des Angebotes der FernUniversität für ein „Fernstudium in Haft" mit jenem anderer Fernlehreinrichtungen.)

Dies war Anlaß für zwei einander ergänzende Untersuchungen, die in den Jahren 1995 bis 1997 durchgeführt wurden:

(1) *Inhaftiertenbefragung:* Im Winter 1995/96 wurde eine Befragung von inhaftierten Studierenden der FernUniversität über ihre Erfahrungen mit einem „Fernstudium in Haft" durchgeführt. Die Befragung sollte - im Sinne einer Erkundung und Bestandsaufnahme - Aufschlüsse über die Studiensituation inhaftierter Fernstudent/inn/en der FernUniversität erbringen. Den Befragten sollte dabei zudem die Möglichkeit gegeben werden, Vorschläge zur Verbesserung des Angebots - aus der Sicht der direkt Betroffenen - zu machen.

(2) *Institutionenbefragung:* Es wurde zu erkunden versucht, welche Wege andere Fernstudieneinrichtungen im Ausland in Hinblick auf inhaftierte Studierende gehen und wie sie das Angebot für die Gruppe der Inhaftierten gestalten. D.h. es sollte erkundet werden, welche Fernlehreinrichtungen im Ausland inhaftierten Menschen die Teilnahme an Fernlehre ermöglichen, welche Verfahrensweisen organisatorischer, curricularer oder medialer Art sie dabei anwenden und welche Erfahrungen sie dabei gewonnen haben. Dazu wurde im Winter 1996/97 eine Institutionenbefragung durchgeführt. Aus dieser Institutionenbefragung - und insbesondere aus dem Vergleich der FernUniversitätspraxis bezüglich eines „Fernstudiums für Inhaftierte" mit der Praxis anderer Fernlehreinrichtungen - erhofften wir uns ebenfalls Anregungen und Hinweise darauf, wie das Fernlehrangebot für die Gruppe der inhaftierten Studierenden verbessert werden kann. (Die Institutionenbefragung wird ergänzt durch entsprechende Informationen aus anderen Quellen - u.a. den Ergebnissen einer Erhebung aus den 80-er Jahren durch Haffa & Kammerer (1987) - sowie durch schriftliche Anfragen bei den Justizministerien der dem Europarat angehörenden Länder.)

Beide Untersuchungsansätze (Erhebungen auf der Individualebene inhaftierter Studierender der FernUniversität und auf der Institutionenebene bei anderen Fernlehreinrichtungen) sollten letztlich neue Einsichten und Perspektiven für ein „Fernstudium in Haft" erschließen. D.h. das Ziel der vorliegenden Arbeit ist nicht die Gewinnung von Information um der Information willen; vielmehr ist es das vordringliche Anliegen, die gewonnenen Informationen - im Sinne einer *formativen Evaluation* - zum Aufzeigen von Möglichkeiten zur Verbesserung der Studiensituation inhaftierter Studierender zu nutzen. (Zur Unterscheidung von formativer und summativer Evaluation vgl. u.a. Scriven 1967, 1980, 1991; vgl. ferner Bortz & Döring 1995, S. 106f sowie Wottawa & Thierau 1990, S. 28f u. S. 54ff; zur Evaluation im Fernstudium s. insbes. Thorpe 1988, die u.a. auch die Rolle formativer und summativer Evaluation im Fernstudienbereich behandelt (pp. 9-13), oder den von Schuemer 1991 herausgegebenen Sammelband über die Evaluationspraxis in verschiedenen Fernstudieneinrichtungen; vgl. ferner Thorpe 1993.)

Zur Konkretisierung der Zielsetzung sei etwas genauer gesagt, was *nicht* beabsichtigt ist bzw. was *nicht* geleistet werden kann oder soll: Es geht bei der vorliegenden Untersuchung nicht darum,

- umfassende Theorien zum Fernstudium oder zu einer Gefängnispädagogik und daraus abgeleitete Hypothesen zu prüfen,
- die Effektivität eines Fernstudiums für Inhaftierte (oder auch nur die Effektivität einzelner Komponenten eines solchen Studiums) abschließend im Sinne einer summativen Evaluation zu untersuchen und zu bewerten oder
- Aussagen mit Repräsentativitätsanspruch für alle inhaftierten Studierenden oder alle Fernlehreinrichtungen zu machen.

1. Einführung

- Es ist auch nicht Gegenstand der vorliegenden Schrift, die Ziele des Strafvollzugs grundsätzlich zu hinterfragen, Widersprüche des Strafvollzugssystems zu analysieren oder auch nur die Frage zu diskutieren, ob und inwieweit Aus- und Weiterbildung - und insbes. ein Fernstudium - unter den Bedingungen des Strafvollzugs einen sinnvollen Beitrag zur "Resozialisierung" (bzw. zum Vollzugsziel der künftigen Straflosigkeit im Sinne des Strafvollzugsgesetzes[2]) leisten kann.

- Auch die eher prinzipielle Frage, ob Bildungsarbeit unter Strafvollzugsbedingungen überhaupt möglich ist, soll in vorliegendem Forschungsbericht nicht diskutiert werden (vgl. dazu z.B. Clever & Ommerborn 1995). Ebensowenig soll das Paradox diskutiert werden, daß einerseits die Resozialisierung als Ziel im Strafvollzugsgesetz verankert ist und dementsprechend in §3 Abs. 1 eine möglichst weitgehende Angleichung des Lebens im Vollzug an die allgemeinen Lebensverhältnisse gefordert wird, daß aber andererseits die Inhaftierung nicht gerade eine resozialisierungsfreundliche Situation darstellt (vgl. dazu z.B. Bemmann 1987).

- Und keineswegs ist es unsere Absicht, die Bemühungen der vielen engagierten Mitarbeiter der pädagogischen und sozialen Dienste „vor Ort" in den Justizvollzugsanstalten zu kritisieren oder ihnen - vom fernen „Elfenbeinturm" - gar Ratschläge zu erteilen.

Wenn wir uns von den Ergebnissen unserer Untersuchungen Hinweise erhoffen, so geht es nicht darum, aufzuzeigen, was andere „besser machen" sollen, sondern vielmehr primär darum, zu erkunden und aufzuzeigen, was die eigene Institution bzw. die FernUniversität tun kann, um die Studiensituation ihrer inhaftierten Studierenden zu verbessern. Bescheidener formuliert: Es geht primär darum, solche Schwachstellen aufzuzeigen, die zu beheben im Rahmen der Möglichkeiten der FernUniversität liegt.[3] (Trotz dieser Ausrichtung der Zielsetzung auf die Belange einer konkreten Institution - hier der FernUniversität - erhoffen wir uns von unseren Untersuchungen Erkenntnisse, die auch für andere ähnliche Fernlehreinrichtungen - bei entsprechender Berücksichtigung ihrer Besonderheiten und ihrer jeweilig spezifischen Rahmenbedingungen - nutzbar gemacht werden können.)

Die hier beschriebenen Untersuchungen können demnach auch als Teil der Bemühungen um eine Verbesserung der „Qualität der Lehre" (vgl. u.a. Hage 1996; Münch 1997, S. 20) - hier: „Qualität der Lehre" für eine bestimmte Adressatengruppe - angesehen werden (zur „Qualitätssicherung im Hochschulwesen" vgl. auch Kommission der Europäischen Gemeinschaften 1993).

1.2 Zum Fernstudienbegriff und zum Anwendungsbereich von Fernstudium

Fernlehre kann unterschiedlichste Formen und Inhalte haben; dementsprechend existieren in der Öffentlichkeit recht unterschiedliche Vorstellungen davon, was man unter Fernlehre, Fernunterricht oder Fernstudium zu verstehen hat. Aber auch in der Fernstudienfachwelt gibt es weder eine einheitliche und allgemein verbindliche Definition von „Fernlehre" oder „Fernstudium" noch auch nur eine allseits akzeptierte Übereinkunft darüber, welche Merkmale Fernstudium charakterisieren bzw. für Fernstudium konstitutiv sind (vgl. Holmberg 1995, S. 1; vgl. ferner Keegan 1990, ch. 3, der verschiedene Definitionen von Fernstudium bzw. 'distance education' analysiert). Es erscheint daher zweckmäßig, den hier verwendeten Fernstudienbegriff kurz zu erläutern.

---

[2] In § 2 des StVollzG heißt es: „Im Vollzug der Freiheitsstrafe soll der Gefangene fähig werden, künftig in sozialer Verantwortung ein Leben ohne Straftaten zu führen (Vollzugsziel). Der Vollzug der Freiheitsstrafe dient auch dem Schutz der Allgemeinheit vor weiteren Straftaten". Dabei ist nach Kaiser, Kerner und Schöch (1978, S. 55) das Vollzugsziel der künftigen Straflosigkeit vorrangig vor dem Schutz der Allgemeinheit.
[3] wenngleich es plausibel erscheint, daß die Rückkoppelung mit der praxisorientierten Forschung es der Vollzugspraxis ermöglicht, Maßnahmen (bezüglich des Fernstudiums) nachzubessern, Initiativen fortzusetzen oder neue auf den Prüfstand zu stellen (vgl. Schwind 1995, S. 223).

Teil A

Für die Zwecke des vorliegenden Textes wird von dem von Holmberg (u.a.: Holmberg 1977, p. 9; Holmberg 1985, pp. 1-4; Holmberg 1995, ch. 1; Holmberg & Schuemer 1997, S. 507f) ausgegangen:
„Der Begriff Fernstudium deckt die verschiedenen Formen von Lernen auf allen Stufen ab, bei denen die Studenten bzw. Schüler und die Lehrer bzw. Tutoren räumlich voneinander getrennt sind; dabei profitieren die Lernenden - trotz der räumlichen Trennung von den Lehrenden - von der Planung, Anleitung und Betreuung durch eine Lehrorganisation. [...]
Das Fernstudium beruht auf medial vermittelter Kommunikation zwischen den Lernenden und Lehrkräften der Fernlehrorganisation (Universität, Schule); Lernen im Fernstudium ist daher auch ein 'Lernen mit Medien' [...]. Aufgabe der Lehrenden bzw. Ferntutoren ist es dabei, die Lernenden durch Lehre, Beratung und Verwaltungsmaßnahmen zu unterstützen. In der deutschen Fernlehrtradition werden, nach Delling (1971), Fernuniversitäten und Fernschulen häufig als *'helfende Organisation'* bezeichnet.
Die konstituierenden Elemente eines normalen Fernstudiums sind 1) der vorproduzierte Fernkurs und 2) die medienvermittelte (schriftliche, telefonische usw.) Interaktion zwischen den Studierenden und der helfenden Organisation, die in der Regel hauptsächlich aus der Lösung bzw. Korrektur und Kommentierung von Einsendeaufgaben besteht. Während das letztere Element eine reale Kommunikation darstellt, simuliert der Fernkurs oft eine persönliche Kommunikation als Ergebnis der Bestrebungen der Kursentwickler, den Kurs so selbstinstruierend wie möglich zu machen. Die Kurseinheiten werden folglich oft Briefe oder Lehrbriefe genannt.
Die Funktionen oder Formen der vorproduzierten Kurse sowie der realen Kommunikation unterscheiden sich je nach Lern- und Lehrzielen, Fächertypen und Lernebenen.
Unter den im Fernstudium vorkommenden Medien dominiert das gedruckte und geschriebene Wort.[4] Fast alle Fernkurse bestehen aus gedruckten Komponenten, die jedoch in etlichen Fällen durch Rundfunk- oder Fernsehsendungen, Tonband- oder Videoaufnahmen ergänzt werden. [...] In einigen Fällen werden optionale oder obligatorische Präsenzphasen neben dem Fernstudium eingesetzt.
In der realen Kommunikation ist schriftliche Korrespondenz das wichtigste Medium; auch telefonische Kontakte sind ziemlich häufig. Ferner werden Telefon-, Video- und Computer-Konferenzen benutzt - etwa als Organisationsform für Seminare. Computerkonferenzen können auch für eine Kommunikation der Fernstudierenden untereinander wie auch mit den Kursbetreuern verwendet werden. In zunehmendem Maße wird für Einsendeaufgaben von sog. Elektronischer Post und Telefax Gebrauch gemacht, um die Umlaufzeiten zu verringern." (Holmberg & Schuemer 1997, S. 507f; vgl. auch Holmberg 1995, p. 2).
Ähnlich beschreibt Keegan (1991) Fernstudium ('distance education') als „A form of education characterised by:
- the quasi permanent separation of the teacher and learner throughout the length of the learning process
- the influence of an educational organization
- the use of technical media
- the provision of two-way communication
- the quasi permanent absence of the learning group throughout the length of the learning process" (Keegan 1991, pp. 36-37).[5]

---

[4] Ähnlich wurde jüngst bei einer Tagung der Gesellschaft für Medien in der Wissenschaft (GMW) zum „Virtuellen Campus" von Eugene Rubin, Professor an der University of Maryland und Pionier auf dem Gebiet der Nutzung „neuer Medien" für das Fernstudium, darauf hingewiesen, daß „[...]im Bereich der Fernlehre Studienbriefe noch auf lange Sicht hin die Basis bilden. Neue interaktive Medien, CD-ROM und WWW werden zwar schon seit Jahren parallel angeboten, aber die Akzeptanz sei keineswegs so groß, daß in absehbarer Zeit die traditionellen Printmedien abgelöst werden können." (zit.n. Brake 1996, S. 6). Vgl. auch Wissenschaftsrat: Empfehlungen zum Fernstudium. Drs. 929/92. Hannover, 13.11.92.
[5] Vgl. auch Keegan (1990, p. 44); dort wird bezüglich von Lerngruppen hinzugefügt, daß Fernstudium zwar i.d.R. sich an individuelle Lerner richte, aber die Möglichkeit gelegentlicher Zusammenkünfte von Lernern - etwa aus Gründen der Sozialisation - nicht ausschließe. - Auch Holmberg (1995, p. 3) weist daraufhin, daß die Adressaten des Fernstudiums in der Regel individuelle Lerner sind, wenn Fernstudium in manchen Fällen auch für Gruppenlernen verwendet werden kann - etwa unter Nutzung von Konferenzsystemen. Beispielsweise ermöglichen computer-gestützte Kommunikationssysteme eine Kommunikation unter einer größeren Anzahl von Teilnehmern, wobei also an unterschiedlichen Orten aufhalten und sich zu jeweils von ihnen gewünschten Zeiten in das System „einklinken" können. - Näheres dazu s.u.: Abschn. 8.2

1. Einführung

Fernlehre wird praktisch für alle Ausbildungsbereiche eingesetzt: von der Grundschulerziehung (z.B. in Australien für Schüler, die auf Farmen weitab von der nächsten Schule wohnen) bis hin zur Berufs- und Universitätsausbildung oder zur Fort- und Weiterbildung. Weltweit gibt es einige Millionen Teilnehmer an Fernkursen[6]. Allein die größte Einrichtung - die Chinese Radio and Television University, ein Verbund von 44 regionalen Universitäten mit Fernstudienangeboten - hat über 850.000 Teilnehmer; und die thailändische Sukhothai Thammatirat Open University (STOU) hat rund 450.000 Fernstudenten (vgl. Keegan 1994b, pp. 5-8; vgl. ferner Holmberg 1995, pp. 11-12). Auch in Europa gewinnt Fernlehre zunehmend an Bedeutung: 1994 nahmen im Bereich der Europäischen Union ca. 400.000 Studierende an universitären Fernstudienangeboten teil; diese Zahl erhöht sich noch um 2 Millionen, wenn man die Teilnehmer an sog. „nicht-universitären" Fernkursen mitzählt (vgl. Münch 1996, S. 3; Münch 1997, S. 54).[7]

Fernlehreinrichtungen unterscheiden sich in vielerlei Hinsicht - so u.a. in der Zahl der Teilnehmer, der Vielfalt des Angebots (etwa hinsichtlich der Lehrinhalte wie auch des Ausbildungs-„Niveaus"), der Trägerschaft (z.B. kommerzielle Firmen, gemeinnützige Stiftungen, staatliche Einrichtungen) sowie der Organisationsform (z.B. Einrichtungen, die ausschließlich Fernlehre anbieten, versus sog. 'dual mode'-Einrichtungen, die Fernlehre alternativ oder ergänzend zu ihren Präsenzlehrveranstaltungen anbieten; zu letzteren Institutionen sind beispielsweise einige Universitäten zu rechnen, die die Lehre sowohl in traditioneller Weise in Form von Präsenzveranstaltungen „auf dem Campus" als auch in Fernlehrform durchführen.)

1.3 Zur Struktur dieses Berichts

Der vorliegende Bericht gliedert sich in 5 Teile und 8 Kapitel:
Der folgende **Teil B** beschreibt die Entwicklung eines Fernstudienangebotes für Inhaftierte in der Bundesrepublik und umfaßt zwei Kapitel. *Kapitel 2* befaßt sich mit der Entwicklung des Fernstudienangebotes für inhaftierte Studierende an der FernUniversität; u.a. wird beschrieben, wie es zur Errichtung des Studienzentrums in der Justizvollzugsanstalt[8] Geldern (sowie später der analogen Einrichtungen in Hannover und Freiburg im Breisgau) kam. In *Kapitel 3* werden Erfahrungen mit Fernunterricht bzw. Fernstudium für Inhaftierte im Inland beschrieben. Dabei werden neben Erfahrungen an der FernUniversität auch die Erfahrungen anderer Fernlehranbieter zu berücksichtigen versucht.

Teil C berichtet über eine empirische Untersuchung an inhaftierten Studierenden der FernUniversität. *Kapitel 4* beschreibt die Methodik und *Kapitel 5* die Ergebnisse der Befragung inhaftierter Studierender der FernUniversität. Dabei wird u.a. herausgearbeitet, in welchen Bereichen ihres Fernstudiums die Betroffenen Stärken und Schwächen im Angebot der FernUniversität sehen und welche Vorschläge für Verbesserungen sie machen.

In **Teil D** wird über ausländische Erfahrungen mit einem Fernstudium für Inhaftierte berichtet. Dargestellt werden die Methodik *(Kapitel 6)* und die Ergebnisse *(Kapitel 7)* einer Erhebung bei ausländischen Fernlehreinrichtungen über ihre Gestaltung eines „Fernstudiums in Haft". (Diese Institutionenerhebung wurde ergänzt durch Literaturrecherchen und Anfragen bei Justizministerien in Europa über die Verwendung von Fernlehre in Haftanstalten.)

In **Teil E** bzw. in *Kapitel 8* wird versucht, aus den Ergebnissen der beiden empirischen Untersuchungen Schlußfolgerungen in Form von Empfehlungen zu ziehen und entsprechende Handlungsmöglichkeiten (insbes. der FernUniversität) zu diskutieren.

---

[6] Keegan (1991, p. 44) nennt für 1990 eine Zahl von 10 Millionen.
[7] So hatte die britische Open University 1994 ca. 150.000 und die spanische Fernuniversität UNED ca. 130.000 Studierende (vgl. Keegan 1994b, p. 5); auch die deutsche FernUniversität hat seit längerem jährlich über 50.000 Studierende. - Und das französische Centre National d'Enseignement par Correspondance (CNED), das Kurse im Sekundarschulbereich sowie zur beruflichen Fort- und Weiterbildung anbietet, hatte 1994 über 300.000 Teilnehmer (vgl. Keegan 1994b, p. 5). - Angesichts eines zunehmenden Bedarfs an Aus- und Weiterbildung sowie des rapide anwachsenden Potentials an Kommunikationstechnologie gehen Experten von einer Steigerung des Fernstudienanteils im öffentlichen Bildungswesen aus (vgl. u.a. Curran 1996; Penalver 1990).
[8] im folgenden zumeist abgekürzt als *JVA*

Teil A

1.4 Danksagungen

Bei der Durchführung dieser Untersuchung wurden wir von vielen Personen und Institutionen innerhalb und außerhalb der FernUniversität unterstützt, denen wir an dieser Stelle herzlich danken möchten. Genannt seien hier nur einige:

Das Justizministerium des Landes Nordrhein-Westfalens versorgte uns mit Informationsmaterial und bot Hilfestellung bei der Überwindung administrativer Hürden an.

Bei der Durchführung der Befragung inhaftierter Studierender haben uns die Mitarbeiter/innen des pädagogischen Dienstes in vielen Justizvollzugsanstalten tatkräftig unterstützt. Vielfältige Unterstützung erhielten wir dabei auch vom AStA der FernUniversität sowie den Mitarbeiter/innen der Studienzentren (Studienberater, Fachmentoren, Verwaltungsangestellte), die keine Mühe gescheut haben, die Fragebögen an die Adressaten zu bringen und die inhaftierten Studierenden um Teilnahme an der Untersuchung zu bitten. Insbesondere danken möchten wir natürlich auch all jenen inhaftierten Studierenden, die nicht nur zur Teilnahme an der Untersuchung und zum Ausfüllen der Fragebögen bereit waren, sondern sich darüber hinaus an Gesprächen und Diskussionen beteiligten.

Die Institutionenerhebung wäre nicht möglich gewesen ohne die Hilfe unserer Kolleg/inn/en in den Partnerinstitutionen.

Schließlich möchten wir auch unseren Kolleg/inn/en danken, die uns durch kritische Anmerkungen zu früheren Fassungen des vorliegenden Textes wertvolle Anregungen gaben.

Eine Liste einiger Personen, die uns in besonderer Weise unterstützt haben, findet sich im Anhang (s. A-1.4).

Teil B:

Zur Entwicklung eines Fernstudiums für Inhaftierte in der Bundesrepublik

2 Zur Entwicklung des Fernstudiums für Inhaftierte an der FernUniversität

Bevor dargestellt wird, wie sich an der FernUniversität ein Fernstudium für Inhaftierte entwickelte, soll die FernUniversität und der Ablauf eines Fernstudiums kurz skizziert werden - dies deswegen, weil wir nicht davon ausgehen können, daß jeder unserer Leser mit der FernUniversität und den Bedingungen eines Studiums an dieser Einrichtung vertraut ist. (Die nachstehende Skizze vereinfacht, da nur das Notwendigste zum Verständnis des weiteren Textes vermittelt werden soll.)

2.1 Kurzbeschreibung der FernUniversität[1]

Die 1974 gegründete FernUniversität in Hagen ist eine Einrichtung des Landes Nordrhein-Westfalen und die einzige Universität bzw. Gesamthochschule in der Bundesrepublik, die vollständige Studiengänge ausschließlich im Fernstudium anbietet. Derzeit können Studienabschlüsse (Diplom oder Magister) in folgenden Fachrichtungen absolviert werden:
- Wirtschaftswissenschaften,
- Mathematik,
- Informatik,
- Elektrotechnik sowie
- Erziehungs-, Sozial- und Geisteswissenschaften.

Ferner können juristische Kurse belegt werden, die - in Kombination mit einem Präsenzstudium an der Heinrich-Heine-Universität Düsseldorf - ebenfalls einen Studienabschluß ermöglichen. Die Zugangsvoraussetzungen entsprechen dabei denen an den übrigen Universitäten und Hochschulen des Landes.[2] Angeboten werden ferner eine Reihe von Weiterbildungs- und Zusatzstudienprogrammen.

Das Studium kann als Vollzeit- oder Teilzeitstudium absolviert werden und wird mit einem Diplom oder Magister abgeschlossen. Bei einem Vollzeitstudium beträgt die Studiendauer je nach Studiengang mindestens 7 Semester (Diplom I) oder 9 Semester (Diplom II sowie Magisterstudiengänge). Bei einem Teilzeitstudium verlängert sich die Studiendauer entsprechend.[3]

Zum Ablauf des Studiums: Beim Fernstudium erfolgt die Lehre medial-vermittelt; es werden die Vorlesungen an Präsenzhochschulen durch Lehrtexte (sog. Kurse oder Studienbriefe) und ggf. zusätzlich durch anderes Lehrmaterial ersetzt. Wenn also ein Student einen bestimmten Kurs belegt hat, so erhält er die zu diesem Kurs gehörenden Kurseinheiten per Post. (Die Anzahl der Kurseinheiten pro Kurs variiert von Fachbereich zu Fachbereich und von Kurs zu Kurs.) Bei vielen Kursen werden die Lehrtexte durch andere mediale Angebote (z.B. Audio- und Videokassetten; in den letzten Jahren zunehmend auch Lehr-/Lernsoftware) ergänzt.

Zu den meisten Kursen gibt es eine Reihe sog. Einsendeaufgaben; das sind Aufgaben, die der Student bearbeiten muß und deren Lösung er an die Zentrale in Hagen einsendet. Von dort erhält er dann seine Arbeit korrigiert und kommentiert zurück. Bei vielen Kursen muß der Student eine bestimmte Mindestzahl solcher Einsendeaufgaben erfolgreich bearbeitet haben, um

---

[1] Beschreibungen der FernUniversität finden sich beispielsweise auch in EADTU (1991, 1993) oder in Ommerborn (1995a); Beschreibungen anderer, im folgenden erwähnter Fernstudieneinrichtungen finden sich u.a. in Rumble & Harry (1982) oder Doerfert et al (1989).
[2] Die FernUniversität ist also - anders als etwa die britische oder niederländische Open University bzw. Open universiteit - keine in dem Sinn „offene" Universität, daß auf Mindestvoraussetzungen hinsichtlich der schulischen Vorbildung verzichtet würde.
[3] Zusätzlich kann man an der FernUniversität auch als sog. Gasthörer studieren. Gasthörer brauchen keine Voraussetzungen (wie z.B. eine Hochschulzugangsberechtigung) erfüllen, können aber ihr Studium auch nicht mit einem Diplom oder Magister abschließen.

zu der Abschlußklausur für diesen Kurs zugelassen zu werden. Die Klausuren werden unter Aufsicht teils dezentral und teils zentral in Hagen durchgeführt.

In Nordrhein-Westfalen gibt es ein relativ dichtes Netz solcher Studienzentren; in den übrigen Bundesländern gibt es zumeist deutlich weniger Zentren.

In den Studienzentren können sich die Studierenden von sog. Mentoren (in allgemeinen oder fachlichen Studienfragen) beraten lassen und sich unter Anleitung auf Prüfungen vorbereiten. Der Besuch der Studienzentren ist in der Regel nicht obligatorisch (zur Rolle der Mentoren s. auch unten: Abschn. 2.4.)

In den Studienzentren finden verstärkt auch Veranstaltungen mit Professoren und wissenschaftlichen Mitarbeitern aus der Zentrale in Hagen statt. Beispielsweise können dort - zumeist in Form von Abend- oder Wochenendveranstaltungen - Einführungsveranstaltungen oder auch Übungen und Seminare im Hauptstudium zu bestimmten Themen durchgeführt werden.

Am Ende des Studiums müssen die Prüfungskandidaten i.d.R. eine größere Diplom- bzw. Magisterarbeit schreiben und eine Reihe mündlicher Prüfungen absolvieren. Diese Prüfungen finden in der Regel in der Zentrale in Hagen statt.

2.2 Abriß der Entwicklung eines Fernstudienangebots für Inhaftierte an der FernUniversität

Der FernUniversität wurde schon bei ihrer Gründung auch die Funktion zugewiesen, „neue, bisher vernachlässigte [...] Studentengruppen für das Hochschulstudium mit neuen Methoden und Medien der Wissensvermittlung zu erschließen" (Peters 1976, S. 167). Auch solche Gruppen der Bevölkerung sollten an die Hochschulbildung herangeführt werden, die - aus welchen Gründen auch immer - bislang nicht in der Lage waren, das Studium an einer Hochschule aufzunehmen (vgl. Kühn 1976, S. 21).

Dabei wurde bereits in den ersten publizierten Planungsunterlagen angeregt zu prüfen, „ob Strafgefangenen unter bestimmten Voraussetzungen die Teilnahme am Fernstudium ermöglicht werden kann" (Rau 1974, S. 77).

Diese Prüfung der Zulassung von inhaftierten Studienbewerbern wurde positiv beschieden: Die Kontakte des Ministeriums für Wissenschaft und Forschung (MWF) mit dem Justizministerium des Landes NW ergaben, daß grundsätzlich die Bereitschaft bestand, Strafgefangenen die Möglichkeit eines Fernstudiums an der FernUniversität einzuräumen (Schreiben des MWF an die FernUniversität vom 13.6.76).

Bereits in der ersten Immatrikulationsphase schrieben sich inhaftierte Menschen aus dem In- und Ausland ein. Auf diese spezifische Adressatengruppe der FernUniversität, auf deren Bedürfnisse hatte sich das Lehr- und Lernsystem einzustellen. Dies hieß, Neuland zu betreten und Standards eines „Erwachsenenstudiums in Haft" zu entwickeln.

Die Entwicklung eines Fernstudiums für Inhaftierte läßt sich grob in drei Phasen unterteilen:

Phase I: Keine spezifischen administrativen oder organisatorischen Maßnahmen für die Gruppe der inhaftierten Studierenden; sie werden wie die übrigen „normalen" Studierenden behandelt; es kommt lediglich bei Bedarf zu individuellen Regelungen (z.B. zur Durchführung von Prüfungen) und einzelnen Beratungs- oder Betreuungsaktivitäten.

Phase II: Entwicklung einer gesonderten Beratungs- und Betreuungskonzeption für inhaftierte Studierende und Planung eines Studienzentrums in einer der Justizvollzugsanstalten von Nordrhein-Westfalen.

Phase III: Die Einrichtung der Studienzentren in der JVA Geldern und (später) in den Justizvollzugsanstalten Hannover und Freiburg im Breisgau.

Zu den Phasen im einzelnen:

2. Zur Entwicklung des Fernstudiums für Inhaftierte

Phase I (1975-1980):

Inhaftierte Studierende, von denen die meisten ihre Studienwünsche ohne die FernUniversität nicht hätten erfüllen können, wurden schon in den ersten Jahren nach der Gründung betreut. Während dieses Zeitraums wurden die inhaftierten Studierenden administrativ-organisatorisch wie die übrigen Studenten beraten und betreut; lediglich bei Bedarf wurden je nach individuellem Fall besondere Maßnahmen (individuelle Beratung / Betreuung) ergriffen.

Das Bedeutsame in dieser Phase liegt in dem Umstand, daß damit inhaftierten Menschen (und insbes. auch solchen im geschlossenen Vollzug) ein Zugang zu einem Hochschulstudium eröffnet wurde und somit einige traditionelle Bildungsbarrieren, die bisher den Zugang zu den Hochschulen für inhaftierte Menschen verhinderten oder erschwerten, beiseite geschoben wurden.

Aus den Dokumenten der Hochschulverwaltung wird deutlich, daß diese Gruppe von Studierenden damals noch relativ klein war. Die Zahl der inhaftierten (zumeist männlichen) Fernstudierenden, die überwiegend aus deutschen Haftanstalten, in einigen Fällen auch aus Gefängnissen im Ausland, ein Studium begannen und zum Teil auch abschlossen, lag nach Schätzungen von Mitarbeitern aus der Gründungsphase in den Jahren 1975 bis 1980 bei 40 bis 50.

Phase II (1980 - 1982):

In dieser Phase wurde an der Entwicklung eines adressatengerechten Beratungs- und Betreuungskonzeptes gearbeitet und die Errichtung eines Studienzentrums in einer Justizvollzugsanstalt in Angriff genommen.

Die Perspektiven für ein „Studium hinter Gittern" schienen Ende der siebziger und zu Beginn der achtziger Jahre positiv - nicht zuletzt durch das neue Strafvollzugsgesetz, das 1977 in Kraft getreten war.

Zu dieser Zeit wurden die Aufgaben des Strafvollzugs komplexer: Es vollzog sich ein Zielwandel vom herkömmlichen „Verwahrvollzug" (mit dem vorrangigen Ziel der Sicherheit und Ordnung) hin zum modernen Behandlungsvollzug mit dem Ziel der (Re-) Sozialisierung des Gefangenen (vgl. Dolde 1995, S. 48, Justin 1996, S. 263ff, oder Walter 1991, S. 289ff).

Auch die Bereitschaft in der Bevölkerung, eine humane, rationale und liberale Kriminalpolitik mitzutragen, war recht groß. In empirischen Untersuchungen jener Zeit wurde festgestellt, daß der „Resozialisierungsgedanke" gegenüber den Strafzwecken „Sühne und Abschreckung" deutlich präferiert wurde.

Auch in Politik und Medien stand - im Zuge der Großen Strafrechtsreform - das Gedankengut zurückhaltenderen Strafens und der Resozialisierung „Gestrauchelter" hoch im Kurs. Seinerzeit fanden auch vielfältige Bemühungen statt, solche Vorstellungen in die breitere Öffentlichkeit hineinzutragen: Mit großem Aufwand wurde beispielsweise die Kampagne der „Aktion Gemeinsinn" zur Resozialisierung Strafgefangener betrieben (vgl. Geiter 1995, S. 233f).[4]

Es gab verschiedene Gründe, die Studiensituation der inhaftierten Fernstudierenden genauer mit dem Ziel einer Optimierung zu erkunden: Die Anzahl der inhaftierten Fernstudenten war merklich gestiegen und die Prüfungsämter meldeten erste positive Ergebnisse. Für die Betreuung dieser Studentengruppe mußten daher neue Beratungs- und Betreuungskonzepte entwickelt und erprobt werden. Die Kooperation der FernUniversität mit den betroffenen Justizvollzugsanstalten und Pädagogischen Diensten mußte aufgebaut und geregelt werden.

In den Jahren 1981 und 1982 besuchten Mentoren Justizvollzugsanstalten, um bei den inhaftierten Fernstudenten allgemeine Studienberatungen durchzuführen. Diese Möglichkeit, die von der Justiz genehmigt und gefördert wurde, ist durch den § 23 des Strafvollzugsgesetzes geregelt, in dem es heißt: „Der Gefangene hat das Recht, mit Personen außerhalb der Anstalt

---

[4] Justizvollzugsanstalten (begrifflich nicht mehr „Gefängnisse") werden - dem rechtlichen Anspruch nach - neben anderen gesellschaftlichen Institutionen, wie beispielsweise Schulen und Hochschulen, als sog. „Sozialisationsinstanzen" mit spezifischer Aufgabenstellung begriffen: „Sie sind dann Erwachsenenbildungseinrichtungen besonderer Art, die den Bildungsanspruch der Gefangenen in der Gesellschaft gleichsam als 'Anspruch' auf 'Nachsozialisation' in Form von berufs- und lebensbegleitender Ausbildung, Therapie und Arbeit zu realisieren trachten" (Callies 1992, S. 4).

Teil B

im Rahmen der Vorschriften dieses Gesetzes zu verkehren. Der Verkehr mit Personen außerhalb der Anstalt ist zu fördern."

Dieser Grundsatz schloß jedoch nicht aus, daß Mentoren - wie in den Anfängen vereinzelt vorgekommen - mit der Begründung abgewiesen wurden, es befänden sich keine Fernstudenten in der Justizvollzugsanstalt, obwohl nachweislich solche dort studierten.

Der AStA der FernUniversität, insbesondere das Sozialreferat, arbeitete Anfang der achtziger Jahre eng mit einzelnen Mitarbeitern der Hochschulverwaltung zusammen, um für die inhaftierten Studierenden die Voraussetzungen für bessere Beratungs- und Betreuungsmöglichkeiten zu schaffen. Ein Mitarbeiter, der damals für die Koordination der dezentralen Beratungsaktivitäten der FernUniversität zuständig war, entwickelte (zusammen mit Mentoren für allgemeine Studienberatung in Nordrhein-Westfalen) eine Konzeption für die gezielte Beratung und Betreuung dieser Zielgruppe; so wurde beispielsweise eine Informationsschrift entwickelt, die gezielt an Fernstudien-Interessenten wie auch an Fernstudierende in den JVAs gerichtet war; zudem wurden Vorschläge dazu erarbeitet, wie die Beratung und Betreuung der inhaftierterten Fernstudierenden von den damaligen 28 Studienzentren in Nordrhein-Westfalen aus gestaltet werden könnten.

Ferner begannen die Bemühungen zur Einrichtung eines Studienzentrums in einer der JVAs in Nordrhein-Westfalen - mit dem Ziel, den inhaftierten Interessenten und Studenten die Möglichkeiten einer intensiveren mentoriellen Beratung und Betreuung zu bieten (vgl. Schewe 1982, S. 3ff; Ommerborn 1982, S. 2).

1980 fanden dazu erste Besprechungen des Kanzlers der FernUniversität mit dem Ministerium für Wissenschaft und Forschung und dem Justizministerium des Landes NW statt. Im gleichen Jahr wurden auch Planungsgespräche in der JVA Schwerte-Ergste geführt, in der ursprünglich das Studienzentrum für nordrhein-westfälische Inhaftierte eingerichtet werden sollte. Hier fanden auch im Zusammenwirken mit dem AStA erste größere Studienberatungsveranstaltungen statt, da es dort bereits 13 inhaftierte Fernstudenten gab.

Eine Chronistin und teilnehmende Beobachterin berichtet dazu: „In der Justizvollzugsanstalt Ergste wird der geschlossene Vollzug praktiziert, was im Gegensatz zum offenen Vollzug für die Inhaftierten bedeutet, daß sie kein Studienzentrum aufsuchen können. [...] Die Möglichkeit, eine Selbstlerngruppe einzurichten, die sich einmal in der Woche trifft, um gemeinsam die Studienbriefe zu bearbeiten, fand auch das Interesse des fernstudierenden Justizvollzugsbeamten. So erträumte man sich Resozialisierung: Inhaftierte und Beamte des Strafvollzugs bereiten sich gemeinsam auf eine bevorstehende Klausur vor. Die Realität ist jedoch trotz der recht günstigen Bedingungen in Ergste (Vollzeit- und Teilzeitstudenten sind von der Arbeitspflicht befreit), daß die Anstaltsleitung nur bei einer Mindestzahl von drei Vollzeitstudenten den regelmäßigen Studienberatungen zustimmt" (Schewe 1982, S. 3f).

Diese ersten regelmäßigen Kontakte mit inhaftierten Studierenden zeigten eine Reihe von Problemen auf und führten zu Erfahrungen und Erkenntnissen, die für die weitere Entwicklung eines systematischen Konzepts zur Information, Beratung und Betreuung dieser Adressatengruppe im Fernstudium bedeutsam waren. Einige der aufgeworfenen Fragen und Probleme seien hier aufgeführt:

- Wie sieht der Adressatenkreis inhaftierter Menschen für das Fernstudium eigentlich aus? Stellt das Fernstudium im Gefängnis überhaupt eine Bildungschance für vielfach benachteiligte und vielfach gescheiterte sozial randständige Menschen dar?[5] Welchen Gruppen von Inhaftierten sollte man überhaupt mit welcher Rechtsgrundlage das Fernstudienangebot offerieren?

- Der Rechtsanspruch der Gefangenen auf ein Fernstudium mußte geklärt werden. Das damals noch relativ neue Strafvollzugsgesetz (1977 in Kraft getreten) bestimmt in § 38, daß für „geeignete Gefangene" adäquater Unterricht vorzusehen ist, welcher möglichst während der

---

[5] Zu dieser Charakterisierung der Zielgruppe bzw. zur sozialen Lage von Strafgefangenen vgl. Walter (1995, S. 193) sowie Dünkel (1993, S. 6ff).

2. Zur Entwicklung des Fernstudiums für Inhaftierte

Arbeitszeit stattfinden sollte. Im Gesetz sind ergänzend auch „weiterführende Schulungsmaßnahmen" und „sonstige Bildungsmaßnahmen" vorgesehen. Auch der § 67 des Strafvollzugsgesetzes ist in diesem Zusammenhang relevant, denn dieser legt fest, daß der Gefangene in seiner arbeitsfreien Zeit Gelegenheit erhalten soll, u.a. an Unterricht, Fernunterricht und sonstigen Veranstaltungen der Weiterbildung teilzunehmen. Grundsätzlich ließ sich feststellen, daß die Vorschriften zur 'Bildung im Vollzug' Ansätze zur praktischen Umsetzung des in § 2 StVollzG gezogenen Rahmens zur Ausgestaltung des Strafvollzuges darstellen. Dieser § 2 legt die Befähigung zur Führung eines sozial verantwortlichen Lebens ohne Einschränkung als das eigentliche Ziel des Vollzuges fest (vgl. Clever & Ommerborn 1995, S. 49 ff; 1996, S. 80).

- Die Gebührenfrage für inhaftierte Fernstudierende mußte einer Regelung zugeführt werden. Da diese bei einem Stundenlohn von damals DM 0,55 bis zu DM 0,92 nicht in der Lage waren, die sog. »Studienmaterialbezugsgebühren« zu zahlen, wurde der AStA der FernUniversität unterstützend aktiv. Seit der Einführung dieser Form von Gebühren wurde die Sozialklausel angewendet und die Anträge auf Gebührenerlaß in der Regel positiv beschieden.

- Die Anstaltsleitung hielt eine strenge Erfolgskontrolle des Fernstudiums für unbedingt erforderlich, wobei die Kriterien für die Erfolgsmessung in diesen Anfangszeiten noch völlig ungeklärt waren.

- Mitgefangene, die nicht in Weiterbildungsmaßnahmen des Vollzugs integriert waren, betrachteten die Aktivitäten der Fernstudenten und die damit verbundenen Regularien wie Arbeitsbefreiung, zusätzliche Beleuchtung, regelmäßige Besuche durch Berater etc. nicht ohne Argwohn als „Privilegien".

Für die weitere Planung war auch die Größe der Zielgruppe zu klären. Zwar war bekannt, daß die Jahresdurchschnittsbelegung der Haftanstalten Ende der 70er Jahre bei ca. 56.000 lag; unklar war aber, wie viele davon sich für ein Studium interessieren und/oder sich dafür eignen würden. Ein diesbezüglich wesentlicher Faktor sind die Bildungsvoraussetzungen der Inhaftierten. Die Voraussetzungen, die die Gefangenen für ein (Fern-) Studium mitbringen, mußten überwiegend als ungünstig bezeichnet werden.

Erste Anhaltspunkte dazu lieferte eine - allerdings sehr wenig differenzierte - Statistik für Gefangene in Nordrhein-Westfalen. Danach verfügten in den Jahren 1978 - 1980 jeweils nur unter 10% der Inhaftierten über einen Schulabschluß, der über dem Volks-/ Hauptschulabschluß lag. Auch aus älteren Untersuchungen, die Mitte der 70-er Jahre in Niedersachsen durchgeführt wurden, war bekannt, daß über 60% der jugendlichen und heranwachsenden Gefangenen keinen Schulabschluß erreicht hatten (vgl. zusammenfassend Schwind 1995, S. 217).

Die Arbeitsgruppe, die sich ab 1981 an der FernUniversität aktiv um die Belange der inhaftierten Studenten kümmerte, versuchte - u.a. auch mit Hilfe des Einsatzes eines Fragebogens, der an 40 Justizvollzugsanstalten geschickt wurde - genauer zu erkunden, über welche Schulabschlüsse die Gefangenen verfügten und welche Bildungsziele angestrebt wurden (vgl. Schewe 1982, S. 5). Es wurden jedoch lediglich von drei der 40 angeschriebenen Justizvollzugsanstalten ausgefüllte Fragebogen zurückgesandt.

Genauerer Aufschluß über die Bildungsvoraussetzungen der Inhaftierten ergab sich dann aber aus einer im Jahre 1980 in der sog. »Einweisungsanstalt«[6] Hagen angestellten Erhebung bei 803 Gefangenen:

---

[6] In den Einweisungsanstalten, in NW in Hagen und Duisburg-Hamborn, entscheiden sog. „Einweisungskommissionen" nicht nur über die Auswahl der für einen bestimmten Gefangenen zuständigen Haftanstalt, sondern sie geben der dann zuständigen JVA auch Empfehlungen für die Aufstellung des individuellen Vollzugsplanes. Von diesem darf nur abgewichen werden, wenn dies zur Erreichung des Behandlungszieles geboten ist. So lauten beispielsweise die Empfehlungen: - therapeutische Maßnahmen (z.B. Gruppentherapie), - seelsorgerische Maßnahmen, - medizinische Maßnahmen, - Maßnahmen der sozialen Hilfe (z.B. Schuldenregulierung), - pädagogische Maßnahmen (z.B. Schulabschlüsse oder die Teilnahme an einem Fernstudium), - Berufsbildungs- oder Fortbildungsmaßnahmen und anderes mehr (vgl. Stock 1993, S. 103).

Schulausbildung / -abschluß	N	%
Sonderschule ohne Abschluß	92	11,5
Sonderschule mit Abschluß	38	4,7
Volksschule bis zur 6. bzw. die Hauptschule bis zur 7. Klasse	89	11,1
Volksschule bis zur 7. bzw. die Hauptschule bis zur 8. Klasse	155	19,3
Volksschul- bzw. Hauptschulabschluß	361	45,0
mittlerer Bildungsabschluß	55	6,8
Fachoberschul- bzw. Gymnasialabschluß	11	1,4
Studium begonnen bzw. abgeschlossen	2	0,2

Bei Zugrundelegung dieser Statistiken war klar, daß die Anzahl der Inhaftierten, welche die Voraussetzungen für die Aufnahme eines Voll- oder Teilzeitstudiums erfüllten, relativ gering ist[7]. Mangelnde formale Bildungsvoraussetzungen dürften auch mit ein wesentlicher Grund dafür sein, daß unter den inhaftierten Fernstudierenden jener Zeit Studierende im Gasthörerstatus überwogen. (Nach Auswertung von Dokumenten der Hochschulverwaltung und weiteren Erhebungen studierten in jener Zeit etwa 85 Inhaftierte aus Nordrhein-Westfalen sowie 160 weitere aus anderen Ländern an der FernUniversität (vgl. Ommerborn 1982, S. 1). Zwei Drittel dieser Studenten studierten im Status des Gasthörers, besser „Gastlesers", das restliche Drittel studierte aufgrund seiner Vorbildung abschlußbezogen.) Es war also anzunehmen, daß Gasthörer auch künftig einen bedeutsamen Anteil der inhaftierten Studierenden darstellen würden.

Die Wichtigkeit eines Studienangebots auch für Gasthörer im Gefängnis unterstrich ein Sprecher einer Planungsgruppe „Beratung und Betreuung inhaftierter Fernstudenten" in einer Rundfunksendung fast enthusiastisch: „Diese Leute sehen das nicht nur als Abwechslung vom Gefängnisalltag, sondern sie sehen das als ein Stück neue Sinnfindung oder auch Identitätsfindung. Mit Hilfe des Studienmaterials und durch die Betreuung der Mentoren bauen sie neue Zukunfts- oder Zielperspektiven auf, um dann nach der Entlassung wieder eine vernünftige Integration in die Gesellschaft zu finden."

Allerdings war damit zu rechnen, daß Studierende mit unterschiedlichem Hörerstatus im Vollzugsalltag unterschiedliche Studienbedingungen haben würden: Denn während Vollzeitstudierende u.U. von der Arbeitspflicht befreit werden und somit während der Arbeitszeiten studieren können, ist ein Studium im Gasthörerstatus, das eher der Teilnahme an weiterbildenden Maßnahmen entspricht, nach § 67 StVollzG in der arbeitsfreien Zeit zu absolvieren.

Phase III (1983 -)

Ende 1982 waren schließlich auch die Planungen zur Einrichtung eines Studienzentrums in einer JVA in NW so weit fortgeschritten, daß das Wissenschafts- und das Justizministerium des Landes Nordrhein-Westfalen - entgegen früherer Bedenken - ihr Einverständnis aussprachen, in der Justizvollzugsanstalt Geldern-Pont 21 ehemalige Zellen in eine »studienzentrumsähnliche Einrichtung« umzuwandeln; das Studienzentrum in der JVA Geldern wurde im Frühjahr 1983 eröffnet. Ca. 4 Jahre später folgte die Einrichtung eines Studienzentrums für Niedersachsen (innerhalb einer Bildungsstätte bei der JVA Hannover).[8]

1997 wurde schließlich ein Modellprojekt zur Errichtung einer studienzentrumsähnlichen Einrichtung zur Beratung und Betreuung von Fernstudierenden in der JVA Freiburg begonnen (vgl. Klaus 1997).

---

[7] An dieser Ausgangslage hat sich im Laufe der Jahre wenig geändert: Nach einer Erhebung in NRW hatten im Jahre 1985 im allgemeinen Strafvollzug 25 % der inhaftierten Menschen nie eine Ausbildung begonnen, ca. 35 % eine berufliche Ausbildung abgebrochen und nur 40 % verfügten über eine abgeschlossene Berufsausbildung (vgl. Justizministerium 1988, S. 42). Und nach einer Erhebung bei 1.694 männlichen erwachsenen Strafgefangenen in den Einweisungsanstalten Duisburg-Hamborn und Hagen aus dem Jahre 1993 waren 45,7% vorzeitig aus der Volks- bzw. Hauptschule entlassen worden, hatten 40,2% einen Volks- bzw. Hauptschulabschluß und verfügten nur 14.1% über mehr als einen Volks- bzw. Hauptschulabschluß (vgl. Justizministerium 1994, S. 37).

[8] Versuche der FernUniversität und des AStAs zur förmlichen Einrichtung eines Studienzentrums in Hessen (JVA Kassel) und in Berlin haben bisher noch nicht zum gewünschten Erfolg geführt.

2. Zur Entwicklung des Fernstudiums für Inhaftierte

Die drei genannten Einrichtungen in Geldern, Hannover und Freiburg stehen nur für männliche inhaftierte Studierende zur Verfügung. Versuche, eine ähnliche Einrichtung für *weibliche* Studieninteressierte und Studierende einzurichten, waren bisher nicht erfolgreich; Näheres s.u.: Abschn. 2.3.4.)

Im Folgenden werden die Studienzentren in Geldern, Hannover und Freiburg kurz beschrieben.

2.3 Die Studienzentren in Geldern, Hannover und Freiburg

2.3.1 Das Studienzentrum in der JVA Geldern-Pont

Das Studienzentrum für nordrhein-westfälische inhaftierte Fernstudenten ist in der JVA Geldern untergebracht.

Geldern-Pont liegt zwischen Duisburg und der holländischen Grenzstadt Venlo. Die Justizvollzugsanstalt liegt etwa 800 m östlich des Gelderner Vororts Pont, quasi mitten auf freiem Feld (Hötter 1989, S. 5ff). Die Anstalt ist in Kammbauweise erstellt: Die vier Hafthäuser, die wie die Zähne eines Kammes parallel zueinander stehen, werden durch ein zweigeschossiges Mehrzweckgebäude miteinander verbunden. Insgesamt sind in der Haftanstalt 10 Etagen vorzufinden, wobei jede Etage administrativ eine Abteilung ist. In jeder dieser Abteilungen sind 52 Einzelhafträume und ein 4-Personen-Haftraum vorhanden. Die JVA Geldern kann insgesamt 551 Personen beherbergen. Die Anstalt ist ausgewiesen als ein Gefängnis zur Aufnahme von erwachsenen männlichen Strafgefangenen mit sog. „stärkerer krimineller Gefährdung". Das bedeutet konkret, daß die Inhaftierten in der Regel mehr als 18 Monate Freiheitsstrafe zu verbüßen haben.

Das Studienzentrum in der Justizvollzugsanstalt Geldern-Pont ist eine Abteilung der Anstalt und umfaßt 15 Haftplätze, drei Räume für die Kleingruppenarbeit, zwei Räume für die Präsenzbibliothek und die „Neuen Medien" (darunter einige PCs[9]) sowie einen Dienstraum für den Abteilungsbeamten und die betreuenden Lehrer aus dem Pädagogischen Dienst (vgl. Abb. 2.3-1). In den letzten Studienjahren waren zeitweise alle Haftplätze des Studienzentrums mit Fernstudenten belegt. Mentoren, Studienberater und die Leiterin der Geschäftsstelle des Studienzentrums Goch/Geldern helfen den Inhaftierten in allgemeinen, fachlichen und administrativen Fragen zur Bewältigung des Studiums. Ein Lehrer des Pädagogischen Dienstes der JVA kümmert sich ebenfalls intensiv um die Belange der Studierenden. Zugleich fungiert er auch als Ansprechpartner für die Zentrale der FernUniversität.[10]

Für den Betrieb des Studienzentrums in dieser Justizvollzugsanstalt war folgende Regelung wichtig: Im Rahmen der beruflichen Aus- und Fortbildung oder Umschulung sowie zum Vollzeitstudium an der FernUniversität Hagen nimmt die Anstalt auch Strafgefangene (ggf. auch Sicherungsverwahrte) auf, für welche die oben genannten Merkmale nicht zutreffen.

Die Einrichtung des Studienzentrums in dieser Anstalt ist auch vor dem Hintergrund zu sehen, daß bereits bei der Einrichtung und Zielsetzung dieser Anstalt sog. „Sondereinrichtungen" im Bildungs- und Ausbildungsbereich geplant waren. In dieser Anstalt können - und das ist vom Umfang her in Nordrhein-Westfalen eine Ausnahme - 216 Strafgefangene und Sicherungsverwahrte ausgebildet oder umgeschult werden. Ferner sind noch 8 Plätze für Fortbildungsmaßnahmen im Bereich CNC für Facharbeiter in Metallbereichen vorhanden, weitere 8 Plätze für die Gebiete Pneumatik und Hydraulik und 8 Plätze für die Weiterbildung im Bereich Steuerungstechnik. Als Sondereinrichtung in Geldern-Pont ist noch das „Berufsbildungszentrum" zu nennen, das insbesondere auch solchen Inhaftierten die Möglichkeit einer Ausbildung bietet, die zu langer Haft im geschlossenen Vollzug verurteilt sind.

---

[9] Die Nutzung von PCs durch inhaftierte Fernstudierende ist in vielen Justizvollzugsanstalten - wegen Sicherheitsbedenken - nicht gestattet. Näheres zur PC-Nutzung zu Studienzwecken in Haftanstalten s.u. Abschn. 2.4.

[10] Zu den heterogenen Rollen und besonderen psychischen Belastungen von Lehrern im Justizvollzug s. Prim (1995, S. 266-273).

Teil B

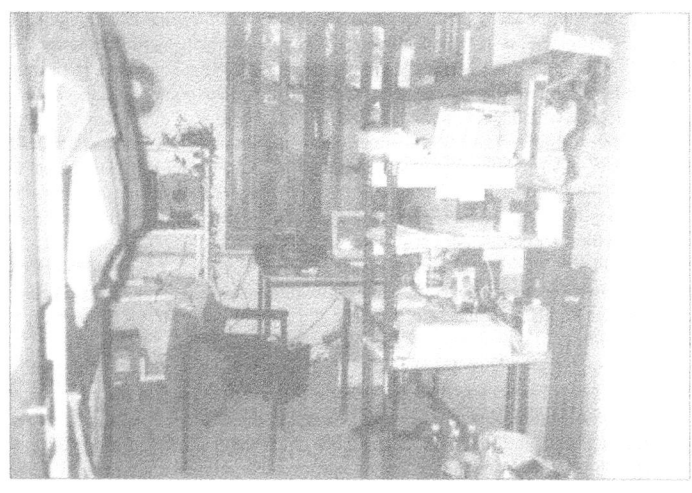

Abb. 2.3-1: Die Studienzentrumsräume in der Justizvollzugsanstalt Geldern
oben: Blick in den Studienzentrumstrakt; *unten:* Haftraum eines Fernstudenten
(Fotos: Dirk Nedden 1997)

2. Zur Entwicklung des Fernstudiums für Inhaftierte

Das Berufsbildungszentrum ist eine gemeinsame Einrichtung der Justizverwaltung des Landes Nordrhein-Westfalen und des Berufsfortbildungswerkes des DGB unter maßgeblicher Beteiligung der Bundesanstalt für Arbeit (zu „externen Bildungsträgern" im Strafvollzug vgl. z.B. Gerhardt 1988, S. 131ff, oder Pendón 1988, S. 140ff oder Eberle, Kloss & Nollau 1992, S. 20ff).

Fast die Hälfte aller Plätze der Anstalt (220) stehen diesem Berufsbildungszentrum zur Verfügung. Das Ausbildungsangebot umfaßt dreizehn verschiedene Handwerksberufe; in Fachkursen, die in der Regel 18 Monate dauern, kann der Absolvent ein Facharbeiterzeugnis erwerben. (Im Zeitraum von etwa 10 Jahren haben mehr als 1.000 Gefangene diese Ausbildungsmöglichkeit in Anspruch genommen, wovon 78% ihre Ausbildung erfolgreich abgeschlossen haben; vgl. Kuhn 1989, S. 4.)

Vom Pädagogischen Dienst der JVA Geldern werden in vier Stufen auch sog. „Liftkurse" durchgeführt, die zum Abschluß einer achtjährigen Schulausbildung oder der Berufsvorbereitung dienen.

Die damalige Ministerin für Justiz, Inge Donnep, betonte bei der Eröffnung des Studienzentrums am 17. März 1983 die Bedeutung des Projektes für den Strafvollzug:

„Die Tatsache, daß wir in einer Vollzugsanstalt auch eine Hochschuleinrichtung geschaffen haben, dokumentiert das breite Bildungsspektrum, das wir den Gefangenen im Vollzug unseres Landes anbieten. [...] geeigneten Gefangenen [ermöglichen wir] auch die Teilnahme an einem Hochschulstudium. Die Nebenstelle des Studienzentrums Goch dient der Betreuung der Gefangenen aus Nordrhein-Westfalen, die ein Voll- oder Teilzeitstudium, d.h. ein regelrechtes Hochschulstudium, an der FernUniversität Hagen durchführen und im geschlossenen Vollzug untergebracht werden müssen. [...] Mit der Einrichtung dieser Abteilung haben wir Neuland betreten. Es ist die erste Einrichtung dieser Art in einer Vollzugsanstalt der Bundesrepublik" (Donnep 1983, S. 29ff).

(Zu Erfahrungsberichten aus Geldern s.u.: Abschn. 3.2.1.2)

2.3.2 Das Studienzentrum an der JVA Hannover

Das Studienzentrum wurde eingerichtet in der „Bildungsstätte bei der JVA Hannover"; der Studienbetrieb wurde zum WS 1987/88 begonnen.[11]

Diese neue Einrichtung zur schulischen und beruflichen Aus- und Fortbildung für erwachsene Strafgefangene mit 180 Haftplätzen in drei Unterkunftshäusern mit je vier Wohngruppen à 15 Gefangenen bietet seit ihrer Eröffnung eine breite Auswahl schulischer und beruflicher Bildungsmaßnahmen an (vgl. DER WEG 1987, S. 15ff).

Neben *allgemeinbildenden Maßnahmen* (Elementarkurs für Analphabeten, Sonderschulkurse, Hauptschulkurse, Berufsgrundbildungsjahr u.a.), *berufsbildenden Maßnahmen* (z.B. Umschulung zum Kochgehilfen, zum Schlossergesellen, Grundausbildung Metall, Umschulung zum Tischler, Maler und Lackierer oder zum Elektroinstallateur) und sog. *zusätzlichen Bildungsangeboten* (u.a. Förderkurs Deutsch, Gartenbauseminar, Einzel- und Gruppennachhilfe, Besuch des Realschulkurses bei der VHS Hannover) wurden in der Planungsphase vorgesehen und schließlich realisiert:

- die Ermöglichung der Teilnahme von Inhaftierten an Kursen bei der VHS Hannover zum nachträglichen Erlangen einer Hochschulzugangsberechtigung sowie
- die Einrichtung eines Studienzentrums der FernUniversität.

Die Lern-, Wohn- und Versorgungsbereiche sowie Werkstätten in der Bildungsstätte der JVA Hannover sind unter einem Dach zusammengefaßt, so daß durch diese günstige Infrastruktur

---

[11] Einer der Verfasser der vorliegenden Studie (R.O.) hat - noch in der Planungs- und Bauphase der „Bildungsstätte bei der JVA Hannover" (November 1982 - März 1987) - an Gesprächen mit Frau Regierungsrätin Mehl und Frau Oberlehrerin Tiefensee, JVA Hannover, Herrn Oberlehrer Ink, JVA Geldern, Herrn Pollack, AStA, und Herrn Wesemüller-Kock, Leiter des Studienzentrums Hildesheim, in der JVA Hannover teilgenommen, bei denen die Einrichtung eines Studienzentrums in der Bildungsstätte beschlossen wurde.

Teil B

die notwendigen äußeren Voraussetzungen für eine sinnvolle Aus- und Fortbildung der Strafgefangenen gegeben sind.

Im Selbstverständnis der für den niedersächsischen Justizvollzug[12] entwickelten »Bildungsstätte bei der JVA Hannover« spiegelt sich das Bemühen von Justiz und Arbeitsverwaltung, der Erwachsenenbildungsträger sowie zuständiger Fachverbände (Innungen, Handwerksorganisationen) wider, erwachsene, bildungswillige Gefangene anzusprechen, um durch qualifizierte Schul- und Berufsausbildung oder weitergehende Bildungsmöglichkeiten eine solide Basis für eine inhaltsreiche Vollzugsgestaltung, Weiterentwicklung der Persönlichkeit der Betroffenen sowie fachliche Vorbereitung auf eine spätere Integration in das Erwerbsleben zu ermöglichen.

Die schulische und berufliche Qualifikation sollte nicht nur der »Selbstwertsteigerung« und dem »Erlernen sozialer Verhaltensweisen« dienen, sondern - angesichts ungünstiger wirtschaftlicher Rahmenbedingungen - auch dazu beitragen, die Gefangenen nicht in die Arbeitslosigkeit zu entlassen (vgl. DER WEG 1987, S. 1).

Die inhaftierten Fernstudenten sind in der JVA Hannover[13], im Gegensatz zu Geldern, im sog. „Wohngruppenvollzug" untergebracht. (Solche Wohngruppen besitzen ein gewisses Maß an Autonomie und regeln das Zusammenleben - samt Speiseplan, Freizeitaktivitäten etc. - grundsätzlich eigenständig; vgl. Walter 1991, S. 199). Man ging bei den Planungen von der Erkenntnis aus, daß Fehlentwicklungen im sozialen und emotionalen Bereich sehr viel schwerer anzugehen sind als Bildungsdefizite. Im Wohngruppenvollzug bzw. in der „Behandlungswohngruppe als lernender Gemeinschaft"[14] wurde eine Chance gesehen, derartige Fehlentwicklungen zu korrigieren; denn bei Unterbringung in Kleingruppen und bei Betreuung durch einen festen Mitarbeiterstab lassen sich zwischenmenschliche Beziehungen aufbauen, läßt sich soziales Verhalten im täglichen Umgang mit Gefangenen und Bediensteten erlernen und verstärken.

Diese Vollzugsform erforderte aber auch eine andere bauliche Gestaltung der Anstalten als sie durch die bisherigen Vollzugsformen geboten waren. Die neue Justizvollzugsanstalt Hannover erfüllte die baulichen Voraussetzungen für diese Vollzugsgestaltung. Auch das Studienzentrum ist in diesen „Wohngruppenvollzug" integriert.

Die räumliche Aufteilung des Studienzentrums - als sog. „Abteilung des Wohngruppenvollzugs" (mit 15 Inhaftierten pro Gruppe) - sieht folgendermaßen aus: ein „Stationszimmer", ein Zimmer für die Mitarbeiter, eine Teeküche, sanitäre Einrichtungen, ein Freizeit- und zwei Unterrichtsräume sowie 15 Haftplätze.

Die Vollzeitstudierenden der FernUniversität, die in der JVA Hannover studieren, können auch am Training „Soziales Lernen" teilnehmen, da der Bereich der Integration in sozialen Gruppen nicht isoliert von den Aus- und Bildungsmaßnahmen gesehen werden kann. Die „Bereitschaft zur Kommunikation" soll geweckt, und über die Schaffung eines „effektiven Ausgleichs" soll versucht werden, verhärtete Strukturen, Vorurteile, Stigmatisierungen und Selbstwertverluste positiv zu beeinflussen. Das „Soziale Training"[15] wird ergänzend aus der Erkenntnis angeboten, daß die herkömmlichen Angebote - speziell im Erwachsenenvollzug - nicht ausreichen, um den Gefangenen zu befähigen, künftig in sozialer Verantwortung ein Leben ohne Straftaten zu führen (vgl. Müller-Dietz & Walter 1995). Dieses in § 2 StVollzG niedergelegte Vollzugsziel ist die vom Gesetz verbindlich formulierte Aufgabenstellung, die es im Verlaufe des Vollzuges zu lösen gilt. Zugleich ist es eine „Gestaltungsmaxime für den Vollzug" (vgl. Callies & Müller-Dietz 1991).

Im Studienzentrum der Justizvollzugsanstalt in Hannover wurden auch besondere Regelungen für die Nutzung von Computern geschaffen: Nach einem Erlaß des Niedersächsischen Mi-

---

[12] Überlegungen zu der Frage, wie sich der Vollzug in Niedersachsen trotz „leerer Kassen" weiterentwickeln kann, stellt Wohlgemuth (1995) an. Er plädiert für eine professionelle Anwendung von Entwicklungsmanagement. Das Hauptmemnis für eine effektive Arbeit wird von ihm im »bürokratischen System« des Justizvollzugs gesehen (vgl. Wohlgemuth 1995).
[13] Es handelt sich um eine relativ große Anstalt mit ca. 1.000 Inhaftierten.
[14] Zu den Prinzipien, Bedingungen und Erfahrungen aufgrund von neunjähriger Praxis mit den Behandlungswohngruppen im Regelvollzug s. Lorch, Schulte-Altedorneburg & Stäwen (1989).
[15] Solche Formen von sozialem Training sind scharf zu trennen von sog. „paramilitärischen Drillprogrammen", die ihre Teilnehmer in der Regel als „trainees" deklarieren, sie aber keineswegs auf Alltagssituationen vorbereiten, sondern vielmehr extremen Disziplinierungsübungen („intensive incarceration") aussetzen (vgl. dazu z.B. Walter 1991, S. 198).

nisters der Justiz vom 18.06.1987 -4565-403.5 - dürfen Gefangene nicht-vernetzte PCs zu Bildungszwecken nutzen, wenn die Geräte in Räumen aufgestellt werden, die nicht Haftäume i.s. des § 18 StVollzG sind, und ihre Nutzung durch Vollzugsbedienstete beaufsichtigt wird.

Ausnahmen von dieser Regelung für Gefangene im geschlossenen Vollzug bedürfen der Zustimmung des Niedersächsischen Ministers der Justiz. Sie können u.a. in Betracht kommen, wenn ein Gefangener ein Gerät über den Fachhandel original verpackt beziehen will und sich damit einverstanden erklärt, daß Gerät und Datenträger erst nach Beendigung der Haftzeit aus der Anstalt entfernt werden dürfen.

Es bestehen keine Bedenken dagegen, daß Computer im offenen Vollzug auch in Hafträumen und zur Freizeitbeschäftigung genutzt werden (vgl. DER WEG 1987, S. 8).

2.3.3 Das Studienzentrum in der JVA Freiburg

In der baden-württembergischen JVA Freiburg (im Breisgau) sind derzeit (Stand: März 1997) etwa 770 männliche Gefangene inhaftiert. Davon befinden sich ca. 130 in Untersuchungshaft für Erwachsene und 20 in Untersuchungshaft für Jugendliche. Etwa 25 Erwachsene sind in Sicherheitsverwahrung; knapp 600 sind in Strafhaft für erwachsene Männer (Haftstrafen von 15 Monaten bis lebenslänglich). Die JVA besteht aus einer Hauptanstalt (mit einem Bildungszentrum) und vier Außenstellen.

In dem Bildungszentrum bzw. der Schule der JVA (mit 7 hauptamtlichen Lehrkräften) werden Kurse in den Bereichen der schulischen Bildung (u.a. zur Erlangung schulischer Abschlüsse) und der Berufsausbildung (u.a. in Handwerksberufen) sowie im Weiterbildungsbereich (u.a. Sprachkurse; Computerkurse; musische Kurse; aber z.B. auch ein Grundkurs in Philosophie sowie soziales Training) angeboten.[16] Inhaftierte der JVA können auch an Fernkursen teilnehmen (so u.a. am Telekolleg II zum Erwerb der Fachhochschulreife), für die ergänzend Vorbereitungs- und Stützkurse (im Direktunterricht) angeboten werden. Inhaftierte können zudem auch Kurse der FernUniversität belegen, wovon seit mehreren Jahren einige Inhaftierte regelmäßig und mit Erfolg Gebrauch machen. Die inhaftierten Fernstudierenden werden vom pädagogischen Dienst und von Mentoren des Studienzentrums Karsruhe betreut. Die Betreuung durch Mentoren erfolgte allerdings bis zur Gründung einer studienzentrumsähnlichen Einrichtung in der JVA eher sporadisch.

Ende 1995 wurden - auf Initiative von Sonderschulrektor Spreke - die Kontakte zwischen der JVA Freiburg im Breisgau und der FernUniversität intensiviert, um nach Möglichkeiten einer Optimierung des Studiums von Gefangenen zu suchen. (Zu diesem Zeitpunkt studierten in der „Schule der Justizvollzugsanstalt Freiburg i. Br." sieben Vollzeitstudierende und zwei Gasthörer.)

Aufgrund dieser Kontakte wurde schließlich im Jahre 1996 von der JVA Freiburg, dem Fernstudienzentrum an der Universität Karlsruhe und dem Ministerium für Wissenschaft, Kunst und Forschung des Landes Baden-Württemberg ein sog. 'geschlossenes Konzept der Betreuung und Beratung von inhaftierten Fernstudieninteressenten und Fernstudierenden' entwickelt (vgl. Klaus 1997). Die studienzentrumsähnliche Einrichtung in der JVA fungiert dabei als eine Außenstelle des Studienzentrums Karlsruhe.[17]

Seitdem werden fernstudierende Inhaftierte nicht nur vom Pädagogischen Dienst der Anstalt, sondern regelmäßig auch von Mentoren des Fernstudienzentrums der Universität Karlsruhe in Präsenzphasen „vor Ort" informiert, beraten und betreut.

---

[16] Dabei gehört es zum Selbstverständnis dieser Bildungseinrichtung, daß Lehren und Lernen in dieser 'Gefängnisschule' nicht nur dem Erwerb von Abschlußzeugnissen, sondern einer „Erwachsenenbildung im Strafvollzug" im weitesten Sinne dient: „Die Erwachsenenbildung will daher nicht nur Wissen vermitteln. Es geht ihr auch um Stärkung des Selbstbewußtseins, um Ermutigung, um Eigeninitiative, um Verbesserung der Lernfähigkeit. Es geht um Kritikfähigkeit, auch sich selbst gegenüber und um Steigerung der sozialen Handlungsfähigkeit vor und nach der Entlassung" (Justizvollzugsanstalt Freiburg 1995, S. 5).

[17] Die JVA arbeitet auch mit anderen Bildungseinrichtungen zusammen - so u.a. dem Bildungswerk der Erzdiözese Freiburg; dem Deutschen Institut für Fernstudien (DIFF) in Tübingen; der Landeszentrale für politische Bildung, Baden-Württemberg, Außenstelle Freiburg; sowie dem Italienischen Bildungswerk ENAIP in cooperazione con il Consolato Italiano. (In der JVA werden u.a. auch italienische Grund- und Hauptschulkurse angeboten.)

Teil B

Eine kleine Präsenzbibliothek mit wichtiger Basisliteratur zur Vertiefung und Ergänzung der in den Fernstudienkursen verankerten Lehrinhalte befindet sich seit Januar 1997 im Aufbau. Für die inhaftierten Studenten wurde ein Computerraum mit 10 Arbeitsplätzen eingerichtet, zu dem die Studierenden einen Schlüssel und somit jederzeit Zugang haben.[18] (Für andere Schüler ist ein Zugang nur zu den EDV-Kursen und zum EDV-Training unter Aufsicht möglich.)

Nach einem ersten Erfahrungsbericht hat sich die Zusammenarbeit mit dem Fernstudienzentrum Karlsruhe „sehr gut" entwickelt (Sonderschulrektor Spreke, Schreiben v. 10.03.1997).

In der JVA Freiburg studierten im Februar 1997 fünfzehn Fernstudierende. Es wird jedoch künftig mit höheren Teilnehmerzahlen gerechnet. Denn es wird im Rahmen des Karlsruher/Freiburger Modellversuchs davon ausgegangen, daß in Zukunft Fernstudienangebote im Strafvollzug von Baden-Württemberg stärker nachgefragt werden, weil sie in vielen Fällen die einzige Bildungsmöglichkeit bieten, wenn Aus- und Weiterbildung auf direktem Wege nicht möglich sind; zudem ist geplant, Fernstudierende aus anderen Vollzugsanstalten des Landes Baden-Württemberg in Freiburg zusammenzulegen. Klaus geht sogar von einer Fernstudierendenzahl von 30-40 in näherer Zukunft aus, da viele Inhaftierte in der JVA Freiburg demnächst das Telekolleg abschließen und somit die Voraussetzungen für bestimmte Studiengänge an der FernUniversität als einer Gesamthochschule erfüllen (vgl. Schreiben von Klaus vom 22.01. 1997).

Zukunftsweisend für ähnliche Einrichtungen dieser Art ist in diesem Freiburger Modell, daß an dem Betreuungsprogramm in den Räumen der Justizvollzugsanstalt auch nicht-inhaftierte Fernstudierende aus der Region Freiburg zugelassen werden, die sich keiner anderen unterstützenden Mentorengruppe in den Studienzentren von Baden-Württemberg zugeordnet haben.[19]

2.3.4 Bemühungen zur Verbesserung der Studiensituation weiblicher inhaftierter Studierender der FernUniversität

Die studienzentrums-ähnlichen Einrichtungen in Geldern-Pont, Hannover und Freiburg sind Angebote für inhaftierte männliche Studierende. Versuche, eine ähnliche Einrichtung für *weibliche* Gefangene einzurichten, waren bisher nicht erfolgreich. Dafür gibt es eine Reihe von Gründen, deren wichtigster die insgesamt geringe Anzahl weiblicher Inhaftierter ist (vgl. dazu u.a. Walter 1991, S. 131ff; vgl. ferner Schmölzer 1995, S. 219ff; nach einer Statistik des Justizministeriums in NW betrug der Anteil weiblicher Inhaftierter unter 5%; die durchschnittliche Belegung von insgesamt 16.439 für 1995 in den nordrhein-westfälischen Haftanstalten verteilte sich auf 15.688 männliche und nur 751 weibliche Gefangene; vgl. „Justiz in Zahlen 1996", hrsg. v. Justizminister des Landes NW).[20]

Auch die Anzahl weiblicher Studieninteressierter ist dementsprechend gering, wie sich aus Dokumenten der Hochschuladministration, dem Schriftverkehr von weiblichen Inhaftierten mit der Zentralen Studienberatung und den dezentralen Informations- und Beratungsinstanzen der FernUniversität ergibt. Nach Schätzungen von Herrn Wetzel vom Studentensekretariat der FernUniversität liegt ihre Zahl im Jahre 1997 bei 15-20 Teilnehmerinnen. (Auch bei einem Informationsgespräch, das Frau Dr. Monika Weingartz vom Studienzentrum Neuss in der JVA Willich Ende 1995 führte, wurde geschätzt, daß sich in NW höchstens 10 Frauen im Strafvoll-

---

[18] Langfristig sollen auch mediale Betreuungs- und Beratungsangebote für die 'inhaftierten Fernstudenten' implementiert werden (vgl. Klaus 1997, S. 2).
[19] In Baden-Württemberg existieren bisher nur Studienzentren der FernUniversität in Karlsruhe und Villingen-Schwenningen.
[20] Die vergleichsweise geringeren Gefangenenzahlen bei den Frauen beruhen u.a. darauf, daß diese nicht so häufig und wegen nicht so schwerer Delikte, speziell weniger wegen gewaltsamer Taten, registriert und bestraft werden (vgl. Walter 1991, S. 132; vgl. ferner auch Lamnek 1994, S. 92ff; oder Smaus 1990, S. 226). Bei ihnen ergibt sich auch eher ein höherer Anteil in Geldstrafen und kürzeren Freiheitsstrafen mit Strafaussetzungen (Mitteilung des Justizministers des Landes NW 1987).

2. Zur Entwicklung des Fernstudiums für Inhaftierte

zug für ein Studium eignen.)[21]

Die Studienzentren der FernUniversität in Köln, Krefeld, Neuss und Mönchengladbach haben (im Zusammenwirken mit dem Justizvollzugsamt Köln) mehrere Versuche zur systematischeren Information und Beratung von 'Frauen im Vollzug' unternommen. Die Resonanz bei den Interessentinnen war jedoch gering, wie auch ein neuerer Erfahrungsbericht von Herzberg (1997) aufzeigt. Herzberg hat 1996 vom Studienzentrum Mönchengladbach aus Kontakt mit der JVA Willich-Anrath[22], einer Haftanstalt für Frauen, aufgenommen - mit dem Ziel, in Form einer Interessentenberatung den weiblichen Gefangenen die Möglichkeiten eines Studiums an der FernUniversität vorzustellen.

Nach einer Interessentenberatung mit 15 weiblichen Inhaftierten in der JVA Willich-Anrath sowie einer späteren Einschreibberatung immatrikulierten sich schließlich zwei als Teilzeitstudentinnen und fünf als Gasthörerinnen.

Herzberg (1997) nennt auch einige Aufgaben, die bei einer Institutionalisierung einer studienzentrumsähnlichen Einrichtung in einer Justizvollzugsanstalt für Frauen bewältigt werden müßten (vgl. Herzberg 1997): - so u.a. die Intensivierung der Kooperationsgespräche zur Förderung der Akzeptanz und der Weiterentwicklung eines entsprechenden Modellvorhabens mit allen beteiligten Institutionen (u.a. Justizvollzugsamt, Anstaltsleitung, Pädagogischer Dienst); Abbau von Vorurteilen gegenüber dieser angedachten Bildungsmaßnahme im Frauenvollzug; eine verstärkte allgemeine und fachliche Beratung und mentorielle Betreuung; Anpassung der Umschlußzeiten an den Bedarf der inhaftierten Fernstudentinnen; Erweiterung der Zeiten für die Benutzung von Computern; adäquate Regelung der Rücksendung von Einsendeaufgaben durch den Pädagogischen Dienst.

2.4 Zur Rolle der Mentoren bei der Beratung und Betreuung inhaftierter Studieninteressenten und Studierender

Die FernUniversität hat ein Beratungs- und Betreuungssystem entwickelt, das als didaktisches Instrument zur Kompensation von Kommunikationsdefiziten in der Fernlehre fungiert.

An der Studentenberatung von inhaftierten Studenten beteiligte Organisationseinheiten der FernUniversität sind die Fachbereiche, das Studentensekretariat, die Abteilung „Studienzentren und dezentrale Studienberatung" und jene Studienzentren, die in der Nähe von Justizvollzugsanstalten liegen.

Die persönliche Beratung der Fernstudenten durch Mentoren in den Studienzentren ist als Bestandteil des Fernstudiums in § 112 WissHG geregelt: „(1) Die Studienzentren der FernUniversität bieten den Studenten Gelegenheit, Studienmaterial und technische Einrichtungen zu benutzen, an Arbeitsgruppen teilzunehmen, Studienberatungen in Anspruch zu nehmen und Betreuung durch Mentoren und Tutoren zu erfahren." Institutionalisierte Betreuung und Beratung der Studierenden gehört also zu den konstitutiven Elementen einer Fernuniversität (vgl. u.a. Ommerborn 1981; Bückmann, Ortner & Schuemer 1992b, S. 2).

Die zur Zeit gültigen Mentorenrichtlinien beschreiben das Aufgabenfeld der Mentoren wie folgt: "Neben der fachlichen Betreuung der Studenten obliegt dem Mentor die Aufgabe, die Studenten zu Studienmöglichkeiten, Zugangsvoraussetzungen, Studieninhalten, Studienabschlüssen und Studienbedingungen zu beraten. [...] Sie umfaßt bei studienbedingten persönlichen Schwierigkeiten auch eine psychologische Beratung (§ 35 der Grundordnung), insbesondere auch eine Hilfe bei der Überwindung fernstudienspezifischer Schwierigkeiten, die sich aus der Verwendung apersonaler Medien ergeben" (Der Kanzler der FernUniversität 1990, S. 6; vgl. ferner Brand 1992).

Die Mentoren arbeiten also komplementär zur Zentrale der FernUniversität: "Sie schließen

---

[21] Schriftlicher Vermerk von Frau Weingartz vom 5.12.95; an dem Gespräch nahmen teil: Herr Damman, Leiter der JVA Willich 1, Frau Dr. Eiselein, Leiterin der JVA Willich 2, Herr Heßeling, Leiter des Pädagogischen Dienstes Willich 1, Herr Geihe, Leiter des Pädagogischen Dienstes Willich 2.

[22] In dieser JVA sind etwa 120 Frauen im sog. geschlossenen Vollzug und etwa 50 im offenen Vollzug. Zum pädagogischen bzw. Sozialdienst gehören drei hauptamtliche Kräfte, ein Psychologe und zwei nebenamtliche Sozialarbeiter.

Teil B

Lücken - und nicht nur fachliche - die durch die Distanz zwischen Universität und Studierenden systemimmanent geschaffen werden" und können für alle Fernstudierenden "wichtige 'verbündete' Ansprechpartner, brauchbare Mutmacher und Motivationsbringer, Mittler zwischen Hochschule und Studierenden sowie engagierte Helfer sein" (Brand 1992, S. 43).

Die Besonderheiten des Fernstudiums lassen es geboten erscheinen, neben Mentoren, die primär fachbezogene Beratung anbieten (Fachmentoren), auch Mentoren vorzusehen, die Aufgaben im Bereich der allgemeinen Studienberatung wahrnehmen (Beratungsmentoren). Die Aktivitäten dieser Mentoren für allgemeine Studienberatung liegen primär in folgenden Tätigkeitsfeldern: Interessentenberatungen für heterogene Adressatengruppen; Einführungsveranstaltungen; Studienverlaufsberatungen und Rückmeldeberatungen; die Palette der Aufgaben wird vervollständigt durch Veranstaltungen zu Lerntechniken, Wissenschaftlichem Arbeiten, Zeitplanung und Arbeitstechnik sowie durch Veranstaltungen zur Verhinderung von Studienabbruch und schriftliche Einzelberatung. In den letzten Jahren wird verstärkt auch auf die Vermittlung sog. „soft skills" Wert gelegt, die - neben dem Erwerb von Fachkenntnissen - für die akademische Sozialisation und das spätere Berufsleben von Bedeutung sind. Zu diesen „Schlüsselqualifikationen" gehören u.a. Kommunikationsfähigkeit, Kooperations- und Teamfähigkeit, Problemlöseverhalten, Medienkompetenz und Rhetorik (vgl. dazu u.a. Münch 1997, S. 44; sowie Hofmann & Ommerborn 1997, S. 79ff).

Bei der Beratung und Betreuung *inhaftierter* Studieninteressenten und Studierender werden an die Gruppe der Mentoren sehr unterschiedliche Erwartungen gestellt, und zwar einerseits von den inhaftierten Studierenden, auf der anderen Seite von der lehrenden Institution und der Justizvollzugsanstalt.[23] Für die mentorielle Beratung und Betreuung inhaftierter Studieninteressenten und Studierender mußte daher eine besondere Konzeption entwickelt werden.

Bei der Beratung von Studieninteressenten in einzelnen Justizvollzugsanstalten während der Immatrikulationsphasen der FernUniversität müssen nicht nur allgemein die Anforderungen und Bedingungen eines Fernstudiums erläutert werden; es müssen dabei auch die besonderen Gegebenheiten und Probleme eines Fernstudiums unter Haftbedingungen erläutert werden, um unrealistischen Vorstellungen und Erwartungen (und dadurch bedingten späteren Enttäuschungen) entgegenzuwirken. Neben Informationsveranstaltungen für Gruppen von inhaftierten Studieninteressenten und Studierenden können zudem intensive individuelle Beratungsgespräche durchgeführt werden, wozu je nach Einzelfall auch die Empfehlung alternativer Bildungsmöglichkeiten gehören kann.

Diese Aktivitäten werden unterstützt durch eine speziell an Inhaftierte gerichtete Informationsbroschüre „Fernstudium im Strafvollzug - Einige Informationen für Studieninteressenten und Fernstudierende in Justizvollzugsanstalten" (hrsg. vom Kanzler der FernUniversität bzw. vom Dezernat 2) sowie durch einen (an alle Studieninteressenten und -anfänger gerichteten) Kurs „Studieren an der FernUniversität".

Von 1980 an bemühte sich die FernUniversität, von sich aus auf die bei ihr studierenden Häftlinge regelmäßig und planvoll zuzugehen und sie aktiv und offensiv in den allgemeinen Studienbetrieb einzubeziehen. Die in den Studienzentren tätigen Studienberater und Mentoren erhielten aus der Zentrale in Hagen Listen mit Namen und Adressen der jeweils ihrem Studienzentrum zugeordneten Justizvollzugsanstalten zugesandt. Mit diesen Anstalten, zumeist den dortigen Pädagogischen Diensten, nahmen sie sodann telefonisch oder schriftlich Kontakt auf, fragten nach eventuell vorhandenen Studienschwierigkeiten der inhaftierten Studierenden und boten ihre Unterstützung an. Auf diese Weise konnte die Beratung und Betreuung in nordrhein-westfälischen Justizvollzugsanstalten aufgebaut und verstärkt sowie auch die Bildung studentischer Arbeitsgruppen in den Haftanstalten initiiert und gefördert werden.

Die mit der Beratung und Betreuung Inhaftierter betrauten Mentoren haben es mit Menschen in kritischen Phasen ihres Lebens zu tun: Enttäuschungen und Rückschläge waren und sind an der Tagesordnung. An die Mentoren werden dabei Erwartungen herangetragen, die oft

---

[23] So ist beispielsweise eine Voraussetzung für die Tätigkeit als Mentor in der JVA Geldern, daß diese sich vor Beginn ihrer mentoriellen Tätigkeit einer sog. Sicherheitsüberprüfung unterziehen. - Auf die Aufgaben in einem derartigen Beratungs- und Betreuungsfeld - speziell auch bei den besonderen Studienproblemen dieser Zielgruppe - werden die dort tätigen Mentoren vom Dezernat 2 in enger Zusammenarbeit mit dem Anstaltsleiter und dem Pädagogischen Dienst der JVA Geldern vorbereitet.

2. Zur Entwicklung des Fernstudiums für Inhaftierte

über eine bloße Hilfestellung beim Studium weit hinausgehen.

Zudem haben Vertreter „helfender Berufe" oft mit Schwierigkeiten zu kämpfen, wenn sie in einer Haftanstalt mit ihrem Charakter einer „totalen Institution" (vgl. Foucault 1978, S. 256f)[24] tätig werden müssen und sich mit der (vermeintlichen oder tatsächlichen) „repressiven Natur des Vollzugs" in den Anstalten auseinandersetzen müssen (vgl. Greven 1985, S. 53). Dazu liegen in Hagen auch einzelne Erfahrungsberichte vor. Erste negative Erfahrungen führten zu Schulungen der Mentoren unter Beteiligung der Anstaltsleitung und des Pädagogischen Dienstes.

Probleme können sich ferner auch daraus ergeben, daß es dem inhaftierten Studierenden keineswegs freisteht, über Art und Umfang oder gar über das „Akzeptieren der Hilfe" frei zu entscheiden; vielmehr ist er gesetzlich verpflichtet, an dem konkreten Inhalt der ihm »aufgenötigten« Hilfe, hier Unterstützung, Beratung, Betreuung im Fernstudium, aktiv mitzuwirken.

2.5 Zur Nutzung von PCs bei einem „Studium in Haft"

Die PC-Nutzung (u.a. bei der Anfertigung von Haus- oder Examensarbeiten, bei der Nutzung von Lehrsoftware oder bei der Kommunikation zwischen dem Fernstudierenden und der Fern-Universität) ist von zunehmender Bedeutung für ein erfolgreiches Fernstudium.

In den meisten JVAs wird den Fernstudierenden aber die Nutzung eines PC nicht gestattet - zumeist begründet mit Sicherheitsbedenken[25] bzw. der mangelnden Kontrollierbarkeit durch das JVA-Aufsichtspersonal oder auch mit Problemen der Unterbringung in den Hafträumen.

In den studienzentrenähnlichen Einrichtungen in der JVA Geldern, an der Bildungsstätte der JVA Hannover sowie in der JVA Freiburg hat man versucht, hierzu Lösungen zu finden (vgl. oben: Abschn. 2.3): In Geldern haben die Studierenden Zugang zu Computern, die an ein kleines lokales Netz (mit Drucker) angeschlossen sind und bei denen aber die Diskettenlaufwerke entfernt worden sind. Im Studienzentrum bei der JVA Hannover dürfen nicht-vernetzte PCs von Gefangenen zu Bildungszwecken bedient werden, wenn die Geräte in Räumen aufgestellt werden, die nicht Hafträume sind und ihre Nutzung durch Vollzugsbedienstete beaufsichtigt wird. In Ausnahmefällen dürfen die Gefangenen auch eigene Geräte benutzen, wenn diese über den Fachhandel original verpackt bezogen werden; Gerät und Datenträger dürfen dann allerdings erst nach Beendigung der Haftzeit aus der Anstalt entfernt werden. In Freiburg haben die inhaftierten Studierenden jederzeit Zugang zu einem Computerraum mit 10 PC-Arbeitsplätzen.

Der Nichtzugang zu Computern in den meisten anderen JVAs ist ein von vielen inhaftierten Studierenden genanntes Problem bei ihrem Studium (Näheres s.u.: Abschn. 5.13).

---

[24] Zu einer Würdigung des Foucaultschen Denkens in den Bereichen Strafvollzug, Psychiatrie, Erziehungs- und Gesundheitswesen, Sozialfürsorge usw. s. auch Habermas (1993, S. 279ff).
[25] vgl. dazu z.B. Freiling (1992), der sich mit der Zukunft des Fernunterrichts im Strafvollzug befaßt; neue Lernsysteme seien zwar zunehmend multimedial orientiert und würden den Einsatz von audiovisuellen Gerätschaften und PCs erfordern; der Freigabe solcher Medien zu individuellen Lernzwecken stünden jedoch auf absehbare Zeit Überlegungen zur Anstaltssicherheit unvereinbar entgegen. Zur PC-Nutzung durch inhaftierte Studierende s. auch unten: Abschn. 5.13, 7.1 und 8.2.

3. Erfahrungen mit Fernstudium für Inhaftierte in der Bundesrepublik Deutschland

Im Folgenden wird versucht, die Erfahrungen mit Fernlehre für Inhaftierte in der Bundesrepublik Deutschland zu skizzieren[1]. Da uns nur sehr wenige empirische Untersuchungen vorlagen, stützt sich die Darstellung auch auf Beschreibungen und Erfahrungsberichte (teils auch von Betroffenen).

3.1 Fernunterrichtserfahrungen in Gefängnissen

Fernunterricht für Inhaftierte gab es in der Bundesrepublik schon lange vor Gründung der Fern-Universität; einige Erfahrungsberichte sowie teilweise auch empirische Untersuchungen liegen aus den 60-er und 70-er Jahren vor.

Borchert (1969) befaßte sich mit dem „Fernunterricht als Mittel zur Resozialisierung Straffälliger". Da zu dieser Zeit in Deutschland weder „empirische Untersuchungen" noch „repräsentative Erfahrungen" vorlagen, griff Borchert auf Erfahrungen in schwedischen Haftanstalten zurück und verwertete zusätzlich Einzelerfahrungen, die das Hamburger Fern-Lehrinstitut (HFL) bei der Betreuung von Strafgefangenen sammelte.

Die spezifischen Eigenschaften des Fernunterrichts bieten nach Borchert für den Einsatz in Haftanstalten erhebliche Vorteile:
- Räumliche und örtliche Unabhängigkeit;
- Sicherheit (kein Schulweg, kein Zellenausschluß);
- Individualität (weitgehende Differenzierung des Einstiegsniveaus, des Lerntempos und der Studiengewohnheiten);
- Spezialisierung (besonders wichtig, weil in den meisten Haftanstalten keine Ausbildungsmöglichkeiten für nicht handwerkliche Berufe vorhanden sind);
- Intimität (keine Blamage vor Klassenkameraden wegen mangelnder Leistung);
- Kostenersparnis (besonders in kleinen Haftanstalten, wo schulische Einrichtungen oder Lehrerplanstellen nicht zu verwirklichen sind) (vgl. Borchert 1969, S. 267).

Diesen Vorteilen standen jedoch (unter den Bedingungen des Justizvollzugs der sechziger Jahre) gesetzgeberische, pädagogische sowie auch finanzielle Schwierigkeiten entgegen.

Um letzteren - zumindest für einige Interessenten - zu begegnen, setzte das HFL „einen Sozialfond für Härtefälle aus, aus dem Minderbemittelten und Strafgefangenen Zahlungserleichterungen und in besonderen Fällen auch Gebührenerlaß gewährt werden [sollte]" (Borchert 1969, S. 268). Zudem wurden aus einem weiteren Fond Stipendien an einzelne Strafgefangene vergeben. Die Lernleistungen dieser Inhaftierten wurden vom HFL überwacht.

Die Ergebnisse, die das Hamburger Fernlehrinstitut mit diesem Programm erzielte, waren zwiespältig: Zwar waren die Leistungen der Kursteilnehmer, sofern sie sorgfältig ausgewählt waren und unter erträglichen Bedingungen (Einzelzelle, Verständnis der Anstaltsbediensteten) lernen konnten, auch in „anspruchsvolleren" Kursen sehr gut; jedoch waren die Quoten der „Nicht-Starter" und der Abbrecher außerordentlich hoch. Offensichtlich spielte - so Borchert (1969, S. 277) - das »Klima« in der Haftanstalt eine entscheidende Rolle.

So ergaben sich Probleme u.a. aus den „Kann-Vorschriften" der Vollzugsordnung in den sechziger Jahren: Diese gaben den Anstaltsleitern einen breiten Auslegungsspielraum - so etwa bei der Genehmigung zu vermehrtem Briefverkehr, dem Empfang von Paketen oder zur Beschaffung von fachlicher Literatur. Bei der Genehmigung oder der Genehmigungsverweigerung spiele aber oft der Gedanke an den zusätzlichen Arbeitsanfall und an die Vermeidung von Konfliktsituationen eine Rolle. Denn aus der Sondergenehmigung zur Absolvierung eines Fernlehrganges ergäben sich viele andere Sondergenehmigungen, die den Anstaltsverwaltungen erhebliche Mehrarbeit brächten, z.B. vermehrter Briefverkehr, vermehrte Postkontrolle, höhere

---

[1] Auf Erfahrungen mit Fernlehre für Inhaftierte im Ausland wird im Kapitel 7 eingegangen.

3. Erfahrungen mit Fernstudium für Inhaftierte in der BRD

Portokosten u.ä. Zudem sei die Regulierung auftretender Schäden an den verwendeten Lehrmedien (wie z.B. Tonband) schwierig. Außerdem könne die Sicherheit in der Strafanstalt durch Lehrgeräte betroffen sein. Zudem müsse mit Reaktionen anderer Strafgefangener, denen eine Teilnahme verweigert worden sei, gerechnet werden.

Als mögliche weitere Probleme und Nachteile eines Fernunterichtes für Inhaftierte werden bei Borchert (unter Verweis auf einen HFL-internen Erfahrungsbericht von Hunger, der an den HFL-Programmen mitgewirkt hat) u.a. genannt (vgl. Borchert 1969, S. 274):
- Isolation der Schüler; fehlende Bindung an andere Teilnehmer einer Schulgruppe oder Klasse;
- fehlender direkter persönlicher Kontakt mit den Lehrenden;
- mangelnde Möglichkeiten zur Motivierung: Energie, Fleiß und Ausdauer können nur abgeschwächt durch schriftliche Mahnungen gefördert werden; Durchhalteenergie kann im Lehrbrief nicht mitgeliefert werden;
- Fehlentscheidungen bei der Auswahl des Lehrgangs;
- Illusionen mancherlei Art;
- falsche Selbstbeurteilung der eigenen Fähigkeiten;
- fehlende Sachkenntnis und fehlender Überblick über die Berufswelt und die Arbeitsmarktlage;
- Fehlentscheidungen durch falsche Berufsvorstellungen.

Diesen Problemen und Nachteilen könne jedoch durch „sorgfältige Auswahl der Teilnehmer" und „systematische Überwachung des Studiums" zu begegnen versucht werden.

Auch in den 70-er Jahren gab es einige Initiativen zum Einsatz von Fernunterricht im Strafvollzug, und es liegen einige Veröffentlichungen vor, die sich mit dem Beitrag von Fernunterricht bei der Resozialisierung Strafgefangener befassen.

1972 startete die »Aktion Bildungsinformation e.V.« (Abi[2]) - nach Vorarbeiten in Kooperation mit dem »Arbeitskreis für korrektes Fernlehrwesen (AFK)« - einen Versuch mit etwa 30 Studienfreiplätzen für Gefangene. Bis 1976 konnte die Initiative bereits über 300 Studienfreiplätze für Strafgefangene vermitteln (vgl. Schöneborn 1976, S. 323). Dabei war u.a. die schwierige Aufgabe der Auswahl von „geeigneten" Strafgefangenen zu lösen. Man einigte sich auf eine Beurteilung auf der Basis folgender, von den Bewerbern einzureichender Unterlagen:
- Lebenslauf;
- zeitliche Aufzählung der Strafen (freiwillig) sowie Nachweis über die voraussichtliche Haftdauer (einschl. einer Einschätzung dazu, ob eine Entlassung auf der Basis des Gnadengesuches nach der Hälfte oder Zweidrittel der Haftzeit möglich erschien);
- glaubhafte Versicherung, daß keine eigenen Mittel zur Bezahlung des Fernstudiums vorhanden sind bzw. keine Angehörigen die Kosten übernehmen können;
- allgemeine Beurteilung durch Bedienstete der Vollzugsanstalt (Lehrer, Pfarrer, Sozialpädagoge, Sozialarbeiter);
- Fotokopie des Abschlußzeugnisses bzw. sonstiger abgelegter Prüfungen.

Im Zeitraum 1972-1976 haben sich bei der *Abi* rund 1.800 inhaftierte Interessenten für Fernunterricht gemeldet, wovon jedoch lediglich 300 Inhaftierten zu einem kostenlosen Fernstudium verholfen werden konnte. Vor allem wurden Kurse für Mittlere Reife, Abitur sowie für handwerklich-technische Berufe vermittelt. Beachtlich ist, daß nur rund 1 % der Fernschüler ihre Ausbildung via Fernunterricht abbrachen, und dies in der Regel, weil sie entlassen wurden (vgl. Schöneborn 1976, S. 324). Bei einer Befragung (N=96), die von der Akademikergesellschaft für Erwachsenenfortbildung in Stuttgart in Zusammenarbeit mit dem Justizministerium Baden-Württemberg durchgeführt wurde, bejahten zudem 40,6 % der inhaftierten Fernschüler die Frage, ob sie wegen des Abschlusses eines Fernkurses ggf. auf eine vorzeitige Entlassung zu verzichten bereit wären.

Schöneborn (1976) verweist auf die wiederholt festgestellte Korrelation zwischen Bildungsdefiziten und Kriminalität und glaubt, daß Bildungsmaßnahmen einen wichtigen Beitrag zur

---

[2] Zu *Abi* s. Kleinmann (1974)

Resozialisierung und damit zur Verminderung der Rückfallquote[3] liefern können; zudem könne auf diese Weise dem sog. Prozeß der „Verholzung", d.h. dem permanenten Persönlichkeitszerfall bei längeren Haftstrafen entgegengewirkt werden. Fernunterricht könne bei dieser Resozialisierung durch Bildung eine wichtige Rolle spielen: „Fernunterricht als Abbaufaktor von Bildungsdefiziten eignet sich durch seine spezifische Art insbesondere durch seine personalarme und kostensparende, rationelle Form derzeit besonders gut zur Anwendung in Vollzugsanstalten" (Schöneborn 1976, S. 322).

Ferner werden bei Schöneborn (1976, S. 324) eine Reihe von Voraussetzungen für einen erfolgreichen Fernunterricht im Strafvollzug genannt:
- Gewährung von Lernzeiten (z.b. Verlängerung der Beleuchtungszeiten, teilweise oder vollständige Befreiung von manuellen Arbeiten);
- Lernräume (Lesezimmer);
- Hilfsmittel (Lexika, Schreib- und Zeichengerät, Schreibtisch, Lampe etc.);
- Teilnahme an Direkt-Unterrichtsveranstaltungen (Prüfungen, Seminare);
- Wochenendunterricht unter Begleitung von Vollzugsbeamten oder Urlaub auf Ehrenwort;
- Einrichtung einer Fernschule für Strafgefangene.

Schöneborn (1976, S. 325) regt zudem an, daß Lehrende und Lernende zunächst analysieren sollten, „welche der beiden Formen des Lehrens und Lernens [Direkt- bzw. Fernunterricht] für sie unter den jeweils gegebenen Umständen geeigneter ist oder in welcher Weise sie sich kombinieren lassen, damit man möglichst ihre Vorteile nutzen kann, ohne ihre Nachteile in Kauf nehmen zu müssen" (Schöneborn 1976, S. 325).

Auf Anregung des Bundestagsabgeordneten Dieter Lattmann bei dessen Besuch am 07. November 1974 bei der Staatlichen Zentralstelle für Fernunterricht der Länder der Bundesrepublik Deutschland (ZFU) in Köln wurde an dieser unter der Federführung von Haagmann (1975) ein „Bericht zur Situation und zur Rehabilitierung mit Hilfe von Fernunterricht" erstellt. Dieser sollte mit dazu beitragen, die Bemühungen der Parlamente und Regierungen zu unterstützen und derart voranzutreiben, daß im Rahmen eines »Resozialisierungswerkes für Strafgefangene« mit Hilfe von Fernunterricht eine „große Zahl gestrauchelter oder straffällig gewordener Menschen" in die „Sicherheit und Zufriedenheit beruflicher Verhältnisse" und in die Gesellschaft zurückgeführt werden kann.

Von den damals 45.000 Strafgefangenen in der Bundesrepublik Deutschland nahmen etwa 350 Inhaftierte am Fernunterricht teil. Von diesen stellte die AKAD 209 Teilnehmern sog. Studienfreiplätze zur Verfügung. Weitere Inhaftierte hatten Fernkurse des Hamburger Fern-Lehrinstituts (HFL), der Studiengemeinschaft Darmstadt (SGD) oder anderer kleinerer Fernschulen belegt (vgl. Haagmann 1975, S. 3ff).

Das Interesse an Fernunterricht wird auch durch rund 240 Nachfragen belegt, die bereits 1972 - also etwa ein Jahr seit Gründung der Zentralstelle für Fernunterricht (ZFU) - dort von Inhaftierten oder von Justizvollzugsanstalten und Bewährungshelfern eingebracht wurden.

Die AKAD Stuttgart führte Mitte 1974 eine Umfrage zur Ermittlung der Teilnehmerstruktur der Fernschule für Strafgefangene durch; von 170 versandten Fragebögen konnten 96 ausgewertet werden (vgl. Haagmann 1975, S. 6ff). Einige der Auswertungsbefunde seien genannt:
- Eine Mehrheit der Antwortenden strebt einen höheren Ausbildungsstand zur Verbesserung ihrer späteren beruflichen Chancen an.
- Etwa 40 % der Inhaftierten, die an einem Fernkurs teilnahmen, vertreten die Meinung, daß sie lieber auf eine vorzeitige Entlassung zur Bewährung - zugunsten des Kursabschlusses - verzichten würden.
- Unterstützung durch die Anstaltspädagogen fanden 34 % der strafgefangenen Fernlehrgangsteilnehmer stets und weitere 22 % manchmal. Die Mehrheit kann Hilfsmittel zum Fernunterricht (Tonband, Recorder etc.) in ihrer Haftzelle benutzen. Lediglich 5 % geben an, daß das Vollzugspersonal in den Anstalten den Weiterbildungsbemühungen negativ gegenübersteht.

---

[3] In den siebziger Jahren auf rund 80 % geschätzt (bei einer durchschnittlichen Gesamtzahl von 45.000 Inhaftierten in der damaligen Bundesrepublik). Zum Zusammenhang von Bildung und Rückfälligkeit vgl. auch Sunshine (1997) mit Erfahrungen aus dem USA-Bundesstaat New York (s.u.: Abschn. 7.2.5.2)

3. Erfahrungen mit Fernstudium für Inhaftierte in der BRD

- Gewünscht werden von den Befragten u.a.:
  - mehr Direktunterricht;
  - Zusammenlegung von inhaftierten Kursteilnehmern, um gemeinsames Lernen zu ermöglichen;
  - teilweise Freistellung von der Arbeit;
  - finanzielle Unterstützung für Hilfsmittel;
  - nur wenige bitten auch um die Erlaubnis, „länger abends bei Licht arbeiten zu dürfen."

Die Leistungskontrollen ergaben, daß die inhaftierten Teilnehmer gleichwertige Leistungen erbringen können wie andere Erwachsene, die sich auf das Abitur, die Mittlere Reife, die Techniker- oder Betriebswirtprüfung vorbereiten.

Haagmann befaßt sich auch mit der Frage „Nah- vs. Fernunterricht": *Nahunterricht* werde bei solchen Bildungsveranstaltungen geboten sein, in denen „Allgemeinbildung und berufliches Grundwissen" an solche Inhaftierte vermittelt wird, die über einen Bildungsstand unterhalb des Hauptabschlusses verfügen. Für diesen Adressatenkreis könne speziell entwickeltes Lehrmaterial als Hilfe zur Vor- und Nachbereitung der Nahunterrichtsveranstaltung dienlich sein. Der Gefängnispädagoge könne so in einem gewissen Umfang von der Vermittlung reinen Faktenwissens entlastet werden. Die Festigung und die Anwendung der in der Anstalt so erworbenen Kenntnisse sei hingegen Aufgabe der Präsenzveranstaltungen.

Fernunterricht könne hingegen bei solchen Bildungsveranstaltungen angewandt werden, in denen mittlere und vor allem höhere Bildungsabschlüsse oder höhere berufliche Fertigkeiten nachgeholt werden; Voraussetzungen seien „Bildungsbereitschaft" und „Mindestkenntnisse" auf der Ebene des Hauptschulabschlusses. Ergänzender Nahunterricht könne in Form von Konsultationen zum Fernunterricht sowie als Wiederholung, Veranschaulichung, Ergänzung und Vertiefung erfolgen. Betont wird ferner, daß die Erarbeitung und Zurverfügungstellung eines großen Bildungsangebotes für Inhaftierte die Zusammenarbeit verschiedener staatlicher und privater Institutionen voraussetzt.

Haagmann (1975, S. 19) gelangt zu folgenden Empfehlungen: Die Länderparlamente sollten Haushaltsmittel für Bildungsmaßnahmen zugunsten von Inhaftierten bewilligen, und die Justizministerien der Länder sollten die Teilnahme von Inhaftierten an Fernkursen durch die Gewährleistung von Lernmöglichkeiten fördern. Letzteres könne geschehen:
- durch den Einsatz von Gefängnisoberlehrern für eine Konsultation und Unterrichtung der Betroffenen,
- durch die Einrichtung von Bibliotheken und Mediotheken in den Justizvollzugsanstalten,
- durch die Zusammenlegung von Strafgefangenen in besonderen Anstaltstrakten oder Justizvollzugsanstalten (soweit dies aus Sicherheits- und Rechtsgründen möglich sei) und
- durch teilweise oder gänzliche Freistellung von der Arbeit.

Haffa & Kammerer (1987, S. 181) berichten aus ihrer Erhebung in den 80er Jahren, daß das Interesse an Fernunterricht seitens der Inhaftierten etwas nachgelassen habe; als Gründe für das geringere Interesse werden u.a. genannt: Im Rahmen der intensivierten Bemühungen um die Reintegration Strafgefangener sind die Bildungsangebote innerhalb der Anstalten vermehrt worden (vgl. dazu auch Geisler 1991, S. 102); zudem erhalten Gefangene nach Verbüßung einer bestimmten Strafzeit oft die Gelegenheit, an Kursen außerhalb der Anstalt teilzunehmen. Nichtsdestotrotz liegen auch aus jüngster Zeit Berichte zum Fernunterricht für Inhaftierte vor:

Erfahrungen bei der Studiengemeinschaft Darmstadt (SGD): Heinrich Dieckmann von der SGD teilt auf entsprechende Anfrage mit, daß seit dem Bestehen der Studiengemeinschaft schon immer Insassen von Strafvollzugsanstalten zu ihrer Klientel zählten:„Zum 40jährigen Bestehen der SGD, im Jahre 1988, hatte die Geschäftsleitung 40 Fernlehrgänge kostenfrei an Insassen von hessischen Strafvollzugsanstalten vergeben. Aufgrund dieser Initiative ergaben sich [...] engere Kontakte zu den Strafanstalten [...]. Insassen, die sich für einen Fernlehrgang entschieden hatten, der mit einer staatlichen oder öffentlich-rechtlichen Prüfung endet, mußten intensiver betreut werden [...]. Da für diese Lehrgänge oftmals Seminarbesuch zwingend vorgeschrieben ist, mußte die SGD der JVA bescheinigen, daß das Erscheinen des Teilnehmers unabdinglich ist. Einige Teilnehmer konnten die Seminare aufgrund des Strafvollzugs nur in Begleitung besuchen. Aufgrund der damaligen kostenlosen Vergabe von Fernlehrgängen wurde aber die SGD in verschiedenen Anstalten erst richtig bekannt, so daß auch durch Mundpropaganda neue Insassen sich bei uns persönlich meldeten und Fernlehrgänge belegten. Auch kommen oft Anfragen von den betreffenden Anstaltslehrern, die sich im Vorfeld über unsere Lehrgänge informieren, um ihre Schützlinge beraten zu können. Abgesehen von den Seminarbesuchen, wo für die Teilnehmer Schwierigkeiten auftauchen können, durchlaufen diese Teilnehmer die Fernlehrgänge genauso wie jeder andere Teilnehmer, der sich in Freiheit befindet. In der Zwischenzeit haben wir auch sehr viele Teilnehmer in den neuen Bundesländern, die sich im Strafvollzug befinden, auch von diesen waren bereits einige zum Seminarbesuch in Begleitung erschienen. Der Fernunterricht dient dieser Klientel nicht nur zur Weiterbildung, sondern zur Wiedereingliederung nach ihrer Entlassung." (Fax vom 24.07.1996)

Erfahrungen beim Funkkolleg: Auf Anfrage teilte Herr Wolfgang Balser vom Funkkolleg-Zentralbüro in Frankfurt am 12.6.96 mit, daß unter den Teilnehmern am Funkkolleg regelmäßig auch Inhaftierte sind. Er berichtete:
Die Teilnehmeranzahlen variieren je nach Thema von ca. 30 bis über 100. Für Inhaftierte, die über ein geringes Eigengeld verfügen, ist die Teilnahme am Funkkolleg kostenlos.
Mittlerweile gibt es an einzelnen Justizvollzugsanstalten verschiedener Bundesländer auch Ansprechpartner des Pädagogischen Dienstes, die im Rahmen von Unterrichtsveranstaltungen die Lehrinhalte vertiefen und die Teilnehmer auf Prüfungen vorbereiten. Nach vorgegebenen Klausurbedingungen beaufsichtigen die Ansprechpartner in den JVAs auch die Klausuren.
Nach den Erfahrungen Balsers hat die Teilnahme am Funkkolleg für viele inhaftierte Kollegiaten einen „relativ hohen Stellenwert". Es gibt einzelne Inhaftierte mit Langzeitstrafen, die z.T. an mehreren Funkkollegs in Folge mit Erfolg teilgenommen haben.
Erfahrungen beim Telekolleg: Inhaftierte können auch am Telekolleg teilnehmen und so die Fachhochschulreife erreichen. Die Studienmaterialien können dem Inhaftierten - sofern sie von Pädagogen in den Justizvollzugsanstalten betreut werden - bei nachgewiesenen Notlagen unentgeltlich zur Verfügung gestellt werden (vgl. TR-Verlagsunion 1996, S. 5); die Finanzierung erfolgt dann aus Mitteln der Hans-Dürrmeier-Stiftung. So vergab die Stiftung beim TK-Lehrgang 1992/94 Stipendien an 42 und beim TK-Lehrgang 1994/96 an 60 Inhaftierte; die Vergabe erfolgte trimesterweise und auch nur dann, wenn eine befürwortende Stellungnahme des jeweiligen Pädagogischen Dienstes für den Kollegiaten vorlag (Fax von Christine Selb vom Sekretariat der Stiftung vom 16.7.97).

3.2 Erfahrungen an der FernUniversität

Oben (in Kap. 2) ist schon darauf hingewiesen worden, daß schon unter den ersten Immatrikulierten an der FernUniversität einige Inhaftierte waren.
Ende der siebziger Jahre beschreiben zwei Inhaftierte unter dem Titel „Studium im Knast" die Studiensituation in der JVA Berlin-Tegel, wo zu diesem Zeitpunkt 10 Gefangene, zumeist als Gasthörer, ein Fernstudium absolvierten (vgl. Heger & Kramer 1979, S. 63). Sie nennen als hauptsächliche Probleme: die Isolation von anderen inhaftierten Studenten, die schlechte Literaturversorgung und den zu geringen Kontakt zu möglichen Ansprechpartnern der FernUniversität, und schildern plastisch ihre Situation, wenn sie mitteilen:
„Unsere Situation als gefangene Fernstudenten ist [...] gekennzeichnet durch die getrennte Unterbringung in fünf verschiedenen Teilanstalten bzw. Häusern. Aufgrund der anstaltsinternen Regelungen ist es uns nicht möglich, untereinander Erfahrungen, Informationen und Meinungen auszutauschen [...]. Wenn also z.B. Probleme mit dem Lehrstoff auftauchen, sind wir auf Literatur angewiesen und auf die Zusammenarbeit mit den wenigen mitgefangenen Fernstudenten im 'eigenen' Haus. Und die haben dann oft gerade ganz andere Kurse belegt.

3. Erfahrungen mit Fernstudium für Inhaftierte in der BRD

Wir stehen also mitunter wie der berühmte 'Ochs vor'm Berg' und wären bei so einer Gelegenheit für jede Hilfe von außen dankbar. Diese ließe sich über das Studienzentrum koordinieren und später auf telefonischem Wege abwickeln" (Heger & Kramer 1979, S. 63).

Der AStA der FernUniversität führte im Jahre 1983 eine Fragebogenaktion durch, die von einem der Verfasser der vorliegenden Studie (Ommerborn) fachwissenschaftlich und administrativ unterstützt und begleitet wurde (Suckau 1983a). Von den damalig ca. 245 immatrikulierten inhaftierten Studenten schickten lediglich 25, also etwa 10 %, den Fragebogen zurück. Einige Ergebnisse der Untersuchung seien im folgenden zusammengefaßt:

- *Fachwahl:* Die Befragten gaben als „beliebteste Studienrichtung" 'Erziehungs-, Sozial- und Geisteswissenschaften', gefolgt von 'Wirtschaftswissenschaften' und 'Recht' an, und erst „mit großem Abstand" dazu wurden die Fachrichtungen 'Mathematik' und 'Elektrotechnik' genannt (vgl. Suckau 1983a, S. 43).
- *Hörerstatus:* Den weitaus größten Anteil stellten die Gasthörer mit 18 Vertretern, gefolgt von 4 Vollzeitstudenten und einem Zweithörer (überwiegend im Grundstudium).
- *Reaktionen der Mitgefangenen sowie der Anstaltsleitungen:* Die Befragten schätzten die Reaktion ihrer nicht-studierenden Mitgefangenen auf ihr Studentendasein im Gefängnis unterschiedlich ein, wobei positive und negative Einschätzungen gleich häufig waren (bei wenigen neutralen Einschätzungen). Die Reaktionen der Anstaltsleitungen wurden überwiegend als neutral-gleichgültig (12x) oder negativ (9x) eingeschätzt (bei nur 4 positiven Urteilen).
- *Befreiung von der Arbeitspflicht:* Von den Befragten konnten sich zwölf Inhaftierte aufgrund ihres Fernstudiums generell nicht von der Arbeit entbinden lassen, acht räumten allerdings diese Möglichkeit für die Voll- und Teilzeitstudenten in ihrer Justizvollzugsanstalt ein, drei hielten dies für schwierig und einer konnte sich diese Möglichkeit aus „Geldmangel" nicht erlauben.
- *Zeitaufwand für das Studium:* Den allgemeinen Zeitaufwand für ihr Fernstudium im Gefängnis gaben die betroffenen Teilzeitstudierenden mit 20 bis 30 Stunden pro Woche und die Vollzeitstudenten mit 40 und mehr Stunden an.
- *Zusammenarbeit mit anderen Studierenden in der JVA:* „Erstaunlich" war für Suckau (1983a, S. 43), daß, obwohl mehrere Fernstudenten „gemeinsam in derselben JVA einsaßen", sie nicht „voneinander wußten". Übereinstimmend hatten alle inhaftierten Fernstudenten aus Berlin und Hamburg-Fuhlsbüttel auf die Frage, ob „Kommilitonen in der JVA vorhanden" wären, mit „nein" bzw. „nicht bekannt" geantwortet. Die drei dem AStA bekannten Fernstudenten aus Wolfenbüttel hatten dagegen „untereinander Kontakt". Eine echte Zusammenarbeit in einer Arbeitsgemeinschaft existierte in dieser Zeit aber nur in einer einzigen Anstalt, nämlich in Celle. Alle anderen Befragten antworteten diesbezüglich entweder mit „nein" (14) oder mit „schwierig" (8). Hierfür genannte Gründe waren u.a.: keine Mitstudenten (8 Nennungen), Organisationsschwierigkeiten (7) und Schwierigkeiten mit der Anstaltsleitung (6).
- *Kontakte zu Fernstudenten außerhalb der JVA:* Nach den Kontakten zu Fernstudenten außerhalb des Gefängnisses befragt, antwortete lediglich nur ein Inhaftierter positiv. Zwanzig inhaftierte Fernstudenten wünschten sich aber Kontakte zu Kommilitonen in anderen Justizvollzugsanstalten.
- *Literatur:* Für 18 der 25 antwortenden Studierenden war die in den Kursen angegebene Fachliteratur nicht verfügbar. Die Ursachen für die Schwierigkeiten bei der Beschaffung studienrelevanter ergänzender Literatur lagen nach Einschätzung der Befragten, „bei internen Schwierigkeiten der JVA, dicht gefolgt von entstehenden Kosten. In weitem Abstand wurde der nicht gewährte Ausgang zur Bibliothek als Grund angegeben" (Suckau 1983a, S. 43). Von den inhaftierten Studenten, die bereits Erfahrungen mit dem Fernleihsystem gemacht hatten, wurden zehn negative und fünf positive Bewertungen abgegeben. Die Gründe für die negativen Erfahrungen lagen primär in den „entstehenden Kosten", gefolgt von „internen Schwierigkeiten in der JVA". Schließlich wurde bemängelt, daß die „Ausleihe zu lange dauert" und „nicht alle Bücher verfügbar" seien.

Teil B

- *Mentorielle Betreuung:* Die mentorielle Betreuung und Gruppenarbeit wurde als „wichtig" eingeschätzt und als „leider fehlend" konstatiert.
- *Klausurerfahrungen:* Knapp die Hälfte der inhaftierten Studenten hatte bereits in ihrem Fernstudium Klausurerfahrungen. Es überwogen die negativen Erfahrungen, die zu Aussagen der Betroffenen führten wie: „zu schwer", „bedrückend" und „zu wenig Zeit".
- *Kenntnis vom Studienzentrum in Geldern:* Über das neu errichtete Studienzentrum in der JVA Geldern waren lediglich vier informiert.
- *Bewertung der Studiensituation:* Unter den Bemerkungen zur eigenen „Studiensituation, Kritik und Verbesserungsvorschläge" bemängelten etwa 50 % der Befragten „die große Isolation", ein Drittel wünschte sich eine bessere Information der Anstaltsleitungen über das Fernstudium.

Als *Fazit* resumiert Suckau (1983a, S. 43): „Es muß noch viel getan werden in bezug auf Verbreitung der Möglichkeit des Fernstudiums für Strafgefangene. Die Literaturversorgung und die mentorielle Betreuung läßt mehr als zu wünschen übrig und Kontakte nach außen sind so gut wie überhaupt nicht vorhanden. [...] die FernUniversität und ihre Mitglieder (sind) aufgefordert [...], die Situation der Inhaftierten weiterhin zu verbessern. Das Studienzentrum Geldern war ein erster Schritt dazu. Es müssen aber dringend allen außerhalb NRWs liegenden JVAs die Möglichkeiten mentorieller Betreuung eingeräumt werden. Die Anstaltsleitungen müssen besser als bisher über die Möglichkeiten des Fernstudiums und die Gleichwertigkeit mit einem Präsenzstudium informiert werden und nicht zuletzt müssen sich die Studenten unserer Uni mehr als bisher ihrer inhaftierten Kommilitonen bewußt werden und sie helfend unterstützen !!!"

1983 führte Suckau auch eine schriftliche Befragung bei acht Justizvollzugsanstalten des damaligen Bundesgebietes durch, um „Meinungen der Anstaltsleitungen" bezüglich der Chancen zur Resozialisierung via Fernstudium im Strafvollzug zu ermitteln (Suckau 1983b). Folgende Fragen wurden dabei an die Anstaltsleitungen gestellt: „Wie bewerten Sie das Interesse der Gefangenen am Fernstudium?" und „Wie schätzen Sie die Chancen zur Resozialisierung mit Hilfe des Fernstudiums ein?" Detailliert nahmen lediglich drei von acht Justizvollzugsanstalten Stellung zu den Fragen. Die Anstaltsleitungen in Bremen, Bruchsal und Schwerte äußerten sich prinzipiell positiv zur Frage nach dem Interesse der Inhaftierten:

So berichtete die *JVA Bremen*, daß von seiten des Studienzentrums Bremen die Möglichkeiten von Fernstudien an den Justizvollzug herangetragen wurden: „Durch eingehende Gespräche und Beratungen konnte schließlich eine Zusammenarbeit initiiert werden, die die Gewinnung von Interessenten für Fernstudiengänge zum Ziele hat. Aufgrund der Werbung für die Studiengänge bildete sich ein Kreis von 15-20 Gefangenen, die stärker motiviert und interessiert am Ausbildungsprogramm der FernUni waren. Eine große Zahl von Insassen hat sich für den Bereich des Schnupperstudiums entschieden und so zunächst einmal die Materialien bekommen" (Suckau 1983b, S. 41). Ein kleinerer Kreis von Interessenten habe sich letztlich für den „Regelstudiengang" aufgrund ihrer Studienvoraussetzungen entscheiden können. Aus der Sicht dieser JVA wird das Angebot der FernUniversität nur für einen relativ geringen Kreis von interessierten Insassen in Frage kommen, da die Ansprüche der Studiengänge Hochschulniveau voraussetzen. Für den Bereich der Gasthörer wird sich nach Meinung der JVA wahrscheinlich eine höhere Fluktuation von Teilnehmern einstellen, da die Ansprüche der Interessenten und die Studieninhalte divergieren.

Und die *JVA Bruchsal* gab dazu folgende Einschätzung: „Das Interesse von Strafgefangenen am Fernstudium ist relativ groß, sofern sie über einen entsprechenden Bildungsstand und eine ausreichend lange Haftzeit verfügen. Nach unserer langjährigen Statistik besitzen allerdings nur etwa 1-3 % der Insassen die Fachhochschulreife bzw. das Abitur (daher auch die weitaus größere Zahl an Gasthörern). Wenn es gelänge, vermehrt Lehrgänge zum Erwerb dieser höheren Bildungsabschlüsse einzurichten (etwa 5-8 % haben die Mittlere Reife; Realschulkurse laufen seit langem in vielen Anstalten), wäre auch die Zahl der regulären Fernstudenten erheblich größer."

Die Äußerungen der drei Anstalten zu den Resozialisierungschancen durch Fernstudium lassen sich als vorsichtig-zurückhaltend charakterisieren:

3. Erfahrungen mit Fernstudium für Inhaftierte in der BRD

Nach Ansicht der JVA *Bremen* liegen dazu derzeit keine „verwertbaren Ergebnisse" vor. Eine solche Frage werde wahrscheinlich erst nach längeren Erfahrungen ansatzweise zu beantworten sein.

Die JVA *Bruchsal* verweist auf empirische Studien zur Rückfallquote von Straftätern und argumentiert: „Bildungsabschlüsse sind bekanntlich keine Garantie für erfolgreiche Wiedereingliederung. Die Probleme liegen meistens woanders. Empirische Untersuchungen zur Strafrückfälligkeit zeigen in diesem Zusammenhang viel Widersprüchliches. Es ist aber die Pflicht des Strafvollzuges, den Inhaftierten alle Möglichkeiten einer persönlichen und beruflichen Neuorientierung offen zu halten. Dazu gehört auch das Fernstudium für die sog. höher Gebildeten, die aufgrund ihrer geringen Zahl bisher tendenziell vernachlässigt wurden."

Die JVA *Schwerte* meint zur Eignung der Fernlehre im geschlossenen Vollzug: „Der Aufbau des Studiums in Studienbriefen macht das Studium an der FernUniversität für den geschlossenen Strafvollzug [...] besonders geeignet. Ein solches Studium wird aber nur von Gefangenen mit langen Strafzeiten erfolgreich abzuschließen sein, da studierende Gefangene mit kürzeren Freiheitsstrafen - die überwiegende Zahl der hier bisher studierenden Gefangenen - in der Regel die baldige Verlegung in den offenen Vollzug anstreben, um ein Studium an einer Präsenzhochschule durchzuführen. Inwieweit das Fernstudium für die Resozialisierung des Gefangenen von besonderer Bedeutung ist, muß im Einzelfall beantwortet werden."

1994 konnte Krause (im Rahmen einer Examensarbeit) Studierende in der JVA Geldern befragen (Krause 1994; vgl. auch Clever & Ommerborn 1995). Zum Zeitpunkt des Fragebogeneinsatzes im März 1994 waren elf inhaftierte Studenten im Studientrakt der JVA Geldern-Pont untergebracht, von denen sich allerdings nur 6 Vollzeitstudierende der FernUniversität beteiligten. Einige der Befragungsergebnisse seien hier kurz zusammengefaßt:

Alter: Die Fernstudenten, die an der Befragung teilnahmen, waren zwischen 30 und 50 Jahre alt.

Staatsangehörigkeit: Die Fernstudenten sind zum Teil nicht nur an der FernUniversität immatrikuliert. Es sind auch Inhaftierte mit ausländischer Staatsangehörigkeit unter ihnen, die zugleich an einer Hochschule ihres Heimatlandes (u.a. Open universiteit und Anadolu-Universität, Außenstelle für Westeuropa in Köln) studieren.

Vorbildung: Die Mehrheit der inhaftierten Studenten besitzt bei ihrer Verurteilung bereits die Fachhochschulreife oder das Abitur. Ein Drittel hatte bereits ein Studium vor der Inhaftierung begonnen bzw. absolviert. Von den 11 inhaftierten Fernstudenten in Geldern studieren 6 Wirtschaftswissenschaften. Drei Studenten haben sich zum Zeitpunkt der Befragung für die Studienrichtung Elektrotechnik immatrikuliert und zwei weitere Studenten absolvieren einen Magisterstudiengang.

Studienmotive: Als Motivation für ihr Studium gaben fünf Studenten den Wunsch nach einer Verbesserung ihrer beruflichen Perspektive an. Ein Student möchte nach seiner Haftzeit sein begonnenes Studium der Betriebswirtschaftslehre an einer Präsenzuniversität fortführen. Ein anderer studierender Gefangener wiederum sieht das Fernstudium als Gelegenheit an, seinem Leben einen „neuen Sinn" zu verleihen. Ein inhaftierter Fernstudent fügt dem Wunsch nach einer verbesserten Berufsperspektive das Ziel der sinnvollen Freizeitgestaltung hinzu.

Unterstützung beim Studium: Zur Einschätzung der Rahmenbedingungen wurde den Studenten die Frage gestellt: Erhalten Sie bei Ihrem Studium Unterstützung in finanzieller, emotioneller, praktischer Hinsicht? Je vier Studenten gaben an, finanziell oder in praktischer Hinsicht unterstützt zu werden. Drei Gelderner Studenten teilten mit, daß sie in emotioneller Hinsicht Unterstützung erhielten. Ein Student erhielt durch seine Verwandten Unterstützung bei seinen Studien, wobei er hierbei besonders auf seine Geschwister verwies. Ein Student nannte seine ehrenamtliche Betreuerin, ein weiterer seine Eltern als diejenigen Personen, welche ihn bei seinem Studium unterstützten. Verwandte und Freunde wurden von einem weiteren Studenten ebenso genannt wie Mentoren und Studienberater. Ein Fernstudent der JVA Geldern verwies auf seine Lebensgefährtin als Unterstützerin seiner studentischen Bemühungen. Optimal betreut fühlte sich ein Student, welcher in finanzieller, emotioneller und praktischer Hinsicht sowohl durch seine Partnerin, seine Eltern und andere Verwandte, seine Freunde und die Mitarbeiter des Studienzentrums Goch/Geldern Hilfestellung erfuhr. Mehrheitlich wurde eine

Teil B

sehr gute bzw. gute Betreuung der Studenten seitens verschiedener Personen ihres sozialen Umfeldes genannt. Kein Student gab an, überhaupt nicht oder nur sehr ungenügend unterstützt zu werden, wenn auch ein Student bei diesem Punkt keine Angaben machte.

Bewertung der Studiensituation: Die Studenten wurden auch gebeten, sechs Detailaspekte zur Studiensituation in Geldern mittels einer Skala zu beantworten. Die Skala reichte von Stufe 1 (optimal) bis Stufe 5 (ungenügend). Gefragt wurde nach dem Grad der Betreuung der Studenten in der JVA durch die Mentoren der FernUniversität. Ein Drittel der befragten Studenten klagte über eine „ungenügende" fernuniversitäre Betreuung; das Gros der Studenten bezeichnete die dortige Betreuung jedoch mindestens als „befriedigend" bzw. „gut". Die Ausstattung mit Lernmitteln in der JVA wurde von den Studenten mit einer Ausnahme als „gut" bzw. als „befriedigend" beurteilt. Ähnlich wurden die räumlichen Gegebenheiten eingeschätzt. Wiederum lediglich nur ein Student bezeichnete sie als gänzlich „ungenügend", während alle anderen angaben, diese seien „mittelmäßig" bis für ihre Studienbedürfnisse „ausreichend".

Zusammenarbeit der Studierenden untereinander: Bei der Frage nach der Zusammenarbeit der Studenten untereinander wurde von der Hälfte der erfaßten Studenten eine „mittelmäßige" Kooperation angegeben. Vereinzelt wurde das Empfinden einer „guten", „ausreichenden" oder „ungenügenden" Zusammenarbeit geäußert. Hierzu muß man wissen, daß innerhalb des Studientraktes der JVA Geldern die Möglichkeit der Kontaktaufnahme zu Studienzwecken durchaus gegeben ist. Die Crafträume sind tagsüber durchgehend geöffnet, so daß eine studienbezogene Kommunikation immer gewährleistet ist.

Die Hälfte der Befragten gab an, das Verhältnis zu den übrigen Gefangenen sei gut. Lediglich ein Student betrachtete es als „absolut verbesserungsbedürftig".

Betreuung durch JVA: 50 % der Befragten beurteilten die Betreuung durch den Pädagogischen Dienst der JVA als zumindest ausreichend. Je einmal wurde dem anstaltsinternen Pädagogischen Dienst eine optimale, gute oder mittelmäßige Betreuungstätigkeit bescheinigt.

Von der Möglichkeit, weitere persönliche Anmerkungen zur Studiensituation in der Haft niederzuschreiben, machten lediglich zwei Studenten Gebrauch. Ein ausländischer Fernstudent der JVA Geldern machte darauf aufmerksam, daß Konflikte zwischen ausländischen und deutschen Fernstudenten im Vollzug das Studienklima doch „arg strapazieren". Ein Student äußerte den Wunsch: „Man sollte den Studenten die Möglichkeit geben, eigene Computer zu benutzen, da das Netzwerk nicht allen Bedürfnissen gerecht wird."

Mit einer Ausnahme hielten alle befragten Studenten die ursprüngliche Entscheidung für ein Fernstudium im Strafvollzug für richtig und würden diese auch zum Zeitpunkt der Befragung erneut bestätigen.

Die inhaftierten Fernstudenten in Geldern sehen das Studium nicht nur unter den Aspekten einer Hochschulbildung und dem Erwerb von Berufsqualifikationen, sondern auch als Hilfe zur Bewältigung ihrer derzeitigen Lebenssituation. Durch das Studium versuchen sie, sich neue Zukunfts- oder Zielperspektiven aufzubauen (vgl. dazu die unten angeführten Äußerungen von Betroffenen).

Indikatoren für die (im Rahmen des Möglichen) günstigen Bedingungen des Lehrens und Lernens im Studienzentrum der JVA Geldern sind Studienerfolge der Inhaftierten. Die Prüfungsämter in Hagen ziehen eine positive Bilanz: So legten beispielsweise neun der Inhaftierten bei den Klausurperioden im Frühjahr und Herbst 1987 in Geldern insgesamt 29 Klausuren ab. Davon wurden nur sechs Klausuren nicht bestanden. In anderen Jahren lag der Klausurerfolg zum Teil sogar bei 90 %. Das sind überdurchschnittliche Leistungen. Ein hoher Anteil erfolgreicher Klausurteilnahmen ergibt sich auch aus nachstehender Statistik für Klausurteilnehmer aus Geldern (vgl. Ink 1990).

3. Erfahrungen mit Fernstudium für Inhaftierte in der BRD

Studienjahr	1984	1985	1986	1987	1988
Anzahl Klausurteilnahmen	15	39	31	29	43
Anzahl bestandener Klausuren	15	34	28	23	34
Noten:					
sehr gut	0	7	2	3	7
gut	6	8	7	9	5
befriedigend	6	12	9	6	9
ausreichend	3	7	10	5	12
mangelhaft	0	5	3	3	9
Durchschn.-Note	2,8	2,9	3,0	2,8	3,3

Für ein „Studium hinter Gittern" (Ink 1990, S. 84f) plädieren auch die Pädagogischen Dienste in einzelnen Erfahrungsberichten aus dem Strafvollzug und der Straffälligenhilfe. So konstatiert Ink bereits nach der sechsjährigen Existenz der studienzentrumsähnlichen Einrichtung in der JVA Geldern: „Das Experiment (kann) als gelungen bezeichnet werden, das bereits bestehende Bildungsangebot durch die Möglichkeit eines Hochschulstudiums zu erweitern und gleichzeitig zu bereichern" (Ink 1990, S. 84).

Auch aus der JVA in Freiburg wird von Inhaftierten berichtet, die erfolgreich am Fernstudium teilnehmen (vgl. Klaus 1997).

„Fernstudium im Strafvollzug" kann demnach - ähnlich wie andere Formen der Aus- und Weiterbildung von Gefangenen - als ein Ansatzpunkt betrachtet werden, um Resozialisierungsbestrebungen in die Praxis umzusetzen (zur Resozialisierung durch Bildung und zur Bedeutung von Bildung im Strafvollzug vgl. u.a. Walter 1991, S. 229).[4]

Eine berufliche Perspektive - erlangt durch Fernstudium - kann also den Einstieg in ein legales Leben wesentlich erleichtern. Die in Unfreiheit verbrachte Lebenszeit kann auf diese Weise effizient genutzt werden.

In der kurzen Geschichte des Fernstudienzentrums in Geldern hat es auch nicht an Berichterstattung in Presse, Rundfunk und Fernsehen gefehlt.

So gab vor etwa zehn Jahren Boris Kalnoky (1988; s. auch Kalnoky 1989) unter dem Titel »Wenn die Zelle zur Studierstube wird« eine ausführliche Beschreibung der Anfänge des Studienzentrums und befaßte sich dabei auch mit einigen Fragen, die im Rahmen der vorliegenden Studie untersucht werden sollen. Zum damaligen Zeitpunkt studierten elf Studenten in Geldern-Pont. Zunächst seine Beschreibung des Studienzentrums:

„In Zusammenarbeit mit dem Land Nordrhein-Westfalen hatte die FernUniversität Hagen ein Konzept entwickelt, das 'studierfähigen' Häftlingen - also solchen mit Abitur - ein Fernstudium unter angemessenen Haftbedingungen ermöglichen sollte. Start war 1983. 21 Zellen der JVA Geldern wurden zu einer getrennten Abteilung zusammengefaßt; 15 Strafgefangene können hier studieren. Gruppenräume, eine 'Handbibliothek', ein Computer und ein Fernsehraum 'zum Abspielen studienrelevanter Videoaufzeichnungen' stehen zur Verfügung. Innerhalb der Abteilung können die studierenden Häftlinge sich frei bewegen; zur Bewältigung des Pensums teilen sie sich ihre Zeit nach Belieben ein. Von Studiengebühren - je nach Zahl der 'Kurseinheiten' bis zu etwa 200 Mark pro Semester - werden Häftlinge in der Regel befreit, der Allgemeine Studentenausschuß Hagen finanziert den Computer, bezahlt Fotokopien und hilft in Notlagen." (Kalnoky 1988)

Kalnoky berichtet auch von den anfänglichen Widerständen, besonders bei den Anstaltsbediensteten: So kam es bei Informationsveranstaltungen im Gefängnis zu Zurufen wie „Was soll

---

[4] Ein Präsenzstudium (aus der Haft heraus bei offenem Vollzug) kann allerdings für bestimmte Gruppen von inhaftierten Studenten besser geeignet sein, um eine erfolgreiche (Re-) Integration in die Gesellschaft zu verwirklichen. Denn die internen Bedingungen im Vollzug werden sich kaum je so grundlegend ändern, daß sie den Lebensbedingungen in der „freien Gesellschaft" entsprechen. Im Sinne einer intendierten Wiedereingliederung spricht also einiges dafür, den Weg einer realen Teilhabe am sozialen Leben durch die Teilnahme an Bildungsangeboten außerhalb der Haftanstalten zu forcieren (vgl. dazu z.B. die Praxis in Dänemark - s.u. Abschn. 7.2.1.5).

Teil B

das Ganze?". Viele verstanden nicht, daß Verbrecher für ihre Taten auch noch mit einem Studium 'belohnt' werden sollten.

Die von Kalnoky (1988) mit den ersten inhaftierten Studenten in der JVA Geldern durchgeführten Interviews geben einen plastischen Eindruck von den Biographien, Haftsituationen, Studienperspektiven und Bedingungen eines „Fernstudiums in Haft".

Wichtig sind auch Aussagen von Studierenden zur Bedeutung ihres Fernstudiums in der Haft; ein Student aus Geldern stellte dazu fest: „Mein ganzes Innenleben hat sich durch das Studium völlig verändert" und „Das [Studium] hat mir geholfen, Perspektiven für die Zukunft zu gewinnen, die Haft als Lebensphase zu verkraften."

Ebenso wichtig wie der Erwerb fachlicher Qualifikationen durch das Studium sind die positiven psychischen Auswirkungen einer als sinnvoll erlebten Beschäftigung. Ein Student meinte dazu: „Man verwahrlost innerlich, wenn man den ganzen Tag herumhängt. Das Studium ordnet und stimuliert den Geist, man hat ein Ziel vor Augen; in Diskussionen mit Kommilitonen und Betreuern der FernUni lernt man, sich mitzuteilen, lernt soziales Verhalten". Dieser Student, der die Hälfte seiner Langzeitstrafe hinter sich hatte (und bereits vor seiner Inhaftierung Mathematik und Theologie studierte), hatte in Geldern ein Fernstudium in Wirtschaftswissenschaften begonnen.[5]

Boris Kalnoky versuchte auch der Frage nachzugehen, ob Hafterleichterungen eine Rolle spielen bei der Entscheidung für ein Fernstudium in der Haft. Er zitiert dazu einen Betreuer: „Einige nehmen die Verlegung vom offenen in den geschlossenen Vollzug in Kauf; andere sind nun weiter von ihren Angehörigen entfernt, bekommen weniger Besuch." Und ein dazu befragter Anstaltslehrer meinte: „Kein Häftling wird Ihnen sagen, daß Hafterleichterungen seine Entscheidung beeinflußten." Entgegen dieser Einschätzung äußerten sich die dazu befragten Gefangenen unbefangen; ein Student meinte dazu: „Natürlich sind die Erleichterungen ein Faktor [...]; aber wie soll man sonst auch studieren? Unter normalen Haftbedingungen wäre das nicht machbar."

Kalnoky zitiert auch eine Betreuerin, die regelmäßig mit den Inhaftierten im Studienzentrum in Kontakt steht; ihrer Ansicht nach steht keiner das Studium ohne harte Arbeit und Selbstdisziplin durch; die Häftlinge büffelten 40, oft 60 Stunden in der Woche; mehr als 'draußen' werde das Studium hier zum Lebensinhalt. Verwiesen wird zudem darauf, daß Vorbestrafte fachlich einfach besser sein müßten als andere Bewerber, um auf dem Arbeitsmarkt eine Chance zu haben.

Bezüglich der Leistungen berichtet Kalnoky von überdurchschnittlichen Klausurnoten der Häftlinge. In diesen Anfangsjahren hatte in Geldern zwar noch kein Student ein Examen abgelegt, die Einrichtung war noch zu neu, die Fluktuation beträchtlich: Die Häftlinge wurden zum Teil vorzeitig entlassen oder in den sog. „offenen Vollzug" verlegt, studierten dann an einer Präsenzuniversität weiter oder fanden den Weg ins Berufsleben. Für letzteres nennt Kalnoky Beispiele: „Nach der Entlassung gründete ... ein Ex-Student eine kleine Spedition; zwei andere eröffnen zur Zeit ein 'CAD-Studio'. Ein weiterer Kommilitone fand bei einer amerikanischen Firma Arbeit als Computerfachmann" (Kalnoky).

Schließlich zitiert Kalnoky die Einschätzung des Gefängnisdirektors Hötter zu dem Projekt: „Ich muß viele Aufgabenbereiche delegieren; nur das Studienzentrum betrachte ich als meinen persönlichen Zuständigkeitsbereich. Ich betrachte es als einen gelungenen Versuch, Menschen, die früher in der Gesellschaft nicht zurechtkamen, wieder in geordnete Bahnen zu bringen".

Weitere journalistische Berichte liegen vor von u.a. Leskovar (1997), Schrage (1992) Waldorf-Schäfer (1997) sowie von Winters (1993). Dabei wird u.a. auch auf Fälle von Studierenden verwiesen, denen aus der Haft ein erfolgreicher Abschluß ihrer Studien gelungen ist (vgl. z.B. DER SPIEGEL 1989, S. 88ff oder Marquart 1996).

Über das „Leben im Studienzentrum der JVA Geldern" liegen auch kurze Erfahrungsberichte von fortgeschrittenen Studierenden vor, beispielsweise von A., der 1996 die an einen inhaftierten Vollzeitstudenten gestellten Erwartungen beschrieb:[6]

---

[5] Dieser Student hat mit großem Erfolg zwei Diplome an der FernUniversität erworben und war damals der erste erfolgreiche Diplomand, der in Geldern studiert hatte. Heute lebt er beruflich und sozial integriert in Deutschland.

[6] Die schriftliche Äußerung und der Name des Verfassers liegen den Autoren vor.

3. Erfahrungen mit Fernstudium für Inhaftierte in der BRD

„Wie in jedem anderen Ausbildungsbetrieb auch, muß jeder Student ein gewisses Mindestmaß an Leistungen pro Semester erbringen; ansonsten wird er auch bei uns 'abgeschossen' - und dieses Anforderungsniveau ist nicht gerade niedrig angesetzt. Pro Semester müssen wir mindestens eine Klausur schreiben oder einen Seminarschein vorweisen. Hört sich nicht viel an, aber um so eine Klausur überhaupt schreiben zu dürfen, müssen Vorleistungen erbracht werden. D.h. die Unterlagen des Faches sind zu lesen und zu verstehen (nicht selten über 1000 Seiten), Einsendearbeiten zu schreiben und Fachmentoren qualifiziert Rede und Antwort zu stehen. [...] Die eigentliche Klausurvorbereitung belegt 2/3 der Semesterzeit. Wenn man sein Studium auch irgendwann mal abschließen will, reicht eine Klausur pro Semester bei weitem nicht aus; 3 Klausuren oder Seminare sind von Nöten."

Über eine Befragung bei einer größeren Anzahl inhaftierter Studierender der FernUniversität wird in Teil C berichtet.

3.3 Angebote der türkischen Anadolu Universität für die türkisch-stämmige Bevölkerung in Westeuropa

In der Bundesrepublik Deutschland und den übrigen westeuropäischen Ländern lebt eine große Anzahl von Personen türkischer Herkunft. Um ihnen ein Fernstudium in türkischer Sprache zu ermöglichen, hat die türkische *Anadolu Universität* in Eskisehir eine Kontaktstelle für Westeuropa in Köln eingerichtet. Dieses Angebot kann auch von Inhaftierten genutzt werden. (Die nachstehende Darstellung basiert auf Informationen aus Köln - u.a. auf einem Schreiben von Dr. Mustafa Saglam, dem Leiter der Kontaktstelle, vom 24.6.95 mit beigefügtem Informationsmaterial sowie auf Hakan & Saglam 1997).

Die Anadolu Universität in Eskisehir ist eine der 52 staatlichen Universitäten in der Türkei. Sie wurde durch das 1981 verabschiedete Hochschulgesetz mit der landesweiten Durchführung von Fernlehre in der Türkei beauftragt. Neben ihrem regulären akademischen Lehrangebot an verschiedenen Fakultäten deckt die Anadolu Universität seit 1982 mit Fernlehrgängen einen großen Bedarf im Fortbildungs- und Weiterbildungsbereich ab. (Im Studienjahr 1995/96 waren ca. 600.000 Studenten in Fernstudiengängen immatrikuliert; s. Hakan & Saglam 1997, S. 32.). Dieses Fernstudienangebot richtet sich an solche Türken, die aus unterschiedlichen Gründen nicht in der Lage sind, Präsenz-Lehrangebote wahrzunehmen; angeboten werden u.a. Fortbildungsmaßnahmen für Lehrer an Grundschulen und Fachlehrer an Mittelschulen und Gymnasien sowie berufsorientierte Fernunterrichtsangebote für Jugendliche und Erwachsene, die ein qualifiziertes Berufszertifikat erwerben wollen.

Die 1986 gegründete »*Kontaktstelle der Anadolu Universität für Westeuropa*« hat das Ziel, den vor allem in Deutschland, aber auch in anderen westeuropäischen Ländern lebenden türkischen Jugendlichen und Erwachsenen, soweit sie ein Gymnasial- oder gleichwertiges Schuldiplom besitzen, Fernstudiengänge in einigen Fachrichtungen sowie verbesserte Kontaktmöglichkeiten anzubieten und sie so in ihren Bildungsbemühungen effektiver fördern und unterstützen zu können. (Im Studienjahr 1996 betrug die Anzahl der von der Kontaktstelle betreuten Studierenden in Europa ca. 2.000; s. Hakan & Saglam 1997, S. 32.) Dieses Angebot richtet sich auch an türkische Gefangene in deutschen[7] Haftanstalten; so studieren im Studienzentrum der FernUniversität der JVA Geldern-Pont auch einige Fernstudenten türkischer Nationalität, die von der Kontaktstelle in Köln betreut werden.

Die Studienangebote beschränken sich bisher auf Betriebs- und Volkswirtschaftslehre. Die Studiendauer beträgt in beiden Fächern vier Jahre. Bei den beiden Studiengängen BWL und VWL besteht eine rechtliche Gleichwertigkeit mit den entsprechenden Diplomen anderer Fakultäten mit gleicher Fachrichtung und Studiendauer in der Türkei. (Ab dem Studienjahr

---

[7] Die spezifischen Unterschiede zwischen dem deutschen und dem türkischen Strafvollzug beschreiben Artuk & Kleinjans (1995). Zugleich geben sie einen Einblick in die Vollzugsbedingungen und Besonderheiten des Strafvollzugs in der Türkei.

1995/96 wird - laut Mitteilung vom 12.4.96 von M. Saglam - als dritter Studiengang „Außenhandel" angeboten.)

Die Studieninteressenten müssen vor Studienbeginn nicht nur das Diplom eines allgemeinbildenden oder berufsbildenden Gymnasiums (bzw. etwas Gleichwertiges) vorweisen, sondern auch eine zweistufige interuniversitäre Aufnahmeprüfung bestehen. Für die im Ausland wohnenden Interessenten am Fernstudium wird diese Prüfung von der Anadolu Universität in elf europäischen Städten durchgeführt: in Berlin, Frankfurt a.m., Hamburg, Köln, München, Stuttgart, Bern, Brüssel, Den Haag, Paris und Wien.

Der Lernerfolg der Studierenden wird kontinuierlich durch zweimal pro Studienjahr abgehaltene schriftliche Prüfungen kontrolliert. Diese im März als Zwischenprüfung und im Juni als Jahresabschlußprüfung durchzuführenden Tests sind für die Studierenden verbindlich. Bei nicht-bestandenen Prüfungen besteht die Möglichkeit der Teilnahme an einer Nachprüfung jeweils im September. Die Studierenden brauchen wöchentlich durchschnittlich 30 Stunden für die Vorbereitung auf die Prüfungen. Die Prüfungen für die Studierenden im europäischen Ausland werden von der Kölner Kontaktstelle der Anadolu Universität in elf Städten Europas organisiert.

Im Zeitraum von 1987 bis 1996 haben 7 in Deutschland inhaftierte Studierende das Lehrangebot der Anadolu-Universität genutzt; von diesen 7 haben 4 bereits erfolgreich einen Abschluß erreicht; einer von ihnen ist derzeit als Lehrbeauftragter an einer Universität tätig (Mitteilung von M. Saglam vom 12.4.96).

Das türkische Fernstudienprogramm soll - so die aktuellen Planungen - künftig verstärkt interessierten und geeigneten Türken in nordrhein-westfälischen Justizvollzugsanstalten offeriert werden; eine studienzentrumsähnliche Einrichtung nach dem Modell Geldern soll für die inhaftierten Studierenden der Anadolu Universität eventuell in der JVA Remscheid oder JVA Rheinbach institutionalisiert werden. (Telefonische Mitteilungen aus dem Justizministerium des Landes NW im April und Dezember 1996).

Teil C:

Befragung inhaftierter Studierender an der FernUniversität

4 Methodik und Durchführung der Befragung

In diesem und dem folgenden Kapitel wird über eine Befragung inhaftierter Studierender der FernUniversität berichtet.[1] Diese Befragung diente - ähnlich wie auch die Erhebung bei Fernlehreinrichtungen im Ausland, über die in Teil D berichtet wird - vornehmlich Erkundungszwecken (Bestandsaufnahme bzw. Analyse des Ist-Zustandes) und sollte - im Sinne einer *formativen Evaluation* - Hinweise zur Verbesserung des Angebots der FernUniversität für ein „Fernstudium in Haft" liefern (s.o.: Abschn. 1.1): D.h. durch die Befragung sollten die besonderen Probleme eines Fernstudiums unter Haftbedingungen aus Sicht der Betroffenen untersucht werden, um daraus Erkenntnisse zu gewinnen, die zur Optimierung des Fernstudiums für Inhaftierte genutzt werden können.

4.1 Untersuchungsplan

Befragungstechniken sind eine naheliegende Erhebungsmethode, um Ansichten von Betroffenen zu erfassen. Da die inhaftierten Studierenden über das ganze Bundesgebiet verstreut sind und möglichst nicht nur einige wenige Studierende oder nur Studierende in einigen bestimmten Justizvollzugsanstalten in die Erhebung einbezogen werden sollten, bot sich als "Methode der Wahl" bzw. als hauptsächliche Methode der Datenerhebung eine *schriftliche Befragung* an (zur Befragung als einer Standardmethode der empirischen Sozialforschung s. z.B. Friedrichs 1990 oder Kromrey 1995).

Da die vermutete Anzahl der inhaftierten Studierenden relativ gering ist (s.u.), wurde eine Vollerhebung angestrebt.

Dem eher erkundenden Charakter der Studie entsprechend sollte möglichst eine breite Palette von Themen im Fragebogen für die schriftliche Befragung angesprochen werden. Zudem sollte der Fragebogen so konzipiert werden, daß den Befragten nicht durch eine allzu starke Strukturierung die Möglichkeit genommen wird, von sich aus ihnen relevant erscheinende Sachverhalte anzusprechen.

Die schriftliche Befragung sollte durch Gespräche und Diskussionen mit Betroffenen und Experten ergänzt werden. Diese Gespräche wurden z.T. vor und z.T. nach der Erhebung mit dem Fragebogen für die schriftliche Befragung durchgeführt und hatten i.w. zwei Funktionen:

a) Die Gespräche und Diskussionen *vor* der Formulierung der endgültigen Fassung des Fragebogens für die schriftliche Befragung sollten dazu beitragen, daß der Fragebogen möglichst viele relevante Aspekte der Studiensituation und -probleme inhaftierter Studierender abdeckt. Die Gespräche dienten also dazu, ein Mindestmaß an „Inhaltsvalidität" des hauptsächlichen Erhebungsinstrumentes zu gewährleisten.

b) Die Gespräche *nach* Durchführung der schriftlichen Befragung dienten vornehmlich dazu, die Befragungsergebnisse sowie insbes. die daraus gezogenen (vorläufigen) Schlußfolgerungen mit Betroffenen und Experten zu diskutieren. (Man mag in einem solchen Vorgehen Ansätze zu einer Art von Konsens- bzw. „kommunikativer Validierung" sehen - vgl. z.B. Flick 1995, S. 245f).
Die Ergebnisse der Befragung sollten also vor Erstellung des Abschlußberichts mit einer Gruppe von gefangenen Studierenden sowie mit Mitarbeitern des pädagogischen Dienstes diskutiert werden. Aus praktischen Erwägungen (u.a. größere Anzahl von inhaftierten Studierenden in einer Anstalt) bot es sich an, diese Diskussion im Studienzentrum der JVA Geldern durchzuführen.

---

[1] Im vorigen Kapitel (insbes. Abschn. 3.2) sind bereits einige Berichte über Erfahrungen mit dem „Fernstudium in Haft" an der FernUniversität zitiert worden; dabei handelte es sich aber um Ergebnisse aus kleineren Befragungsaktionen (mit 25 bzw. 8 Befragten) oder um Einzelfalldarstellungen. Diese Darstellungen sollen durch die Ergebnisse einer Befragung bei einer größeren Anzahl Betroffener ergänzt werden.

Teil C

4.2 Entwicklung und Erprobung des Fragebogens

Die Untersuchung sollte hauptsächlich in Form einer schriftlichen Befragung durchgeführt werden (s.o.). Bei der Entwicklung des Fragebogens waren unterschiedliche, teilweise einander widersprechende Ansprüche gegeneinander abzuwägen; einige Aspekte dieses Abwägungsprozesses seien hier kurz skizziert:

(a) Der Fragebogen sollte möglichst einfach auszufüllen sein; dies spricht dafür, an möglichst vielen Stellen Antwortmöglichkeiten vorzugeben, von denen lediglich die zutreffenden anzukreuzen sind. Andererseits sollten sich die Befragten durch die Vorgaben nicht zu sehr eingeengt fühlen; daher sollten sie auch die Möglichkeit haben, von sich aus Kommentare anzufügen oder - zumindest an einigen Stellen - ihre Antworten frei formulieren zu können (s. auch (b)).
Die zusätzliche Verwendung wenig strukturierter Fragen erschien nicht zuletzt auch deswegen wichtig, weil wir als Untersucher bzw. Fragebogenautoren trotz aller Vorerkundung und Erprobung (s.u.) nicht davon ausgehen konnten, alle Aspekte durch *a priori* formulierte detaillierte Fragen und Antwortvorgaben abdecken zu können.

(b) Die Untersuchung diente nicht der Prüfung theoretisch abgeleiteter Hypothesen oder der Überprüfung eines Effektes (im Sinne einer summativen Evaluation), sondern vornehmlich der Erkundung im Sinne einer formativen Evaluation: Dementsprechend sollte die zusätzliche Verwendung offener Fragen dazu beitragen, vom einzelnen Befragten möglichst vielfältige Informationen - insbes. auch zu von uns als Untersuchern nicht vorher bedachten Aspekten - zu erhalten.
Bei der genannten Zielsetzung erschien es uns also weniger vordringlich, Fragen und Antwortmöglichkeiten so zu formulieren und zu strukturieren (etwa durch weitestgehende Standardisierung), daß die Anwendung statistischer Prüfverfahren erleichtert wird.

(c) Das Bemühen, im Fragebogen möglichst viele relevante Themen (s. Kap. 3) und zudem in hinreichender Differenzierung abzudecken, hat Konsequenzen für die Fragebogenlänge und damit voraussichtlich auch für den Rücklauf: Ein relativ langer, detaillierter Fragebogen trägt aller Voraussicht nach zu einer Verringerung der Rücklaufquote bei. Dem Gesichtspunkt einer möglichst detaillierten Information vom einzelnen Befragten wurde also von uns gegenüber dem Gesichtspunkt einer möglichst großen Zahl von Antwortenden und der Repräsentativität Vorrang gegeben.

Die Entwicklung des Fragebogens erfolgte in mehreren Schritten:
- Erstellung einer vorläufigen Liste von Befragungsthemen und Umsetzung in einen ersten Fragebogenentwurf,
- Diskussion des Entwurfs mit Experten,
- Erprobung des Entwurfs bei Betroffenen und Revision des Entwurfs.

4.2.1 Erstellung einer Liste von Befragungsthemen und Fragebogenentwurf

Bei der Erstellung der Themenliste konnte zum einen auf die persönliche Erfahrung eines der Autoren in der Betreuung inhaftierter Studierender und zum anderen auf Erfahrungsberichte und vereinzelte einschlägige Untersuchungen (vgl. Kap. 3) zurückgegriffen werden.
Einer der Verfasser (R. Ommerborn) hat im Rahmen seiner Tätigkeit als Beauftragter für Sondergruppen im Fernstudium zahlreiche Gespräche mit inhaftierten Fernstudenten sowie mit Mitarbeitern der pädagogischen Dienste in den Anstalten geführt; er kennt so die Situation in einigen der Justizvollzugsanstalten auch aus eigener Anschauung.

4. Methodik und Durchführung der Befragung

Diese Erfahrungen werden ergänzt durch Erfahrungsberichte von Mentoren und Mitarbeitern in den Studienzentren, die Kontakte zu den Justizvollzugsanstalten in ihrem jeweiligen Bereich haben. Herangezogen wurden ferner Dokumente der Hochschulverwaltung.

Besonders wertvoll für uns bei der Erstellung der Themenliste für die Befragung waren auch Berichte von inhaftierten Studenten - so ein Bericht aus der JVA Tegel (s. Heger & Kramer 1979).

Anregungen für den Fragebogen erhielten wir speziell auch aus zwei kleineren Befragungen von inhaftierten Fernstudenten der FernUniversität: Krause (1994; vgl. Clever & Ommerborn 1995) konnte im Rahmen einer Examensarbeit zwar nur einige wenige Studenten (im Studienzentrum der JVA Geldern) befragen; der von ihr entwickelte Fragebogen enthält jedoch einige wichtige Kategorien, die auch für die Entwicklung des in vorliegender Untersuchung verwendeten Fragebogens von Bedeutung waren. Ähnliches gilt für eine kleinere Befragungsaktion, die Anfang der 80-er Jahre vom AStA der FernUniversität initiiert worden ist (Suckau 1983a).

Auf dieser Basis (und unter Berücksichtigung der in Kap. 3 zusammengefaßten Befunde) wurde eine relativ detaillierte Liste von Befragungsthemen erstellt. Berücksichtigte Themen bzw. Befragungsgegenstände waren u.a.:

(1) Demographisches: Alter, Geschlecht, Staatsbürgerschaft
(2) Schul- und Berufsausbildung sowie während der Haft erworbene Bildungsabschlüsse und berufliche Qualifikationen
(3) Vor der Inhaftierung ausgeübter Beruf und angestrebter Beruf nach der Entlassung
(4) Familienverhältnisse (Familienstand; Eltern, Geschwister, Kinder) sowie Kontakte zur Familie und Bezugspersonen außerhalb der Anstalt
(5) Haft-Situation: JVA, Art des Vollzugs; Haftstatus; Dauer der bereits verbüßten Haft sowie Termin der voraussichtlichen Entlassung; Haftraum und Unterbringung
(6) Verhältnis zu den Mitgefangenen; Einstellungen der nicht-studierenden Mitgefangenen und des Vollzugspersonals zum Fernstudium
(7) Quelle der Information über die Möglichkeit eines Fernstudiums an der FernUniversität für Inhaftierte
(8) Motive für ein Fernstudium „hinter Gittern"
(9) Hörerstatus, Fachwahl und angestrebter Abschluß
(10) Förderung und Unterstützung für das Studium: Freistellung von der Arbeitspflicht in der Anstalt; Ausbildungsbeihilfen; finanzielle, praktische und emotionale Unterstützung für das Studium
(11) Studienbezogene Kontakte: Zusammenarbeit mit anderen Fernstudierenden innerhalb der JVA; Kontakte zu Fernstudierenden außerhalb der JVA; Betreuung durch Mentoren; Möglichkeiten, die JVA zu Studienzwecken vorübergehend zu verlassen; Kontakte zu den Lehrgebieten und der Verwaltung in Hagen
(12) Teilnahme an Klausuren und Zwischenprüfungen
(13) Bewertung des Studiums, Studienzufriedenheit und Studienprobleme: (Un-) Zufriedenheit mit Aspekten des Fernstudiums; Probleme beim Studium; positive und negative Aspekte des Fernstudiums; Vorschläge (aus der Sicht der Betroffenen) zur Verbesserung des Fernstudienangebots für Inhaftierte.

Einige Anmerkungen zu den vorgenannten, zu erfragenden Aspekten:

zu (1) - *Demographische Merkmale*

Mit den Fragen zu demographischen Merkmalen sollte u.a. geprüft werden, ob und inwieweit die inhaftierten Studierenden in Merkmalen wie Alter oder Geschlecht den Stu-

Teil C

dierenden der FernUniversität insgesamt ähnlich sind oder sich von diesen unterscheiden.

zu (2) - *Schul- und Berufsausbildung* sowie während der Haft erworbene Bildungsabschlüsse und berufliche Qualifikationen
Das schulische und berufliche Ausbildungsniveau ist bei Strafgefangenen insgesamt geringer als in der Gesamtbevölkerung. Es ist aber wenig bekannt über die schulischen und beruflichen Qualifikationen der inhaftierten Fernstudierenden.

Zur Schulischen Bildung: Verschiedentlich ist darauf hingewiesen worden, daß unter den Inhaftierten überproportional viele ohne abgeschlossene Schulausbildung sind und daß das Ausbildungs-"Niveau" insgesamt (im Vergleich zu der gleichaltrigen Bevölkerung) eher gering ist. Haagmann (1975, S. 7ff) spricht denn auch von einem „defizitären Niveau", und eine Analyse der schulischen Ausbildung männlicher erwachsener Strafgefangener durch die (als Einweisungsanstalt fungierende) JVA Hagen aus dem Jahre 1980 erbrachte, daß lediglich 1.4% über einen Fachoberschul- oder Gymnasialabschluß verfügten. Auch Suckau (1983b) berichtet aus einer Umfrage bei verschiedenen Anstalten, daß der Anteil „studiengeeigneter" Gefangenen unter den Gefangenen insgesamt auf nur 1 - 3 % geschätzt wurde (s.o.: Abschn. 2.2).

Dieser geringe Ausbildungsgrad bei der Mehrzahl der Gefangenen kann ein gewichtiger Grund sein, warum nur eine sehr kleine Zahl unter den Inhaftierten sich an einem Fernstudium beteiligt bzw. sich zutraut, ein solches Studium bewältigen zu können.

Zwar ist anzunehmen, daß das Ausbildungsniveau unter den inhaftierten Fernstudierenden deutlich höher als das der Gefangenen insgesamt ist; es erschien jedoch wichtig, genauere Informationen über den Bildungsstand der inhaftierten Studierenden zu erhalten.

Während der Haft erworbene Bildungsabschlüsse und berufliche Qualifikationen: In vielen Anstalten besteht für die Inhaftierten die Möglichkeit, schulische Abschlüsse nachzuholen (vom Hauptschulabschluß bis zum Abitur) und / oder berufliche Qualifikationen zu erwerben; so gibt es beispielsweise in der JVA Münster ein Pädagogisches Zentrum mit über 60 Schulplätzen; in anderen Anstalten in NRW (schwerpunktmäßig in Bochum-Langendreher, Castrop-Rauxel und Geldern) werden zudem rund 450 Berufsausbildungsplätze für männliche Gefangene bereitgehalten.

Haagmann (1975) berichtet, daß 46% der von ihm befragten inhaftierten Fernunterrichtsteilnehmer zuvor bereits an Weiterbildungsmaßnahmen teilgenommen haben.

Die Frage nach während der Haft erworbenen Qualifikationen kann als Indikator für die Ausbildungsbereitschaft und -motivation der inhaftierten Fernstudierenden gelten.

zu (3) - *Vor der Inhaftierung ausgeübter Beruf und angestrebter Beruf nach der Entlassung*
Die Annahme eines Zusammenhanges zwischen mangelnder beruflicher Qualifizierung und Straffälligkeit erscheint plausibel. Es gibt jedoch Hinweise dafür, daß mangelnde berufliche Qualifizierung zumindest bei den an Weiterbildung interessierten Gefangenen nicht vorherrscht. So berichtet Haagmann (1975) aus einer Befragung von inhaftierten Fernlehrgangsteilnehmern, daß rund 85% eine berufliche Ausbildung nachweisen konnten.
Ein Vergleich des zuletzt ausgeübten mit dem künftig (nach der Entlassung) angestrebten Beruf kann u.U. Hinweise darauf geben, ob sich das Fernstudium auf die Berufserwartungen der Teilnehmer auswirkt.

zu (4) - *Familie und Bezugspersonen außerhalb der Anstalt*
Bezugspersonen außerhalb der Anstalt wird eine wichtige Rolle bei der psychischen Stabilisierung von Gefangenen und ihrer Resozialisierung zugeschrieben. Dementsprechend fordert § 23 des Strafvollzugsgesetzes, daß der Kontakt mit Personen außerhalb der Anstalt zu fördern sei.[2] Es erschien daher wichtig zu erfassen, ob die befragten Gefangenen

---
[2] Zu Bemühungen in der JVA Geldern, Außenkontakte zu fördern, s. Buchert et al (1995).

4. Methodik und Durchführung der Befragung

noch lebende Eltern(teile) und ob sie Lebensgefährt/inn/en, Geschwister und Kinder haben und welche Kontakte zu diesen Personen bestehen.

Für die inhaftierten Studierenden dürfte es insbesondere auch wichtig sein, ob sie bei ihrem Studium von ihrer Familie oder ihren Partner/inne/n unterstützt werden (Näheres dazu unten).

zu (5) - *Studiensituation in der Haft*
Wichtige Rahmenbedingungen für das Studium in der Haft sind u.a.:
- Haftstatus: Strafhaft, U-Haft, lfd. Revision;
- Art des Vollzugs: offen oder geschlossen;
- Größe des Haftraums und Anzahl der Gefangenen im Haftraum; eine in Hinblick auf das Studium förderlich erscheinende Einzelunterbringung ist u.U. in der jeweiligen JVA z.B. wegen Überbelegung nicht möglich;
- Vorhandensein und Zugänglichkeit von Arbeitsräumen (außerhalb des Haftraums);
- Dauer der bereits verbüßten Haft sowie voraussichtlicher Termin der Entlassung; (Aus-) Bildungsmaßnahmen während der Haftzeit sollen in der Regel zeitlich so gelegt werden, daß ein Erreichen des Ausbildungsabschlusses noch vor der voraussichtlichen Entlassung erfolgen kann. Wenn also beispielsweise ein Gefangener voraussichtlich schon in ein oder zwei Jahren entlassen werden wird, wird man ihm in der Regel wahrscheinlich nicht gestatten, noch ein Teilzeitstudium zu beginnen.

zu (6) - *Verhältnis zu den Mitgefangenen; Einstellungen der nicht-studierenden Mitgefangenen und des Vollzugspersonals zum Fernstudium*
Das Verhältnis der studierenden Gefangenen zu ihren Mitgefangenen - insbesondere auch zu den nicht-studierenden Mitgefangenen - kann das Studium und die Bereitschaft, trotz widriger Umstände durchzuhalten, positiv oder negativ beeinflussen.
Ähnliches gilt für die (von den studierenden Gefangenen vermutete) Einstellung der nicht-studierenden Gefangenen sowie der Vollzugsbeamten zu dem Studium.
Bei den Planungen eines Fernstudiums für Gefangene war u.a. befürchtet worden, daß die studierenden Gefangenen versucht sein könnten, sich als „Elite" zu fühlen, und ihren nicht-studierenden Mitgefangenen sowie u.U. auch den Beamten des Vollzugsdienstes mit „Arroganz" begegnen könnten.
Und auf Informationsveranstaltungen bei der Einführung des Fernstudiums für Gefangene waren von einzelnen Beamten des allgemeinen Vollzugsdienstes Äußerungen zu hören wie „Und nun sollen sie auch noch studieren dürfen / können!"

zu (7) - *Quelle der Information über die Möglichkeit eines Fernstudiums an der FernUniversität für Inhaftierte*
Die FernUniversität hat zwar spezielle Informationsbroschüren für inhaftierte Studieninteressenten und Studierende entwickelt („Fernstudium im Strafvollzug - Einige Informationen für Studieninteressenten und Fernstudierende in Justizvollzugsanstalten", hrsg. vom Dezernat 2 im Auftrag des Kanzlers der FernUniversität, o.J.). Es ist aber nicht sicher, ob und inwieweit diese Broschüren auch die Adressatengruppe erreichen.
Es ist daher für die Bemühungen der FernUniversität in diesem Bereich wichtig zu erfahren, wie bzw. aus welchen Quellen Studieninteressenten von der Möglichkeit eines Fernstudiums auch für Inhaftierte erfahren, um ggf. ihre Informationsbemühungen entsprechend gezielter vornehmen oder insgesamt verstärken zu können.

zu (8) - *Motive für ein Fernstudium „hinter Gittern"*
Eine Planungsgruppe „Beratung und Betreuung inhaftierter Fernstudenten" vermutete Anfang der 80-er Jahre u.a. folgende Studienziele oder Motive inhaftierter Fernstudierender: Abwechslung vom Gefängnisalltag; Sinnfindung; Identitätsfindung; Erlangung

neuer Zukunfts- und Zielperspektiven; sowie Erleichterung einer späteren Integration in die Gesellschaft.

In der 1994 durch Krause durchgeführten Befragung von 6 Fernstudenten in der JVA Geldern wurden von den Befragten u.a. folgende Motive genannt (vgl. Clever & Ommerborn 1995, S. 63f): Wunsch, dem Leben einen neuen Sinn zu geben; Verbesserung der beruflichen Perspektive für die Zeit nach der Haftentlassung; Fortsetzung eines bereits vor der Inhaftierung begonnenen Studiums; sowie Wunsch nach sinnvoller Freizeitgestaltung.

Der Journalist Boris Kalnoky berichtete aus seinen Gesprächen mit Studierenden in Geldern, daß einige durchaus auch mögliche Hafterleichterungen als Faktoren ihrer Entscheidung zur Aufnahme eines Fernstudiums benannten (vgl. Kalnoky 1988).

Nach einer Untersuchung, die von Doce (1989) für die spanische Universidad Nacional de Educacion a Distancia (UNED) durchgeführt wurde, werden von den inhaftierten Studierenden u.a. folgende Motive häufiger genannt: Erwerb eines Abschlusses; Hoffnung auf Strafreleichterung bzw. -verkürzung; und Wunsch, die Haftzeit sinnvoll zu nutzen.

Und Worth (1994, p. 38) benennt als Motive inhaftierter Studierender an der britischen OU u.a.: „For some students the OU was a second-chance opportunity to take on something they might have done earlier. It also constituted a way of coming in terms with, making sense of a long/life sentence by being able to set determinate markers and running a kind of parallel time-track. Some saw degree studies as status-conferring and enhancing self-esteem. And for a few, the OU provided a way of separating themselves entirely from the experience of imprisonment."

Über die Priorität solcher Motive wie der genannten ist bisher wenig bekannt; ferner ist nichts darüber bekannt, ob sich die Motive unterschiedlicher Gruppen von inhaftierten Fernstudierenden unterscheiden. So wäre zu vermuten, daß sich die Studienmotive von Gefangenen mit unterschiedlichem Hörerstatus (Voll- und Teilzeitstudierende vs. Gasthörer) unterscheiden.

zu (9) - *Hörerstatus, Fachwahl und angestrebter Abschluß*

Hörerstatus: Schon bei den Planungen eines Fernstudienangebots für Inhaftierte war davon ausgegangen worden, daß es unter den Inhaftierten nicht nur Interessenten für ein Voll- oder Teilzeitstudium, sondern auch für ein Studium als Gasthörer geben würde - dies nicht zuletzt, weil angenommen wurde, daß viele der Interessenten nicht über einen Bildungsabschluß im Sinne der allgemeinen Hochschulreife verfügen würden. - Auch einige der damals vermuteten Studienmotive wie „Haftzeit sinnvoll nutzen" o.ä. sprachen dafür, dieses Studienangebot insbesondere auch für Gasthörer zu öffnen.

In der Befragung des AStA zu Beginn der 80-iger Jahre (Suckau 1983a) überwogen die Gasthörer unter den inhaftierten Studierenden deutlich gegenüber den Voll- oder Teilzeitstudierenden. Auch aufgrund einer Analyse von Dokumenten der Universitätsverwaltung (Dezernat 5) im Jahre 1982 wurde damals geschätzt, daß zwei Drittel der inhaftierten Studierenden im Status des Gasthörers studierten.

Fachwahl: Die Mehrheit der Studierenden an der FernUniversität studieren Wirtschaftswissenschaften. Man kann vermuten, daß dies auch für die inhaftierten Fernstudierenden gilt; entgegen einer solchen Vermutung berichtet Suckau (1983a) aus einer AStA-Umfrage, daß die Befragten bei der Frage nach der bevorzugten Studienrichtung häufiger Erziehungs-, Geistes- und Sozialwissenschaften als Wirtschaftswissenschaften nannten.

zu (10) - *Förderung und Unterstützung für das Studium:* Freistellung von der Arbeitspflicht in der Anstalt; Ausbildungsbeihilfen; finanzielle, praktische und emotionale Unterstützung für das Studium

Freistellung von der Arbeitspflicht in der Anstalt: Gefangene unterliegen in der Regel der Arbeitspflicht; ohne Freistellung ist also ein Vollzeitstudium ebenso schwierig (oder

4. Methodik und Durchführung der Befragung

wegen der insgesamt ungünstigeren Rahmenbedingungen noch erheblich schwieriger), wie es ein Vollzeitstudium für einen voll berufstätigen Studierenden ist.

Die Regelungen zur Freistellung von der Arbeitspflicht variieren aber anscheinend von Bundesland zu Bundesland oder von JVA zu JVA; zudem haben die Anstaltsleitungen anscheinend einen gewissen Spielraum darin, wem sie eine solche Freistellung gewähren; dies kann dazu führen, daß in ein und derselben Anstalt der eine Vollzeitstudent von der Arbeitspflicht befreit ist, während es ein anderer nicht ist.

Finanzielle Unterstützung: Gefangene können eine Ausbildungsbeihilfe im Rahmen des Strafvollzugsgesetzes erhalten; unter bestimmten Umständen kann auch BAföG gewährt werden. Eine wichtige Form der finanziellen Unterstützung sind Regelungen zur Gebührenermäßigung oder -befreiung, wie sie von verschiedenen Fernlehreinrichtungen praktiziert werden (vgl. oben: Kap. 3). Auch die FernUniversität kann ihren inhaftierten Studierenden auf Antrag Gebührenermäßigung bzw. -befreiung gewähren.

Neben diesen eher „institutionellen finanziellen Unterstützungsformen" dürften auch Formen der Unterstützung von privater, insbes. familiärer Seite eine potentiell wichtige Rolle spielen.

Emotionale und praktische Unterstützung: Hier dürften neben Personen aus dem familiären Umfeld und Freunden vermutlich insbes. auch die Mitarbeiter des Pädagogischen, ggf. auch des Sozialen oder Psychologischen Dienstes eine wichtige Rolle spielen. Aber auch den Mitarbeitern aus den jeweils zuständigen Studienzentren und insbesondere den Mentoren kann hier eine wichtige Funktion zukommen.

Haagmann (1975) berichtet aus einer Umfrage unter inhaftierten Fernunterrichtsteilnehmern von der wichtigen Rolle der Anstaltspädagogen (s.o.: Abschn. 3.2.1.1).

Und bei der Befragung von Studierenden in der JVA Geldern durch Krause (1994) wurden als Unterstützungsquellen u.a. genannt:

- Verwandte, insbes. die Eltern und die Geschwister, oder Lebensgefährt/inn/en;
- Mitarbeiter/innen des zuständigen Studienzentrums Goch;
- Mentoren und Studienberater sowie
- ehrenamtliche Betreuer/innen.

zu (11) - *Studienbezogene Kontakte:* Zusammenarbeit mit anderen Fernstudierenden innerhalb der JVA; Kontakte zu Fernstudierenden außerhalb der JVA; Betreuung durch Mentoren; Möglichkeiten, die JVA zu Studienzwecken vorübergehend zu verlassen; Kontakte zu den Lehrgebieten und der Verwaltung in Hagen

Möglichkeiten zur Zusammenarbeit mit anderen inhaftierten Studierenden in der Anstalt: Von Bedeutung für das Studium dürfte sein, ob es noch andere Fernstudierende in der jeweiligen JVA gibt und ob es Möglichkeiten zur Zusammenarbeit mit diesen gibt. Suckau (1983a) berichtet aus der AStA-Umfrage, daß mehrere Befragte äußerten, daß die Anstaltsleitung eine solche Zusammenarbeit behindere; vielfach wüßten auch die in ein und derselben Anstalt einsitzenden Studierenden nichts voneinander.

Kontakte zu Fernstudierenden außerhalb der JVA und Möglichkeiten, die JVA vorübergehend zu Studienzwecken zu verlassen: Obwohl sich nach der AStA-Umfrage eine große Mehrheit der inhaftierten Studierenden Kontakte zu Mitstudenten wünscht, haben vermutlich nur wenige Gefangene Kontakt zu anderen Fernstudierenden außerhalb ihrer JVA. Da zudem die meisten Gefangenen im geschlossenen Vollzug sind, haben sie auch kaum die Möglichkeit, ein Studienzentrum außerhalb der JVA aufzusuchen oder andere Studierende bei Präsenzveranstaltungen kennenzulernen.

Mentorielle Betreuung in der JVA: In NRW sollen die inhaftierten Studierenden durch die Mentoren des nächstgelegenen Studienzentrums mitbetreut werden. - Wenn Gefangene jedoch als einzige Studierende in einer JVA untergebracht sind und diese JVA zudem noch weit vom nächsten Studienzentrum entfernt ist, dürfte das Ausmaß der Be-

Teil C

treuung eher gering sein. Außerhalb von NRW ist die Situation i.d.R. noch schwieriger, da die FernUniversität hier nur begrenzte Möglichkeiten hat, die Mentoren zu einer Betreuung der inhaftierten Studierenden zu verpflichten.

Schriftliche und telefonische Kontakte zu den Kursbetreuern bzw. den Lehrgebieten und Stellen der Verwaltung in Hagen: Der Postverkehr der inhaftierten Studierenden (wie der übrigen Gefangenen) unterliegt der Zensur und ggf. auch einer Kontingentierung. Telefonate sind i.d.R. nur möglich, wenn der/die Studierende Unterstützung durch einen JVA-Mitarbeiter (etwa des Pädagogischen, Sozialen oder Psychologischen Dienstes) erhält. Zu bedenken dabei ist auch die Kostenfrage.

zu (12) - *Teilnahme an Klausuren und Zwischenprüfungen*

Bei Voll- und Teilzeitstudierenden kann die Teilnahme an Kursabschluß-Klausuren und an Zwischenprüfungen als wichtigster Indikator für ein aktives Studium betrachtet werden.

Gesonderte Statistiken über die Studienleistungen der inhaftierten Fernstudierenden (etwa bei den Prüfungsämtern) existieren nicht.[3]

Im Fragebogen soll daher gefragt werden, an wievielen Klausuren und Prüfungen die Befragten teilgenommen haben und wieviele sie erfolgreich bestanden haben.

zu (13) - *Bewertung des Studiums, Studienzufriedenheit und Studienprobleme:* (Un-) Zufriedenheit mit Aspekten des Fernstudiums; Probleme beim Studium; positive und negative Aspekte des Fernstudiums; Vorschläge (aus der Sicht der Betroffenen) zur Verbesserung des Fernstudienangebots für Inhaftierte.

Die Befragung der inhaftierten Studierenden verfolgt eine doppelte Zielsetzung (s.o.: Abschn. 1.1): a) Bestandsaufnahme der Studiensituation inhaftierter Studierender und b) Gewinnung von Informationen, die - im Sinne einer formativen Evaluation - Hinweise für eine Verbesserung der Situation liefern. Dieser Zielsetzung entsprechend erschien es wichtig,

- die Meinungen und Wertungen von Betroffenen zu möglichst vielen Aspekten des Fernstudiums (von der Information über das Studienangebot und die Studieneingangsberatung, das Lehrmaterial, die Kursbetreuung bis hin zu Prüfungen) zu erfahren;
- die Betroffenen die Aspekte ihres Studiums benennen zu lassen, die ihnen die größten Schwierigkeiten bereiten und die sie als besonders problematisch bzw. verbesserungswürdig empfinden.

Die Meinungen und Wertungen sollen dabei auf unterschiedliche Weise erfolgen:

- *globale und spezifische Urteile:* Die Befragten sollen zum einen im Sinne eines Globalurteils angeben, wie zufrieden sie mit ihrem Studium insgesamt sind, oder in welchem Ausmaß ihnen das Studium hilft, die Haft leichter zu ertragen; zum anderen sollen sie wertende Urteile zu eher spezifischen Komponenten oder Details des Studiums (wie Ausmaß oder Qualität der Kursbetreuung; Zufriedenheit mit der Literaturversorgung o.ä.m.) abgeben.
- Die Wertung soll teilweise *direkt* und teilweise eher *indirekt* abgefragt werden: So sollen die Befragten zum einen direkt nach der (Un-) Zufriedenheit mit bestimmten Aspekten ihres Studiums gefragt werden; andere Fragen sind darauf gerichtet, eher indirekt die Bindung an die FernUniversität und die Bereitschaft zur Fortsetzung des Studiums zu erfassen.
- Erfassung durch *offene vs. geschlossene Fragen:* Die Ansichten der Betroffenen sollen zum einen durch geschlossene Fragen (mit Antwortvorgaben) erfaßt werden, um vergleichbare Antworten von einer größeren Gruppe der Befragten zu er-

---

[3] Erhebungen für jeweils sehr begrenzte Gruppen von Inhaftierten lassen vermuten, daß sich die Leistungen der inhaftierten Studierenden kaum von jenen der nicht-inhaftierten Studierenden unterscheiden.

4. Methodik und Durchführung der Befragung

halten. Den Befragten soll zum anderen aber auch hinreichend Gelegenheit gegeben werden, von sich aus Sachverhalte anzusprechen und - vor allem - Vorschläge zur Verbesserung der Studiensituation zu formulieren.

Ausgehend von dieser Themenliste wurde sodann ein erster Fragebogenentwurf erstellt.

4.2.2 Diskussion des Entwurfs mit Experten

Der erstellte Entwurf wurde einigen Experten zur Stellungnahme zugesandt:
- zwei Mitarbeitern des Pädagogischen Dienstes der JVA Geldern, den Herren Nedden und Ink;
- einigen Mitarbeiter/inne/n von Studienzentren (Mentoren, Verwaltungsangestellten), die mit inhaftierten Studierenden Kontakt haben;
- einem früheren Studenten der FernUniversität, der während der Haft ein Fernstudium an der FernUniversität begonnen und erfolgreich abgeschlossen hat.

Aus dem genannten Kreis kamen wertvolle Ergänzungs- und Änderungsvorschläge, die bei der Revision des Entwurfs berücksichtigt wurden.

Mit den Herren Nedden und Ink (Mitarbeiter des Pädagogischen Dienstes) wurde zudem bei einem Besuch in der JVA Geldern ein intensives Gespräch über die geplante Untersuchung sowie den Fragebogenentwurf geführt; die Ergebnisse dieses Gespräches flossen ebenfalls in die Revision des Fragebogenentwurfes ein.

4.2.3 Erprobung des Entwurfs bei Betroffenen und weitere Revision des Fragebogens

Bei dem Gegenstand der Untersuchung ist es unverzichtbar, das Erhebungsinstrumentarium mit Betroffenen zu diskutieren; denn auch ein noch so engagierter pädagogischer Betreuer, Studienberater oder Mentor kann die Studiensituation unter Haftbedingungen nicht unmittelbar aus der Sicht eines Betroffenen sehen, sondern letztlich doch nur als Außenstehender nachempfinden.

Aus diesem Grund diskutierten wir den Fragebogen bei einem eintägigen Besuch im Studienzentrum der JVA Geldern mit einer Gruppe von 14 betroffenen inhaftierten Studenten.

Zu Beginn des Besuches wurde der Zweck des Besuchs erklärt. Danach wurde die Gruppe unterteilt.

Eine kleinere Gruppe von 4 Studierenden wurde gebeten, den Fragebogen probeweise auszufüllen und dabei insbesondere auch auf Unklarheiten und Mängel im Fragebogen - also insbesondere auf nicht berücksichtigte Aspekte - zu achten. Die Anmerkungen, Kommentare und Hinweise der Studierenden zum Fragebogen wurden unmittelbar notiert und ggf. auch kurz diskutiert.

Die größere Gruppe diskutierte derweil über die Studiensituation und die besonderen Probleme eines Fernstudiums unter Haftbedingungen sowie auch über die geplante Untersuchung.

Die kleinere Gruppe stieß nach Ausfüllen des Fragebogens[4] wieder zu der größeren. In der Gesamtgruppe wurde sodann der Fragebogenentwurf intensiv durchgesprochen.[5]

Insgesamt erbrachte das Treffen eine ganze Reihe von wichtigen Hinweisen und Anregungen. Diese betrafen u.a.:

- die *formale und (typo-) grafische Gestaltung* des Fragebogens (z.B. die Gestaltung der Antwortvorgaben bei einigen Fragen);

---

[4] Teil des Fragebogens in der Erprobungsversion war ein Schema, in dem die Befragten den typischen Ablauf eines Tages schildern konnten; dieses Schema wurde von der kleineren Gruppe ausgefüllt; die Ergebnisse dazu werden in Abschn. 5.5 dargestellt. Wegen des relativ hohen Zeitaufwands für das Ausfüllen dieses Schemas wurde darauf verzichtet, diesen Fragebogenteil in die spätere Fragebogenendfassung zu übernehmen.

[5] Im weiteren Verlauf des Treffens wurden sodann - im zweiten Teil der vorab gemeinschaftlich vereinbarten Tagesordnung - allgemeinere (d.h. nicht fachgebundene) Studienprobleme der Studierenden besprochen.

Teil C

- die *verwendeten Skalen* bei einigen Antwortvorgaben: So enthielt der Fragebogenentwurf an verschiedenen Stellen 5-stufige Skalen mit verbal umschriebenen Antwortkategorien (z.b. zur Kennzeichnung des Grades der Zufriedenheit oder der Zustimmung). Diese auf Gleichabständigkeit geprüften und in vielen Befragungen erprobten Skalen (nach Rohrmann 1978) waren nach Ansicht einiger der Teilnehmer zu differenziert; z.T. zeigten sich auch Mißverständnisse bei der Anwendung der Skalen; sie wurden daher bei der Revision des Entwurfes vereinfacht;
- einzelne *Formulierungen*, die nach Ansicht der Teilnehmer unklar oder mißverständlich waren;
- *Themen oder Fragestellungen*, die im Fragebogenentwurf nach Ansicht der Teilnehmer nur verkürzt oder gar nicht berücksichtigt waren.

Die Anregungen aus diesem Treffen wurden in den Fragebogen eingearbeitet. Der resultierende Fragebogen ist im Anhang (A-4.2) abgedruckt.

4.3 Probleme der Erreichbarkeit der Zielpopulation und Bestimmung der Untersuchungsgruppe

Die FernUniversität führt keine speziellen Listen ihrer inhaftierten Studierenden. Dies bedeutet zum einen, daß es keine exakten Angaben über die Anzahl der inhaftierten Studierenden an der FernUniversität gibt und daß zum anderen die Zielgruppe nicht gezielt erreicht werden kann.

4.3.1 Zur vermuteten Anzahl der inhaftierten Studierenden an der FernUniversität

Ommerborn schätzte die Anzahl der inhaftierten Fernstudenten pro Studienjahr in den Jahren seit Bestehen des Angebots für diese Gruppe auf bis zu 650 ein (vgl. Clever & Ommerborn 1995, S. 62).

Diese Schätzung basierte u.a. auf:

- Erkundigungen bei Justizvollzugsanstalten,
- Briefkontakte von Inhaftierten mit dem Dezernat für studentische und akademische Angelegenheiten,
- Angaben aus den Studienzentren (über Kontakte zu inhaftierten Studierenden in ihrer Region),
- Zählungen der Anträge auf Gebührenbefreiung von Inhaftierten.

Verschiedene Anzeichen lassen aber vermuten, daß die Anzahl der inhaftierten Studierenden in den letzten Jahren abgenommen hat. So ist die Anzahl der Anträge auf Gebührenbefreiung in den letzten Jahren deutlich gesunken und liegt in den letzten Jahren bei unter 200 (Auskunft des Leiters der Gebührenstelle, Dez. 2.1, Herrn Dipl.-Betriebswirt Wetzel).

Auch die Anzahl von nur ca. 100 Studierenden, die eine JVA als Versandanschrift für die Zusendung des Studienmaterials angeben (Näheres: s.u.), läßt eine relativ geringe Anzahl inhaftierter Fernstudenten selbst dann vermuten, wenn man davon ausgeht, daß eine unbekannte Anzahl Betroffener sich das Material nicht direkt in die Haftanstalt, sondern an eine andere Adresse (z.B. Familie, Freunde usw.) schicken läßt.

Die relativ geringe Zahl läßt eine Vollerhebung geboten erscheinen, zumal mit nur einer geringen Rücklaufquote gerechnet werden muß. (Bei Befragungen von Fernstudent/inn/en der FernUniversität werden - auch bei sehr kurzen Fragebögen - nur selten höhere Rücklaufquoten erreicht.)

4. Methodik und Durchführung der Befragung

4.3.2 Zur Erreichung der Zielgruppe

Um den Fragebogen möglichst an alle inhaftierten Studierenden der FernUniversität gelangen zu lassen, wurden vier unterschiedliche Wege gewählt:

(a) Veröffentlichung des Fragebogens in der Studentenzeitschrift des AStA (*"sprachrohr"*) mit einem Begleitschreiben der (damaligen) stellvertrenden AStA-Vorsitzenden und Referentin für Recht und Soziales, Frau Anne Blohm;

(b) Versand des Fragebogens an die Pädagogischen oder Sozialen Dienste in den Justizvollzugsanstalten mit der Bitte, den Fragebogen an die dort inhaftierten Studierenden auszuhändigen;

(c) Versand des Fragebogens an die Studienzentren, zu deren Einzugsgebiet Haftanstalten gehören, mit der Bitte, den Fragebogen an die inhaftierten Studierenden in Justizvollzugsanstalten in ihrem Umkreis weiterzuleiten;

(d) Postversand des Fragebogens an alle Studierenden, deren Versandanschrift mit der einer der JVAs übereinstimmt.

zu (a) Veröffentlichung des Fragebogens in der Studentenzeitschrift des AStA, "sprachrohr"

Die Untersuchung und Fragebogenaktion wurde von Anbeginn mit dem AStA der FernUniversität abgestimmt und insbesondere von der damaligen stellvertretenden AStA-Vorsitzenden und Referentin für Recht und Soziales, Frau Anne Blohm, unterstützt. Sie bot an, den Fragebogen in voller Länge in der Studentenzeitschrift des AStA, dem *"sprachrohr"*, zu veröffentlichen und in einem Begleitschreiben für die Teilnahme an der Untersuchung zu werben. Der Fragebogen wurde im Dezember-Heft 1995 der Zeitschrift abgedruckt.

Da die Studentenzeitschrift an alle Studierenden versandt wird, konnte auf diese Weise sichergestellt werden, daß auch jeder der inhaftierten Studierenden ein Exemplar des Fragebogens erhielt.

Der im „sprachrohr" abgedruckte Fragebogen wurde gegenüber der im Anhang abgedruckten Fragebogen-Versandversion im Layout wesentlich verändert und enthält bei zwei der Fragen Fehler; dies wurde bei der Auswertung entsprechend berücksichtigt.[6]

zu (b) Versand des Fragebogens an die Pädagogischen oder Sozialen Dienste in den Justizvollzugsanstalten mit der Bitte, den Fragebogen an die dort inhaftierten Studierenden auszuhändigen.

Die Mitarbeiter des Pädagogischen Dienstes in den Justizvollzugsanstalten bemühen sich darum, geeignet erscheinenden Gefangenen (Aus-) Bildungsmöglichkeiten zu eröffnen; Gefangenen soll so die Möglichkeit gegeben werden, schulische Abschlüsse nachzuholen, berufliche Qualifikationen zu erwerben oder an Weiterbildungsmaßnahmen (auch auf Fernlehrbasis) teilzunehmen.[7] Auch die Unterstützung inhaftierter Fernstudierender gehört zu den Aufgaben des Pädagogischen Dienstes (wie auch des Sozialen Dienstes) in den Anstalten.

Da zudem zu den Mitarbeitern des Pädagogischen Dienstes zumindest in einigen Anstalten seit Jahren gute Kontakte bestehen, war es naheliegend, die Pädagogischen Dienste in den Anstalten anzuschreiben, sie über die Befragungsaktion zu informieren und zu bitten, die dem An-

---

[6] 12 Befragte verwendeten den im „sprachrohr" abgedruckten Fragebogen; die große Mehrheit benutzte die für den Versand erstellte Fragebogenversion (s. Anhang A-4.2).

[7] Das Ausbildungsangebot ist in den verschiedenen Anstalten zwar unterschiedlich. So werden in einigen Anstalten Ausbildungsplätze für ganz bestimmte Berufsbereiche (z.B. Elektro- oder Metallberufe) vorgehalten. In allen Anstalten besteht aber für die Gefangenen die prinzipielle Möglichkeit, Fernlehrangebote zu nutzen; in der JVA Geldern wurde zudem eine Außenstelle des Studienzentrums Goch eingerichtet; ähnliche Einrichtungen für Niedersachsen bzw. Baden-Württemberg befinden sich in Hannover bzw. Freiburg i. Br. (s.o.: Abschn. 2.3).

Teil C

schreiben beigefügten Fragebögen an gefangene Fernstudierende in ihren Anstalten zu verteilen und die Gefangenen zur Teilnahme an der Untersuchung zu motivieren.

zu (c)   Versand des Fragebogens an Studienzentren

Nicht nur die Mitarbeiter/innen des Studienzentrums in Goch bemühen sich seit Jahren um inhaftierte Studierende in den Justizvollzugsanstalten in ihrem Umkreis.

Daher wurden auch alle anderen Studienzentren in der Nähe von Justizvollzugsanstalten mit Fragebögen versorgt, und die Mitarbeiter/innen gebeten, diese Bögen an die inhaftierten Fernstudierenden in den Justizvollzugsanstalten in ihrem Umkreis weiterzuleiten und die Gefangenen um das Ausfüllen der Fragebögen zu bitten.

zu (d)   Postversand des Fragebogens an alle Studierenden, deren Versandanschrift mit der einer der JVAs - hinsichtlich Postleitzahl und Straße - übereinstimmt.

Vom Justizministerium des Landes NRW war uns freundlicherweise ein Verzeichnis mit allen Anschriften von Justizvollzugsanstalten in der Bundesrepublik zur Verfügung gestellt worden. Auf diese Weise konnte der Fragebogen an alle Studierenden der FernUniversität geschickt werden, deren Versandanschrift für das Studienmaterial mit der einer der JVA übereinstimmte.

Diese Versandform scheint auf den ersten Blick die direkteste Form der Erreichung der Zielgruppe. Bei näherem Hinsehen erweist sie sich jedoch als keineswegs unproblematisch.

Zum einen erhalten auf diese Weise auch Personen den Fragebogen, die nicht inhaftiert sind (beispielsweise Bedienstete in den JVA, die als Studenten eingeschrieben sind und sich die Studienbriefe in die JVA schicken lassen).

Zum anderen ist zu vermuten, daß eine Reihe von inhaftierten Studierenden sich die Materialien aus verschiedenen Gründen nicht an die JVA, sondern an eine andere Anschrift (etwa die ihrer Familie oder von Freunden) schicken lassen. Diese "direkte" Versandart stellt also keineswegs sicher, daß alle Personen der Zielgruppe den Fragebogen erhalten.

Es kann aber davon ausgegangen werden, daß durch die Kombination der o.g. Maßnahmen (nahezu) alle inhaftierten Fernstudierenden zumindest je ein Exemplar des Fragebogens erhalten haben.

4.4   Erhebungszeitpunkte

Das Heft der Studentenzeitschrift "sprachrohr", in dem der Fragebogen abgedruckt war, wurde im Dezember 1995 an die Studierenden verteilt.

Der Versand der Fragebögen an die Pädagogischen Dienste in den Anstalten sowie die Studienzentren wurde ebenfalls im Dezember 1995 durchgeführt. Zu gleicher Zeit erfolgte der direkte Versand der Fragebögen an Studierende mit einer Anschrift, die der einer der JVA entsprach.

Den direkt versandten Fragebögen sowie den durch die Studienzentren und die Pädagogischen Dienste in den Anstalten verteilten Fragebögen lagen Umschläge für die Rückantwort ("Gebühr bezahlt Empfänger") bei.

(In weiteren Briefen an Kontaktpersonen bei den Pädagogischen Diensten und in den Studienzentren sowie in Telefonaten wurden diese im Laufe des Dezembers 1995 und des Januars 1996 noch einmal darum gebeten, die inhaftierten Studierenden in ihrem Bereich zur Teilnahme zu motivieren.)

Die Diskussion der vorläufigen Ergebnisse der Fragebogenuntersuchung mit inhaftierten Studierenden in der JVA Geldern sowie mit Mitarbeitern des dortigen Pädagogischen Dienstes erfolgte im Mai 1996.

4. Methodik und Durchführung der Befragung

4.5 Rücklauf

Bis Ende Januar 1996 wurden 100 Fragebögen ausgefüllt rückgesandt. Bei einem dieser Fragebögen konnte aufgrund der (nahezu) identischen Angaben sowie der Handschrift mit hoher Wahrscheinlichkeit angenommen werden, daß er von einem Befragten stammte, der bereits zuvor einen ausgefüllten Fragebogen zurückgeschickt hatte. Dieser zweite ausgefüllte Fragebogen wurde daher nicht in die Auswertung einbezogen.[8]

Ferner wurden die Fragebögen von vier weiteren Befragten bei der Auswertung - mit Ausnahme der Antworten bei einigen wenigen Fragen - nicht berücksichtigt: Diese vier Befragten gaben bei Frage 22 als Jahr des Studienbeginns das Jahr 1996 an, wobei je zwei dieser Befragten als Hörerstatus (Fr. 23) „in Orientierungsphase" bzw. „Gasthörer" nannten. Da diese Befragten kaum Studienerfahrungen haben konnten (und dementsprechend auch sehr viele Fragen nicht beantworteten), bleiben ihre Fragebögen bei der Auswertung zu den meisten Fragen unberücksichtigt; Ausnahmen hiervon sind die beiden Fragen (Fr. 20 und 21), in denen nach den Quellen der Informationen über die Studiermöglichkeit an der FernUniversität sowie nach den Motiven für die Studienaufnahme gefragt wird.

Bei der Auswertung wird also im folgenden bei den meisten Fragen von einem Stichprobenumfang von N=95 ausgegangen, bei den Fragen 20 und 21 hingegen von einem Umfang von N=99.

Da die Gesamtanzahl der inhaftierten Studierenden der FernUniversität nicht exakt angegeben, sondern bestenfalls grob abgeschätzt werden kann (s.o.), ist auch die Rücklaufquote nur grob abschätzbar.

Geht man von der Anzahl der Fernstudierenden aus, deren Versandanschrift mit der einer der JVA übereinstimmt (N=108), so ergäbe sich bei 99 rückgesandten Fragebögen eine Rücklaufquote von über 90%. Diese Quotenschätzung dürfte aber insofern überhöht sein, da sich eine nicht bekannte Anzahl von inhaftierten Studierenden ihr Studienmaterial nicht direkt in die jeweilige JVA, sondern an eine andere Anschrift (z.B. die der Familie) senden läßt.

Eine deutlich niedrigere Schätzung der Rücklaufquote ergibt sich, wenn man die Zahl der rückgesandten Fragebögen auf eine geschätzte (maximale) Anzahl von 200 Studierenden bezieht, wobei diese Schätzung der Maximalanzahl (durch das Dezernat 2) auf der Anzahl der Anträge auf Gebührenbefreiung in den letzten Jahren basiert. Demnach läge die Rücklaufquote bei ca. 50%.

Eine weitere Schätzung der Rücklaufquote läßt sich zwar nicht für die Gesamtadressatengruppe, wohl aber für die inhaftierten Studierenden in Nordrhein-Westfalen vornehmen: Nach Statistiken des Landesjustizministeriums (s. die vom Justizministerium des Landes Nordrhein-Westfalen herausgegebene Broschüre „Justiz in Zahlen 1995", Abschn. 6.3) variierte die Anzahl der erwachsenen inhaftierten Studierenden an der FernUniversität in den Jahren 1992 bis 1995 zwischen 45 und 48. Legt man die Anzahl von 45 Studierenden (aus 1994 und 1995) zugrunde, ergibt sich bei 29 rückgesandten Fragebögen aus NRW somit eine Quote von .644 (bzw. 64%); und bei Zugrundelegung der höheren Anzahl von 48 Studierenden aus 1993 ergibt sich eine Quote von .604 (bzw. 60%).

Bei Zugrundelegung dieser Schätzungen für die Rücklaufquote (zwischen 50% und 64%) mag man - einmal abgesehen von einem möglichen selektiven 'non-response bias' - die Repräsentativität der Ergebnisse bezweifeln. Nichtsdestotrotz ist die vorliegende Untersuchung - hinsichtlich der Anzahl der antwortenden Befragten - die umfassendste zur Situation inhaftierter Studierender an der FernUniversität. (Krause 1994 konnte in ihrer Examensarbeit lediglich einige wenige Studierende im Studienzentrum der JVA Geldern befragen; und Suckau 1983a standen bei der AStA-Umfrage nur 25 antwortende Befragte zur Verfügung.)

---

[8] Bei zwei weiteren ausgefüllten Fragebögen kann nicht mit Sicherheit ausgeschlossen werden, daß es sich nicht um Zweitantworten derselben Befragten handelt; diese Fragebögen weisen zwar bei einigen Fragen sehr ähnliche Antworten auf, bei anderen Fragen hingegen deutliche Abweichungen; auch die Handschriften ließen keinen eindeutigen Schluß auf Identität oder Nicht-Identität zu. Diese beiden Fragebögen wurden in die Analyse einbezogen.

Ferner ist zu bedenken, daß für die Sammlung von Vorschlägen zur Verbesserung der Studiensituation die Repräsentativität der Befragtenstichprobe nicht unbedingt von entscheidender Bedeutung ist.

Hinweis: Im Mai 1996 - drei Monate nach Abschluß der Auswertung der Befragungsdaten - kamen drei weitere ausgefüllte Fragebögen zurück (zwei von Gasthörern aus der JVA Saakbrücken und einer von einem Vollzeitstudierenden aus der JVA Zweibrücken); alle drei hatten erst 1996 mit ihrem Fernstudium begonnen. Diese Fragebögen sind bei obigen Aussagen zum Rücklauf wie auch bei der quantitativen Auswertung (s. Kap. 5) nicht berücksichtigt worden.

Zu den Reaktionen der Betroffenen auf die Befragung:

Wenn man von den Anmerkungen der Betroffenen zum Fragebogen oder den teilweise sehr ausführlichen Begleitbriefen zum Fragebogen ausgeht, ist die Befragung von den antwortenden Betroffenen positiv aufgenommen worden; mehrere Befragte bedankten sich ausdrücklich dafür, daß sich überhaupt jemand für ihre Situation interessiert; einige meinten, daß ihnen die Befragung einen wichtigen Anstoß gegeben habe, sich mit ihrer Situation systematischer auseinanderzusetzen.

Als ein weiteres Indiz für eine positive Resonanz kann auch gewertet werden, daß eine große Zahl der Befragten auf die (selbstverständlich) zugesicherte Anonymität verzichtete und ihren Fragebogen mit vollem Namen und Anschrift versahen.

4.6 Hinweis zur Auswertung

Dem explorativen Charakter der Studie entsprechend beschränkt sich die Auswertung i.w. auf Datendeskription; d.h. es werden einfache Häufigkeitsauszählungen und gelegentlich auch Kreuztabellierungen vorgenommen.

Auf die Durchführung statistischer Tests wurde weitgehend verzichtet, da für kaum eine der untersuchten Beziehungen fundierte *a priori*-Hypothesen vorlagen; wenn vereinzelt - etwa für Assoziationsstatistiken - Irrtumswahrscheinlichkeiten angegeben werden, so sind die mitgeteilten p-Werte eher als Service für Leser zu verstehen, die entsprechende Hypothesen haben und denen wir die Mühe des Nachrechnens bzw. des Nachschlagens in entsprechenden Tabellenwerken ersparen wollten.

Hinweis: Trotz des geringen Stichprobenumfangs (N=95 bzw. N=99; vgl. oben: Abschn. 4.5) werden in der folgenden Darstellung oft auch Prozentwerte angegeben, um die Antwortverteilungen zu den Fragen - etwa bei unterschiedlicher Anzahl fehlender Angaben - in der Größenordnung untereinander einfacher vergleichen zu können. Bei der Interpretation - insbes. bei Auswertungen für Teilgruppen (wie z.B. die Gruppe der Voll- und Teilzeitstudierenden oder der Gasthörer) - ist zu beachten, daß die Prozentschätzungen bei der geringen Prozentbasis sehr unsicher sind; z.B. erhöht oder erniedrigt die Antwort nur eines Befragten bei einer Teilgruppe von beispielsweise 40 Befragten den Prozentsatz bereits um ±2.5%. Wenn also für solche Teilgruppen dennoch Prozentwerte bestimmt werden, so geschah dies, um die Antworthäufigkeiten in den verschiedenen Teilgruppen (trotz unterschiedlicher Gruppengröße) einfacher untereinander vergleichen zu können und um in Abbildungen einen gemeinsamen Maßstab verwenden zu können. Da die vorliegende Studie vornehmlich explorativen Zwecken diente und es nicht so sehr darauf ankam, genauere Schätzungen von Stichprobenparametern vorzunehmen, erschien ein solches Vorgehen gerechtfertigt.

5 Ergebnisse der Befragung von inhaftierten Studierenden der FernUniversität

Im folgenden werden die Ergebnisse - geordnet nach der Liste von Befragungsthemen aus Abschn. 4.2.1 - dargestellt.
Die folgende Darstellung bezieht sich auf die Angaben jener 95 Befragten, die mit ihrem Fernstudium vor 1996 begonnen haben. Lediglich bei den Fragen zu den Quellen der Information über Studiermöglichkeiten (s.u.: Abschn. 5.7) und zu Studienmotiven (s.u.: Abschn. 5.8) werden auch die Angaben jener 4 Befragten berücksichtigt, die 1996 als Jahr ihres Studienbeginns angegeben hatten.

5.1 Sozio-demographisches: Alter, Geschlecht und Staatsbürgerschaft

- Geburtsjahr / Alter (Fr. 1):

Das Geburtsjahr der Befragten variiert zwischen 1940 und 1973, das Alter also dementsprechend zwischen 22 und 55 Jahren; der Median liegt für das Geburtsjahr bei 1959; dies entspricht einem Zentralwert der Lebensalterverteilung von ca. 35 Jahren. (Ca. 25% der Befragten sind 1955 oder früher geboren - erstes Quartil: zwischen 1954 und 1955 - und ca. 25% sind 1964 oder später geboren - drittes Quartil zwischen 1964 und 1965.)

Tab. 5.1-1: Geburtsjahr (Fr. 3)

Geburtsjahr	Anzahl	%
vor 1945	6	6.4
1946-1950	7	7.4
1951-1955	14	14.9
1956-1960	22	23.4
1961-1965	24	25.5
1966-1970	17	18.1
1971-1975	4	4.3
keine Angabe	1	--

Die Spanne der Altersverteilung ist also ähnlich weit (wenn auch nach oben etwas eingeschränkt) wie bei der entsprechenden Verteilung für alle Studierende an der FernUniversität (wie ein Vergleich mit den Studentenstatistiken der FernUniversität aus den letzten Jahren zeigt). Eine ähnliche Altersspanne ergab sich auch in der kleinen Befragungsaktion in der JVA Geldern im Jahr 1994 (s. Krause 1994 bzw. Clever & Ommerborn 1995, S. 63).
Die Altersverteilung entspricht auch in etwa jener aller Inhaftierten - zumindest in NW (vgl. die vom Justizministerium des Landes Nordrhein-Westfalen herausgegebene Broschüre „Justiz in Zahlen 1995", Abschn. 6.6).

- Geschlecht (Fr. 2):

Fast alle Befragten sind Männer (92 bzw. 97.9% von 94 Befragten, die diese Frage beantworten; einmal keine Angabe); unter den Antwortenden waren nur zwei Frauen.
Dies entspricht - zumindest in der Tendenz - der Geschlechtsverteilung in der Inhaftiertenpopulation der Bundesrepublik: Es gibt wesentlich mehr männliche als weibliche Inhaftierte.

Teil C

In der vom Justizministerium des Landes Nordrhein-Westfalen 1994 herausgegebenen Schrift „Strafvollzug in Nordrhein-Westfalen" werden (auf S. 60) dazu für NW folgende Zahlen angegeben: 9.345 männliche erwachsene Gefangene gegenüber nur 440 weiblichen erwachsenen Gefangenen sowie 1.336 männliche Jugendstrafgefangene gegenüber nur 47 weiblichen Jugendstrafgefangenen (für den Stichtag 31.01.94; ähnliche Relationen finden sich in 1995; s.o.: Abschn. 2.3.4). Und die durchschnittliche Belegung von insgesamt 16.439 für 1995 verteilte sich auf 15.488 männliche und nur 751 weibliche Gefangene (vgl. „Justiz in Zahlen", hrsg. v. Justizminister des Landes NW). Auf die kriminologische Diskussion der Gründe für den sehr geringen Anteil von Frauen unter den Inhaftierten soll hier nicht näher eingegangen werden (vgl. dazu z.B. Lamnek 1994, S. 92ff, Smaus 1990, S. 226, oder Walter 1991, S. 132).

- *Staatsbürgerschaft (Fr. 3):*

Über vier Fünftel aller Befragten (78 von 95 bzw. 82.1%) haben die deutsche, aber immerhin 15 (von 95; 15,8%) haben eine andere Staatsbürgerschaft. (Zwei weitere Befragte geben eine doppelte Staatsbürgerschaft an - deutsch-französisch bzw. deutsch-griechisch, laut Auskunft der Befragten durch Heirat erworben.)

Tab. 5.1-2: Staatsbürgerschaft (Fr. 3)

Nationalität	Anzahl
deutsch	78
rumänisch	1
niederländisch	1
pakistanisch	1
türkisch	5
kolumbianisch	2
iranisch	2
österreichisch	2
irakisch	1
doppelte Staatsbürgerschaft	2

(Angemerkt sei, daß zwei der ausländischen Studenten unter den Befragten an der FernUniversität lediglich als Gasthörer, hingegen als Vollzeitstudierende an einer ausländischen Universität - in einem Fall an der niederländischen *Open universiteit*, im anderen Fall an der türkischen *Anadolu* Universität, Außenstelle Köln für Westeuropa - eingeschrieben sind; Näheres s.u: Abschn. 5.9.)

5.2 Schul- und Berufsausbildung

- *Schulbildung aus der Zeit vor der Inhaftierung (Fr. 4):*

Nur 35 von 93 (37.6%) der bei dieser Frage antwortenden inhaftierten Fernstudenten verfügen aus der Zeit vor ihrer Inhaftierung über die allgemeine Hochschulreife. Selbst wenn man die 4 Befragten mit fachgebunder Hochschulreife und die 11 mit Fachhochschulreife hinzurechnet, verbleiben rund 46%, die mit einem Haupt-, Realschul- oder sonstigen Abschluß nicht über eine schulische Ausbildung verfügen, wie sie üblichweise für ein Vollzeit- oder Teilzeitstudium vorausgesetzt werden (Näheres dazu s.u. beim Hörerstatus: Fr. 23).

5. Befragung inhaftierter Studierender an der FernUniversität

Tab. 5.2-1: Vor der Haft erworbene Schulabschlüsse

Abschluß	Anzahl	%
kein Schulabschluß	4	4.3
Haupt-/Volksschulabschluß	11	11.8
Mittlere Reife (Realschulabschluß)	22	23.7
allg. Hochschulreife, Abitur	35	37.6
fachgebundene Hochschulreife	4	4.3
Fachhochschulreife	11	11.8
sonstiges	6	6.5
keine Angabe	2	--

Unter den 6 „sonstiges"-Antworten betreffen drei Auslands-Schulabschlüsse (wie 'high school') und drei Fachschulabschlüsse. Trotz des relativ hohen Anteils von Befragten mit Schulabschlüssen „unterhalb" der Hochschulreife liegt der Anteil von Gefangenen mit Hochschulreife unter den Befragten aber deutlich über dem entsprechenden Anteil in der Gesamtgruppe der Gefangenen. So betrug der Anteil von männlichen Gefangenen mit Fachoberschul- oder Gymnasialabschluß bei einer Erhebung unter 803 Gefangenen in der Einweisungsanstalt Hagen im Jahre 1980 unter 2% (s.o.: Abschn. 2.2).

Bei der Befragung von Anstaltsleitungen durch Suckau (1983b; s.o.: Abschn. 3.2) wurde der Anteil „studiengeeigneter" Inhaftierter (bzw. von Inhaftierten mit Abitur oder Fachhochschulreife) auf ca. 1 - 3% geschätzt. Auch Haagmann (1975, S. 7ff) berichtet aus einer Umfrage zur Ermittlung der Teilnehmerstruktur der „Fernschule für Strafgefangene" hinsichtlich des Bildungsstandes der beteiligten Inhaftierten vom „defizitären Niveau". Das relativ geringe (Aus-) Bildungs-"Niveau" vieler Gefangener dürfte mit ein Grund dafür sein, daß der Anteil der Studierenden unter den Gefangenen insgesamt sehr niedrig ist. (Ca. 70.000 Gefangenen in der Bundesrepublik[1] stehen - großzügig geschätzt - lediglich 200 bis 300 Fernstudierende unter den Gefangenen gegenüber, also deutlich weniger als 1%.)

Während der Haftzeit erworbene Schulabschlüsse (Fr. 5):

Insgesamt 18 der Befragten haben während der Haft Schulabschlüsse erworben; die nachgeholten Schulabschlüsse reichen vom Hauptschulabschluß bis zum Abitur; am häufigsten (8 x) wurde die Fachhochschulreife erworben (s. Tabelle 5.2-2).

Tab. 5.2-2: In der Haft erworbene Schulabschlüsse

Abschluß	Anzahl
Haupt-/Volksschulabschluß	3
Mittlere Reife (Realschulabschluß)	3
allg. Hochschulreife, Abitur	3
fachgebundene Hochschulreife	2
Fachhochschulreife	8
sonstiges	2

Eine gänzlich andere Verteilung ergibt sich hingegen für die Inhaftierten insgesamt - zumindest in NW: Hier haben „Deutsch für Ausländer" sowie die schulabschluß- und berufsvorbereitende „schulische Liftung" den größten Anteil an den schulischen Bildungsmaßnahmen, und die Anzahl der Teilnehmer an Alphabetisierungskursen übersteigt die Anzahl der Teilnehmer an

---

[1] Lt. Mitteilung des Justizministeriums des Landes NW betrug die Gesamtanzahl der Inhaftierten (Jahresdurchschnittsbelegung) 1996 in der Bundesrepublik 70.066 (davon 67.222 Männer und 2.844 Frauen); für 1995 liegen die Zahlen in der gleichen Größenordnung.

Teil C

Bildungsmaßnahmen zur Erreichung der Fachoberschul-, Fachhochschul- und Hochschulreife (vgl. die o.a. Informationsschrift „Justiz in Zahlen 1995", Abschn. 6.3).

- Berufs- und Hochschulausbildung aus der Zeit vor der Inhaftierung (Fr. 6):

81 von 95 (85.3%) der Befragten verfügen über irgendeine Form von Berufsausbildung und / oder Hochschulausbildung aus der Zeit vor ihrer Inhaftierung.

Tab. 5.2-3: Berufsausbildung aus der Zeit vor der Inhaftierung
f: Häufigkeiten; %: Prozent - bezogen auf die insgesamt 121 Nennungen bei dieser Frage.

Berufsausbildung	f	%
angelernt	17	14.0
Lehre	45	37.2
Berufsfachschule	12	9.9
Fachhochschule ohne Abschluß	5	4.1
Fachhochschule mit Abschluß	6	5.0
Hochschule ohne Abschluß	19	15.7
Hochschule mit Abschluß	8	6.6
sonstiges	9	7.4

Bei der Berufsausbildung handelt es sich (vgl. Tab. 5.2-3) überwiegend um eine abgeschlossene Lehre; 17 der Befragten wurden angelernt, und 12 haben eine Berufsfachschule besucht. 11 Befragte haben eine Fachhochschule besucht, wovon 6 einen Abschluß erreicht haben (Abschlüsse u.a. als/in: Dipl.-Verwaltungswirt, Sozialpädagoge, Verfahrenstechnik). Und über ein Viertel der Befragten (27) hat vor ihrer Inhaftierung eine Hochschule besucht; davon haben jedoch nur 8 einen Hochschulabschluß erworben (Fachrichtungen u.a.: Mathematik, Wirtschaftswissenschaften, Sozialwissenschaften; darunter zwei Befragte mit Abschlüssen von ausländischen Hochschulen: Bachelor of Commerce und B.sc. in Physik.).

- Erwerb beruflicher Qualifikationen während der Haftzeit (Fr. 7):

Über ein Fünftel (22 von 95; 23.2%) der Befragten gib an, während der Haftzeit berufliche Qualifikationen erworben zu haben. Es überwiegen dabei technische Qualifikationen i.w.S. (EDV, Anlagenelektronik, Schweißerkurs; zus. 10x) oder kaufmännische Qualifikationen (Betriebswirt IHK, BWL-Diplom, kaufmännische EDV o.ä.; zus. 6x), die z.T. per Fernstudium (AKAD, ILS) erworben wurden. Daneben wurden Fremdsprachenkenntnisse erworben; in einem Fall wurde ein Kurs für Pressezeichnen und Karikatur abgeschlossen.

- Anteil der inhaftierten Fernstudierenden an der Anzahl der Teilnehmer an schulischen und beruflichen Bildungsmaßnahmen im Strafvollzug:

Zur Abschätzung des Anteils der inhaftierten Studierenden der FernUniversität an der Anzahl der Teilnehmer von schulischen und beruflichen Bildungsmaßnahmen im Strafvollzug können Zahlen aus NW für 1994 und 1995 herangezogen werden:
Demnach gab es 1994 1,657 (1995: 1,773) männliche erwachsene Teilnehmer an schulischen Bildungsmaßnahmen (einschl. Fachhochschul- und Hochschulstudium) und 1,068 (1995: 1,077) Teilnehmer an beruflichen Bildungsmaßnahmen; darunter waren nur 42 (1995: 43) Studierende an der FernUniversität (vgl. die o.a. Informationsschriften „Justiz in Zahlen 1995" bzw. „Justiz in Zahlen 1996", jeweils Abschn. 6.3 u. 6.5). Der Anteil der Fernstudierenden unter den 2,725 (bzw. 2,850) Teilnehmern an Bildungsmaßnahmen betrug also jeweils nur ca. 1.5%.

5. Befragung inhaftierter Studierender an der FernUniversität

5.3 Letzter ausgeübter Beruf und angestrebter Beruf nach der Entlassung

Letzter ausgeübter Beruf vor der Inhaftierung (Fr. 8)

77 von 95 (81.1 %) der Befragten waren vor ihrer Inhaftierung berufstätig; die Berufs- bzw. Tätigkeitsnennungen umfassen sehr unterschiedliche Bereiche: angelernte Tätigkeiten bis hin zu akademischen Berufen; technische, kaufmännische oder auch künstlerische Tätigkeiten. (Die Kategorisierung der Angaben erwies sich als schwierig, da die Angaben z.T. recht unvollständig oder uneindeutig waren.)

Die Kategorien mit der größten Anzahl von Nennungen (jeweils 11) betreffen a) Anlernberufe (wie z.B. Industriearbeiter) und handwerkliche Lehrberufe (zus. 11 x) und b) kaufmännische Berufe (Handel, Vertrieb, Marketing). Weitere häufiger genannte Kategorien: 8 bzw. 5 Befragte geben an, als Selbständige im Handels- bzw. Handwerksbereich tätig gewesen zu sein; weitere 5 der Befragten waren als wissenschaftliche Angestellte tätig. (Nähere Angaben: s. Tabelle 5.3-1; die Angaben in der 3. und 4. Spalte der Tabelle beziehen sich auf den letzten ausgeübten Beruf vor der Inhaftierung - Fr. 8 -; die Angaben in der 5. und 6. Spalte beziehen sich auf den angestrebten Beruf nach der Entlassung - Fr. 55; Näheres dazu s.u.)

Tab. 5.3-1: Ausgeübter Beruf vor der Inhaftierung (Fr. 8) und angestrebter Beruf nach der Haftentlassung (Fr. 55)

		ausgeübter Beruf, Fr.8		angestrebter Beruf, Fr.55	
Code	Tätigkeit	Anzahl	%	Anzahl	%
01	Anlernberufe (z.B. Industriearbeiter) und handwerkl. Lehrberufe	11	14.7	4	4.9
02	Bürotätigkeit, Verwaltungstätigkeit (allg.)	1	1.3		
03	künstl. bzw. kunsthandwerkl. Berufe; Graphiker, Goldschmied			3	3.7
04	kaufm. Bürotätigkeit, Buchhaltung, Sachbearbeiter, Industriekaufmann, Versicherung	3	4.0	2	2.5
05	Unternehmensberatung, Steuerberatung, Personalberatung	2	2.7	5	6.2
06	Handel, Vertrieb, Marketing	11	14.7	10	12.3
07	Journalismus, Medien, Schriftsteller	2	2.7	6	7.4
08	Gastronomie	3	4.0		
09	öff. Dienst, Beamte	3	4.0		
10	Gesundheitsberufe	2	2.7	1	1.2
11	wiss. Mitarbeiter (u.a.: Mathem., Geologie, Physik)	5	6.7	4	4.9
12	Selbständige im Bereich Wirtschaft, Handel, Industrie	8	10.7	12	14.8
13	Selbständige im Bereich Handwerk	5	6.7	2	2.5
14	Personenbeförderung, Taxifahrer	1	1.3		
15	Kraftfahrer	1	1.3		
16	EDV-Bereich (unspezifiziert)	1	1.3	6	7.4
17	Unternehmer (unspezifiziert), selbständig	2	2.7	2	2.5
18	Sozialberufe, Sozialpädagoge	1	1.3	2	2.5
19	Sicherheitsberufe, Wachdienst	2	2.7		
20	Ingenieur, Techniker, Laborant	4	5.3	3	3.7
21	Dolmetscher			1	1.2
23	Industrie, Chemie (unspez.)			1	1.2
81	Hausfrau	1	1.3		
82	Auszubildender	2	2.7		
83	Student	4	5.3	2	2.5
99	weiß (noch) nicht; egal was			8	9.9
77	sonstiges			7	8.6
	entfällt bzw. keine Angabe	20	--	14	--

Teil C

- angestrebte berufliche Tätigkeit für die Zeit nach der Entlassung (Fr. 55):

Die Einzelkategorie mit der größten Anzahl von Nennungen (s. Tab. 5.3-1, Spalten 5 und 6) ist "Selbständig im Bereich Handel" (12 Nennungen). Daß die Anzahl der Nennungen für diese Kategorie hier etwas höher als bei der Frage nach dem zuletzt ausgeübten Beruf ist (vgl. Fr. 8 oben), mag u.a. mit der (von einigen Befragten in Bemerkungen zu Fr. 55 geäußerten) Ansicht zu tun haben, daß man als Vorbestrafter in Deutschland nur geringe oder keine Chancen hat, einen Job zu bekommen. Eine selbständige Tätigkeit mag daher einigen als die einzige Möglichkeit erscheinen, sich ihren Lebensunterhalt zu verdienen.

Die zweithäufigst genannte Kategorie sind kaufmännische Berufe im Bereich Verkauf, Vertrieb und Marketing (10 Nennungen). Die dritthäufigste Antwort (8 Nennungen) ist "weiß ich noch nicht" bzw. "egal was".

5.4 Familienverhältnisse sowie Kontakte zur Familie und zu Bezugspersonen außerhalb der JVA (ohne studienbezogene Kontakte)

- Familienstand (Fr. 9):

41 (43.6%) von 94 antwortenden Befragten sind ledig, 21 (22.3%) verheiratet (bzw. in fester Partnerschaft), 30 (31.9%) geschieden und zwei (2.1%) verwitwet (einmal keine Angabe).

- Eltern, Geschwister und eigene Kinder (Fr. 10 bis 12):

Bei 75 der Befragten (=79.8% von 94 antwortenden Befragten) lebt die Mutter und bei 57 (60.6%) der Vater noch. 12 (=12.6%) der Befragten haben keine Geschwister; 70 (73.7%) stammen aus Familien mit 2 bis 4 Kindern (bzw. haben 1 bis 3 Geschwister); 13 (13.7%) haben 4 oder mehr (bis zu 11) Geschwister. Über die Hälfte der Befragten (51 bzw. 53.7%) haben keine eigenen Kinder, 20 (21.1%) haben ein und 24 (25.3%) mehr als ein Kind.

Diese Angaben zur familiären Situation sind bei den Anworten zur Frage nach Kontakten (s.u.: Fr. 13) zu berücksichtigen.

- Kontakte zu Personen außerhalb der JVA (Fr. 13):

Die größte Anzahl der Nennungen (72 von 341 Nennungen bei Frage 13 insgesamt) entfällt auf die Kategorie "Freunde" bzw. "Freundinnen" außerhalb der Anstalt (vgl. Tabelle 5.4-1)

Tab. 5.4-1: Kontakte zu Personen außerhalb der JVA (Fr. 13)

Kontaktperson	Anzahl	% (bezogen auf 341 Nennungen)
Mutter	60	17.6
Vater	43	12.6
Geschwister	59	17.3
Lebensgefährte/in	35	10.3
Kinder	22	6.5
Freunde/innen	72	21.1
ehrenamtliche Betreuer	26	7.6
sonstige	24	7.0
keine Angabe (für Frage insgesamt)	2	---

5. Befragung inhaftierter Studierender an der FernUniversität

Keineswegs alle befragten Studierenden, deren Vater oder Mutter noch leben, haben auch Kontakt zu ihnen, wenn auch die große Mehrheit derjenigen, deren Vater oder Mutter leben, Kontakt zu ihnen haben (bei der Mutter: 60 von 75 mit noch lebender Mutter; beim Vater: 43 von 57 mit noch lebendem Vater). Ähnliches gilt für den Kontakt zu den Geschwistern: 59 von 83 Befragten mit Geschwistern haben auch noch Kontakt zu ihnen.

Die Zahl derer, die Kontakt zu einem Lebenspartner bzw. einer -partnerin angeben, ist mit 35 größer als die Zahl derer, die angeben, verheiratet zu sein bzw. eine/n feste/n Partner/in zu haben (21 bei Fr. 9); 4 der Ledigen und 11 der Geschiedenen geben an, in Kontakt zu einer/m Lebensgefährtin/en zu stehen.

Ca. jeweils ein Viertel der Befragten gibt an, Kontakte zu den eigenen Kindern (22x), ehrenamtlichen Betreuern (26x) oder sonstigen Personen (außerhalb der JVA; 24x) zu haben. Zu letzteren gehören u.a.: ehemalige Mitgefangene oder Gefangene in anderen JVAs, Verwandte (außer Eltern, Geschwistern oder eigenen Kindern) sowie Rechtsanwälte oder auch (Sozial-) Therapeuten; genannt werden zudem Mitarbeiter der Studienzentren bzw. Mentoren.

- Einschränkung von Kontakten wegen des Fernstudiums (Fr. 35):

Knapp ein Drittel der Befragten (29 von 94 Antwortenden; 30.9%) gibt an, aufgrund des Fernstudiums weniger Zeit für Kontakte (z.B. Briefe) zu Familie und Freunden zu haben, was von etwas mehr als der Hälfte (15) dieser Befragten als belastend empfunden wird.

5.5 Haft-Situation

- JVA und Art des Vollzugs (Fr. 14):

Die befragten Studierenden sind in Gefängnissen inhaftiert, die über die ganze Bundesrepublik verteilt sind (von Straubing oder Bayreuth im Süden bis Lübeck oder Hamburg im Norden; von Geldern oder Neunkirchen im Westen bis Bautzen oder Brandenburg im Osten).

Hinweis: Die nachfolgende Tabelle 5.5-1 enthält die Anzahl der Befragten für die jeweilige Justizvollzugsanstalt (a) für die Gruppe der 95 Befragten, die vor 1996 mit dem Studium begonnen haben, und (b) für die Gruppe aller 99 Befragten (vgl. oben: Abschn. 4.5). Die folgenden Aussagen zu der Tabelle beziehen sich jedoch wieder nur auf die Gruppe der 95 Befragten, die mit ihrem Fernstudium vor 1996 begonnen haben. - Die Tabelle enthält für die JVAs zudem eine Code-Nr.; diese bezieht sich auf die Nr. in einer Liste aller JVAs in der Bundesrepublik („Verzeichnis der Justizvollzugsanstalten in den Ländern der Bundesrepublik Deutschland", Stand 01.12.1994; Druck: Justizvollzugsanstalt Geldern). Nicht in allen Fällen war - wegen nicht vollständiger oder nicht leserlicher Angaben in den Fragebögen - eine zweifelsfreie Zuordnung möglich; war z.B. nur der Ort der JVA angegeben, mußte bei Orten mit mehr als einer JVA die Zuordnung zu einer der JVAs in einigen Fällen aufgrund des Kontextes der Gesamtantworten vorgenommen werden.

Tab. 5.5-1: Justizvollzugsanstalten, in denen die Befragten untergebracht sind (Fr. 14)
Hinweis: „Code" bezieht sich auf die Nr. in der JVA-Liste (s.o.). - Die Häufigkeitsangaben beziehen sich a) auf 95 Befragte (ohne die Studienbeginner in 1996; Sp. 3) sowie b) auf alle 99 Befragte (einschließlich derer, die 1996 als Studienbeginn angeben; Sp. 4).

Code	Ort der JVA	Häufigk. für N=95	Häufigk. für N=99
0104	Lübeck bzw. **Land Schleswig-Holstein** insges.	3	5
0202	Hamburg-Fuhlsbüttel bzw. **Land Hamburg** insges.	2	2
0312	Celle II	1	1
0327	Hannover	1	1
0328	Hannover (Bildungsstätte bei der JVA Hannover)	4	4

Teil C

Code	Ort der JVA	Häufigk. für N=95	Häufigk. für N=99
0339	Lüneburg	1	1
0354	Vechta	2	2
	LKH Moringen	1	1
	Land Niedersachsen insges.	10	10
0504	Bielefeld (bzw. Außenstelle)	1	2
0508	Bochum	1	1
0510	Castrop-Rauxel	1	1
0512	Detmold	1	1
0521	Geldern	15	15
0524	Hamm	2	2
0531	Köln	2	2
0549	Werl	2	2
0553	Aachen	1	1
0566	LKH Düren	1	1
0571	Lippstadt, Westf. Zentrum für Forensische Psychiatrie	1	1
	Land NW insges.	28	29
0604	Frankfurt, M. I	2	2
0609	Kassel I	2	2
0613	Schwalmstadt 2	1	1
	Land Hessen insges.	5	5
0701	Diez / Lahn	3	3
0711	Zweibrücken	1	1
	Land Rheinland-Pfalz insges.	4	4
0806	Bruchsal	1	1
0810	Freiburg	6	6
0815	Heilbronn	1	1
0825	Rastatt (Außenstelle Karlsruhe)		1
0840	Mannheim	1	1
0885	Ulm	1	1
	Land Baden-Württemberg insges.	10	11
0905	Augsburg	1	1
0909	Bayreuth	5	5
0926	München	1	1
0930	Niederschönenfeld	1	1
0931	Nürnberg	1	1
0935	Straubing	2	2
0939	Würzburg	1	1
	Land Bayern insges.	12	12
1020	Neunkirchen bzw. **Land Saarland** insges.	1	1
1101	Berlin-Moabit	3	3
1102	Berlin-Tegel	8	8
1107	Berlin-Plötzensee	1	1
	Land Berlin insges.	12	12
1211	Brandenburg bzw. **Land Brandenburg** insges.	3	3
1401	Bautzen	1	1
1410	Waldheim	1	1
	Land Sachsen insges.	2	2
1612	Goldlauter bzw. **Land Thüringen** insges.	1	1
	Graz, Österreich	1	1
	Unleserliche Angabe	1	1

Aus 28 der Anstalten hat also nur jeweils ein Befragter geantwortet. In 8 der insgesamt 46 Anstalten finden sich je zwei Befragte; nur in weiteren 9 Anstalten finden sich mehr als jeweils zwei Befragte (Gruppen von je drei Befragten in 4 der Anstalten; Gruppen von 4 bzw. 5 bzw. 6 bzw. 8 bzw. 15 in je einer der Anstalten).

Die größte Anzahl der befragten studierenden Gefangenen in ein- und derselben JVA (15x) findet sich in der JVA Geldern, wo ein Studienzentrum eingerichtet ist, das mentoriell seitens der FernUniversität durch das Studienzentrum Goch versorgt wird. Weitere Anstalten, aus

5. Befragung inhaftierter Studierender an der FernUniversität

denen jeweils mehr als 4 Befragte antworten, sind: Berlin-Tegel (8), Freiburg (6) und Bayreuth (5).[2]

Die Anzahl der antwortenden Befragten pro JVA kann in gewissem Sinne als Grad der (Nicht-) Isolierung angesehen werden: Ohne unterstellen zu wollen, daß in den Anstalten, aus denen jeweils nur ein Befragter geantwortet hat, auch jeweils lediglich ein Fernstudierender einsitzt, kann doch festgestellt werden, daß für eine nicht geringe Anzahl von inhaftierten Fernstudierenden die Wahrscheinlichkeit, mit anderen Fernstudierenden in derselben JVA zusammenarbeiten zu können, sehr gering ist.

Unterteilt man die Befragten danach, ob sie aus einer JVA mit nur einem oder mehreren Befragten kommen, und setzt diese Unterteilungsvariable mit der Möglichkeit, mit anderen Studierenden in der JVA zusammenzuarbeiten (Fr. 38) in Beziehung, so zeigt sich dementsprechend, daß von den 28, die aus einer JVA mit nur einem Befragten kommen, nur 6 angeben, die Möglichkeit zur Zusammenarbeit mit anderen Studierenden innerhalb der JVA zu haben (vgl. unten zu Fr. 38: Abschn. 5.11).

Festzuhalten bleibt, daß eine große Zahl der studierenden Inhaftierten mehr oder weniger „isoliert" ist und kaum Gelegenheit hat, mit anderen Studierenden - geschweige denn solchen desselben Faches und des gleichen Semesters - zusammenzuarbeiten.

Auch eine mentorielle Betreuung ist bei isoliert einsitzenden Gefangenen kaum möglich - insbesondere dort, wo die Entfernung zwischen JVA und dem nächstgelegenen Studienzentrum relativ groß ist. (Bei Anstalten außerhalb von NW hat die FernUniversität zudem nur wenig Möglichkeiten, die Studienzentren und die dort jeweils tätigen Mentoren anzuweisen, die inhaftierten Studierenden in den JVAs in ihrem Umkreis mitzubetreuen, da die Studienzentren und Mentoren außerhalb von NW nur partiell von der FernUniversität finanziert werden.)

Da zudem nur 8 von 95 Befragten im offenen Vollzug sind (86 x geschlossener, 1 x halboffener Vollzug) haben auch nur wenige (14 x) die Möglichkeit, ein Studienzentrum außerhalb der JVA zu besuchen (s.u.: Fr. 43). - Die 8 Befragten im offenen Vollzug hätten prinzipiell auch die Möglichkeit, an einer Präsenzhochschule zu studieren.

Haftstatus (Fr. 15):

Über 80 % der Befragten (78 von 95; 82.1%) befinden sich in Strafhaft. 4 Befragte befinden sich in Untersuchungshaft. (Mehrere Befragte merkten zu Frage 15 an, daß es nicht möglich sei, als U-Häftling ein Studium zu beginnen; entgegen dieser Auffassung ist aber ein Fernstudium anscheinend unter bestimmten Bedingungen auch für Untersuchungshäftlinge möglich.) Die 13 "sonstiges"-Antworten betreffen überwiegend Fälle, bei denen gegen eine Verurteilung Revision eingelegt worden ist, über die noch nicht entschieden wurde (10 x); in einem Fall wurde gegen die Verurteilung Verfassungsbeschwerde eingelegt. Drei Befragte sind in einem Landeskrankenhaus untergebracht.

Haftdauer: Dauer der bisherigen Haft und voraussichtliche Dauer der noch zu verbüßenden Haft (Fr. 16 und 17):

Die Dauer der bisher verbüßten Haftzeit (Fr. 16a) variiert zwischen 0 und 22 Jahre; der Zentralwert (Median) der Verteilung liegt zwischen 1 und 2 Jahren (vgl. Tab. 5.5-2).

---

[2] Die Anzahl der inhaftierten Studierenden in den „neuen" Bundesländern ist - wie ersichtlich - noch relativ gering. Hier müßte die FernUniversität also verstärkt Informationsarbeit leisten.

Teil C

Tab. 5.5-2: Dauer der bisher verbüßten Strafhaft (Fr. 16 a)

Haftdauer in Jahren	Anzahl	%
weniger als 1 Jahr	13	14.9
1 Jahr	18	20.7
2 Jahre	18	20.7
3 Jahre	8	9.2
4 Jahre	7	8.0
5 Jahre	7	8.0
6 Jahre	1	1.1
7 - 8 Jahre	2	2.3
9 - 10 Jahre	5	5.7
11 - 12 Jahre	4	4.6
13 - 14 Jahre	2	2.3
15 Jahre und mehr	2	2.3
keine Angabe	8	---

Die Angaben zur Dauer der U-Haft (Fr. 16b) variieren zwischen 0 und 10 (!) Jahren[3]; der Median liegt zwischen 0 und 1 Jahr (vgl. Tab. 5.5-3). (Nach einer Statistik des Justizministeriums des Landes Nordrhein-Westfalen überstieg die Dauer der Untersuchungshaft in 1994 hingegen in nur ca. 5% der Fälle eine Dauer von 12 Monaten; ähnliche Werte ergaben sich auch jeweils für die Vorjahre; s. die o.a. Schrift „Justiz in Zahlen 1995", Abschn. 2.2.2.)

Tab. 5.5-3: Dauer der Untersuchungshaft (Fr. 16b)

U-Haftdauer in Jahren	Anzahl	%
weniger als 1 Jahr	32	38.6
1 Jahr	35	42.2
2 Jahre	12	14.5
3 Jahre	3	3.6
10 Jahre	1	1.2
keine Angabe	12	---

Die Angaben zu der Dauer der noch zu verbüßenden Reststrafe bis zum "Strafende"-Termin (Fr. 17a) variieren zwischen 0 und 20 Jahren (Median: zwischen 3 und 4 Jahren) und jene zur Dauer bis zum "Zwei-Drittel"-Termin (Fr. 17b) zwischen 0 und 10 Jahren (Median: zwischen 1 und 2 Jahren). Die Mittelwerte betragen - bei Berücksichtigung der jeweiligen Monatsangaben - 5.14 Jahre für den „Strafende"- und 3.23 Jahre für den „Zwei-Drittel"-Termin.

Tab. 5.5-4: Voraussichtliche Dauer der Reststrafe - bis „Strafende"-Termin (Fr. 17a)

Haftdauer in Jahren	Anzahl	%
weniger als 1 Jahr	8	10.5
1 Jahr	4	5.3
2 Jahre	12	15.8
3 Jahre	10	13.2
4 Jahre	9	11.8
5 Jahre	11	14.5
6 Jahre	3	3.9
7 - 8 Jahre	7	9.2
9 - 10 Jahre	7	9.2
11 - 12 Jahre	2	2.6
15 Jahre	2	2.6
20 Jahre	1	1.3
keine Angabe	19	---

---

[3] Sieht man von diesem einen Ausreißerwert ab, so variiert die Anzahl der Jahre zwischen 0 und 3.

5. Befragung inhaftierter Studierender an der FernUniversität

Tab. 5.5-5: Voraussichtliche Dauer der Reststrafe - bis „Zwei-Drittel"-Termin (Fr. 17b)

Haftdauer in Jahren	Anzahl	%
weniger als 1 Jahr	8	14.0
1 Jahr	11	19.3
2 Jahre	15	26.3
3 Jahre	7	12.3
4 Jahre	3	5.3
5 Jahre	6	10.5
6 Jahre	1	1.8
7 - 8 Jahre	3	5.3
9 - 10 Jahre	3	5.3
keine Angabe	38	---

Bei obigen Angaben ist zu berücksichtigen, daß einige Befragte mit Verurteilung zu "lebenslänglich" (sog. „LL-er"; 10 x) oder Personen in zeitlich nicht-begrenzter Sicherungsverwahrung bzw. in nicht-befristeter Unterbringung in einem Landeskrankenhaus (4 x) die Frage 17 offen lassen (müssen). Die vorraussichtliche Dauer der Reststrafe liegt also - bei Berücksichtigung dieser "Ende offen"-Fälle[4] - tendenziell höher, als es sich in den zuvor genannten Zahlen ausdrückt.

- *Haftraum und Unterbringung (Fr. 18 und 19):*

Die Angaben zur Größe des Haftraums (Fr. 18) variieren zwischen 5 und 27 qm, wobei letztere Angabe insofern ein "Ausreißer" ist, als sie sich auf einen Schlafraum in einem Landeskrankenhaus - LKH - (und nicht auf einen Haftraum in einer JVA) bezieht. Die Mehrheit der Befragten ist in Crafträumen von ca. 8 qm untergebracht (8 qm entspricht mit 48 Nennungen auch dem Modalwert - sowie dem Median - der Verteilung).

Tab. 5.5-6: Anzahl der Quadratmeter pro Haftraum (Fr. 18)

Anzahl qm	Anzahl	%
6 oder weniger qm	6	6.5
7 qm	7	7.6
8 qm	48	52.2
9 qm	8	8.7
10 qm	10	10.9
11-12 qm	4	4.3
13-14 qm	1	1.1
15-16 qm	5	5.4
18 qm und mehr	3	3.3
keine Angabe	3	---

78 (bzw. 83%) von 94 antwortenden Befragten geben an, allein im Haftraum untergebracht zu sein; die restlichen Befragten sind zu zweit in einem Haftraum untergebracht, wobei es sich mit einer Ausnahme um eine eher dauerhafte Form der Unterbringung (und nicht um eine Notmaßnahme wegen Überbelegung) handelt. Nicht berücksichtigt bei den vorstehenden Aussagen zur Anzahl der Personen pro Haftraum wurde ein Befragter, der in einem LKH in einem Raum mit 20 Personen untergebracht ist.

---

[4] Von einigen Betroffenen auch als 'never ending story' bezeichnet.

Teil C

Tab. 5.5-7: Anzahl der Personen im Haftraum (Fr. 19)

Anzahl der Personen	Anzahl	%
1	78	83.0
2	15	16.0
20	1	1.1
keine Angabe	1	---

Bildet man für alle Befragten mit Angaben bei Fr. 18 und Fr. 19 (N=91) jeweils eine Summe und bestimmt aus den beiden Summen einen Quotienten, so ergibt sich ein Wert von 7.8 qm pro Person. (Der zuvor angeführte „Ausreißerwert" von 20 Personen pro Raum wurde hierbei nicht berücksichtigt.)

Die Größe des Haftraumes (bzw. der nur geringe zur Verfügung stehende Platz) ist in mindestens zweierlei Hinsicht relevant für die Studienbedingungen: Zum einen ist es bei so begrenztem Raum schwierig, größere Mengen von Studien- und Arbeitsmaterial (neben Bett, Tisch, Spind und Toilette) unterzubringen. Zum anderen führt der Versuch, trotz des spärlichen Raumes das Material irgendwie unterzubringen, leicht zu Kollisionen mit Sicherheitsbestimmungen oder -regelungen der JVA; denn die Haftträume sollen übersichtlich und für die Vollzugsbediensteten leicht kontrollierbar sein. Es wird denn auch von einem Befragten beklagt, daß ihm die Unterbringung von Büchern und Sekundärliteratur (zusätzlich zu den Studienbriefen) im Haftraum nicht gestattet sei.

- Tagesablauf von 3 Studenten aus der JVA Geldern und einem Studenten aus der JVA Tegel:

Nach der AStA-Erhebung (Suckau 1983a) wenden inhaftierte Vollzeitstudierende 40 und mehr Stunden pro Woche und Teilzeitstudierende 20 bis 30 Stunden pro Woche für ihr Studium auf. Im Fragebogen vorliegender Untersuchung ist nicht nach dem Zeitaufwand für das Fernstudium gefragt worden. Stattdessen wurden bei den Vorgesprächen zur Fragebogenentwicklung in der JVA Geldern einzelne Gefangene - in Anlehnung an die 'yesterday interview'-Methode aus der Zeitbudgetforschung (vgl. Blass 1980, 1990; von Schweitzer et al 1990; Michelson 1987) - gebeten, den Ablauf des jeweils gestrigen Tages kurz zu skizzieren.

Die so erhobenen Daten können - schon allein wegen der geringen Anzahl der Befragten - natürlich nicht als repräsentativ für alle inhaftierten Fernstudierenden gelten; zudem unterscheidet sich die Studiensituation in der JVA Geldern von der in anderen Anstalten, wie der Tagesablauf eines inhaftierten Studierenden aus Berlin zeigt (Student 4).

Die Studiensituation in der JVA Geldern ist günstiger als in den meisten anderen JVAs, da es in der JVA Geldern ein Studienzentrum gibt, in dem mehrere Gefangene untergebracht sind; den Studierenden stehen einige gemeinsame Arbeitsräume - einer davon mit Computern ausgestattet - zur Verfügung. Vollzeitstudierende sind dort in der Regel von der Arbeitspflicht freigestellt (s.o.: Abschn. 2.2.1).

Die im folgenden skizzierten Tagesabläufe von 3 Studierenden[5] aus Geldern mögen daher eher untypisch für den Lernalltag im Gefängnis sein - etwa wenn man die Studiensituation dort mit der Situation von Studierenden vergleicht, die als Einzelstudenten in einer JVA untergebracht sind und/oder - obwohl Vollzeitstudent - nicht von der Arbeitspflicht befreit sind.

Die nachstehend skizzierten - u.U. also eher „untypischen" - Tagesabläufe sind aber unserer Ansicht nach dennoch informativ, weil sie zeigen, wie ein Studium in Haft unter günstigen Bedingungen ablaufen kann.

---

[5] Die Angaben eines weiteren Studenten aus der JVA Geldern werden hier aus Platzgründen nicht wiedergegeben.

5. Befragung inhaftierter Studierender an der FernUniversität

Student 1: Vollzeitstudent mit Hauptfach Informatik und Nebenfach BWL; der Student erhält eine Ausbildungsbeihilfe und ist von der Arbeitspflicht befreit.

Zeitintervall	Tätigkeit
6.00-6.30	Frühstück
6.30-9.00	Unterstützung eines ausländischen Studienkollegen bei der Semesterarbeit am Computer
9.00-11.30	Mathe-Studium
11.30-12.30	Mittagessen
12.30-16.00	BWL-Studium
16.00-17.00	Freistunde
17.00-17.30	Duschen
17.30-18.30	Abendessen
18.30-20.30	Sport
20.30-	Fernsehen

Student 2: Ein ausländischer Student, der derzeit vornehmlich Brückenkurse bearbeitet und einen Abschluß (Diplom I) mit Hauptfach BWL und Nebenfach Mathematik anstrebt.

Zeitintervall	Tätigkeit
6.00-6.15	Frühstück
6.15-6.30	Gebetszeit (Moslem)
6.30-8.00	Bücher lesen
8.00-10.00	Bearbeitung des Deutschkurses
12.00-12.15	Mittagessen
12.15-13.30	Kursbearbeitung: Englisch für Wirtschaftswiss.
13.30-14.00	Gebetszeit
14.00-16.00	Kursbearbeitung: Deutsch und Mathematik
16.00-17.00	Freistunde
17.00-17.15	Duschen
17.15-17.45	Abendessen
17.45-18.00	Gebetszeit
18.00-19.30	Kursbearbeitung: Deutschkurs
19.30-20.00	Umschluß
20.00-22.00	Zeitunglesen, Schreiben, Fernsehen
22.00-6.00	Schlafen

Student 3: Vollzeitstudent mit Hauptfach E-Technik; der Student erhält eine Ausbildungsbeihilfe und ist von der Arbeitspflicht befreit.

Zeitintervall	Tätigkeit
7.45-8.00	Aufstehen, Waschen, Kaffeekochen
8.00-10.00	Lernen, Kursbearbeitung
10.00-10.30	Pause
10.30-11.30	Lernen, Kursbearbeitung
11.30-12.00	Zeitunglesen, Mittagessen
12.00-13.30	Siesta
13.30-15.30	Kaffeekochen; nicht so Anspruchvolles lernen; Wiederholung von bereits Gelerntem
16.00-17.00	Freistunde
17.00-17.30	Freistunde und Duschen
17.30-18.30	TV gucken
18.30-21.00	Umschluß beim Nachbarn
21.00-24.00	TV gucken

Teil C

Der Student weist in einer Anmerkung darauf hin, daß bei Klausurvorbereitungen Abweichungen im Tagesablauf möglich sind.

Diese geschilderten Tagesabläufe weichen ziemlich deutlich ab von dem „regulärem" Tagesablauf eines nicht-studierenden Gefangenen, der der Arbeitspflicht unterliegt. Für einen solchen Gefangenen läßt sich der Ablauf an einem Werktag in der JVA Geldern folgendermaßen skizzieren (vgl. Kuhn 1989, S. 6):

Zeit	Aktivität	Zeit	Aktivität
5.45	Wecken	12.45	Fortsetzung der Arbeit
6.00	Aufschluß	16.00	Arbeitsschluß
6.30	Frühstück	16.30	Beginn der Freistunde
6.50	Ausrücken zur Arbeit	17.30	Duschen, Wäschetausch
7.00	Arbeitsbeginn	18.00	Abendessen
10.00	Arbeitsfrühstück	18.30	Beginn der Freizeitveranstaltungen
10.15	Fortsetzung der Arbeit	21.00	Ende der Freizeitveranstaltungen
11.45	Einrücken	22.00	Nachtruhe
12.00	Mittagessen		

Die oben beschriebenen Tagesabläufe für die drei Studierenden in der JVA Geldern weichen auch deutlich von dem eines Studenten in der JVA Tegel ab, der nicht von der Arbeitspflicht befreit ist (Student 4; vgl. Leskovar 1997, S. 39).

Student 4: Teilzeitstudent, Wirtschaftswissenschaft; *nicht* von der Arbeitspflicht befreit

Zeit	Tätigkeit
6.00	Wecken/Frühstück
6.30	Einrücken in die Arbeitsbetriebe
6.30-15.40	Arbeiten im Arbeitsbetrieb
16.00	Abendbrot
16.30-22.00	Fernstudium

- Verlegung in andere JVA wegen des Fernstudiums (Fr. 34):

17 Befragte geben an, wegen der Aufnahme ihres Studiums in eine andere Haftanstalt verlegt worden zu sein, wobei bei der überwiegenden Mehrheit der Verlegten (13 von 17) die neue JVA weiter weg als die vorige von der Familie und den Freunden liegt. Diese größere Entfernung wird überwiegend (10 x) als belastend empfunden.

5.6 Verhältnis zu den Mitgefangenen und vermutete Einstellung des Vollzugspersonals zum Studium

- Verhältnis zu den nicht-studierenden Mitgefangenen und seine Veränderung durch das Studium (Fr. 36):

Die Befragten werden bei dieser Frage zunächst gebeten, ihr Verhältnis zu den nicht-studierenden Mitgefangenen kurz zu charakterisieren. Die Antworten fallen recht unterschiedlich aus. Faßt man die Antworten in (relativ grobe) Klassen zusammen, so ergibt sich folgendes Bild:

5. Befragung inhaftierter Studierender an der FernUniversität

- Ca. ein Viertel der Befragten (23 von 86; 26.7%) gibt an, nur wenig Kontakt zu den nicht-studierenden Mitgefangen in der JVA zu haben; dieser geringe Kontakt wird - soweit von den Befragten überhaupt Gründe dafür angegeben werden - teils darauf zurückgeführt, daß die Befragten ein geringes Interesse an solchen Kontakten bekunden ("Einzelgänger"), teils auch auf vermuteter ablehnender oder neidischer Haltung bei den nicht-studierenden Gefangenen gegenüber den studierenden.
- Über 40% (38 von 86 diese Frage beantwortenden Befragten; 44.2%) charakterisieren ihr Verhältnis zu den nicht-studierenden Mitgefangenen als insgesamt eher positiv. Zur Charakterisierung benutzte Begriffe sind u.a.: "kameradschaftlich", "sitzen in einem Boot", "fair", "unproblematisch", "freundlich", "normaler zwischenmenschlicher Kontakt".
- Ca. 15% (13 von 86) kennzeichnen das Verhältnis als insgesamt eher negativ mit Begriffen wie "negativ", "schlecht", "Distanz" bis hin zu "Abscheu".
- Eine kleinere Anzahl der Befragten (7 von 86) charakterisiert das Verhältnis als teils positiv, teils negativ oder als ambivalent.
- Zwei Befragte kennzeichnen ihr Verhältnis zu den Mitgefangenen als oberflächlich. (Drei weitere machen sonstige Angaben; 9 x keine Angabe).

Die weitaus meisten Befragten (70 von 90 antwortenden; 77.8%) meinen, daß sich ihr Verhältnis zu den übrigen Gefangenen durch das Studium nicht verändert hat bzw. unverändert geblieben ist; bei den restlichen ist die Zahl derer, die von einer Verschlechterung berichten (11), deutlich größer als die Zahl derer, bei denen sich eine Verbesserung ergeben hat (2); 4 der Befragten geben an, daß das Verhältnis unverändert sei, der Kontakt sich jedoch verringert habe.

Ergänzend sollen die Angaben zum Verhältnis zu den nicht-studierenden Mitgefangenen getrennt für die 15 Befragten aus der JVA Geldern betrachtet werden, da es in Geldern - anders als in den übrigen JVAs - ein Studienzentrum mit einer größeren Gruppe von inhaftierten Fernstudenten gibt (s.o.). Ein Befragter aus Geldern bezeichnet dieses Verhältnis als sehr negativ, ein anderer als oberflächlich; von den übrigen geben 6 ein positives Verhältnis an, und 7 meinen, daß sie kaum Kontakt zu den nicht-studierenden Gefangenen haben. - Auch bei der Befragung von Studierenden in Geldern durch Krause (1994) bezeichnete ungefähr die Häfte der Befragten ihr Verhältnis zu den übrigen Gefangenen als gut.

- Vermutete Haltung der nicht-studierenden Mitgefangenen und der Vollzugsbeamten zum Fernstudium (Fr. 37):

Bei der Frage 37 wurden die Befragten gebeten, die Haltung der nicht-studierenden Gefangenen und der Vollzugsbeamten zu ihrem Fernstudium auf einer 7-stufigen Skala - von "sehr negativ" bis "sehr positiv" - einzustufen.

Die Antworten reichen in beiden Fällen von "sehr negativ" bis "sehr positiv", wobei die Kategorie "neutral / weder positiv noch negativ" jeweils am häufigsten angekreuzt wird. (In diese Kategorie fällt auch jeweils der Median der Verteilung; auch die Mittelwerte - Gleichabständigkeit der Skala unterstellt - liegen bei beiden Variablen nahe bei Null: Bezogen auf die Haltung der Mithäftlinge liegt der Mittelwert bei 0.1 - Standardabweichung 1.1 -; bezogen auf die Einstellung der Beamten bei -0.2 - Standardabweichung 1.5. - Die Verteilung ist bei Fr. 37b etwas flacher als bei Fr. 37a.)

Teil C

Tab. 5.6-1: Antwortverteilung bei der Frage nach der Haltung der Mitgefangenen (Fr. 37a) bzw. der Vollzugsbeamten (Fr. 37b) zum Studium

	Fr. 37a Anzahl	Fr. 37a %	Fr. 37b Anzahl	Fr. 37b %
-3: sehr negativ	1	1.1	10	10.5
-2: negativ	5	5.4	7	7.4
-1: eher negativ als positiv	16	17.2	16	16.8
0: neutral	43	46.2	35	36.8
+1: eher positiv als negativ	19	20.4	16	16.8
+2: positiv	7	7.5	8	8.4
+3: sehr positiv	2	2.2	3	3.2
keine Angabe	2	---	0	---

Bei der offenen Nachfrage zu Problemen ihres Studiums (Fr.51, s.u.: Absch. 5.12) nennen einige der Befragten die negative Haltung der Anstaltsleitung und der Vollzugsbeamten sowie die negative Haltung ihrer nicht-studierenden Mitgefangenen und den von ihnen ausgeübten psychischen Druck als Probleme, die ihnen ihr Studium erschweren.

Auch Suckau (1983a) berichtet aus der Befragung des AStA, daß die Befragten die Reaktionen ihrer Mitgefangenen auf ihr Studium sehr unterschiedlich einschätzen, wobei sich positive und negative Reaktionen anscheinend die Waage halten.

Ergänzend sollen wieder die Antworten der 15 Befragten aus der JVA Geldern betrachtet werden: 8 der 15 Befragten vermuten bei ihren nicht-studierenden Mitgefangenen eine „neutrale" Haltung, einer eine „sehr negative", zwei eine „negative" und vier eine „eher negative als positive" Einstellung; keiner der Befragten aus Geldern vermutet also bei seinen nicht-studierenden Mitgefangenen eine positive Haltung. Bezüglich der vermuteten Einstellung der Vollzugsbeamten vermuten fünf Befragte eine „neutrale" Haltung, drei eine „negative" und fünf eine „eher negative als positive" Einstellung; lediglich je ein Befragter vermutet eine „eher positive als negative" bzw. eine „positive" Einstellung bei den Vollzugsbeamten.

5.7 Quellen der Informationen über Studiermöglichkeiten

- Quellen der Information über die Studiermöglichkeiten (auch für Inhaftierte) an der FernUniversität (Fr. 20).

Hinweis: Bei Frage 20 (wie auch bei der folgenden Frage 21 nach Studienmotiven) wurden die Angaben von allen 99 Befragten verwendet - also auch die Angaben der 4 Befragten, die als Jahr ihres Studienbeginns 1996 angeben.

Die am häufigsten genannte Quelle der Information über die Studiermöglichkeiten an der FernUniversität sind Mitgefangene (bei 40 von 96 antwortenden Befragten genannt; 26.1% aller 153 Nennungen bei Fr. 20; 3 x keine Angabe für Frage 20 insgesamt). Jeweils etwas über 10% der Nennungen entfallen auf die Kategorien "Kenntnis aus Informationsbroschüren der FernUniversität" (20 Nennungen) oder "bereits vor der Inhaftierung vorhandene Kenntnisse" (17 Nennungen). Die beiden nächst häufig genannten Quellen sind "Mitarbeiter des Pädagogischen Dienstes" (15 Nennungen), "Familienangehörige" (13 Nennungen) und "Freunde außerhalb der JVA" (11 Nennungen).

Diese Zahlen sollten für die FernUniversität in zweifacher Hinsicht Anlaß sein, ihre Informationsbemühungen im Inhaftierten-Bereich zu verstärken: Zum einen sollten die Anstaltsleitungen sowie insbes. die Pädagogischen Dienste in den JVAs mit mehr Informationen über die Studiermöglichkeiten versorgt werden; zum anderen sollte verstärkt der Versuch unternommen werden, interessierte Inhaftierte auch direkt durch gezieltes Informationsmaterial (von Postern bis zu Broschüren) zu erreichen.

5. Befragung inhaftierter Studierender an der FernUniversität

Da Inhaftierte in der Regel zur Studienaufnahme der ausdrücklichen Erlaubnis bzw. Zustimmung seitens der JVA bedürfen, erscheint es von zentraler Bedeutung für ein "Studium hinter Gittern", daß die Anstaltsleitungen und die Pädagogischen Dienste hinreichend über das Fernstudium informiert sind (Weiteres dazu unten).

Tab. 5.7-1: Quelle der Information über die Studiermöglichkeit an der FernUniversität (Fr. 20)
Anzahl der Nennungen von N=99 Befragten sowie Prozent (%) - bezogen auf die Gesamtanzahl aller 153 Nennungen bei dieser Frage; von 3 Befragten wurde die Frage 20 insgesamt nicht beantwortet.

lfd. Nr.	Informationsquelle	Anzahl	%
01	Einweisungskommission	1	0.7
02	pädagogische Mitarbeiter in der Anstalt	15	9.8
03	Sozialarbeiter in der Anstalt	3	2.0
04	Pfarrer in der Anstalt	2	1.3
05	Psychologischer Dienst	4	2.6
06	Angehörige des Allgemeinen Vollzugsdienstes	1	0.7
07	Gefangenenzeitschrift	6	3.9
08	sonstige allgemeine Medien: Zeitung, Rundfunk, Fernsehen	8	5.2
09	Freunde außerhalb der Anstalt	11	7.2
10	Familienangehörige (Eltern, Geschwister, Partner/in)	13	8.5
11	Mitgefangene	40	26.1
12	ehrenamtliche Betreuer	0	0.0
13	Informationsbroschüren der FernUniversität	20	13.1
14	Kenntnis aus der Zeit vor der Inhaftierung	17	11.1
15	Sonstiges	12	7.8

5.8 Studienmotive

Motive zur Aufnahme des Fernstudiums (Fr. 21):

Bei Frage 21 sollten die Befragten die Gründe bzw. Motive für die Aufnahme ihres Fernstudiums angeben, wobei sie aus einer Liste möglicher Gründe einen oder mehrere ankreuzen konnten. Die Ergebnisse sind in Tab. 5.8-1 zusammengefaßt a) für die Gesamtgruppe aller 99 Befragten (also einschließlich der 4 Befragten, die 1996 als Studienbeginn angegeben hatten), b) für alle Voll- und Teilzeitstudierenden und c) für alle Gasthörer unter den Befragten.

Teil C

Tab. 5.8-1: Motive für das Fernstudium (Fr. 21)
Anzahl der Nennungen sowie Prozent (%) - bezogen auf die Gesamtanzahl der Nennungen.
Spalten: (3): Häufigkeit der Nennungen (f) von N=99 Befragten; (4): % für (3) bezogen auf 307 Nennungen; (5): Häufigkeit (f) bei N=42 Voll- und Teilzeitstudierenden; (6): % für (5) bezogen auf 148 Nennungen (7): Häufigkeit (f) bei N=47 Gasthörern; (8): % für (7) bezogen auf 124 Nennungen

		Gesamt		VZ+TZ		GH	
(1)	(2)	(3)	(4)	(5)	(6)	(7)	(8)
Nr	Motiv	f	%	f	%	f	%
01	Verbesserung der beruflichen Perspektiven und Chancen nach der Entlassung	68	22.1	35	23.6	27	21.8
02	Wunsch, die Haftzeit sinnvoll zu nutzen	89	29.0	39	26.4	41	33.1
03	Freistellung von der Arbeitspflicht in der Anstalt	4	1.3	3	2.0	0	0.0
04	Zugang zu zusätzlichen Medien (Fernsehen, Videorecorder, Computer)	6	2.0	3	2.0	1	0.8
05	zusätzliche Haftraumausstattung	2	0.7	1	0.7	1	0.8
06	besonderer Status in der Haft	4	1.3	3	2.0	1	0.8
07	Langeweile; Wunsch nach sinnvoller Freizeitgestaltung	19	6.2	4	2.7	11	8.9
08	Wunsch nach zeitlicher Strukturierung des Alltags durch Terminvorgaben ...	11	3.6	8	5.4	1	0.8
09	Wunsch, eine Studienabsicht - aus der Zeit vor der Haft - zu verwirklichen	19	6.2	12	8.1	4	3.2
10	Wunsch, ein bereits vor der Inhaftierung begonnenes Studium fortzusetzen	9	2.9	7	4.7	0	0.0
11	Hoffnung auf Ermöglichung oder Erleichterung einer vorzeitigen Entlassung durch das Studium	13	4.2	9	6.1	3	2.4
12	Wunsch nach Kontakt zu studierenden Mitgefangenen	6	2.0	3	2.0	2	1.6
13	Wunsch nach Kontakt nach „draußen" und nach Rückmeldung von „draußen"	7	2.3	1	0.7	5	4.0
14	dem Leben einen neuen Sinn geben	22	7.2	10	6.8	10	8.1
15	andere Gründe	28	9.1	10	6.8	17	13.7

Der weitaus am häufigsten genannte Grund zur Aufnahme des Studiums ist der "Wunsch, die Haftzeit sinnvoll zu nutzen" (89 von 99 bzw. 89.9% der Befragten nennen diesen Grund als für sie zutreffend; dieses Motiv zieht 29% aller 307 Nennungen bei diesem Frageblock auf sich, bei dem Mehrfachnennungen möglich waren); daneben spielt die "Verbesserung der beruflichen Perspektiven und Chancen nach der Entlassung" eine wichtige Rolle (von 68 bzw. 68.7% der Befragten genannt; 22.1% aller Nennungen bei diesem Frageblock).

Ähnlich berichtet Krause (1994) aus ihrer Befragung von Studierenden in Geldern, daß der Wunsch, dem Leben einen neuen Sinn zu geben, die Verbesserung der beruflichen Perspektiven sowie der Wunsch nach sinnvoller Freizeitgestaltung als Motive genannt wurden (vgl. Clever & Ommerborn 1995, S. 63).

Alle anderen in vorliegender Untersuchung in der Liste zu Frage 21 vorgegebenen Gründe werden weitaus seltener genannt. Das gilt insbesondere auch für den Bereich der sog. "Privilegien für studierende Gefangene" (Unterfragen 3 bis 6; die größte Anzahl der Nennungen beträgt hier lediglich 6 für "Zugang zu zusätzlichen Medien"); bezeichnend ist, daß mehrere der Befragten zu dieser Frage sehr dezidiert anmerken, daß es keine Privilegien für studierende Gefangene gibt.

Hingegen berichtet der Journalist B. Kalnoky (1988) aus Gesprächen mit Studierenden in Geldern, daß einige Studierende offen mögliche Hafterleichterungen als Faktoren bei ihrer Entscheidung zur Aufnahme des Fernstudiums benannten (vgl. oben: Abschn. 3.2). Diese Divergenz mag - zumindest teilweise - dadurch bedingt sein, daß Kalnoky mit den Betroffenen direkt sprach, während sich die Befragten in vorliegender Untersuchung schriftlich äußerten und dementsprechend davon ausgehen mußten, daß ihre Antworten u.U. durch die Postkontrolle der Anstalt gingen.

Es erscheint plausibel, daß die Motive zur Aufnahme des Fernstudiums je nach Hörerstatus unterschiedlich sind; d.h. man könnte vermuten, daß sich etwa die stärker abschluß-orientierten

5. Befragung inhaftierter Studierender an der FernUniversität

Voll- und Teilzeitstudierenden in ihren Motiven von den Gasthörern unterscheiden. Daher enthält die vorstehende Tabelle neben den Ergebnissen für die Gesamtgruppe der 99 Befragten zusätzlich getrennte Angaben für die 42 Voll- und Teilzeitstudierenden (VZ+TZ) einerseits und die 47 Gasthörer (GH) andererseits. Wie ersichtlich, unterscheiden sich die Ergebnisse für die beiden Gruppen (VZ+TZ vs. GH) nur relativ wenig; auf einige kleinere Unterschiede sei kurz hingewiesen:

Die Voll- und Teilzeitstudierenden nennen etwas häufiger als die Gasthörer die Motive:
- *Verbesserung der Perspektiven und Chancen nach der Entlassung* (Item 01: 35 von 42 Ankreuzungen bei den VZ+TZ vs. 27 von 47 bei den GH; phi=.28; p<.01)[6]
Bei diesem Motiv („Verbesserung der beruflichen Perspektiven", Item 01) hatten wir deutliche Unterschiede erwartet. Ein Grund für die relativ geringen Unterschiede mag sein, daß sich auch die Gasthörer - trotz Nicht-Erreichbarkeit eines Studienabschlusses - Verbesserungen ihrer beruflichen Perspektiven von ihrem Studium erwarten. (Zu bedenken ist ferner, daß zumindest einige der Gasthörer an sich durchaus an einem Abschluß interessiert wären, daß ihnen aber aufgrund mangelnder formaler Bildungsvoraussetzungen kein anderer Hörerstatus möglich ist.)
- *Wunsch nach zeitlicher Strukturierung des Alltags* (Item 08: 8 von 42 Ankreuzungen bei den VZ+TZ vs. 1 von 47 bei den GH; phi=.28; p<.01)
- *Wunsch, eine Studienabsicht aus der Zeit vor der Inhaftierung zu verwirklichen* (Item 09: 12 von 42 Ankreuzungen bei den VZ+TZ vs. 4 von 47 bei den GH; phi=.26; p<.02) bzw. ein vor der Haft begonnes Studium fortzusetzen (Item 10: 7 von 42 Ankreuzungen bei den VZ+TZ vs. 0 von 47 bei den GH; phi=.31; p<.01)
- *Hoffnung auf Erleichterung einer vorzeitigen Entlassung* (Item 11: 9 von 42 Ankreuzungen bei den VZ+TZ vs. 3 von 47 bei den GH; phi=.22; p<.05)

Gasthörer nennen etwas häufiger als die Voll- und Teilzeitstudierenden das Motiv:
- *Langeweile, Wunsch nach sinnvoller Freizeitgestaltung* (Item 07: 11 der 47 Gasthörer, hingegen nur 4 der 42 Voll- und Teilzeitstudierenden kreuzen diese Kategorie an; phi= -.19; p<.10)

Bei Frage 21 hatten die Befragten zudem die Möglichkeit, von sich aus weitere Gründe für die Aufnahme eines Fernstudiums zu nennen. Von dieser Möglichkeit machten 30 der 99 Befragten Gebrauch. Die gemachten Angaben sind sehr vielfältig und z.T. sehr speziell bzw. auf die individuelle Person oder Situation bezogen. Auf eine quantitative Analyse der Freiantworten wurde verzichtet und stattdessen lediglich versucht, die Antworten in Kategorien zu ordnen und zusammenzufassen, wobei die gebildeten Kategorien nicht als einander ausschließende Klassen zu verstehen sind.

Als "sonstige Gründe oder Ziele bei Aufnahme des Fernstudiums" werden u.a. genannt:
- *Erhaltung der geistigen Gesundheit sowie Persönlichkeitsbildung oder -stabilisierung;* Angaben wie:
  - um geistig, moralisch und intellektuell fit zu bleiben, sich geistig fit halten; um (trotz der Haftbedingungen) geistig gesund zu bleiben
  - um der haftbedingten Depression entgegenzuwirken und als Möglichkeit, positiv zu denken
  - "Persönlichkeitsbildung": zur Selbstdisziplinierung und Motivierung; um eigene Defizite besser zu verstehen
- *Wunsch nach Weiterbildung und Horizonterweiterung;* Angaben wie:
  - Weiterbildung, Horizonterweiterung, Wissenserweiterung, Auffrischung von Wissen; fehlendes bzw. geändertes Fachwissen aneignen
  - Wunsch zu studieren: Fernstudium ist unter Haftbedingungen die einzige Möglichkeit dazu

---
[6] Die angegebenen p-Werte beziehen sich auf die einseitige Fragestellung (Fisher's exact test) und würden gelten, wenn entsprechende *a priori* Hypothesen vorlägen, was jedoch überwiegend nicht der Fall war. - Bei der Durchführung der Tests wurden nur die Daten der 42 VZ+TZ sowie der 47 GH verwendet.

Teil C

- *Weitere Motive;* Angaben wie:
  - um die eigene Studierfähigkeit zu prüfen,
  - um Rechtskenntnisse zu erwerben und so dafür zu sorgen, daß das Strafvollzugsgesetz in der JVA angewendet wird.

5.9 Hörerstatus, Fachwahl und angestrebter Abschluß

Jahr des Beginns des Fernstudiums (Fr. 22):

Rund zwei Drittel (63 von 92 bzw. 68.5%) der antwortenden Befragten haben ihr Studium erst in den letzten beiden Jahren vor der Datenerhebung (1994 bzw. 1995) begonnen. Weitere 20 (21,7%) haben mit ihrem Studium in den Jahren 1992 oder 1993 angefangen. Der Range der Angaben reicht von 1982 bis 1995 (bzw. - bei Berücksichtigung der hier zumeist bei der Auswertung ausgeschlossenen 4 Befragten, die 1996 als Studienbeginn angegeben hatten - bis 1996).

Tab. 5.9-1: Jahr des Beginns des Fernstudiums

Jahr des Beginns	Anzahl	%
bis 1985	2	2.2
1986-1990	7	7.6
1992	9	9.8
1993	11	12.0
1994	19	20.7
1995	44	47.8
Keine Angabe	3	--

Hörerstatus (Fr. 23):

Angesichts des bei Fr. 21 am zweithäufigsten genannten Motivs, durch das Fernstudium die beruflichen Perspektiven für die Zeit nach der Entlassung zu verbessern, mag es vielleicht etwas überraschen, daß der am häufigsten angegebene Hörerstatus "Gasthörer" (45 x), und nicht Voll- oder Teilzeitstudent (28 x bzw. 14 x) ist. Aber zum einen ist die Anzahl der Nennungen für Voll- und Teilzeit zusammen nicht sehr viel geringer als die Anzahl der "Gasthörer"-Nennungen, und zum anderen müssen dabei die relativ ungünstigen formalen Bildungsvoraussetzungen vieler der Befragten (vgl. oben bei Fr. 4) berücksichtigt werden.

Tab. 5.9-2: Hörerstatus (Fr. 23)

Hörerstatus	Anzahl	%
Vollzeit (VZ)	28	29.5
Teilzeit (TZ)	14	14.7
Gasthörer (GH)	45	47.4
Zweithörer (ZH)	3	3.2
in Orientierungsphase (OR)	3	3.2
GH an FeU, VZ an anderer Uni	2	2.1

Als Detail sei angemerkt, daß zwei der Befragten an anderen Bildungseinrichtungen als Vollzeitstudenten eingeschrieben und an der FernUniversität nur Gasthörer sind; in einem Fall handelt es sich um einen Niederländer, der zugleich an der niederländischen *Open universiteit* in Heerlen, und in einem anderen Fall um einen Türken, der zugleich an der Kölner Außenstelle

5. Befragung inhaftierter Studierender an der FernUniversität

der türkischen *Anadolu*-Universität studiert. (Auf die Betreuung von Studierenden der Open universiteit bzw. der Anadolu Universität im Studienzentrum der JVA Geldern weisen auch Clever & Ommerborn 1995, S. 63, hin.)

Der Anteil der Gasthörer unter den Befragten ist deutlich niedriger als in einer Schätzung aufgrund einer Dokumentenanalyse durch die Hochschulverwaltung (Dez. 5) der FernUniversität im Jahre 1982; dort wurde von rund zwei Drittel Gasthörern unter den inhaftierten Fernstudenten ausgegangen (s.o.: Abschn. 2.1); und auch in der Erhebung des AStA (Suckau 1983a) überwogen die Gasthörer unter den Inhaftierten deutlich gegenüber der Gruppe der Voll- und Teilzeitstudierenden (s.o.: Abschn. 3.2). Demnach wäre im Vergleich zu früher von einer stärkeren Abschlußorientierung der inhaftierten Studierenden auszugehen.

Dies entspricht der seit Beginn der 90-er Jahre festzustellenden Entwicklung der Studentenzahlen insgesamt, wonach die Anzahl der Gasthörer bei steigenden Anzahlen der Voll- und Teilzeitstudierenden abgenommen hat (vgl. die vom Rektor der FernUniversität 1996 herausgegebene Informationsschrift „Statistische Daten zum Wintersemester 1995/96").

- *Studienfächer (Fr. 24):*

Diese Frage wurde nicht nur von den Voll- oder Teilzeitstudenten, sondern auch von einigen der Gasthörer beantwortet.

Tab. 5.9-3: Erst- und zweit-genannte Fächer bei der Frage nach den Hauptfächern (Fr. 24)
Spalten: (2): Häufigkeit (f) für das erst-genannte Fach in der Gesamtgruppe (N=95); (3): Prozentsatz (%) der Nennungen für das erst-genannte Fach in der Gesamtgruppe; (4): Häufigkeit (f) für das zweit-genannte Fach in der Gesamtgruppe; (5): Häufigkeit (f) für das erst-genannte Fach nur für die Gruppe der 42 Voll- und Teilzeitstudierenden; (6): Häufigkeit für das zweit-genannte Fach nur für die Gruppe der 42 Voll- und Teilzeitstudierenden

(1) Fach	(2) Ges. f Erst-Fach	(3) Ges. % Erst-Fach	(4) Ges. f Zweit-Fach	(5) VZ+TZ: f Erst-Fach	(6) VZ+TZ: f Zweit-Fach
Mathematik	6	6.7	3	4	2
E-Technik	4	4.4		4	
Informatik	11	12.2	2	7	1
WiWi, BWL, VWL	36	40.0	4	21	3
Erz.-Wiss.	2	2.2			
Geschichte	3	3.3		2	
neuere deutsche Literatur	1	1.1			
Philosophie	2	2.2		1	
Politikwissenschaften	1	1.1	1		
Soziologie	2	2.2	4	1	1
Soz. Verhaltenswiss., Psychologie	7	7.8	3	1	1
Recht	13	14.4	2		1
Sonderpädagogik	1	1.1			
Erziehungs-, Sozial- und Geisteswiss. (unspez.)	1	1.1			
keine Angabe	5	---	75	0	33

Insgesamt bei allen Befragten wie auch bei Nur-Berücksichtigung der Voll- und Teilzeitstudierenden werden - entsprechend der Statistik aller FernUni-Studenten - Wirtschaftswissenschaften bzw. BWL am häufigsten als erstgenanntes Hauptfach genannt (36 x bei allen Befragten; 21 x bei den befragten Voll- und Teilzeitstudierenden). Am zweithäufigsten (13 x bei allen Befragten; 0 x bei VZ+TZ) werden Rechtswissenschaften und am dritthäufigsten (11 x bei allen Befragten; 7 x bei VZ+TZ) Informatik genannt. Weitere häufiger genannte Fächer sind "Psychologie" bzw. "Soziale Verhaltenswissenschaften" (7x bei allen; 1x bei VZ+TZ) und "Mathematik" (6 x; 4 x bei VZ+TZ).

Teil C

Faßt man alle Fächer aus dem Bereich „Erziehungs-, Sozial- und Geisteswissenschaften" (ESGW) zusammen, so entfallen bei allen Befragten 20 Nennungen auf diesen Bereich, der damit immer noch deutlich weniger Nennungen als der Bereich „Wirtschaftswissenschaften" (WiWi) erhält; und auch wenn man sich auf die Voll- und Teilzeitstudierenden beschränkt, rangiert der WiWi-Bereich (21 Nennungen) deutlich vor dem ESGW-Bereich (6 Nennungen). Eine ähnliche Präferenz für Wirtschaftswissenschaften zeigte sich bei der Befragung von Studierenden in Geldern durch Krause (1994): 6 der 11 damals in Geldern Inhaftierten studierten Wirtschaftswissenschaften. Hingegen wurden bei der Befragung des AStA zu Beginn der 80-er Jahre (Suckau 1983a) Erziehungs,- Sozial- und Geisteswissenschaften bei der Frage nach der bevorzugten Studienrichtung häufiger als Wirtschaftswissenschaften genannt; der Unterschied mag zumindest teilweise darauf zurückzuführen sein, daß bei der AStA-Befragung der Anteil der Gasthörer unter den Befragten höher als in der hier vorliegenden Untersuchung war.

20 der Befragten der vorliegenden Untersuchung geben ein weiteres Hauptfach an; ein erstes Nebenfach wird von 30 und ein zweites von 6 Befragten angegeben.

Tab. 5.9-4: Erst- und zweit-genannte Fächer bei der Frage nach den Nebenfächern - bei allen 95 Befragten (Fr. 24)

Spalten: (2): Häufigkeit (f) für das erst-genannte Fach in der Gesamtgruppe (N=95); (3) Häufigkeit für das zweit-genannte Fach in der Gesamtgruppe; (4): Häufigkeit für das erst-genannte Fach nur für die Gruppe der 42 Voll- und Teilzeitstudierenden; (5): Häufigkeit für das zweit-genannte Fach nur für die Gruppe der 42 Voll- und Teilzeitstudierenden

(1) Fach	(2) Ges. f Erst-Fach	(3) Ges. f Zweit-Fach	(4) VZ+TZ: f Erst-Fach	(5) VZ+TZ: f Zweit-Fach
Mathematik	2		1	
E-Technik	1			
Informatik	6		4	
WiWi, BWL, VWL	6		3	
Erz.-Wiss.	2		2	
neuere dt. Literatur	1	1	1	
Philosophie	1	1	1	
Politikwiss.		1		1
Soziologie		1		1
Soz. Verhaltenswiss., Psychologie	4		4	
Recht	6	2	3	2
Sonderpädagogik	1			
keine Angabe	65	89	23	37

- *angestrebte Abschlüsse (Fr. 25):*

Die Anzahl derjenigen, die keinen formalen Abschluß anstreben (43 x), ist etwas niedriger als die Anzahl der Gasthörer, und die Anzahl derer, die einen Magister- oder Diplomabschluß anstreben (zusammen 46 x), höher als die Anzahl der Voll- oder Teilzeitstudierenden (zusammen mit den Zweithörern).

Kreuzt man den Hörerstatus (Fr. 23) mit den angestrebten Abschlüssen (Fr. 25), so resultieren die in Tabelle 5.9-5 zusammengefaßten Daten.

5. Befragung inhaftierter Studierender an der FernUniversität

Tab. 5.9-5: Angestrebte Abschlüsse an der FernUniversität (Fr. 25) - differenziert nach Hörerstatus
VZ: Vollzeit; TZ: Teilzeit; GH: Gasthörer ; ZH: Zweithörer ; OR: Orientierungsphase; andere Uni: Befragte, die an einer ausländischen Uni als VZ und an der FernUni nur als ZH eingeschrieben sind. f: Häufigkeit

Abschluß Typ	Gesamt f	VZ f	TZ f	GH f	ZH f	OR f	andere Uni f
Magister	10	5	3	2	0	0	0
Diplom I	22	14	5	2	1	0	0
Diplom II	14	9	3	1	1	0	0
kein Abschluß angestrebt	43	0	0	39	1	3	0
keine Angabe	6	0	3	1	0	0	2

5 Gasthörer bzw. Befragte, die sich in der Orientierungsphase befinden, haben also angegeben, einen Abschluß (im Sinne von Magister, Diplom I oder II) anzustreben. Zumindest einige dieser Befragten dürften also die Frage nach dem angestrebten Abschluß nicht im Sinne eines konkret angestrebten Studienziels, sondern eher im Sinne einer Wunschvorstellung beantwortet haben.

Bei den angestrebten Abschlüssen wird das Diplom I am häufigsten genannt (22 x; davon 16 mit Wirtschaftswissenschaften als Fachnennung); es folgen nach der Häufigkeit der Nennungen "Diplom II" (14 x; davon 7 mit Wirtschaftswissenschaften) und "Magister" (10 x).

Die Zusatz- und Ergänzungsstudiengänge werden seltener genannt (bis zu 4 Nennungen) als die Vor- und Brückenkurse (bis zu 12 Nennungen). Und auch auf die sonstigen Weiterbildungsangebote entfallen nur wenige Nennungen (7 x).

- Anzahl der Fachsemester (Fr. 26):

Die Angaben variieren hier zwischen 1 und 20 (Median zwischen 2 und 3), wobei die Mehrzahl der Befragten (28 von 49 antwortenden) - entsprechend zu den Angaben zum Jahr des Studienbeginns (s. oben: bei Fr. 22) - eine Anzahl von 3 Semestern oder weniger angibt (13 x "1 Semester"; 3 x "2 Semester" und 12 x "3 Semester").

Tab. 5.9-6: Anzahl der Fachsemester (Fr. 26)
getrennt für Vollzeit (VZ) und Teilzeit (TZ), Zweithörer (ZH) und Gasthörer (GH) bzw. in Orientierungsphase (OR) sowie für die Gesamtgruppe der Befragten: Häufigkeiten (f)

Anz. Sem.	VZ	TZ	GH	ZH	OR	andere Uni	Gesamt
1 - 2	9	4	2	1	0	0	16
3 - 4	6	6	0	0	0	0	12
5 - 6	4	2	1	0	0	1	8
7 - 8	5	2	0	0	0	0	7
9 - 10	1	0	0	1	0	0	2
11 - 12	1	0	0	0	0	0	1
13 und mehr	2	0	1	0	0	0	3
keine Angabe	0	0	41	1	3	1	46

Die Frage richtete sich eigentlich nur an die Voll- und Teilzeitstudierenden; es haben hier jedoch einige der Gasthörer Angaben gemacht; läßt man diese Angaben außer acht, verändern sich die Verteilungskennziffern jedoch kaum.

Betrachtet man die 28 Voll- bzw. die 14 Teilzeitstudierenden jeweils getrennt, so ist zwar die durchschnittliche Semesteranzahl bei den Vollzeitstudierenden mit M=5.0 etwas höher als bei den Teilzeitstudierenden mit M=3.4; die Mediane liegen jedoch bei beiden Gruppen jeweils zwischen 2 und 3 Semestern. (Beide Verteilungen sind also tendenziell schief.) Bei den Vollzeitstudierenden variieren die Angaben zwischen 1 und 19 Semestern, bei den Teilzeitstudie-

Teil C

renden hingegen lediglich zwischen 1 und 7 Semestern (Standardabweichung - Std. - bei VZ: 4.7; bei TZ: 1.9).

5.10 Förderung und Unterstützung für das Studium

- Befreiung von der Arbeitspflicht (Fr. 28):

35 von 93 antwortenden Befragten geben an, von der Arbeitspflicht freigestellt zu sein; in 57 Fällen liegt keine Freistellung vor; und in einem Fall wurde eine "Halbtags"-Freistellung zugebilligt. D.h. einerseits sind keineswegs alle der 41 antwortenden Voll- und Teilzeitstudierenden von der Arbeitspflicht in der JVA befreit; andererseits sind auch einige Gast- und Zweithörer von der Arbeitspflicht befreit (s. Tab. 5.10-1).

Tab. 5.10-1: Freistellung von Arbeitspflicht (Fr.28) - nach Hörerstatus (Fr. 23)
VZ: Vollzeit, TZ:Teilzeit, ZH: Zweithörer, GH: Gasthörer, OR: in Orientierungsphase; andere Uni: Befragte, die an anderen Universitäten einen Abschluß anstreben und an der FernUni lediglich Gasthörer sind. f: Häufigkeit; %: Prozent (ohne Berücksichtigugng der fehlenden Angaben)

Freistellung	Ges. f	Ges. %	VZ f	TZ f	GH f	ZH f	OR f	andere Uni f
ja	35	37.6	20	7	5	2	0	1
halbtags	1	1.1	0	0	0	0	1	0
nein	57	61.3	8	6	40	1	2	0
keine Angabe	2	--	0	1	0	0	0	1

Angesichts dieser Nicht-Freistellung auch bei 8 der Vollzeitstudierenden (und 6 der Teilzeitstudierenden) ist es wenig verwunderlich, wenn einige Befragte (bei den offenen Nachfragen zu Fr. 51, 53 und 60) die Doppelbelastung durch Arbeitspflicht und Studium als eine erhebliche Erschwernis für ihr Studium nennen (Näheres s.u.).

Hierzu eine *Anmerkung*: Wir hatten vermutet, daß die Freistellung von der Arbeitspflicht an den Hörerstatus in der Weise gekoppelt sei, daß sie nur für Vollzeit-Studierende in Betracht komme bzw. bei ihnen die Regel sei, nicht hingegen bei anderem Hörerstatus. Die Ergebnisse entsprechen dieser Erwartung nur bedingt: Zum einen sind keineswegs alle Vollzeit-Studierenden freigestellt und zum anderen sind auch einige der Gasthörer freigestellt. Anscheinend wird die Freistellung in den verschiedenen Anstalten sehr unterschiedlich gehandhabt. So wird aus einer der JVAs in Bayern berichtet, daß Studierwillige vor Beginn des Studiums eine Erklärung abgeben müssen, daß sie keinen Anspruch auf Freistellung o.ä. erheben werden. Zudem ist nicht auszuschließen, daß die Freistellung bzw. Nicht-Freistellung von den Anstalten im Einzelfall auch als Belohnungs- bzw. Sanktionierungsinstrument verwendet wird.

- finanzielle Förderung des Studiums: Ausbildungsbeihilfen (Fr. 31):

Auch die Anzahl derer, die angeben, eine *Ausbildungsbeihilfe* zu erhalten, ist deutlich geringer als die Anzahl der Voll- oder Teilzeitstudenten (Fr. 31); diese Ausbildungsbeihilfen erfolgen dabei fast ausschließlich nach dem Strafvollzugsgesetz und nicht nach dem BAföG (s. Tabelle); auch Beihilfen sonstiger Art spielen anscheinend kaum eine Rolle.

5. Befragung inhaftierter Studierender an der FernUniversität

Tab. 5.10-2: Anzahl der Empfänger von Ausbildungsbeihilfen (Fr. 31) - nach Hörerstatus (Fr. 23)
VZ: Vollzeit, TZ: Teilzeit, ZH: Zweithörer, GH: Gasthörer, OR: in Orientierungsphase ; andere Uni: Befragte, die an anderen Universitäten einen Abschluß anstreben und an der FernUni lediglich Gasthörer sind

Beihilfe	Gesamt	VZ	TZ	GH	ZH	OR	andere Uni
BAföG	1	0	0	1	0	0	0
Ausbildungsbeihilfe nach Strafvollzugsgesetz	30	14	5	7	1	1	2
sonstige	2	0	1	1	0	0	0
keine Angabe	2	0	0	2	0	0	0

60 der Befragten erhalten also keinerlei Ausbildungsbeihilfe.

sonstige (private) finanzielle Unterstützung für das Studium (Fr. 32):

Es war eben (bei Fr. 31) schon darauf hingewiesen worden, daß eine große Mehrheit der inhaftierten Studierenden (60 von 93 bzw. 64.5% der antwortenden Befragten) keinerlei Ausbildungsbeihilfen für ihr Studium erhält. Um so wichtiger sind andere Formen der Unterstützung. Die wichtigste andere "Quelle" für finanzielle Unterstützung sind die Eltern: Ca. ein Viertel (27) aller 95 Befragten gibt an, finanzielle Unterstützung von den Eltern zu erhalten, wobei zu berücksichtigen ist, daß nicht alle Befragten noch lebende Eltern haben (s.o.: Fr. 10). Jeweils deutlich weniger Befragte werden durch Geschwister (10 x), durch eine/n Partner/in (12 x) oder durch Freunde außerhalb der JVA (7 x) unterstützt.

Tab. 5.10-3: Finanzielle Unterstützung für das Studium (Fr. 32)

Unterstützungsquelle	Anzahl	% bezogen auf alle 70 Nennungen
Eltern	27	38.6
Geschwister	10	14.3
Partner/in	12	17.1
Kinder	1	1.4
Freunde	7	10.0
Gefangenenhilfeverein	1	1.4
sonstige	12	17.1

Als weitere Unterstützungs- bzw. Finanzierungsquellen (außer den in der vorgegebenen Liste aus Fr. 32 genannten) werden bei der Nachfrage zu „sonstige" u.a. aufgeführt: eigenes Vermögen; andere Verwandte; Lohn aus der Arbeit in der Haft; sowie andere Personen außerhalb der JVA (u.a. Pfarrer).

45 der Befragten kreuzen bei Frage 32 keine der Kategorien an (erhalten also anscheinend keinerlei finanzielle Unterstützung von den in Frage 32 genannten Personen), 32 Befragte kreuzen nur jeweils eine der Kategorien an, 16 Befragte kreuzen 2 und 2 Befragte 3 Kategorien an. Knapp die Hälfte (47.4%) erhält also aus keiner der in Fr. 32 genannten Quellen eine finanzielle Unterstützung.

Ergänzend eine Aufschlüsselung der Unterstützungs-Angaben nach familiärer Situation (Fr. 9, 10 und 11). Kreuzt man die Fragen 9 bis 11 mit den jeweilig korrespondierenden Unterfragen aus Fr. 32, so zeigt sich:

- Von den 64 Befragten mit lebendem Vater oder lebender Mutter (Fr. 10) erhalten 27 finanzielle Unterstützung von ihren Eltern und 37 keine Unterstützung.
- Von den 21 Befragten mit Ehe- bzw. festem/r Partner/in erhalten 8 Unterstützung und ebenfalls 8 keine Unterstützung von dem/der Partner/in (5 keine Angabe).

Teil C

- Von den 83 Befragten mit Geschwistern (Fr. 11) erhalten 10 Unterstützung und 55 keine Unterstützung durch die Geschwister (18 x keine Angabe).
- Von den 44 Befragten mit Kindern (Fr. 12) erhält nur 1 Befragter Unterstützung durch die Kinder und 33 Befragte keine Unterstützung (10 x keine Angabe).

- emotionale und praktische Unterstützung für das Studium (Fr. 33):

In Fr. 33 wird weniger nach der finanziellen als nach emotionaler und praktischer Unterstützung gefragt, wobei die Befragten jeweils bei jedem Unterstützer einen von drei Unterstützungsgraden (nicht, etwas oder sehr) ankreuzen konnten.[7]

Kaum überraschend sind die Eltern (gefolgt von Partner/innen und Geschwistern) die wichtigsten Bezugspersonen für die emotionale Unterstützung des Studiums (Rangfolge nach der Anzahl der "sehr"-Antworten). Immerhin 32 der Befragten geben an, von den Eltern emotional "sehr", und 52 geben an, "etwas" oder "sehr" von den Eltern emotional gestützt zu werden. (Zur Bedeutung von Bezugspersonen bei der Unterstützung s. auch Krause 1994 oder Clever & Ommerborn 1995, S. 64; vgl. oben: Abschn. 3.2)

Tab. 5.10-4: Emotionale Unterstützung für das Studium (Fr. 33a)

Nr.	Unterstützer	nicht f	nicht %	etw. f	etw. %	sehr f	sehr %	1+2 f	1+2 %	k.A.
1	Eltern: Mutter / Vater	25	32.5	20	26.0	32	41.6	52	67.5	18
2	Geschwister	37	49.3	20	26.7	18	24.0	38	50.7	20
3	Partner/in bzw. Lebensgefährte/in	24	41.4	10	17.2	24	41.4	34	58.6	37
4	Freunde bzw. Freundinnen außerhalb der JVA	20	27.4	38	52.1	15	20.5	53	72.6	22
5	Kinder	40	76.9	4	7.7	8	15.4	12	23.1	43
6	Mentor	50	78.1	10	15.6	4	6.3	14	21.9	31
7	Studienberater	45	71.4	15	23.8	3	4.8	18	28.6	32
8	Leiter(in) des Studienzentrums	43	70.5	14	23.0	4	6.6	18	29.5	34
9	Verwaltungsangestellte des Studienzentrums	46	79.3	10	17.2	2	3.4	12	20.7	37
10	Anstaltsleitung in der JVA	59	80.8	12	16.4	2	2.7	14	19.2	22
11	Mitarbeiter des Pädagogischen Dienstes in der JVA	38	48.7	27	34.6	13	16.7	40	51.3	17
12	Mitarbeiter des Allgemeinen Vollzugsdienstes in der JVA	64	84.2	8	10.5	4	5.3	12	15.8	19
13	Sozialarbeiter; Mitarbeiter des Sozialdienstes in der JVA	58	76.3	9	11.8	9	11.8	18	23.7	19
14	Pfarrer in der JVA	57	82.6	8	11.6	4	5.8	12	17.4	26
15	Gefangenenhilfeverein	61	91.0	5	7.5	1	1.5	6	9.0	28
16	ehrenamtliche Betreuer	48	75.0	13	20.3	3	4.7	16	25.0	31
17	sonstige	12		4		8		12		71

Von den Verwandten und den Partner/inne/n abgesehen, fällt die wichtigste Rolle in Hinblick auf die emotionale Unterstützung den Mitarbeitern des Pädagogischen Dienstes zu: 13 Befragte fühlen sich durch die pädagogischen Mitarbeiter "sehr" und noch einmal 27 fühlen sich durch sie wenigstens "etwas" emotional unterstützt.

In Hinblick auf die emotionale Unterstützung des Studiums spielen die Kontaktpersonen aus der FernUniversität (Mitarbeiter aus dem Studienzentrum, Mentoren o.ä.) anscheinend eine deutlich geringere Rolle als familiäre Bezugspersonen und die unmittelbaren Kontaktpersonen vor Ort, die - wie die Mitarbeiter des Pädagogischen Dienstes, aber auch die des Sozialdienstes

---

[7] Ursprünglich war hier eine differenziertere 5-stufige und auf Gleichabständigkeit geprüfte Skala nach Rohrmann (1978) vorgesehen; Vorversuche zeigten jedoch, daß einige Probanden Probleme im Umgang mit einer solchen Skala hatten und näherer Instruktionen bedurften, die im Rahmen einer schriftlichen Befragung nur schwer durchgeführt werden konnten. Daher wurde auf das obengenannte vereinfachte dreistufige Antwortschema ausgewichen. - vgl. oben Abschn. 4.2.3.

5. Befragung inhaftierter Studierender an der FernUniversität

- schon aufgrund ihrer Funktion in der JVA am ehesten als Ansprechpartner für Studienprobleme allgemeinerer Art in Frage kommen.

Anmerkung der Autoren: Die relativ wichtige Rolle, die die Befragten den Mitarbeitern des Pädagogischen Dienstes bei der emotionalen Unterstützung beimessen, entspricht auch unserem Eindruck aus den Gesprächen, die wir mit inhaftierten Fernstudierenden sowie mit Mitarbeitern dieses Dienstes gehabt haben. Dabei konnten wir ein starkes positives Engagement dieser Mitarbeiter für ihre - gewiß nicht leichte - Aufgabe feststellen. Dementsprechend berichtet Haagmann (1975) aus einer Umfrage unter inhaftierten Fernunterrichtsteilnehmern, daß sich rund ein Drittel (34%) von den Anstaltspädagogen stets und weitere 22% zumindest manchmal unterstützt fühlen.

Die Anzahlen der Befragten, die angeben, *praktisch* in ihrem Studium durch andere unterstützt zu werden, fallen insgesamt tendenziell niedriger als bei der emotionalen Unterstützung aus. Insgesamt zeichnet sich aber bei der praktischen Unterstützung ein insofern ähnliches Bild wie bei der emotionalen Unterstützung ab, als auch hier die Eltern und die Mitarbeiter des Pädagogischen Dienstes die wichtigste Rolle spielen. Tendenziell scheint hier die Rolle der Mitarbeiter des Pädagogischen Dienstes sogar noch bedeutsamer als bei der emotionalen Unterstützung, da sie in der Kategorie "sehr unterstützt" annähernd gleich häufig wie die Eltern genannt werden.

Tab. 5.10-5: Praktische Unterstützung für das Studium (Fr. 33b)

Nr.	Unterstützer	nicht f	nicht %	etw. f	etw. %	sehr f	sehr %	1+2 f	1+2 %	k.A.
1	Eltern: Mutter / Vater	33	45.2	22	30.1	18	24.7	40	54.8	22
2	Geschwister	46	64.8	15	21.1	10	14.1	25	35.2	24
3	Partner/in bzw. Lebensgefährte/in	33	55.0	17	28.3	10	16.7	27	45.0	35
4	Freunde bzw. Freundinnen außerhalb der JVA	47	66.2	20	28.2	4	5.6	24	33.8	24
5	Kinder	49	94.2	1	1.9	2	3.8	3	5.8	43
6	Mentor	46	71.9	10	15.6	8	12.5	18	28.1	31
7	Studienberater	44	72.1	13	21.3	4	6.6	17	27.9	34
8	Leiter(in) des Studienzentrums	43	68.3	13	20.6	7	11.1	20	31.7	32
9	Verwaltungsangestellte des Studienzentrums	43	71.7	12	20.0	5	8.3	17	28.3	35
10	Anstaltsleitung in der JVA	55	77.5	12	16.9	4	5.6	16	22.5	24
11	Mitarbeiter des Pädagogischen Dienstes in der JVA	38	48.1	26	32.9	15	19.0	41	51.9	16
12	Mitarbeiter des Allgemeinen Vollzugsdienstes in der JVA	62	81.6	9	11.8	5	6.6	14	18.4	19
13	Sozialarbeiter; Mitarbeiter des Sozialdienstes in der JVA	58	77.3	9	12.0	8	10.7	17	22.7	20
14	Pfarrer in der JVA	59	86.8	9	13.2	0	0.0	9	13.2	27
15	Gefangenenhilfeverein	60	90.0	5	7.6	1	1.5	6	9.1	29
16	ehrenamtliche Betreuer	54	85.7	5	7.9	4	6.3	9	14.3	32
17	sonstige	12		7		6		13		70
	Summe	782		205		111				

12 Befragte machten von der Möglichkeit Gebrauch, weitere Personen zu nennen, von denen sie emotionale oder praktische Unterstützung bei ihrem Studium erfahren. Genannt werden hier u.a. (bei max. 2 Nennungen pro Kategorie): studierende (oder auch nicht-studierende) Mitgefangene, Lehrer außerhalb der JVA und andere Fernstudenten (außerhalb der JVA).

Oberflächlich betrachtet könnte aus den vorstehenden Darlegungen der Eindruck entstehen, als würden die Inhaftierten von vielerlei Seiten aus unterstützt. Dies trifft zwar durchaus für einige der Befragten insofern zu, als sie eine oder mehrere sie in ihrem Studium unterstützende Personen angeben; anzufügen bleibt aber doch, daß eine nicht gerade geringe Minderheit der Befragten angibt, von keiner Seite aus emotional oder praktisch unterstützt zu werden: 12 der 95 Befragten geben an, von keiner Seite emotional, und 14 der Befragten geben an, von keiner Seite praktische Unterstützung bei ihrem Studium zu erhalten. Knapp die Hälfte der Befragten

Teil C

(46 von 95) kreuzt 3 oder weniger Quellen für emotionale Unterstützung an. Und ebenfalls rund die Hälfte aller Befragten (47 von 95) hat nur 2 oder weniger Quellen für praktische Unterstützung angekreuzt. Wenn man pro Befragten die Anzahl der unterstützenden Personen bestimmt, indem man auszählt, bei wievielen der Personen in der Liste „etwas oder sehr unterstützt" angekreuzt wurde, resultieren die in der folgenden Tabelle zusammengefaßten Ergebnisse (getrennt für emotionale Unterstützung - Fr. 33a - und für praktische Unterstützung - Fr. 33b).

Tab. 5.10-6: Anzahl der Personen, die emotional (Fr. 33a) oder praktisch unterstützen (Fr. 33b)

Anz. Unterstützer	emotionale Unterstützung		praktische Unterstützung	
	f	%	f	%
0	12	12.6	14	14.7
1	5	5.3	13	13.7
2	13	13.7	20	21.1
3	16	16.8	14	14.7
4	16	16.8	8	8.4
5-6	14	14.7	13	13.7
7-8	13	13.7	8	8.4
9 und mehr	7	7.4	5	5.3

5.11 Studienbezogene Kontakte

- Möglichkeit, mit anderen Fernstudierenden innerhalb der JVA zusammenzuarbeiten (Fr. 38):

Nur 37 der Befragten (39.4% aller Antworter) bejaht die Frage nach der Möglichkeit, mit anderen Fernstudent/inn/en innerhalb der JVA zusammenzuarbeiten (vgl. oben bei Fr.14 die Angaben zu den Anzahlen der Befragten pro JVA). Von dieser Möglichkeit machen allerdings nur 27 Gebrauch.

Selbst in der JVA Geldern, in der an sich optimale äußere Bedingungen für eine Zusammenarbeit der studierenden Gefangenen untereinander vorliegen, meint ein Befragter (von 15), daß es keine Möglichkeit zur Zusammenarbeit mit anderen Fernstudenten gäbe, und immerhin 3 der 14, die eine Möglichkeit zur Zusammenarbeit sehen, nutzen diese Möglichkeit nicht.

Ähnlich berichtete Krause (1994) aus ihrer Befragung von Studierenden in Geldern, daß die Kooperation überwiegend lediglich als „mittelmäßig" und nur vereinzelt als „gut" oder „ausreichend" bezeichnet wurde (vgl. Clever & Ommerborn 1995, S. 65).

Oben bei Fr. 14 war schon darauf hingewiesen worden, daß anscheinend eine nicht geringe Anzahl der befragten Fernstudierenden in einer JVA einsitzt, in der sie jeweils der/die einzige Fernstudierende sind. Bezeichnet man Befragte dann als (relativ) „isoliert" [8], wenn sie in einer JVA einsitzen, aus der jeweils nur ein/e Befragte/r geantwortet hat, und setzt eine so definierte „Isolation" mit Fr.38 in Beziehung, so ergeben sich folgende Relationen:
- Noch nicht einmal die Hälfte der 66 Befragten (31 von 66), die in einer JVA mit mehreren befragten Fernstudierenden einsitzen (also i.o.S. „nicht isoliert" sind), bejaht, eine Möglichkeit zu haben, mit anderen Fernstudierenden innerhalb der JVA zusammenarbeiten zu können. 35 verneinen eine solche Möglichkeit, obwohl Antworten von mehr als einem Befrag-

---

[8] vgl. oben Abschn. 5.5 bei Fr. 14.

5. Befragung inhaftierter Studierender an der FernUniversität

ten aus jeweils derselben JVA vorliegen. Zwei mögliche Gründe für diese relativ große Anzahl verneinender Antworten seien genannt:
- Zumindest einige der Befragten mögen die Fr. 38 nur dann positiv beantwortet haben, wenn die anderen Fernstudierenden in ihrer jeweiligen JVA ein ähnliches oder dasselbe Fach studieren, denselben Hörerstatus haben und im annähernd gleichen Semester sind.
- Die Anstaltsleitungen mögen - aus welchen Gründen auch immer - eine Zusammenarbeit der Fernstudierenden untereinander behindern. (So führten mehrere Befragte in der Umfrage des AStA - Suckau 1983a - Schwierigkeiten mit der Anstaltsleitung als Grund dafür an, daß es keine Zusammenarbeit mit anderen Studierenden in der JVA gäbe, bzw. dafür, daß die Zusammenarbeit schwierig zu realisieren sei.)
- Von den 28 i.o.S „isolierten" Befragten (mit Studienbeginn vor 1996) meinen zwar 22 erwartungsgemäß, daß sie keine Möglichkeit zur Zusammenarbeit mit anderen Fernstudierenden innerhalb der JVA haben; 6 dieser 28 bejahen jedoch eine solche Möglichkeit zur Zusammenarbeit.

Anscheinend wissen inhaftierte Studierende, die in derselben JVA einsitzen, auch keineswegs immer voneinander; so berichtet Suckau (1983a, S. 43) aus der Befragung des AStA, daß mehrere in derselben JVA einsitzende Studierende nichts voneinander wußten. (Zur Zufriedenheit mit der Zusammenarbeit mit anderen Fernstudierenden s.u.: Abschn. 5.13.)

- Kontakte zu Fernstudierenden außerhalb der JVA und zum AStA (Fr. 39 und 40):

Nur sehr wenige der Befragten (Fr. 39: 7 von 95; 7.4%) haben Kontakte zu Fernstudierenden außerhalb der JVA; rund 80 % (73 von 92 Antwortern bei dieser Frage) wünschen sich aber mehr Kontakte zu Fernstudent/inn/en außerhalb der JVA. Ähnlich berichtet Suckau (1983a) aus der Umfrage des AStA, daß sich 20 der 25 Befragten Kontakte zu anderen Fernstudierenden wünschten.
Ähnlich gering wie die Anzahl der Befragten mit Kontakt zu anderen Studierenden außerhalb der JVA ist die Anzahl derer, die Kontakte zum AStA haben (Fr. 40: 9 von 95 Antwortenden; 9.6%).
Hier könnte eine wichtige Aufgabe des AStA liegen - nämlich Kontakte (z.B. brieflicher Art) zwischen inhaftierten Fernstudenten und ihren nicht-inhaftierten Kommiliton/inn/en zu organisieren. Dies wäre ein wichtiger Beitrag zur Minderung der von vielen Inhaftierten beklagten Isolation beim Studium. - Zudem könnten eventuell sog. „Kontaktstudenten" in- und außerhalb von JVAs, die vom AStA ideell und materiell unterstützt werden (müßten), in Regionen mit geringer Beratungs- und Betreuungsdichte wichtige, isolations-mindernde Funktionen übernehmen.

- Betreuung durch Mentoren und Kontakte zu Studienzentren (Fr. 41 und 42):

Nur rund ein Drittel der Befragten (30 von 92 Antwortenden; 32.6%) gibt an, daß die Fernstudierenden in ihrer JVA durch Mentoren betreut werden. (Bei den Antworten zu den späteren offenen Fragen 51, 53 und 60 zeigt sich zudem, daß zumindest einige der Befragten mit Kontakten zu Mentoren darüber klagen, daß die Kontakte zu den Mentoren zu selten sind oder - etwa in Hinblick auf eine Klausurvorbereitung - zu spät erfolgen.)
Da es ein dichteres Netz von Studienzentren nur in Nordrhein-Westfalen gibt, ist zu erwarten, daß die Betreuung durch Studienzentren und Mentoren in Gefängnissen in NW eher gewährleistet ist als in JVAs außerhalb von NW. Unterteilt man die JVAs in solche in NW und solche außerhalb, so zeigt sich, daß von den 28 Befragten aus NW, die Frage 41 beantworten, etwas über die Hälfte (15) angibt, in der JVA durch Mentoren betreut zu werden; von den 64 Befragten in JVAs außerhalb von NW gibt hingegen nur rund ein Viertel (15) an, durch Mentoren betreut zu werden (3 x „keine Antwort").

Die mangelnde Betreuung durch Mentoren in den JVAs wird anscheinend auch nicht durch briefliche oder telefonische Kontakte zu den Studienzentren ausgeglichen: Nur jeweils eine Minderheit der Befragten gibt an, schriftliche oder telefonische Kontakte zu einem der Studienzentren zu haben (Fr. 42: schriftlich: 28 von 93 bzw. 30.1%; telefonisch: 17 von 86 bzw. 19.8%). Dabei ist zu bedenken, daß schriftliche Anfragen nicht nur Porto kosten und die Postzensur durchlaufen müssen; einige der Befragten klagen auch (in den offenen Antworten zu Fr. 51, 53 und 60) darüber, daß Anfragen oder Briefe erst spät oder gar nicht beantwortet werden.

Telefonische Kontaktaufnahmen der Gefangenen zu den Studienzentren sind in vielen JVAs nur schwer möglich; die Gefangenen sind dabei in der Regel auf Unterstützung des JVA-Personals (z.B. Mitarbeiter des Pädagogischen oder Sozial-Dienstes) angewiesen; und in den Fällen, in denen die Gefangenen Zugang zu einem öffentlichen Fernsprecher haben, bilden die Telefonkosten oft ein Hindernis.

(Zur Einschätzung der mentoriellen Betreuung s. auch unten: Abschn. 5.13.)

- Möglichkeit, die JVA zu Studienzwecken vorübergehend zu verlassen (Fr. 43):

Nur eine Minderheit der Befragten bejaht die Möglichkeit, die JVA zu Studienzwecken vorübergehend zu verlassen (Fr. 43), sei es, um ein Studienzentrum aufzusuchen, an einer Präsenzveranstaltung oder einem Praktikum teilzunehmen, eine Bibliothek zu besuchen oder sei es zu Prüfungszwecken. Die höchste Anzahl von positiven Nennungen entfällt dabei mit 16 auf die Unterkategorie "zu Prüfungszwecken".

77 der Befragten kreuzen keine der Unterkategorien an bzw. beantworten die Frage insgesamt explizit mit "nein" bzw. "keine Möglichkeit". Nur 9 Befragte kreuzen alle 5 Unterkategorien an; 4 Befragte kreuzen je 4 der 5 Unterkategorien an; drei Befragte kreuzen je 2 und zwei Befragte nur je eine der 5 Unterkategorien an.

Tab. 5.11-1: Möglichkeit, die JVA vorübergehend zu Studienzwecken zu verlassen
Hinweis: Bei dieser Frage waren Mehrfachnennungen möglich. 31 Befragte haben keine der Möglichkeiten angekreuzt. %: Prozentsatz bezogen auf alle 69 Nennungen bei dieser Frage.

Zweck	Gesamt f	Gesamt %	VZ+TZ f	GH f
Besuch eines Studienzentrums	14	20.2	10	4
Präsenzveranstaltung	15	21.7	10	5
Bibliotheksbesuch	13	18.8	9	4
Praktikumsteilnahme	11	15.9	8	3
Prüfung	16	23.2	9	7

Dabei ist zu berücksichtigen, daß die Befragten - mit nur sehr wenigen Ausnahmen (vgl. oben: Fr. 14) - im geschlossenen Vollzug untergebracht sind.

Bei Prüfungen ist es daher in Einzelfällen zu Verschubungen gekommen; so berichtet ein Befragter, daß zu Prüfungszwecken eine Verschubung nach Hagen erfolgen mußte, die über mehrere Tage andauerte, so daß er sich während dieser Zeit nicht auf die Prüfungen weiter vorbereiten konnte. Andere Befragte wünschen sich daher auch, daß die Prüfungen in der JVA durchgeführt werden.

- Kontakte zu den Kursbetreuern bei den Lehrgebieten (Fr. 44):

Nur sehr wenige Befragte (13 von 92 bei dieser Frage Antwortenden) berichten, Kontakte zu den Kursbetreuern bei den Lehrgebieten zu haben (Fr. 44); eine größere Anzahl (40 von 93) meint jedoch, grundsätzlich die Möglichkeit zur telefonischen Kontaktaufnahme zu den Kursbetreuern zu haben. Allerdings machen mehrere der Befragten durch Randbemerkungen

5. Befragung inhaftierter Studierender an der FernUniversität

deutlich, daß eine solche telefonische Kontaktaufnahme schwierig und nur bei Unterstützung durch andere - z.b. Mitarbeiter des Pädagogischen Dienstes oder Sozialarbeiter - möglich ist; einige Befragte verweisen auch auf die Telefonkosten (s.o.).

- schriftliche und telefonische Kontakte zu den Prüfungsämtern (Fr. 47):

18 von 91 bzw. 19.8% der antwortenden Befragten haben schriftlichen und 6 von 88 (6.8%) haben telefonischen Kontakt zu den Prüfungsämtern. Bei diesen niedrigen Zahlen ist zu berücksichtigen, daß nur 42 der Befragten ein Voll- oder Teilzeitstudium absolvieren und daß zudem die Mehrheit von ihnen im Studium noch nicht weit fortgeschritten ist (vgl. oben: Fr. 26).

- wichtige Ansprechpartner für das Fernstudium (Fr. 48):

Am häufigsten genannt (38 x) als wichtige Ansprechpartner werden das Studentensekretariat bzw. die Gebührenstelle. (Mit der Gebührenstelle haben viele inhaftierte Studierende bei ihren Anträgen auf Gebührenerlaß zu tun.) Der zweithäufigst genannte Ansprechpartner ist die Studienberatung (20 x). Weniger häufig genannt werden die Prüfungsämter (14 x), Mentoren oder Kursbetreuer (je 11 x) und der AStA (7 x).[9] Die relativ geringen Anzahlen von Nennungen der Mentoren oder Kursbetreuer als wichtige Ansprechpartner für das Fernstudium entsprechen den jeweils geringen Anzahlen von Befragten, die angeben, Kontakte zu den Mentoren oder den Kursbetreuern zu haben (s.o.: Fr. 41, 42 und 44).

Bei der offenen Nachfrage nach sonstigen wichtigen Ansprechpartnern werden mehrfach Mitarbeiter aus dem nächstliegenden Studienzentrum genannt - so beispielsweise die Verwaltungsangestellte Frau Haskes vom Studienzentrum Goch (6 Nennungen), die die JVA Geldern regelmäßig besucht. Daneben werden Mitarbeiter aus den Lehrgebieten oder der Bibliothek genannt (jeweils maximal 2 Nennungen).

Bei der weiteren Nachfrage, zu welcher Stelle in der FernUniversität die Befragten gerne mehr Kontakt hätten, werden am häufigsten die Mentoren (9 x Einzel-Nennung) und am zweithäufigsten der AStA (6 x Einzel-Nennung) genannt; 24 der Befragten geben hier mehrere Stellen an, zu denen sie mehr Kontakt haben möchten (darunter vielfach die Mentoren).

Tab. 5.11-2: Ansprechpartner in der FernUniversität (Fr. 48)
f: Anzahl; %: Prozentsatz - bezogen auf alle 115 Nennungen bei dieser Frage.

Nr.	Ansprechpartner / Stelle in der FernUniversität	f	%
1	Studentensekretariat / Gebührenstelle / Studentisches Auslandsamt	38	33.0
2	Allgemeiner Studentenausschuß (AStA)	7	6.1
3	Allgemeine Studienberatung	20	17.4
4	Mentoren in den Studienzentren	11	9.6
5	Kursbetreuer bei den Fachbereichen in der Zentrale	11	9.6
6	Prüfungsämter	14	12.2
7	sonstige	14	12.2

---

[9] Bei der geringen Anzahl der Nennungen (etwa für die Prüfungsämter oder die Kursbetreuer) ist zu berücksichtigen, daß sich unter den Befragten nur wenige Voll- und Teilzeitstudierende höheren Semesters befinden (s.o.: Abschn. 5.9).

Teil C

5.12 Teilnahme an Kurs-Abschlußklausuren und Teilnahme an Zwischenprüfungen

- Teilnahme an Kurs-Abschlußklausuren (Fr. 45):

Die überwiegende Mehrheit der Befragten hat bisher an keiner Kurs-Abschlußklausur teilgenommen (das heißt genauer: 62 der Befragten antworten mit "0" oder lassen die Frage unbeantwortet). An mindestens einer Klausur haben 33 Befragte teilgenommen, was deutlich unter der Anzahl der Voll- und Teilzeitstudierenden (zus. 42) unter den Befragten liegt.

Die Angaben zur Häufigkeit der Klausurteilnahme von den 33 Befragten, die angeben, an einer oder mehr Klausuren teilgenommen zu haben, variieren zwischen 1 und 22; immerhin 23 Befragte geben an, an 5 oder mehr Klausuren teilgenommen zu haben.

Da vor allem Voll- und Teilzeitstudierende Veranlassung haben, sich an Klausuren zu beteiligen, enthält die folgende Tabelle neben den Angaben zur Gesamtgruppe (N=95) zusätzliche getrennte Angaben für einerseits die Voll- und Teilzeitstudierenden (N=42) und andererseits für die Gasthörer (N=45).

Tab. 5.12-1: Klausurteilnahme (Fr. 45)

Spalten: (1) Anzahl der Klausuren, an denen teilgenommen wurde bzw. die bestanden wurden. - (2) Anzahl der Befragten, die an der entsprechenden Anzahl von Klausuren teilgenommen haben (Fr. 45a) - Gesamtgruppe (N=95). - (3) Anzahl der Befragten, die die entsprechende Anzahl von Klausuren bestanden haben (Fr. 45b) - Gesamtgruppe. - (4) Anzahl der Befragten, die an der entsprechenden Anzahl von Klausuren teilgenommen haben (Fr. 45a) - nur Voll- und Teilzeitstudierende (N=42). - (5) Anzahl der Befragten, die die entsprechende Anzahl von Klausuren bestanden haben (Fr. 45b) - nur Voll- und Teilzeitstudierende. - (6) Anzahl der Befragten, die an der entsprechenden Anzahl von Klausuren teilgenommen haben (Fr. 45a) - nur Gasthörer (N=45). - (7) Anzahl der Befragten, die die entsprechende Anzahl von Klausuren bestanden haben (Fr. 45b) - nur Gasthörer.

(1) Anzahl Klausuren	(2) Fr. 45a gesamt	(3) Fr. 45b gesamt	(4) Fr. 45a VZ+TZ	(5) Fr. 45b VZ+TZ	(6) Fr. 45a GH	(7) Fr. 45b GH
keine Klausur	56	59	16	17	37	39
1 - 2 Kl.	8	7	4	5	4	2
3 - 4 Kl.	2	5	2	4	0	1
5 - 6 Kl.	9	9	7	7	1	1
7 - 8 Kl.	5	5	4	4	1	0
9 - 10 Kl.	5	2	4	2	0	0
11 - 12 Kl.	1	1	0	0	1	1
13 od. mehr Kl.	3	2	3	2	0	0
keine Angabe	6	5	2	1	3	3

Die 40 Voll- und Teilzeitstudierenden, von denen Angaben zu dieser Frage (nach der Klausurteilnahme) vorliegen, haben zusammen an insgesamt 177 Klausuren teilgenommen (Aufsummierung der von den Befragten angegebenen Anzahlen über die Personen); dies entspricht einem Mittelwert von 4.4 (Median: zwischen 0 und 1). Beschränkt man sich auf die 24 Voll- und Teilstudierenden, die angeben, an wenigstens einer Klausur teilgenommen zu haben, so steigt der Mittelwert auf 7.4 (Median zwischen 5 und 6).

Die Angaben über die Anzahl der erfolgreich bestandenen Klausuren variieren zwischen 0 und 18. 19 der Befragten geben an, 5 oder mehr Klausuren erfolgreich abgeschlossen zu haben.

Beschränkt man sich auch hier wieder auf die Voll- und Teilzeitstudierenden und summiert die Angaben dieser Befragten auf, so ergibt sich eine Summe von insgesamt 143 bestandenen Klausuren; dies entspricht einem Mittelwert von 3.5 (Median: zwischen 0 und 1). Beschränkt man sich auf die 24 Voll- und Teilzeitstudierenden, die angeben, wenigstens eine Klausur erfolgreich abgeschlossen zu haben, so steigt der Mittelwert auf 6.0 (Median zwischen 4 und 5).

Bildet man - für die 24 Voll- und Teilzeitstudierenden, die Fr. 45a und b beantwortet haben und zudem angeben, an wenigstens einer Klausur teilgenommen zu haben - einen Quotienten aus der Summe der bestandenen Klausuren (143) und der Summe der Klausuren, an denen teilgenommen wurde (177), so ergibt sich eine "Erfolgsrate" von 0.808 (bzw. 81%). Die individuellen Quotienten aus der Anzahl der bestandenen Klausuren und der Anzahl der Klausuren, an denen teilgenommen wurde, variieren zwischen 0 und 1 mit einem Median bei .75 (erstes Quartil: .50; drittes Quartil: 1.0). Selbst, wenn man davon ausgeht, daß einige der Befragten den einen oder anderen Klausurmißerfolg bei ihrer Antwort zu Fr. 45b "vergessen" haben, so zeigt diese Quote doch, daß ein erfolgreiches Fernstudium auch unter Haftbedingungen möglich ist.

Ein hoher Anteil erfolgreicher Klausurteilnahmen ergab sich auch aus einer älteren Statistik für Klausurteilnehmer aus der JVA Geldern (vgl. Ink 1990; s.o.: Abschn. 3.2). Auch Worth (1994, p. 36) berichtet für die britische Open University, daß inhaftierte Studierende in ihren Kursleistungen kaum weniger erfolgreich als die nicht-inhaftierten Studierenden sind (vgl. ferner Abschn. 7.1). (Zur Zufriedenheit mit den Klausurbedingungen s.u.: Abschn. 5.13, Fr. 49.)

Teilnahme an Zwischenprüfungen (Fr. 46):

8 von den Befragten geben an, an einer Zwischenprüfung teilgenommen und diese auch erfolgreich bestanden zu haben. Von diesen 8 sind je drei Voll- bzw. Teilzeitstudierende; einer studiert an einer ausländischen Universität und ist an der FernUniversität lediglich Zweithörer; darunter ist allerdings auch ein Gasthörer, der die Frage nach der Zwischenprüfung offensichtlich mißverstanden hat. Die Anzahl von nur 6 Teilnehmern an Zwischenprüfungen unter den 42 Voll- und Teilzeitstudierenden mag gering erscheinen; dabei ist aber zu berücksichtigen (vgl. Fr. 26), daß 25 von diesen 42 erst im ersten bis dritten Semester und nur 12 im 6. oder höheren Semester sind.

Die FernUniversität verfügt über keine Statistik über die Anzahl der erfolgreichen Studienabschlüsse der inhaftierten Fernstudierenden; es sind jedoch immer wieder Einzelfälle von Studierenden bekannt geworden, die in der Haftzeit einen Abschluß (Diplom oder Magister) erreicht haben (vgl. z.B. den Bericht des Journalisten G. Winters 1993).

Positive Erfahrungen liegen auch von der britischen *Open University* vor (vgl. oben: Abschn. 3.2.2): So bestehen nach Balli (1986, S. 91) 76,6% der inhaftierten Teilnehmer am 'undergraduate'-Studium die Prüfung - der Anteil ist somit für diese Gruppe sogar höher als die Erfolgsquote von ca. 70% in der Gesamtgruppe der Teilnehmer am 'undergraduate'-Programm der OU. (Diese höhere Erfolgsrate mag zumindest teilweise auch durch die Anwendung strenger Selektionskriterien für Strafgefangene durch das Innenministerium bedingt sein. - Balli berichtet (S. 91) zudem von weiteren positiven Effekten der Teilnahme am Fernstudium: Unsoziale und schwierige Gefangene ändern sich im Verhalten und in ihrer Persönlichkeit und tragen konstruktiv zu Gruppenentscheidungen bei.) Auch aus früheren Untersuchungen zum Einsatz von *Fernunterricht* im Strafvollzug werden Fälle erfolgreicher Teilnahme auch bei anspruchsvolleren Kursen berichtet (vgl. Borchert 1969 zu Erfahrungen des Hamburger Fernlehrinstitutes, HFL; ähnlich auch Haagmann 1975 zu Erfahrungen mit den Leistungen in Kursen, die auf die mittlere Reife, das Abitur oder auf Techniker- und Betriebswirtprüfungen vorbereiten sollten; vgl. oben Abschn. 3.2).

Anmerkung zum Beitrag des Fernstudiums zur Resozialisierung: Die Effizienz eines Fernstudiums für Inhaftierte läßt sich nach verschiedenen Kriterien bewerten, wovon der Studienerfolg ein zwar wichtiges, aber keinesfalls das einzig denkbare darstellt; letztlich ist zu fragen nach dem (möglichen) Beitrag des Fernstudiums für die Resozialisierung der inhaftierten Studierenden (etwa im Sinne einer reduzierten Rückfallquote bzw. im Sinne eines späteren straffreien Lebens). Hier aber besteht dringender Forschungsbedarf: Es fehlen systematische Langzeitstudien zur weiteren Bewährung der inhaftierten Fernstudierenden nach ihrer Entlassung. Allerdings geben die bisher vorliegenden Erfahrungen an der FernUniversität und speziell in der JVA Geldern zu der Vermutung Anlaß, daß die dortigen Bemühungen im Vollzug die Rückfallwahrscheinlichkeit dauerhaft verringern (vgl. Ink 1990, Clever & Ommerborn 1996).

Teil C

5.13 Bewertung des Studiums, Studienzufriedenheit und Studienprobleme

Der Fragebogen enthält an mehreren Stellen Fragen, die eine wertende Stellungnahme zum Studium beinhalten. Einige dieser Fragen implizieren eine eher indirekte Einschätzung und Bewertung des Studiums, bei anderen Fragen wird direkt nach einer Wertung gefragt (etwa nach der Zufriedenheit mit dem Studium oder nach Schwachstellen oder Problemen des Fernstudiums).

Im folgenden werden zunächst die Ergebnisse zu den Fragen dargestellt, die eine eher indirekte oder implizite Bewertung beinhalten. Bei den Fragen 29 und 30 wird zu erfassen versucht, wie sich die Haftbedingungen durch das Fernstudium verändert haben (Fr. 29), und insbesondere, ob das Studium hilft, die Haft besser zu ertragen (Fr. 30). Die Fragen 56 - 59 zielen darauf ab, die Bindung an die FernUniversität und das gewählte Studienfach zu erfassen.

- Veränderungen der Haftbedingungen durch das Studium (Fr. 29):

Eine Mehrheit der Befragten (54 von 95; 56.8%) meint, daß sich die Haftbedingungen durch das Studium nicht verändert haben bzw. gleichgeblieben sind. Annähernd jeweils gleichviele Befragte geben an, daß sich ihre Haftbedingungen durch das Studium verschlechtert (15 x) bzw. verbessert (12 x) hätten; ähnlich viele (13 x) kreuzen die Kategorie "teils verbessert, teils verschlechtert" an. (In einem Fall äußert der Befragte, daß sich die Situation lediglich bezüglich des Studiums, nicht aber sonst verbessert habe.)

- Fernstudium als Mittel, mit der Inhaftierung besser fertig zu werden (Fr. 30):

Obwohl nur eine Minderheit meint, daß sich die Haftbedingungen durch die Aufnahme des Studiums verbessert hätten (vgl. vorige Fr. 29), meinen immerhin 70 von 94 antwortenden Befragten (74.5%; 1 x keine Angabe), daß ihnen ihr Studium hilft, alles in allem besser mit ihrer Inhaftierung fertigzuwerden. Dieser Tendenz entpricht, daß einige der Befragten in ihren freien Antworten zu Fr. 60 (s.u.) die positiven Auswirkungen des Fernstudiums für ihr Leben in der Haft hervorheben; einige der Befragten fügen sogar ihrer Fragebogenbeantwortung als Schlußbemerkung einen ausdrücklichen Dank an die FernUniversität dafür an, daß sie es ermöglicht, trotz Inhaftierung studieren zu können.

Auch Krause (1994) berichtet aus ihrer Befragung in Geldern, daß Gefangene geäußert hätten, das Fernstudium hülfe ihnen dabei, die Haft als Lebensphase zu verkraften.

- Fortsetzung des Studiums nach der Entlassung (Fr. 27):

Über 90% der hier antwortenden Befragten (78 von 83; 12 x keine Angabe) geben an, das Studium nach der Entlassung fortsetzen zu wollen, wovon wiederum eine Mehrheit (46) angibt, das Studium an der FernUniversität fortsetzen zu wollen (hingegen nur 5 Nennungen für eine andere Universität; ein Befragter möchte sein Studium an einer anderen Universität und zugleich an der FernUniversität fortsetzen; Rest: „weiß noch nicht").

Auch bei der Nachfrage, ob die Befragten nach einem eventuellen Wechsel in den offenen Vollzug ihr Studium fortsetzen wollen, spricht sich eine deutliche Mehrheit (77 von 79 antwortenden Befragten; 16 x keine Angabe) für die Fortsetzung des Studiums aus, wovon ebenfalls wieder eine Mehrheit für die Fortsetzung an der FernUniversität plädiert (46 x; wiederum nur 5 Nennungen für "an einer anderen Universität"; 1 x „FernUni und zugleich an anderer Uni"; Rest: „weiß noch nicht").

Dies ist insofern bemerkenswert, als eine nicht geringe Anzahl von Befragten die Isolation im Fernstudium und die mangelnde Betreuung beklagt (Näheres dazu: s.u.).

5. Befragung inhaftierter Studierender an der FernUniversität

- gewünschte Hochschulart (Fr. 56):

37 (41.6%) der 89 antwortenden Befragten hätten eine andere Art von Hochschule vorgezogen. Von diesen 37 Befragten würden 16 lieber eine Präsenzhochschule und 10 lieber eine Fachhochschule besuchen. (Weitere Nennungen u.a. für: Harvard Business School, Kunstakademie, Filmhochschule.)

- gewünschtes Studienfach (Fr. 57):

Ein knappes Drittel der Befragten (28 von 91 Antwortenden bzw. 30.8%) würde bei freier Wahl bzw. bei entsprechender Möglichkeit ein anderes Studienfach belegen.

- Bereitschaft, sich noch einmal für das Fernstudium zu entscheiden (Fr. 58):

Mit wenigen Ausnahmen (3) würden fast alle Befragten (88 von 91 Antwortenden; 96.7%) sich wieder für die Aufnahme eines Fernstudiums entscheiden, wenn sie jetzt noch einmal vor dieser Entscheidung (Studienaufnahme: ja / nein) stünden.

- Entscheidung für oder gegen ein Studium für den Fall der Nicht-Inhaftierung (Fr. 59):

Fast zwei Drittel (58 von 93 bzw. 62.4%) der antwortenden Befragten würden sich aber gegen ein Studium entscheiden bzw. lieber etwas anderes machen, wenn sie zum Zeitpunkt der Aufnahme des Fernstudiums nicht inhaftiert gewesen wären. Und von den 35 Befragten, die auch dann studiert hätten, würden sich rund zwei Drittel (23 von 35) gegen die FernUniversität und für eine andere Universität entscheiden; nur ca. ein Drittel (12 von 35) hätte sich für FernUniversität entschieden.

Im folgenden werden die Ergebnisse zu Fragen dargestellt, die eine *direkte* Stellungnahme zum bzw. eine Bewertung des Fernstudiums beinhalten.

- Zufriedenheit mit Aspekten des Fernstudiums (Fr. 49):

In Frage 49 waren eine Reihe von Aspekten und Bedingungen des Fernstudiums aufgeführt, wobei die Befragten bei jedem der Aspekte angeben sollten, ob sie damit „nicht", „etwas" oder „sehr zufrieden" sind. In Tab. 5.13-1 sind die Ergebnisse (a) für die Gesamtgruppe der Befragten (ohne die Studienbeginner in 1996; N=95) sowie für die Gruppe (b) der Voll- und Teilzeitstudierenden und (c) der Gasthörer zusammengefaßt.

Tab. 5.13-1: Zufriedenheit mit Aspekten und Bedingungen des Studiums (Fr. 49)

Antwortkategorien: „nicht zufrieden" (0), „etwas zufrieden" (1) oder „sehr zufrieden" (2); 1+2: etwas + sehr zufrieden; k.A.: keine Angabe. f: Häufigkeit; %: Prozent (ohne Berücksichtigung von „keine Angabe"). - Getrennt für (a) alle 95 Befragten mit Studienbeginn vor 1996 (jeweils oberste Zeile in den Zellen der Tabelle), (b) die 42 Voll- und Teilzeitstudierenden (jeweils zweite Zeile) und (c) die 45 Gasthörer (jeweils dritte Zeile). - Die Bezeichnung der Aspekte ist an manchen Stellen abgekürzt; zum genauen Wortlaut s. den Fragebogen im Anhang (A-4.2).

Nr.	Studienaspekt	nicht f	nicht %	etw. f	etw. %	sehr f	sehr %	1+2 f	1+2 %	k.A.
(1)	Informationen über die Studienmöglichkeiten durch Mitarbeiter der Anstalt	a 67	74.4	16	17.8	7	7.8	23	25.6	5
		b 28	70.0	9	22.5	3	7.5	12	30.0	2
		c 33	78.6	7	16.7	2	4.8	9	21.4	3
(2)	Studieneingangsberatung durch Mitarbeiter der JVA	70	78.7	16	18.0	3	3.4	19	21.3	6
		30	75.0	9	22.5	1	2.5	10	25.0	2
		36	87.8	4	9.8	1	2.4	5	12.2	4

Teil C

Nr.	Studienaspekt	nicht f	nicht %	etw. f	etw. %	sehr f	sehr %	1+2 f	1+2 %	k.A.
(3)	Studieneingangsberatung durch die FernUniversität	17 7 9	20.7 17.9 24.3	33 18 12	40.2 46.2 32.4	32 14 16	39.0 35.9 43.2	65 32 28	79.3 82.1 75.7	13 3 8
(4)	Verhalten der Mitarbeiter des Studentensekretariats gegenüber inhaftierten Fernstudent/inn/en	5 1 3	7.0 3.2 9.1	22 10 9	31.0 32.3 27.3	44 20 21	62.0 64.5 63.6	66 30 30	93.0 96.8 90.9	24 11 12
(5)	Bemühungen des AStA um die Belange der inhaftierten Student/inn/en	34 15 16	45.3 41.7 47.1	29 14 14	38.7 38.9 41.2	12 7 4	16.0 19.4 11.8	41 21 18	54.7 58.3 52.9	20 6 11
(6)	Kosten des Fernstudiums	15 4 10	17.0 10.3 23.3	29 16 12	33.0 41.0 27.9	44 19 21	50.0 48.7 48.8	73 35 33	83.0 89.7 76.7	7 3 2
(7)	Zusendung und Zustellung des Studienmaterials	5 4 1	5.5 9.5 2.3	19 12 6	20.9 28.6 14.0	67 26 36	73.6 61.9 83.7	86 38 42	94.5 90.5 97.7	4 0 2
(8)	Qualität des Studienmaterials	4 1 3	4.4 2.4 7.0	26 12 12	28.9 29.3 27.9	60 28 28	66.7 68.3 65.1	86 40 40	95.6 97.6 93.0	5 1 2
(9)	Verständlichkeit des Studienmaterials	9 3 6	10.1 7.5 14.0	29 15 12	32.6 37.5 27.9	51 22 25	57.3 55.0 58.1	80 37 37	89.9 92.5 86.0	6 2 2
(10)	Möglichkeiten zum Arbeiten für Ihr Studium in Ihrem Haftraum	41 18 19	44.1 43.9 43.2	24 10 13	25.8 24.4 29.5	28 13 12	30.1 31.7 27.3	52 23 25	55.9 56.1 56.8	2 1 1
(11)	Möglichkeiten zum Arbeiten für Ihr Studium außerhalb Ihres Haftraums in anderen Räumen der JVA	69 25 40	78.4 62.5 97.6	10 9 1	11.4 22.5 2.4	9 6 0	10.2 15.0 0	19 15 1	21.6 37.5 2.4	7 2 4
(12)	räumliche Gegebenheiten für Ihr Studium in der JVA bzw. Ihre räumliche Studiensituation	46 18 24	51.1 43.9 57.1	25 11 13	27.8 26.8 31.0	19 12 5	21.1 29.3 11.9	44 23 18	48.9 56.1 42.9	5 1 3
(13)	Ruhe zum Studium	35 18 16	37.6 43.9 37.2	36 12 18	38.7 28.6 41.9	22 12 9	23.7 28.6 20.9	58 24 27	62.4 57.1 62.8	2 0 2
(14)	Ausstattung mit Lehrmitteln und zusätzlichem Studienmaterial (z.B. mit Büchern ...)	66 29 33	71.0 70.7 75.0	20 8 8	21.5 19.5 18.2	7 4 3	7.5 9.8 6.8	27 12 11	29.0 29.3 25.0	2 1 1
(15)	Bibliothek der JVA	73 31 35	78.5 75.6 79.5	19 10 8	20.4 24.4 18.2	1 0 1	1.1 0 2.3	20 10 9	21.5 24.4 20.5	2 1 1
(16)	Möglichkeit zur Buchausleihe oder zur Beschaffung von Aufsatzkopien über die FernUni-Bibliothek in Hagen	34 15 18	41.5 41.7 46.2	35 17 14	42.7 47.2 35.9	13 4 7	15.9 11.1 17.9	48 21 21	58.5 58.3 53.8	13 6 6
(17)	Kopiermöglichkeiten	52 17 32	66.7 51.5 80.0	11 5 6	14.1 15.2 15.0	15 11 2	19.2 33.3 5.0	26 16 8	33.3 48.5 20.0	17 9 5
(18)	Zugang zu und Verfügbarkeit von Computern	61 20 37	67.8 50.0 86.0	13 10 3	14.4 25.0 4.7	16 10 4	17.8 25.0 9.3	29 20 6	32.2 50.0 14.0	5 2 2
(19)	Software-Ausstattung	63 23 36	71.6 57.5 87.8	13 9 2	14.8 22.5 4.9	12 8 3	13.6 20.0 7.3	25 17 5	28.4 42.5 12.2	7 4 4
(20)	Qualität der Kursbetreuung durch die Fachmentoren der FernUniversität	28 17 9	37.8 44.7 28.1	30 13 17	40.5 34.2 53.1	16 8 6	21.6 21.1 18.8	46 21 23	62.2 55.3 71.9	21 4 13
(21)	Qualität der Kursbetreuung durch die Kursbetreuer (in der Zentrale) in Hagen	28 16 10	41.2 45.7 34.5	33 16 16	48.5 45.7 55.2	7 3 3	10.3 8.6 10.3	40 19 19	58.8 54.3 65.5	27 7 16
(22)	Ausmaß der Kontakte zu den Mentoren der FernUniversität	41 20 19	55.4 52.6 59.4	26 11 10	35.1 42.1 31.3	7 2 3	9.5 5.3 9.4	33 13 13	44.6 47.4 40.6	21 4 13
(23)	Ausmaß der Kontakte zu den Kursbetreuern in der Zentrale in Hagen	39 20 17	54.9 54.1 56.7	25 15 10	35.2 40.5 33.3	7 2 3	9.9 5.4 10.0	32 17 13	45.1 45.9 43.3	24 5 15

5. Befragung inhaftierter Studierender an der FernUniversität

Nr.	Studienaspekt	nicht f	nicht %	etw. f	etw. %	sehr f	sehr %	1+2 f	1+2 %	k.A.
(24)	Umlaufzeiten bei der Korrektur und Kommentierung der Einsendeaufgaben	11 6 4	14.9 15.4 12.5	37 20 16	50.0 51.3 50.0	26 13 12	35.1 33.3 37.5	63 33 28	85.1 84.6 87.5	21 3 13
(25)	Qualität/Umfang der Korrekturen und Kommentare zu den Einsendeaufgaben	14 10 4	18.9 26.3 12.1	38 17 18	51.4 44.7 54.5	22 11 11	29.7 28.9 33.2	60 28 29	81.1 73.7 87.9	21 4 12
(26)	Klausurbedingungen	8 6 0	14.5 18.2 0	27 12 15	49.1 36.4 75.0	20 15 5	36.4 45.5 25.0	47 27 20	85.5 81.8 100.0	40 9 25
(27)	Prüfungsbedingungen	8 6 0	16.0 20.0 0	28 13 15	56.0 43.3 83.2	14 11 3	28.0 36.7 16.7	42 24 18	84.0 80.0 100.0	45 12 27
(28)	Leistungsbewertung bei Klausuren und Zwischenprüfungen	4 2 1	7.5 6.1 5.6	34 20 13	64.2 60.6 72.2	15 11 4	28.3 33.3 22.2	49 31 17	92.5 93.9 94.4	42 9 27
(29)	Kontakte zu den Prüfungsämtern	21 12 8	39.6 36.4 44.4	21 12 8	39.6 36.4 44.4	11 9 2	20.8 27.3 11.1	32 21 10	60.4 63.6 55.6	42 9 27
(30)	Zusammenarbeit mit anderen Fernstudent/inn/en innerhalb der JVA	48 22 23	60.8 57.9 60.5	20 9 11	25.3 23.7 28.9	11 7 4	13.9 18.4 10.5	31 16 15	39.2 42.1 39.5	16 4 7
(31)	Kontakte zu anderen Fernstudent/inn/en außerhalb der JVA	64 32 29	82.1 86.5 78.4	11 5 5	14.1 13.5 13.5	3 0 3	3.8 0 8.1	14 5 8	17.9 13.5 21.6	17 5 8
(32)	Betreuung durch Mitarbeiter des Pädagogischen Dienstes der JVA	52 18 29	58.4 45.0 69.0	23 13 9	25.8 32.5 21.4	14 9 4	15.7 22.5 9.5	37 22 13	41.6 55.0 31.0	6 2 3
	Summe	1131		778		635		1413		

Betrachtet man die Liste der Aspekte insgesamt, so zeigt sich, daß es mehr Aspekte mit einem höheren Anteil von "nicht zufrieden"-Urteilen als Aspekte mit einem höheren Anteil von "sehr zufrieden"-Urteilen gibt. Summiert man über alle 32 Aspekte die Häufigkeiten der „nicht zufrieden"-Urteile und der „sehr zufrieden"-Urteile, so übersteigt die Summe der „nicht zufrieden"-Urteile (mit insgesamt 1131 Nennungen) bei weitem die entsprechende Summe der „sehr zufrieden"-Urteile (635 Nennungen). Und während bei 14 Aspekten mehr als jeweils die Hälfte bzw. mehr als 50% der antwortenden Befragten „Nicht-Zufriedenheit" äußert, gibt es „sehr zufrieden"-Urteile von jeweils der Hälfte oder mehr der Befragten lediglich bei 5 Aspekten.

Die 5 Aspekte, bei denen jeweils 50% oder mehr der Befragten „sehr zufrieden"-Urteile abgeben, sind (in Klammern jeweils die Nr. des Aspektes in der Liste zu Frage 49 sowie der Prozentsatz der „sehr zufrieden"-Urteile; vgl. Abb. 5.13-1):

- Zusendung und Zustellung des Studienmaterials (Nr. 7: 73.6% „sehr zufrieden")
- Qualität des Studienmaterials (Nr. 8: 66.7%)
- Verhalten der Mitarbeiter des Studentensekretariats gegenüber inhaftierten Fernstudent/inn/en (Nr. 4: 62.0%)
- Verständlichkeit des Studienmaterials (Nr. 9: 57.3%)
- Kosten des Fernstudiums (Nr. 6: 50.0%)

(Diese 5 Aspekte sind gleichzeitig jene, bei denen die Summe aus der Häufigkeit der „etwas zufrieden"- und „sehr zufrieden"-Urteile am höchsten ist.)

Bei den 14 Aspekten, bei denen überwiegend (d.h. von über der Hälfte der antwortenden Befragten) Nicht-Zufriedenheit geäußert wird bzw. bei denen die Häufigkeit der "nicht zufrieden"-Urteile sogar größer als die summierte Häufigkeit aus "etwas + sehr zufrieden"-Urteilen ist, handelt es sich - geordnet nach der Häufigkeit der "nicht zufrieden"-Urteile - um (in Klam-

Teil C

mern jeweils wieder die Nr. des Aspektes in der Liste zu Frage 49 sowie der Prozentsatz der „nicht zufrieden"-Urteile):

- Kontakte zu anderen Fernstudent/inn/en außerhalb der JVA (Nr. 31: 82.1% „nicht zufrieden")
- Studieneingangsberatung durch Mitarbeiter der JVA (Nr. 2: 78.7%)
- Bibliothek der JVA (Nr. 15: 78.5%)
- Möglichkeiten zum Arbeiten für das Studium außerhalb der Fafträume in anderen Räumen der JVA (Nr. 11: 78.4%)
- Informationen über die Studiermöglichkeiten durch Mitarbeiter der JVA (Nr. 1: 74.4%)
- Software-Ausstattung (Nr. 19: 71.6%)
- Ausstattung mit Lehrmitteln und zusätzlichem Studienmaterial (Nr. 14: 71.0%)
- Zugang zu und Verfügbarkeit von Computern (Nr. 18: 67.8%)
- Kopiermöglichkeiten (Nr. 17: 66.7%)
- Zusammenarbeit mit anderen Fernstudent/inn/en innerhalb der JVA (Nr. 30: 60.8%)
- Betreuung durch Mitarbeiter des Pädagogischen Dienstes der JVA (Nr. 32: 58.4%)
- *Ausmaß* der Kontakte zu den Mentoren der FernUniversität (Nr. 22: 55.4%)
- *Ausmaß* der Kontakte zu den Kursbetreuern in der Zentrale in Hagen (Nr. 23: 54.9%)
- *räumliche* Gegebenheiten für das Studium in der JVA bzw. *räumliche* Studiensituation (Nr. 12: 51.1%)

5. Befragung inhaftierter Studierender an der FernUniversität

Abb. 5.13-1

Item-Nr. / Studienaspekt:
(1) Informat. zu Studiermögl. durch JVA
(2) Studieneingangsberatung durch JVA
(3) Studieneingangsberat. durch FernUni
(4) Verhalten ... Studentensekretariat...
(5) Bemühungen des AStA
(6) Kosten des Fernstudiums
(7) Zustellung des Studienmaterials
(8) Qualität des Studienmaterials
(9) Verständlichkeit des Studienmaterials
(10) Arbeitsmöglichk. im Haftraum

(11) Arbeitsmögl. außerh. d. Haftraums
(12) räumliche ... Studiensituation
(13) Ruhe zum Studium
(14) Ausstattung mit Lehrmitteln ...
(15) Bibliothek der JVA
(16) Möglichk. zur Buchausleihe ...
(17) Kopiermöglichkeiten
(18) PC-Zugang und -Verfügbarkeit
(19) Software-Ausstattung
(20) Qualität d. Betreuung durch Mentoren
(21) Qualit. d. Betreuung d. Kursbetreuer

(22) Ausmaß der Mentor-Kontakte
(23) Ausm. d. Kontakte zu Kursbetreuern
(24) Umlaufzeiten ... Einsendeaufgaben
(25) Qualität/Umfang der EA-Korrektur
(26) Klausurbedingungen
(27) Prüfungsbedingungen
(28) Klausur- u.Prüfungsbewertung
(29) Kontakte zu den Prüfungsämtern
(30) Zus.arb. m. Studenten innerh. JVA
(31) Kontakte zu Stud. außerh. JVA
(32) Betreuung durch Pädag. Dienst

Bildet man eine (absteigende) Rangreihe nach der Anzahl der "sehr zufrieden"-Urteile, so liegen auf den ersten 10 Plätzen mit höherer Anzahl von "sehr zufrieden"-Urteilen 9 Aspekte, die eher der Zuständigkeit der FernUniversität denn der JVA zuzurechnen sind. (Dieselben 10 Aspekte liegen auch auf den ersten 10 Rangplätzen, wenn man die Rangreihe nach der summierten Anzahl der "etwas"- und "sehr zufrieden"-Urteile bildet.) Bei einer entsprechenden Rangreihe nach der Anzahl der "nicht zufrieden"-Urteile sind auf den ersten 10 Plätzen deutlich mehr Aspekte zu finden, die eher der Zuständigkeit oder dem Verantwortungsbereich der JVA zuzurechnen sind.

Aus dem Vorherstehendem könnte der Eindruck entstehen, als seien die Befragten mit den Aktivitäten der FernUniversität im großen und ganzen zufrieden, hingegen mit solchen Studienbedingungen, die eher in die Zuständigkeit der JVA fallen, eher unzufrieden. Dieser Eindruck wäre irreführend. Denn wichtige Aspekte, die - wie beispielsweise die Betreuung durch Kursbetreuer oder Mentoren[10] - in den Verantwortungsbereich der FernUniversität fallen, liegen in der (absteigenden) Rangreihe nach der Anzahl der "etwas + sehr zufrieden"-Urteile bestenfalls im Mittelfeld und in der Rangreihe nach der Anzahl der "sehr zufrieden"-Urteile im untersten Drittel der Rangreihe; so äußern sich beispielsweise nur jeweils 7 Befragte (bzw. jeweils unter 10%) "sehr zufrieden" mit dem Ausmaß der Kontakte zu den Mentoren oder den Kursbetreuern (Unterfragen Nr. 22 und 23).

Zumindest bei einigen der Aspekte, bezüglich derer Unzufriedenheit geäußert wird, ist zudem anzumerken, daß sich die Unzufriedenheit eher an den falschen Adressaten festmacht: So ist etwa die Studieneingangsberatung sicherlich eher eine Aufgabe der FernUniversität als eine Aufgabe der Mitarbeiter des Pädagogischen Dienstes, zumal letztere für eine Vielzahl anderer (Aus-) Bildungsmaßnahmen zuständig sind und die Fernstudierenden nur eine kleine Minderheit unter den Teilnehmern von Bildungsmaßnahmen in den JVAs darstellen (zu den vielfältigen Aufgaben des Lehrers im Justizvollzug s. Nedden 1987).

Daß sich also höhere Anteile der Befragten wenig zufrieden mit der Information über Studiermöglichkeiten oder die Studieneingangsberatung durch die Mitarbeiter der JVAs zeigen, sollte für die FernUniversität Anlaß sein zu fragen, ob ihre Bemühungen hinreichend waren, die Anstaltsleitungen und die Mitarbeiter des Pädagogischen Dienstes über die Studiermöglichkeiten an der FernUniversität zu informieren.

Bei einigen anderen Aspekten, bei denen Kritik an den Studienbedingungen in den JVAs zum Ausdruck kommt, ist zu berücksichtigen, daß die Schaffung optimaler *Studien*bedingungen nicht gerade zu den Hauptaufgaben einer Justizvollzugsanstalt gehört: So wird man beispielsweise von der Bibliothek einer JVA nicht erwarten können, daß sie die Funktion einer für Fachstudien geeigneten wissenschaftlichen Bibliothek erfüllt.

Ferner ist zu berücksichtigen, daß zumindest einige Aspekte, bezüglich derer eine größere Zahl der Befragten Zufriedenheit äußert, von anderen Befragten als durchaus problematisch empfunden werden. So äußert sich zwar rund die Hälfte der Befragten zufrieden zu den Kosten des Fernstudiums (Nr. 6); die Kosten werden aber von nicht wenigen in den Antworten zu den offenen Fragen nach negativen Aspekten oder Problemen (s.u.: bei Fr. 51, 53 und 60) genannt. (Die recht unterschiedliche Beurteilung gerade dieses Aspektes mag u.a. darauf zurückzuführen sein, daß viele - aber nicht alle - der inhaftierten Studierenden Gebührenbefreiung beantragt und erhalten haben; zudem werden einige, aber nicht alle - s.o.: u.a. Frage 33 - bei ihrem Studium finanziell unterstützt.)

Auf einen Aspekt, bezüglich dessen eine große Mehrheit (über 80%) der Befragten sich unzufrieden äußert, sei besonders hingewiesen: „Kontakte zu anderen Fernstudent/inn/en außerhalb der JVA" (Nr. 31). Da die meisten der inhaftierten Studierenden im geschlossenen Vollzug sind (s.o.: Fr. 14) und die Durchführung von Präsenzveranstaltungen in einer JVA nur in Ausnahmefällen möglich sein dürfte, können solche Kontakte i.w. nur brieflich erfolgen. Es würde von den meisten inhaftierten Studierenden sicherlich sehr begrüßt, wenn der AStA oder

---

[10] Diese Aussage gilt streng genommen nur für den Bereich NW, da die FernUniversität auf die mentorielle Betreuung ihrer Fernstudierenden außerhalb Nordrhein-Westfalens nur partiell unmittelbaren Einfluß hat.

5. Befragung inhaftierter Studierender an der FernUniversität

die Fachschaften regelmäßige Briefkontakte zwischen inhaftierten und nicht-inhaftierten Studierenden organisieren könnten.

Unterschiede zwischen Voll- und Teilzeitstudierenden und Gasthörern in den Zufriedenheitsurteilen: Man könnte vermuten, daß sich die Zufriedenheitsurteile der Voll- und Teilzeitstudierenden einerseits von denen der Gasthörer andererseits unterscheiden. Daher wurde eine getrennte Auszählung für beide genannten Gruppen durchgeführt (vgl. oben Tab. 5.13-1). Die Rangfolgen der Aspekte (etwa nach der Anzahl der „sehr zufrieden"- oder der Anzahl der „nicht-zufrieden"-Urteile) sind bei beiden Gruppen insoweit recht ähnlich, als die Aspekte, bei denen die Voll- und Teilzeitstudierenden sich zu höheren Anteilen „sehr" bzw. „nicht zufrieden" äußern, in der Regel auch die sind, bezüglich derer sich die Gasthörer in höheren Anteilen als „sehr" bzw. „nicht zufrieden" zeigen.

Auf einige kleinere Unterschiede sei aber hingewiesen. Unterteilt man die Befragten nach dem Hörerstatus (in „Voll- und Teilzeitstudierende" einerseits und „Gasthörer" andererseits) sowie die Zufriedenheitsskala in zwei Stufen (in „nicht zufrieden" und „etwas oder sehr zufrieden") und berechnet für jede der Unterfragen von Fr. 49 Vierfelder-phi-Koeffizienten zwischen dem Hörerstatus und der Zufriedenheit, so zeigen sich folgende Tendenzen (vgl. Abb. 5.13-2):

Voll- und Teilzeitstudierende (VZ+TZ) äußern sich im Vergleich zu Gasthörern (GH) zufriedener mit den folgenden Aspekten (In Klammern jeweils die Nummer des jeweiligen Aspektes sowie der phi-Koeffizient[11]):
- Möglichkeiten zum Arbeiten für das Studium außerhalb des Haftraums (Nr. 11; phi=.44; p<.001): Der Anteil der „etwas oder sehr zufrieden"-Urteile beträgt bei den VZ+TZ 15 von 40, hingegen nur 1 von 41 bei den GH.
- Kopiermöglichkeiten (Nr. 17; phi=.30; p<.01; Anteil der „etwas oder sehr zufrieden"-Urteile bei den VZ+TZ: 16 von 33 gegenüber 8 von 40 bei den GH).
- Zugang zu und Verfügbarkeit von Computern (Nr. 18; phi=.39; p<.001; Anteil der „etwas oder sehr zufrieden"-Urteile bei den VZ+TZ: 20 von 40 gegenüber 6 von 43 bei den GH).
- Software-Ausstattung (Nr. 19; phi=.34; p<.01; Anteil der „etwas oder sehr zufrieden"-Urteile bei den VZ+TZ: 17 von 40 gegenüber 5 von 41 bei den GH).
- Die Voll- und Teilzeitstudierenden äußern sich ferner tendenziell zufriedener als die Gasthörer mit der Betreuung durch die Mitarbeiter des Pädagogischen Dienstes (Nr. 32; phi=.24; p<.05; Anteil der „etwas oder sehr zufrieden"-Urteile bei den VZ+TZ: 22 von 40 gegenüber 13 von 42 bei den GH).

Bei folgenden Aspekten sind die Gasthörer tendenziell etwas zufriedener als die Voll- und Teilzeitstudierenden:
- Qualität der Kursbetreuung durch die Fachmentoren (Nr. 20; phi=-.17; p<.15; Anteil der „etwas oder sehr zufrieden"-Urteile bei den VZ+TZ: 21 von 38 gegenüber 23 von 32 bei den GH) und
- Qualität der Korrekturen und Kommentare zu den Einsendeaufgaben (Nr. 25; phi=-.18; p<.15; Anteil der „etwas oder sehr zufrieden"-Urteile bei den VZ+TZ: 28 von 38 gegenüber 29 von 33 bei den GH).

---

[11] Die zu jedem phi-Koeffizienten angegebenen p-Werte beziehen sich auf die einseitige Fragestellung und würden gelten, wenn entsprechende *a priori*-Hypothesen vorlägen, was jedoch bei dieser eher explorativen Analyse für die Mehrzahl der betrachteten Aspekte nicht der Fall war. - Auf zusätzlich durchgeführte Analysen der 2 x 3-Tabellen (3 Zufriedenheitsstufen) und Tests nach Mehta & Patel (1983) wird hier nicht näher eingegangen.

Teil C

Abb. 5.13-2

Fr. 49 - VZ+TZ vs. GH

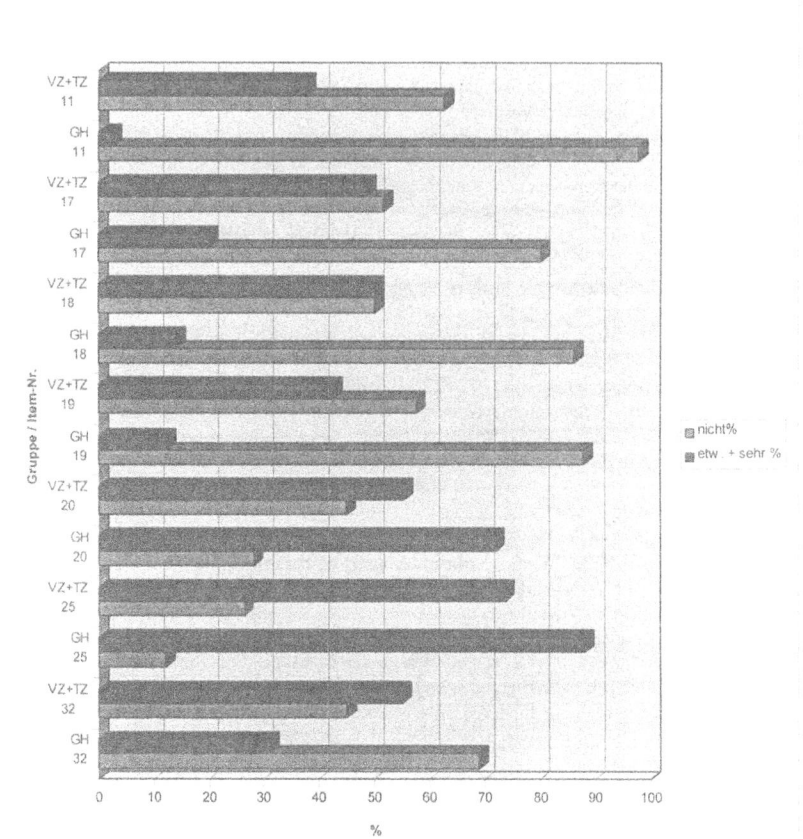

Item-Nr.	Studienaspekt (abgekürzt)	Gruppe	nicht%	etw. + sehr %
11	Arbeitsmögl. außerh. d. Haftraums	VZ+TZ	62,5	37,5
11	Arbeitsmögl. außerh. d. Haftraums	GH	97,6	2,4
17	Kopiermöglichkeiten	VZ+TZ	51,5	48,5
17	Kopiermöglichkeiten	GH	80,0	20,0
18	PC-Zugang und -Verfügbarkeit	VZ+TZ	50,0	50,0
18	PC-Zugang und -Verfügbarkeit	GH	86,0	14,0
19	Software-Ausstattung	VZ+TZ	57,5	42,5
19	Software-Ausstattung	GH	87,8	12,2
20	Qualität d. Betreuung durch Mentoren	VZ+TZ	44,7	55,3
20	Qualität d. Betreuung durch Mentoren	GH	28,1	71,9
25	Qualität/Umfang der EA-Korrektur	VZ+TZ	26,3	73,7
25	Qualität/Umfang der EA-Korrektur	GH	12,1	87,9
32	Betreuung durch Pädag. Dienst	VZ+TZ	45,0	55,0
32	Betreuung durch Pädag. Dienst	GH	69,0	31,0

5. Befragung inhaftierter Studierender an der FernUniversität

Zufriedenheit mit der mentoriellen Betreuung bei Befragten aus Nordrhein-Westfalen (NW) und bei Befragten von außerhalb von NW: Da die mentorielle Betreuung in Nordrhein-Westfalen (NW) enger als in den übrigen Bundesländern ausgebaut ist, sei abschließend noch untersucht, ob die Zufriedenheit mit der Fachbetreuung von Befragten aus NW größer als jene der Befragten aus den übrigen Bundesländern ist.

Tab. 5.13-2: Zufriedenheit mit mentorieller Betreuung (Fr. 49, Unterfragen 20 und 22) - innerhalb und außerhalb von NW
a) innerhalb von NW: erste Zeile innerhalb jeder Zelle;
b) außerhalb von NW: zweite Zeile innerhalb jeder Zelle

			nicht	etwas	sehr	etwas + sehr
(20)	Qualität der Kursbetreuung durch die Fach-	NW	5	11	8	19
	mentoren der FernUniversität	nicht-NW	23	19	8	27
(22)	Ausmaß der Kontakte zu den Mentoren der	NW	11	12	2	14
	FernUniversität	nicht-NW	30	14	5	19

Wie aus der Tabelle ersichtlich, ist der Anteil der „etwas oder sehr zufrieden"-Urteile bei den Befragten aus NW tendenziell etwas höher als bei den Befragten aus den übrigen Bundesländern bei den Fragen nach dem Ausmaß und der Qualität der mentoriellen Betreuung. Die entsprechende Tendenz ist jedoch nur schwach ausgeprägt. (Bei Dichotomisierung der Zufriedenheitsskala resultiert für Item Nr. 20 ein Vierfelder-phi-Koeffizient von phi=.24 mit p<.05 und für Item Nr. 22 ein Koeffizient von phi=.16 mit p<.15).

JVA Geldern: Ergänzend sei noch kurz eingegangen auf die Einschätzung der 15 Befragten aus der JVA Geldern, in der es ein Studienzentrum gibt:

		nicht	etwas	sehr	etwas + sehr	k.A.
(20)	Qualität der Kursbetreuung durch die Fachmentoren der FernUniversität	2	7	5	12	1
(22)	Ausmaß der Kontakte zu den Mentoren der FernUniversität	1	4	8	12	1

Wie ersichtlich, fallen die Zufriedenheitsurteile zur mentoriellen Betreuung tendenziell recht positiv aus. Ähnlich berichtet Krause (1994) aus ihrer Befragung von Studierenden in Geldern, daß die Mehrheit der Befragten die dortige mentorielle Betreuung (auf einer Skala nach Art der Schulnoten) als befriedigend bis gut einschätzten, wenn auch ein Drittel der Befragten das Ausmaß der Betreuung als ungenügend empfand.

Zusammenhang zwischen der Möglichkeit zur Zusammenarbeit (Fr. 38) und der Zufriedenheit mit dieser Zusammenarbeit (Fr.49, Item 30): Trivialerweise sollte man annehmen, daß nur jene sich etwas oder sehr zufrieden zur Zusammenarbeit mit anderen Fernstudierenden äußern, die auch eine solche Möglichkeit zur Zusammenarbeit haben. Zwar findet sich eine dementsprechende Beziehung; sie ist jedoch weniger eng als erwartet: 25 von 34 der Befragten, die die Möglichkeit einer Zusammenarbeit mit anderen Fernstudierenden innerhalb ihrer JVA bejahen (Fr. 38), äußern sich „etwas oder sehr zufrieden" zur Zusammenarbeit mit anderen Fernstudierenden, hingegen aber überraschenderweise auch 6 von 44 derjenigen Befragten, die bei Fr. 38

Teil C

angeben, über keine solche Möglichkeit zur Zusammenarbeit zu verfügen (phi=.61; p<.001). (Eine noch weniger enge Beziehung ergibt sich, wenn man die Befragten danach unterteilt, ob sie in einer JVA mit nur einem/r Befragten oder in einer JVA mit mehreren Befragten einsitzen.)

Gesamturteil zur Zufriedenheit mit den Studienbedingungen (Fr. 50):

Entsprechend dem Überwiegen dessen, was zu Nicht-Zufriedenheit Anlaß gibt, gegenüber dem, was zu Zufriedenheit führt (s.o.), fällt das Gesamturteil zur Zufriedenheit mit den Studienbedingungen (Fr. 50) nicht sehr positiv aus: Auf der 5-stufigen Skala von "nicht zufrieden" bis "sehr zufrieden" liegt der Median der Antwortverteilung zwischen "2: wenig zufrieden" und "3: mittelmäßig zufrieden". Nur rund ein Viertel äußert sich "ziemlich zufrieden", und lediglich unter 5% der Befragten sind "sehr zufrieden".

Tab. 5.13-3: Verteilung der Gesamtzufriedenheit mit den Studienbedingungen (Fr. 50)
f: Häufigkeiten; %: Prozent

Grad der Zufriedenheit	Gesamt f	Gesamt %	VZ+TZ f	VZ+TZ %	GH f	GH %
nicht	13	14.0	5	11.9	7	16.3
wenig	19	20.4	12	28.6	5	11.6
mittelmäßig	31	33.3	9	21.4	19	44.2
ziemlich	25	26.9	14	33.3	10	23.3
sehr	5	5.4	2	4.8	2	4.7
keine Angabe	2	--	0	--	2	--

Die verwendete Antwortskala kann nach Rohrmann (1978) als gleichabständig interpretiert werden, so daß ein Mittelwert bestimmt werden kann. Die durchschnittliche Zufriedenheit beträgt demnach 2.9 (und ist bei Voll- und Teilzeitstudierenden einerseits und Gasthörern andererseits annähernd gleich).

In Tab. 5.13-4 sind einige weitere Unterteilungen zusammengefaßt.

Tab. 5.13-4: Durchschnittliche Gesamtzufriedenheit in Untergruppen
M: Mittelwert; Std.: Standardabweichung; N=Anzahl der Meßwerte

	Gesamt	VZ+TZ	GH	NW	nicht NW	Fr.41 ja	Fr.41 nein	Fr.38 ja	Fr.38 nein
M	2.89	2.90	2.88	3.00	2.85	2.62	3.05	3.11	2.79
Std.	1.12	1.14	1.10	1.18	1.10	1.29	1.00	1.16	1.06
N	93	42	43	27	66	29	62	35	57

Die Effekte dieser Unterteilungen sind insgesamt eher gering und zudem widersprüchlich:
- Zwar ist - wie aufgrund des dichteren Netzes von Studienzentren und Mentoren in NW erwartet - die Gesamtzufriedenheit der Befragten aus NW[12] etwas höher als die der Befragten aus anderen Bundesländern; andererseits ist jedoch die Zufriedenheit der Befragten aus JVAs mit mentorieller Betreuung (Fr.41=ja) tendenziell etwas geringer als die der Befragten aus JVAs ohne mentorielle Betreuung (Fr.41=nein).
- Befragte aus JVAs, in denen die Möglichkeit zur Zusammenarbeit mit anderen Fernstudierenden innerhalb der JVA gegeben ist (Fr. 38=ja), sind etwas zufriedener als Befragte aus JVAs, in denen eine solche Möglichkeit zur Zusammenarbeit nicht besteht (Fr. 38=nein).

---

[12] Die Gesamtzufriedenheit der 15 Befragten aus Geldern unterscheidet sich nicht von der der Befragten aus NW insgesamt (M=3.0; Std.=1.3; 1x k.A.)

5. Befragung inhaftierter Studierender an der FernUniversität

Probleme beim Fernstudium (Fr. 51):

Frage 51 des Fragebogens beinhaltet eine Liste von Problemen, die bei einem Fernstudium - speziell bei einem Fernstudium unter Haftbedingungen - auftreten können. Die Befragten sollten jeweils angeben, inwieweit das jeweilige Problem auch für sie bzw. für ihre Studiensituation zutrifft (Antwortkategorien: nicht, etwas oder sehr zutreffend). Die Ergebnisse sind in Tab. 5.13-5 zusammengefaßt - wieder a) für die Gesamtgruppe der 95 Befragten (ohne Studienbeginner in 1996), b) die Gruppe der Voll- und Teilzeitstudierenden und c) die Gruppe der Gasthörer.

Tab. 5.13-5: Probleme der Studiensituation (Fr. 51)

Skala: „nicht zutreffend" (0), „etwas zutreffend" (1) und „sehr zutreffend" (2). f: Häufigkeit; %: Prozentsatz. k.A.: keine Angabe. - Getrennt für a) alle 95 Befragten mit Studienbeginn vor 1996 (jeweils oberste Zeile in den Zellen der Tabelle), b) die 42 Voll- und Teilzeitstudierende (jeweils zweite Zeile) und c) die 45 Gasthörer (jeweils dritte Zeile)

Nr	Text	nicht f	nicht %	etw. f	etw. %	sehr f	sehr %	1+2 f	1+2 %	kA f
1	zu wenig Ruhe zum Studium: a) Lärmbelästigungen im Gefängnisalltag, die den Lernprozeß stören	a) 21 b) 8 c) 12	22.6 19.5 27.3	34 12 18	36.6 29.3 40.9	38 21 14	40.9 51.2 31.8	72 33 32	77.4 80.5 72.7	2 1 1
2	zu wenig Ruhe zum Studium: b) häufige Unterbrechungen oder Störungen beim Lernen	27 13 12	29.7 31.7 27.3	38 13 21	41.8 31.7 47.7	26 15 11	28.6 36.6 25.0	64 28 32	70.3 68.3 72.7	4 1 1
3	kein oder unzureichender Arbeitsplatz zum Studieren (z.B. im Haftraum)	25 11 13	27.5 26.8 30.2	31 16 13	34.1 39.0 30.2	35 14 17	38.5 34.1 39.5	66 30 30	72.5 73.2 69.8	4 1 2
4	unzureichende Möglichkeiten zur räumlichen Unterbringung des benötigten Arbeitsmaterials	18 7 10	20.0 17.1 23.3	29 20 8	32.2 48.8 18.6	43 14 25	47.8 34.1 58.1	72 34 33	80.0 82.9 76.7	5 1 2
5	Nicht-Zulassung von Lehr- und Hilfsmitteln durch die Anstaltsleitung	32 15 14	34.8 35.7 31.8	22 11 10	23.9 26.2 22.7	38 16 20	41.3 38.1 45.5	60 27 30	65.2 64.3 68.2	3 1 1
6	Verzögerungen bei der Aushändigung der per Post eingehenden Studienmaterialien	50 26 21	54.3 63.4 47.7	30 11 17	32.6 26.8 38.6	12 4 6	13.0 9.8 13.6	42 15 23	45.7 36.6 52.3	3 1 1
7	Verweigerung der Annahme oder der Weitergabe von eingehenden Paketen durch das Anstaltspersonal	51 26 21	55.4 61.9 48.8	22 9 10	23.9 21.4 23..3	19 7 12	20.7 16.7 27.9	41 16 22	44.6 38.1 51.2	3 1 0
8	zu hohe Kosten des Fernstudiums insgesamt	44 22 18	50.6 56.4 43.9	28 12 15	32.2 30.8 36.6	15 5 8	17.2 12.8 19.5	43 17 23	49.4 43.6 56.1	8 3 4
9	keine Entbindung von der Arbeitspflicht für das Studium (z.B. bei Gasthörerstatus)	39 24 12	45.9 63.2 29.3	10 3 7	11.8 7.9 17.1	36 11 22	42.4 28.9 53.7	46 14 29	54.1 36.8 70.7	10 4 3
10	Isolation beim Lernen	23 12 10	25.6 29.3 23.8	33 12 18	36.7 29.3 42.9	34 17 14	37.8 41.5 33.3	67 29 32	74.4 70.7 76.2	5 1 1
11	keine Möglichkeit zur Gruppenarbeit	16 9 7	18.0 22.5 16.7	20 6 14	22.5 15.0 33.3	53 25 21	59.6 62.5 50.0	73 31 35	82.0 77.5 83.3	6 2 3
12	Die Anstaltsleitung behindert eine Zusammenarbeit mit anderen Fernstudent/inn/en in der JVA	45 24 18	49.5 57.1 42.9	16 4 11	17.6 9.5 26.2	30 14 13	33.0 33.3 31.0	46 18 24	50.5 42.9 57.1	4 0 3
13	fehlende oder zu seltene Fachberatung	13 3 9	14.1 7.3 20.5	27 17 10	29.3 41.5 22.7	52 21 25	56.5 51.2 56.8	79 38 35	85.9 92.7 79.5	3 1 1
14	mangelnder Kontakt zu den Fachbereichen	12 2 9	13.2 4.9 20.9	27 17 8	29.3 41.5 18.6	52 22 26	57.1 53.7 60.5	79 39 34	86.8 95.1 79.1	4 1 2

99

Teil C

Nr	Text	nicht f	nicht %	etw. f	etw. %	sehr f	sehr %	1+2 f	1+2 %	kA f
15	keine Möglichkeit zur Teilnahme an Präsenzphasen oder Seminaren	17 4 10	18.3 9.5 23.3	8 5 3	8.6 11.9 7.0	68 33 30	73.1 78.6 69.8	76 38 33	81.7 90.5 76.7	2 0 2
16	fehlender Zugang zu oder mangelhafte Ausstattung mit Medien (u.a. Fernseher, Video)	25 13 11	27.5 31.7 25.6	21 10 10	23.1 24.4 23.3	45 18 22	49.5 43.9 51.2	66 28 32	72.5 68.3 74.4	4 1 2
17	fehlender Zugang zu oder mangelhafte Ausstattung mit Computern	25 13 9	27.2 31.0 20.9	12 8 4	13.0 19.0 9.3	55 21 30	59.8 50.0 69.8	67 29 34	72.8 69.0 79.1	3 0 2
18	Nicht-Zulassung eigener Computer durch die Anstaltsleitung	22 8 12	23.9 19.5 27.3	7 3 3	7.6 7.3 6.8	63 30 29	68.5 73.2 65.9	70 33 32	76.1 80.5 72.7	3 1 1
19	mangelhafte Ausstattung mit Computer-Software	18 9 8	19.8 22.0 18.6	20 13 5	22.0 31.7 11.6	53 19 30	58.2 46.3 69.8	73 32 35	80.2 78.0 81.4	4 1 2
20	fehlender Zugang zu Telekommunikationseinrichtungen; keine 'electronic mail' möglich	10 2 7	11.1 5.0 16.3	4 4 0	4.4 10.0 0.0	76 34 36	84.4 85.0 83.7	80 38 36	88.9 95.0 83.7	5 2 2
21	fehlende oder unzureichende Kopiermöglichkeiten	18 10 8	20.0 25.0 18.6	20 8 10	22.2 20.0 23.3	52 22 25	57.8 55.0 58.1	72 30 35	80.0 75.0 81.4	5 2 2
22	Nicht-Verfügbarkeit der in den Studienbriefen angegebenen Literatur oder Probleme bei ihrer Beschaffung	14 5 9	15.2 12.2 20.5	19 10 5	20.7 24.4 11.4	59 26 30	64.1 63.4 68.2	78 36 35	84.8 87.8 79.5	3 1 1
23	unzureichende Versorgung mit weiterführender Literatur	13 5 8	14.1 12.2 18.2	21 9 9	22.8 22.0 20.5	58 27 27	63.0 65.9 61.4	79 36 36	85.9 87.8 81.8	3 1 1
24	keine Handbibliothek mit Fachliteratur vorhanden	14 7 7	15.2 17.1 15.9	15 8 6	16.3 19.5 13.6	63 26 31	68.5 63.4 70.5	78 34 37	84.8 82.9 84.1	3 1 1
25	fehlende Möglichkeit zur Nutzung von Fachbibliotheken	11 4 7	11.7 9.5 15.9	19 10 8	20.2 23.8 18.2	64 28 29	68.1 66.7 65.9	83 38 37	88.3 90.5 84.1	1 0 1
26	zu lange Zeitverzögerungen bei der Literaturbeschaffung über Fernleihe	10 2 7	12.7 5.6 18.4	25 13 11	31.6 36.1 28.9	44 21 20	55.7 58.3 52.6	69 34 31	87.3 94.4 81.6	16 6 7
27	zu hohe Kosten bei der Beschaffung weiterführender Studienliteratur	12 4 7	13.5 10.0 16.3	28 13 13	31.5 32.5 30.2	49 23 23	55.1 57.5 53.5	77 36 36	86.5 90.0 83.7	6 2 2
28	Nicht alle benötigten Bücher oder Aufsätze sind über die Fernleihe zu beschaffen	11 5 5	14.7 13.9 14.7	37 20 15	49.3 55.6 44.1	27 11 14	36.0 30.6 41.2	64 31 29	85.3 86.1 85.3	20 6 11
29	Die Einsendeaufgaben und Klausuren sind zu schwierig	39 19 18	47.0 48.7 45.0	36 15 19	43.4 38.5 47.5	8 5 3	9.6 12.8 7.5	44 20 22	53.0 51.3 55.0	12 3 5
30	Die Anstaltsleitung und das -personal sind zu wenig über das Fernstudium informiert	13 4 8	14.4 9.8 18.6	14 10 3	15.6 24.4 7.0	63 27 32	70.0 65.9 74.4	77 37 35	85.6 90.2 81.4	5 1 2
	Summe:	688		673		1330		2003		

Betrachtet man die Liste der aufgeführten Probleme insgesamt, so zeigt sich, daß die „sehr zutreffend"-Antworten die „nicht zutreffend"-Antworten bei weitem überwiegen. Summiert man über alle 30 Aspekte (ohne die beiden Zusatzkategorien Nr. 31 und 32) die Häufigkeiten der „nicht zutreffend"-Urteile und die der „sehr zutreffend"-Urteile, so übersteigt die Summe der „sehr zutreffend"-Antworten (mit insgesamt 1330) bei weitem die entsprechende Summe der „nicht zutreffend"-Antworten (insges. 688). Und während bei 16 aufgeführten Problemen mehr als jeweils die Hälfte bzw. mehr als 50% der antwortenden Befragten mit „sehr zutreffend" antwortet, gibt es „nicht zutreffend"-Antworten von jeweils der Hälfte oder mehr der Befragten lediglich bei 3 Aspekten. Dabei ist allerdings zu beachten, daß bei der Aufstellung dieser Liste von Problemen im Vorfeld der Fragebogenentwicklung gezielt solche Sachverhalte

5. Befragung inhaftierter Studierender an der FernUniversität

gesucht wurden, die in der Literatur - s.o.: Abschn. 3.2.1 - oder auch in Gesprächen mit Betroffenen (insbes. bei einem Treffen mit inhaftierten Studierenden in der JVA Geldern im Oktober 1995) als Probleme genannt worden sind.

Die 16 Probleme, die von jeweils mehr als der Hälfte der Befragten als für sich „sehr zutreffend" genannt werden, lassen sich grob in folgende Bereiche ordnen (unter jedem Bereich die jeweiligen Einzelprobleme mit ihrer Listen-Nr. sowie dem Prozentsatz der „sehr zutreffend"-Antworten; vgl. Abb. 5.13-3):

- *Zugang zu und Verfügbarkeit von Computern*[13]:
  - fehlender Zugang zu oder mangelhafte Ausstattung mit Computern (Nr. 17: 59.8%)
  - Nicht-Zulassung eigener Computer durch die Anstaltsleitung (Nr. 18: 68.5%)
  - mangelhafte Ausstattung mit Computer-Software (Nr. 19: 58.2 %)

  Anmerkung zur PC-Nutzung: Die Problematik wurde oben (Abschn. 2.5) bereits umschrieben: Einerseits ist die PC-Nutzung für das Studium sehr hilfreich und in manchen Fächern (z.B. Mathematik, Informatik oder Wirtschaftswissenschaften) schon fast unabdingbar. Andererseits erschwert die PC-Nutzung die aus Sicherheitsgründen von den Anstalten für notwendig gehaltene Kontrolle von Informationsflüssen. In den Justizvollzugsanstalten Geldern, Hannover und Freiburg hat man hier Möglichkeiten gefunden, die den Sicherheitsbedenken Rechnung tragen (s.o.: Abschn. 2.3). Von der Möglichkeit der PC-Nutzung durch Inhaftierte berichten auch mehrere Fernlehreinrichtungen im Ausland (Näheres s.u. Kap. 7).

  Die FernUniversität sollte bei den Justizministerien und/oder den Anstaltsleitungen um mehr Verständnis für die Bedeutung der PC-Nutzung für ein erfolgreiches Studium werben und darauf drängen, daß den Gefangenen die Nutzung von PCs ermöglicht wird. Unter bestimmten Bedingungen (z.B. Anfertigung einer Examensarbeit, Studium bestimmter Fächer o.ä.) sollte den Studierenden von der FernUniversität bescheinigt werden, daß die Nutzung eigener PCs für das Studium notwendig ist.

- fehlender Zugang zu Telekommunikationseinrichtungen; keine 'electronic mail' möglich[14] (Nr. 20: 84.4 %).

  Anmerkung zur Telekommunikation: Die Nutzung von PCs (in Verbindung mit dem Telefon) für die Kommunikation zwischen der FernUniversität und den Studierenden gewinnt zunehmend an Bedeutung. *E-mail* und *'Computerconferencing'* wären an sich hervorragende Möglichkeiten, auch inhaftierte Studierende in den akademischen Diskurs miteinzubeziehen; so plädiert Richardson (1989), die sich mit 'open learning in prison' in England und Wales beschäftigt hat, für den Einsatz der neuen Informations- und Kommunikationstechnologien (IuK) beim offenen Lernen im Strafvollzug und für den Aufbau eines vollständigen 'open learning'-Netzwerkes (s. dazu unten: Abschn. 8.2). Der IuK-Nutzung stehen jedoch bisher Sicherheitsbedenken seitens der Anstaltsleitungen und Justizverwaltungen gegenüber[15].

---

[13] Zur PC-Nutzung vgl. oben: Abschn. 2.5.
[14] Der Aspekt des fehlenden Zugangs zu Telekommunikationseinrichtungen ließe sich auch unten bei „mangelndem Kontakt" anführen.
[15] Der § 23 des Strafvollzugsgesetzes („Der Gefangene hat das Recht, mit Personen außerhalb der Anstalt im Rahmen der Vorschriften dieses Gesetzes zu verkehren. Der Verkehr mit Personen außerhalb der Anstalt ist zu fördern.") scheint also nicht oder nur bedingt auf den Bereich der Telekommunikation angewendet zu werden.

Teil C

Abb. 5.13-3

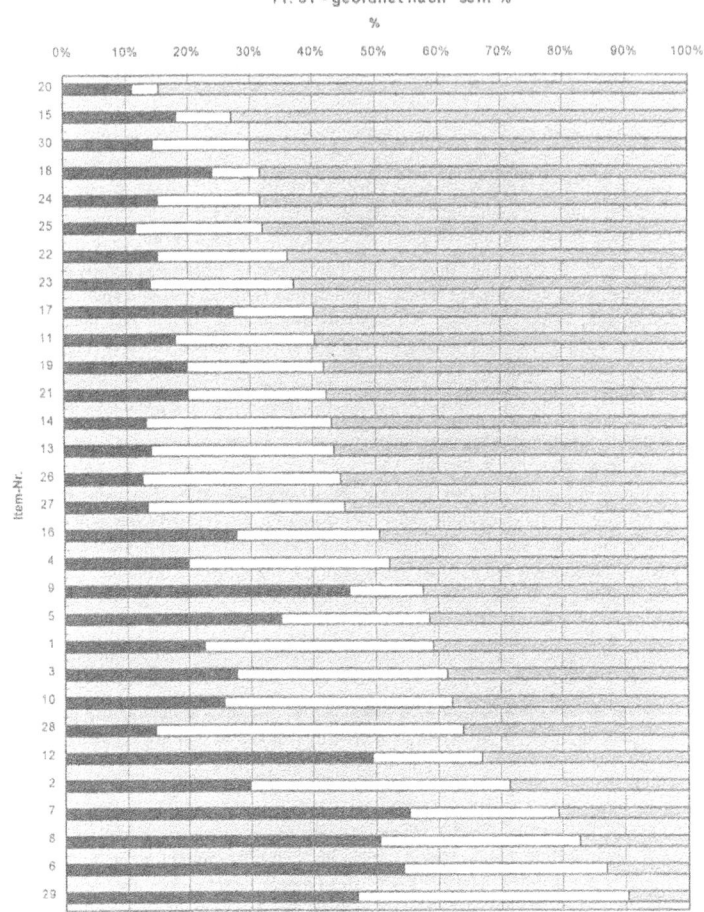

Item-Nr / Problem (abgekürzt):
(1) Lärmbelästigungen
(2) Störungen beim Lernen
(3) unzureichender Arbeitsplatz ...
(4) Unterbringung des Arbeitsmaterials
(5) Nicht-Zulassung v. Lehr-/Hilfsmitteln
(6) verzögerte Aushändig. d. Materialien
(7) Nicht-Weitergabe von ... Paketen
(8) zu hohe Kosten d. Fernstudiums
(9) keine Entbindung von Arbeitspflicht
(10) Isolation beim Lernen
(11) keine Möglichkeit zur Gruppenarbeit

(12) behinderte Zus.-arbeit mit and. Stud. in JVA
(13) fehlende / zu seltene Fachberatung
(14) mangelnder Kontakt zu FB
(15) keine Teilnahme an Präsenzphasen
(16) kein Medienzugang od. mangelh. Ausstattung
(17) kein Zugang zu PC od. mangelh. Ausstattung
(18) Nicht-Zulassung eigener Computer
(19) mangelhafte Software Ausstattung
(20) kein Zugang zu Telekommunikation
(21) unzureichende Kopiermöglichkeiten

(22) Lit. in Stud.-briefen nicht verfügbar
(23) keine weiterführende Literatur
(24) keine Handbibliothek mit Fachlit.
(25) keine Möglichk. zur Biblio.-Nutzung
(26) Verzögerungen bei Fernleihe
(27) Kosten für weiterf. Studienliteratur
(28) Lit. über Fernleihe nicht zu beschaffen
(29) Einsendeaufg. u. Klausuren zu schwierig
(30) JVA über Fernstudium zu wenig informiert

5. Befragung inhaftierter Studierender an der FernUniversität

- *Literaturversorgung / -beschaffung sowie Kopiermöglichkeiten:*
  - Nicht-Verfügbarkeit der in den Studienbriefen angegebenen Literatur oder Probleme bei ihrer Beschaffung (Nr. 22: 64.1%)
  - unzureichende Versorgung mit weiterführender Literatur (Nr. 23: 63.0 %)
  - keine Handbibliothek mit Fachliteratur vorhanden (Nr. 24: 68.5 %)
  - fehlende Möglichkeit zur Nutzung von Fachbibliotheken (Nr. 25: 68.1 %)
  - zu lange Zeitverzögerungen bei der Literaturbeschaffung über Fernleihe (Nr. 26: 55.7 %)
  - zu hohe Kosten bei der Beschaffung weiterführender Studienliteratur (Nr. 27: 55.1 %)
  - fehlende oder unzureichende Kopiermöglichkeiten (Nr. 21: 57.8%). - Dieser Aspekt wurde hier deswegen unter Literaturbeschaffung /-versorgung aufgenommen, da die Anlässe für das Kopieren zumeist die Studienliteratur betreffen (Kopien aus nur kurzfristig ausleihbaren Büchern o.ä.).

Zur Literaturversorgung: Auch Suckau (1983a) berichtet aus der Umfrage des AStA, daß 18 der 25 befragten Studierenden beklagten, daß die in den Kursen angegebene Fachliteratur für sie nicht verfügbar sei. Die Ursachen für die Probleme bei der Literaturbeschaffung lagen nach Einschätzung der Befragten bei internen Schwierigkeiten der JVA sowie bei den Kosten. Und von den Befragten, die Erfahrungen mit der Fernleihe gemacht hatten, berichteten 10 von negativen und nur 5 von positiven Erfahrungen; auch wurde bemängelt, daß die Ausleihe zu lange dauert und daß nicht alle Bücher verfügbar seien.

- *Kontakte und Betreuung:*
  - keine Möglichkeit zur Teilnahme an Präsenzphasen oder Seminaren (Nr. 15: 73.1 %)
  - keine Möglichkeit zur Gruppenarbeit (Nr. 11: 59.6 %)
  - fehlende oder zu seltene Fachberatung (Nr. 13: 56.5 %)
  - mangelnder Kontakt zu den Fachbereichen (Nr. 14: 57.1 %)

- *mangelnde Informiertheit der JVA über das Fernstudium:*
  - Die Anstaltsleitung und das -personal sind zu wenig über das Fernstudium informiert (Nr. 30: 70.0 %)

Die drei Probleme, die von jeweils einer Mehrheit der Befragten als für sie „nicht zutreffend" bezeichnet werden, sind:

- Verzögerungen bei der Aushändigung der per Post eingehenden Studienmaterialien (Nr. 6: 54.3 % „nicht zutreffend")
- Verweigerung der Annahme oder der Weitergabe von eingehenden Paketen durch das Anstaltspersonal (Nr. 7: 55.4 %)
- zu hohe Kosten des Fernstudiums insgesamt (Nr. 8: 50.6 %)

Aber auch diese drei zuletzt genannten Aspekte, die von der Mehrheit als weniger problematisch betrachtet werden, bezeichnen Sachverhalte, die zumindest von einigen durchaus als belastend oder studienerschwerend eingeschätzt werden. So war bei Fr. 49 oben schon darauf hingewiesen worden, daß die Kosten für das Fernstudium - obwohl für die Mehrheit kein Problem - sehr wohl von einigen als eine schwere Belastung empfunden werden. Und mehrere Befragte berichten, daß ihnen die Pakete mit den Studienmaterialien nicht oder nur verzögert ausgehändigt worden seien.

Dies bestätigt auch das Logistikzentrum der FernUniversität; der Versand hat einem der Verfasser - allein in der Zeit von Oktober 1995 bis März 1996 - 8 Versandprotokolle mit dem Vermerk „Annahme verweigert" oder „nicht genehmigt" übermittelt - mit der Bitte um Intervention bei der jeweils entsprechenden JVA; in 6 Fällen konnte die Zusendung dann erfolgreich durchgeführt werden.

Hingewiesen sei noch auf die Einschätzungen der Befragten zu den Klausur- und Prüfungsbedingungen: Während Suckau (1983a) aus der AStA-Umfrage berichtet, daß bei den Befragten mit entsprechenden Erfahrungen die negativen Urteile (i.S. von „bedrückend", „zu schwer" oder „zu wenig Zeit") überwogen, erscheint die diesbezügliche Einschätzung der Befragten in vorliegender Untersuchung weniger negativ: Zwar bezeichnet ungefähr die Hälfte der Befragten die zu große Schwierigkeit der Einsendeaufgaben oder Klausuren als ein für sie etwas oder sehr zutreffendes Problem (Fr. 51, Unterfrage 29); eine sehr große Mehrheit aller Befragten äußert sich aber „etwas oder sehr zufrieden" mit den Klausur- und Prüfungsbedingungen sowie den Leistungsbewertungen (Fr. 49, Unterfragen 26 bis 28). Die vorstehenden Aussagen beziehen sich auf alle Befragten - unabhängig von ihrer Klausur- oder Prüfungserfahrung; sie gelten in der Tendenz jedoch auch, wenn man die Analyse auf jene befragten Voll- und Teilzeitstudierenden beschränkt, die zumindest Klausurerfahrungen haben (vgl. Tab. 5.13-6).

Tab. 5.13-6: Einschätzungen zur Zufriedenheit mit oder Probleme mit Klausuren oder Prüfungen für Voll- und Teilzeitstudierende mit Klausurerfahrungen
Die der Fragen-Nr. nachgestellte mit „u" beginnende Ziffer bezieht sich auf die Nummer der jeweiligen Unterfrage. - Bei der Frage 49 war nach der Zufriedenheit und bei der Frage 51 nach dem Grad des Zutreffens des Problems für den Befragten gefragt.

Fr.-Nr		nicht	etwas	sehr	k.A.
49 u. 26	Klausurbedingungen	4	6	14	0
49 u. 27	Prüfungsbedingungen	4	7	10	3
49 u. 28	Leistungsbewertung	2	13	9	0
51 u. 29	Einsendeaufgaben und Klausuren zu schwierig	12	11	0	1

Unterschiede zwischen Voll- und Teilzeitstudierenden und Gasthörern bei der Einschätzung der Probleme: Man kann bei Fr. 51 ähnlich wie bei Fr. 49 vermuten, daß die Antworten vom Hörerstatus beeinflußt werden bzw. daß Voll- und Teilzeitstudierende die Probleme anders als die Gasthörer einschätzen. Tab. 5.13-5 (s.o.) enthält daher zusätzlich zu den Ergebnissen für alle Befragten die getrennten Antworthäufigkeiten für die Gruppe der Voll- und Teilzeitstudierenden einerseits und die Gasthörer andererseits.

Wie aus Tab. 5.13-5 ersichtlich ist, unterscheiden sich die (relativen) Antworthäufigkeiten bei den meisten Problembereichen zwischen den beiden Gruppen nur relativ wenig. Ähnlich wie oben bei Fr. 49 zur Zufriedenheit wurde die Antwortskala dichotomisiert (in „nicht zutreffend" und „etwas oder sehr zutreffend") und zu dem Hörerstatus („Voll- oder Teilzeitstudierende" versus „Gasthörer") in Beziehung gesetzt. Im folgenden seien einige Aspekte aufgeführt, bei denen unterschiedliche Tendenzen bei beiden Gruppen zu verzeichnen sind (vgl. Abb. 5.13-4).
- Die Gasthörer (GH) bezeichnen im Vergleich zu den Voll- und Teilzeitstudierenden (VZ+TZ) die *Nicht-Entbindung von der Arbeitspflicht* (Nr. 9) in stärkerem Maße als ein für sie zutreffendes Problem (phi=-.34; p<.01); der Anteil der „etwas oder sehr zutreffend"-Antworten beträgt bei den Gasthörern über zwei Drittel (29 von 41), hingegen nur etwas über ein Drittel (14 von 38) bei den Voll- und Teilzeitstudierenden (vgl. oben: Fr. 28).

Bei folgenden Aspekten ist der Anteil derjenigen, die das jeweilige Problem als für sich als „etwas oder sehr zutreffend" bezeichnen, bei den Voll- und Teilzeitstudierenden (VZ+TZ) tendenziell höher als bei den Gasthörern (GH):
- *Fehlende oder zu seltene Fachberatung* (Nr. 13; phi=.19; p<.10; Anteil „etwas oder sehr zutreffend" bei VZ+TZ: 38 von 41 versus bei GH: 35 von 44);

5. Befragung inhaftierter Studierender an der FernUniversität

- *Mangelnder Kontakt zu den Fachbereichen* (Nr. 14; phi=.24; p<.05; Anteil „etwas oder sehr zutreffend" bei VZ+TZ: 39 von 41 versus bei GH: 34 von 43);
- *Keine Möglichkeit zur Teilnahme an Präsenzphasen* (Nr. 15; phi=.19; p<.10; Anteil „etwas oder sehr zutreffend" bei VZ+TZ: 38 von 42 versus bei GH: 33 von 43);
- *Fehlender Zugang zu Telekommunikationseinrichtungen* (Nr. 20; phi=.18; p<.10; Anteil „etwas oder sehr zutreffend" bei VZ+TZ: 38 von 40 versus bei GH: 36 von 43);
- *Zeitverzögerung bei der Literaturbeschaffung über Fernleihe* (Nr. 26; phi=.20; p<.10; Anteil „etwas oder sehr zutreffend" bei VZ+TZ: 34 von 36 versus bei GH: 31 von 38).

Unterschiede bei der Beurteilung der Fachberatung durch Befragte aus NW und aus anderen Bundesländern: Auch bei dieser Frage soll noch geprüft werden, ob es Unterschiede in der Einschätzung bezüglich der Fachbetreuung nach Bundesländern gibt. Da die mentorielle Betreuung in Nordrhein-Westfalen (NW) enger als in den übrigen Bundesländern ausgebaut ist, sollte die Unterfrage Nr. 13 „fehlende oder zu seltene Fachberatung" von Befragten aus NW tendenziell weniger als von Befragten aus den anderen Bundesländern als ein sie betreffendes Problem angekreuzt werden.

Tab. 5.13-7: Probleme mit mentorieller Betreuung (Fr. 51, Unterfrage 13: „fehlende oder zu seltene Fachberatung") - innerhalb und außerhalb von NW

	Problem zutreffend:			
	nicht	etwas	sehr	etw. + sehr
innerhalb NW	4	12	10	22
außerhalb NW	9	15	42	57

Wie ersichtlich, bestätigt sich diese Erwartung nur bedingt: Zwar ist der Anteil derer, die fehlende oder zu seltene Fachberatung als für sich „sehr zutreffendes" Problem ansehen, bei Befragten außerhalb von NW erwartungsgemäß wesentlich höher als bei den Befragten aus NW. Faßt man hingegen jeweils diejenigen zusammen, die das Problem als für sich „etwas oder sehr zutreffend" bezeichnen, gleichen sich die Anteile der vom Problem Betroffenen in beiden Gruppen (innerhalb bzw. außerhalb NW) weitgehend an (und es resultiert ein entsprechend niedriger Koeffizient: phi=.02).

Teil C

Abb. 5.13-4

Fr. 51 - VZ+TZ vs. GH

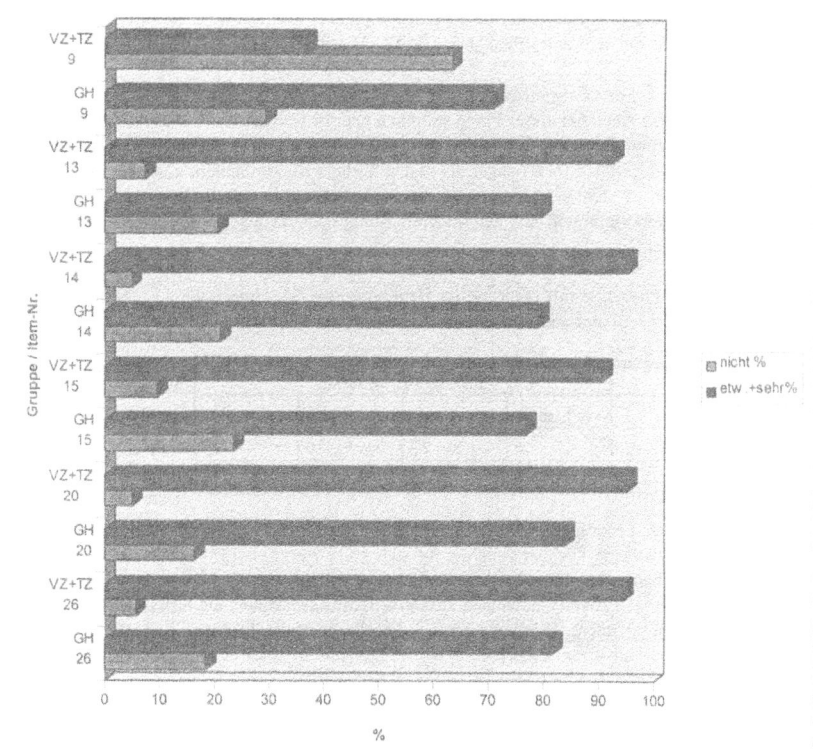

Item-Nr	Item-Text (abgekürzt)	Gruppe	nicht %	etw. + sehr %
9	keine Entbindung von Arbeitspflicht	VZ+TZ	63,2	36,8
9	keine Entbindung von Arbeitspflicht	GH	29,3	70,7
13	fehlende oder zu seltene Fachberatung	VZ+TZ	7,3	92,7
13	fehlende oder zu seltene Fachberatung	GH	20,5	79,5
14	mangelnder Kontakt zu den Fachbereichen	VZ+TZ	4,9	95,1
14	mangelnder Kontakt zu den Fachbereichen	GH	20,9	79,1
15	keine Teilnahme an Präsenzphasen	VZ+TZ	9,5	90,5
15	keine Teilnahme an Präsenzphasen	GH	23,3	76,7
20	fehlender Zugang zu Telekommunikation	VZ+TZ	5,0	95,0
20	fehlender Zugang zu Telekommunikation	GH	16,3	83,7
26	zu lange Zeitverzögerungen bei Fernleihe	VZ+TZ	5,6	94,4
26	zu lange Zeitverzögerungen bei Fernleihe	GH	18,4	81,6

5. Befragung inhaftierter Studierender an der FernUniversität

JVA Geldern: Die Darstellung der Ergebnisse zu NW seien ergänzt durch Teilergebnisse zu den Antworten der Befragten aus der JVA Geldern:

Nr.		Problem zutreffend:			
		nicht	etwas	sehr	k.A.
(10)	Isolation beim Lernen	4	8	2	1
(11)	keine Möglichkeit zur Gruppenarbeit	5	5	3	2
(13)	fehlende oder zu seltene Fachberatung	2	8	4	1

Trotz der günstigen äußeren Rahmenbedingungen im Studienzentrum der JVA Geldern bezeichnet jeweils eine Mehrheit „Isolation beim Lernen" und „fehlende oder zu seltene Fachberatung" als ein Problem, das für sie „etwas zutreffend" sei; und immerhin nur 5 der Befragten sind der Meinung, daß mangelnde Möglichkeiten zur Gruppenarbeit ein für sie nicht zutreffendes Problem seien.

Die Befragten hatten bei dieser Frage (Fr. 51) auch die Möglichkeit, von sich aus weitere Probleme zu benennen. 28 Befragte machten insgesamt von dieser Möglichkeit Gebrauch. Die hierzu gemachten Angaben werden unten (zusammen mit den Antworten zu anderen offenen Fragen) nach Kategorien geordnet zusammenfassend dargestellt werden, wobei wegen des hohen Anteils sehr spezifisch-individueller Antworten auf eine quantitative Analyse oder gar auf eine Differenzierung nach dem Hörerstatus verzichtet wird.

Bereiche, bei denen die FernUniversität zu wenig Rücksicht auf die besondere Studiensituation ihrer inhaftierten Studierenden nimmt (Fr. 52):

In Frage 52 wurden die Befragten gebeten, aus einer Reihe von Bereichen die auszuwählen, bei denen die FernUniversität ihrer Ansicht nach zu wenig Rücksicht auf die besondere Studiensituation ihrer inhaftierten Studierenden nimmt. (Die Befragten konnten hier Mehrfachnennungen vornehmen.)

Die folgende Tabelle 5.13-8 enthält die Anzahl der Nennungen pro Kategorie (f) sowie die Prozentsätze (%) - bezogen auf die Gesamtanzahl der Nennungen bei dieser Frage. Da hier Unterschiede je nach Hörerstatus vermutet werden können, enthält die Tabelle wieder die Ergebnisse sowohl für die Gesamtgruppe als auch getrennt einerseits für die Voll- und Teilzeitstudierenden und andererseits für die Gasthörer.

Teil C

Tab. 5.13-8: Bereiche, bei denen die FernUniversität nicht hinreichend Rücksicht auf die besondere Studiensituation ihrer inhaftierten Studenten nimmt (Fr. 52)
Häufigkeiten (f) und Prozentsatz (%) - bezogen auf die Anzahl der Nennungen bei dieser Frage. Spalten: (1): lfd. Nr.; (2): Bereich; (3): Anzahl der Nennungen für die Gesamtgruppe (N=95); (4): Prozentsatz - bezogen auf alle 170 Nennungen - für die Gesamtgruppe; (5): Anzahl der Nennungen für die Voll- und Teilzeitstudierenden (N=42); (6): Prozentsatz - bezogen auf alle 95 Nennungen - für die Voll- und Teilzeitstudierenden; (7): Anzahl der Nennungen für die Gasthörer (N=45); (8): Prozentsatz - bezogen auf alle 66 Nennungen - für die Gasthörer

(1) Nr.	(2) Bereich	(3) Gesamt f	(4) Gesamt %	(5) VZ+TZ f	(6) VZ+TZ %	(7) GH f	(8) GH %
1	bei der Betreuung durch die Mentoren ...	42	24.7	22	23.2	19	28.8
2	bei der Kursbetreuung durch die Kursbetreuer ...	33	19.4	17	17.9	13	19.7
3	bei den Einsendeaufgaben	14	8.2	6	6.3	7	10.6
4	bei den Semesterabschlußklausuren	14	8.2	9	9.5	4	6.1
5	bei den Prüfungsbedingungen	10	5.9	7	7.4	3	4.5
6	bei der Anfertigung von Semesterarbeiten	4	2.4	3	3.2	1	1.5
7	bei der Anfertigung von Examensarbeiten	4	2.4	3	3.2	1	1.5
8	bei Literaturrecherchen	24	14.1	14	14.7	8	12.1
9	Sonstiges	25	14.7	14	14.7	10	15.2

Wie aus der Tabelle ersichtlich, unterscheiden sich die Ergebnisse für die Gesamtgruppe in der Rangfolge nur relativ wenig von den Ergebnissen für die nach dem Hörerstatus gebildeten Gruppen.

Die größte Anzahl der Nennungen entfällt jeweils auf die Mentorenbetreuung. In der Gesamtgruppe wie in den Teilgruppen betreffen jeweils rund ein Viertel aller Nennungen diesen Bereich. Die zweitgrößte Anzahl der Nennungen entfällt auf die Kursbetreuung. Höhere Anteile von Nennungen betreffen jeweils auch den Bereich „Literaturrecherchen".

Demgegenüber vergleichsweise geringe Häufigkeiten von Nennungen finden sich bei den verschiedenen Kategorien des Prüfungswesens (Einsendeaufgaben, Klausuren, Semester- und Examensarbeiten, Prüfungen). Bei diesen relativ wenigen Nennungen dieser Bereiche auch bei der Gruppe der Voll- oder -Teilzeitstudierenden muß berücksichtigt werden, daß auch unter den Voll- oder Teilzeitstudierenden diejenigen mit geringer Semesterzahl überwiegen (vgl. oben: Fr. 26), so daß nur wenig Gelegenheit bestand, entsprechende Erfahrungen in diesen Bereichen zu sammeln.

Auch beim Fragenblock 52 hatten die Befragten die Möglichkeit, von sich aus Bereiche zu nennen, bei denen die FernUniversität mehr Rücksicht auf die Situation der inhaftierten Studierenden nehmen sollte. 25 Befragte machten von dieser Möglichkeit Gebrauch. Die Antworten dazu werden unten - zusammen mit den Antworten auf andere offene Fragen - zusammenfassend dargestellt.

- Bereiche, bei denen die FernUniversität etwas ändern oder verbessern sollte (Fr. 53):

Fr. 53 schließt unmittelbar an Frage 52 an. Die Befragten wurden hier aufgefordert, in freier Form Vorschläge dazu zu formulieren, was die FernUniversität ändern oder verbessern sollte, um die Studiensituation ihrer inhaftierten Studierenden zu erleichtern. 55 der 95 Befragten machten von dieser Möglichkeit Gebrauch.

Um den Befragten die Antwort zu erleichtern, war ihnen ein grobes Schema vorskizziert, wo sie jeweils links einen Bereich nennen konnten und jeweils rechts daneben ihren Änderungsbzw. Verbesserungsvorschlag in Stichworten skizzieren konnten. Die Befragten haben sich nur teilweise an dieses vorskizzierte Antwortschema gehalten und diese Frage überwiegend dazu genutzt, ihre Sorgen und Probleme mit dem Studium zu formulieren. Die hier bei dieser Frage vorgebrachten Schwierigkeiten und Beschwerden betreffen auch keineswegs nur - wie in der Fragestellung formuliert - Bereiche, die in die Zuständigkeit der FernUniversität fallen; zumindest einige der vorgebrachten Beschwerden beziehen sich auf besondere Aspekte der Haftsituation, auf die die FernUniversität keinerlei oder nur geringen Einfluß hat.

Auch bei den Antworten zu dieser offenen Frage wurde auf eine quantitative Analyse der Antworten verzichtet; da sich die Antworten bei dieser Frage (bzw. die von den Befragten angesprochenen Problembereiche) mit jenen zu den anderen offenen Fragen (Fr. 51, 52 und 60b) mehr oder weniger stark überschneiden und damit Wiederholungen unvermeidlich wären, werden sie unten zusammenfassend dargestellt.

Anlässe und Gründe für den Gedanken an Studienabbruch und Gründe für die Fortsetzung des Studiums (Fr. 54):

Rund ein Viertel (25 von 92 bzw. 27.2%) der antwortenden Befragten hat schon einmal daran gedacht, daß Fernstudium wieder abzubrechen. Bei der offenen Nachfrage nach den Gründen oder Anlässen für solche Studienabbruchs-Gedanken werden von insgesamt 24 Befragten u.a. genannt:

(1) *Studium zu anspruchsvoll*: z.B. Angst, das Studium nicht zu schaffen; Nicht-Bestehen oder schlechtes Abschneiden bei einer Klausur.

(2) *Persönliche Gründe*: Versagensängste (s.o.); Haft-bedingte Depression; Tod der Eltern; eine noch nicht abgeschlossene Therapie.

(3) *Schwierigkeiten / Schikanen seitens der JVA:*
- Nicht-Weitergabe des Studienmaterials oder Rücksendung an die FernUniversität; Wegnahme des Materials.
- Ständige Störungen durch die Vollzugsbeamten; nicht-geheizte Hafträume.
- Keine Freistellung von der Arbeitspflicht: Doppelbelastung durch Arbeit und Studium.

(4) Mangelnde Betreuung / Isolation:
- Fehlende Hilfe bei Verständnisproblemen.
- Nicht-Beantwortung oder verspätete / unvollständige Beantwortung von Anfragen.
- Keine Möglichkeit zur Teilnahme an Praktika / Seminaren.

(5) *Mängel bei Literatur und Arbeitsmaterialien*: Unmöglichkeit, weitergehende Literatur zu beschaffen; kein Zugang zu Computern oder Nicht-Zulassung privater PCs.

(6) *Gebühren / Kosten*: Insgesamt zu hohe Kosten; Lehrtexte, zu denen man sich teure Basistexte dazukaufen muß.

In einem Fall wurde an Aufgabe des Fernstudiums gedacht, als sich durch den Wechsel in den offenen Vollzug die Möglichkeit zur Weiterführung des Studiums an einer Präsenzuniversität eröffnete.

Zusätzlich wurde gefragt, was die Betroffenen dazu bewogen hat, das Studium - trotz aller Schwierigkeiten und Probleme - fortzusetzen; von den Befragten genannte Gründe dafür, das Studium dennoch fortzusetzen, sind u.a.:

(1) *Persönliche Gründe*:
- Wille, sich nicht durch die Haft und die widrigen Bedingungen „kaputt machen zu lassen" und das Studienziel trotz aller Schwierigkeiten zu erreichen.
- Um die Haft - trotz aller Widrigkeiten - sinnvoll nutzen zu können. (Das Fernstudium wird als einzige Möglichkeit gesehen, wie man die Haft sinnvoll nutzen kann.)
- Fernstudium als Mittel, gegen die „geistige Leere" des Gefängnisalltags anzugehen.

Teil C

(2) *Zukunftsperspektive*:
- Vorbereitung auf die Entlassung; Weiterbildung mit Blick auf die Zeit nach der Entlassung; Verbesserung der Berufsaussichten für die Zeit nach der Haft.
- Aussicht, das Studium nach der Entlassung an einer Präsenzuniversität fortsetzen zu können.

(3) *Einfluß Dritter bzw. Rücksicht auf andere*: Der/die Partner/in bestärkte zum Weiterstudieren. Fortsetzung des Studiums mit Rücksicht auf die Familie: "Das bin ich meiner Familie schuldig".

In einem Fall erleichterte die Verlegung in eine andere JVA die Fortsetzung des Studiums.

Die obigen Antworten zu der offenen Nachfrage nach Gründen für einen eventuellen Studienabbruch überschneiden sich z.T. mit den im folgenden geschilderten Anworten zu anderen offenen Fragen.

- *Antworten auf offene Fragen nach Problemen und negativen Aspekten (Fr. 51, 52, 53 und 60):*

Die Befragten hatten bei den Fragen 51, 52, 53 und 60 die Möglichkeit, von sich aus Probleme oder negative bzw. verbesserungsbedürftige Aspekte zu benennen.

Bei Frage 51 war nach Problemen beim Studium gefragt worden. Bei Frage 52 sollten die Befragten Bereiche nennen, bei denen die FernUniversität zuwenig Rücksicht auf die besondere Studiensituation der inhaftierten Studierenden nimmt. Bei Frage 53 wurden Vorschläge dazu erbeten, was die FernUniversität zur Verbesserung der Studiensituation vordringlich unternehmen sollte. Und bei Frage 60 sollten (neben positiven Aspekten) negative Aspekte des Fernstudiums aufgeführt werden.

Es wird hier nicht versucht, die freien Antworten einer quantitativen Analyse zu unterziehen; stattdessen werden die Antworten nur nach größeren Themenbereichen geordnet. Da sich die Anworten zu diesen Fragen zudem in hohem Maße überschneiden, sollen sie hier nur zusammenfassend aufgeführt werden (zu einer detaillierteren Wiedergabe der Antworten zu den offenen Fragen s. Ommerborn & Schuemer 1996, Abschn. 5.13):

(1) Isolation beim Lernen:
„Isolation beim Lernen" rangiert zwar in der oben (bei Fr. 51) skizzierten Rangfolge der Probleme nach dem Anteil der „sehr zutreffend"-Urteile eher nur im Mittelfeld (38% „sehr"- und 37% „etwas zutreffend"-Antworten), wird aber von einigen Befragten als ein sie sehr belastendes Problem genannt. (Auch Suckau 1983a hatte aus der Umfrage des AStA berichtet, daß rund die Hälfte der Befragten in ihren Anmerkungen zur Studiensituation die Isolation bemängelten.)
Hier nun einige typische Antworten zu diesem Bereich auf die offenen (Nach-) Fragen 51, 52, 53 und 60:
- Man kann mit niemandem über die Studieninhalte reden; fehlende Gespräche und Diskussionen, zu wenig Dialog; fehlende Möglichkeit, Gelerntes mit anderen zu erproben und so bestätigt zu bekommen.
- Es gibt kaum Möglichkeit zur Zusammenarbeit mit Kommilitonen desselben Fachs (innerhalb und außerhalb der JVA). Die FernUniversität sollte den Gefangenen (bundesweite) Listen der inhaftierten Studierenden zur Verfügung stellen, um so Kontakte der studierenden Gefangenen untereinander zu ermöglichen. Inhaftierte Studierende sollten in stärkerem Maße zusammengelegt werden.
- Es sollte auch mehr Möglichkeiten zu Kontakten zu anderen Studenten außerhalb der JVA geben.
- Keine Möglichkeit zum Besuch eines Studienzentrums oder zur Teilnahme an Präsenzveranstaltungen. Zu letzteren einige ergänzende Aussagen:
  - Es sollte Studientage und Präsenzveranstaltungen möglichst auch in der JVA geben.

5. Befragung inhaftierter Studierender an der FernUniversität

- Termine für Präsenzveranstaltungen sollten so rechtzeitig mitgeteilt werden, daß die Gefangenen noch die Möglichkeit haben, sich an Verwandte oder Freunde wegen des benötigten Geldes zu wenden. (Letzteres ist oft nur brieflich möglich.)
- Inhaftierte Studierende, die nicht an Präsenzveranstaltungen teilnehmen können, sollten wenigstens die schriftlichen Arbeitsunterlagen zugeschickt bekommen.

(2) Mangelnde Betreuung:
- fehlende oder zu geringe fachliche Betreuung - sei es durch die FernUniversität (Studienzentrum, Mentoren, Kursbetreuer) oder sei es durch die JVA (Pädagogischer Dienst); man ist zu sehr auf sich allein gestellt. Die Betreuung durch die JVA und/oder die FernUniversität sollte verbessert werden.
- Fehlender Kontakt zu den Fachdozenten. Auch die Dozenten und Kursbetreuer aus Hagen sollten gelegentlich die JVA besuchen.
- Die Kontaktaufnahme mit den zuständigen Stellen der FernUniversität ist zu schwierig und zu aufwendig. Es sollten Anschriften und Telefonnummern von Ansprechpartnern für Probleme zur Verfügung gestellt werden (nicht zuletzt zur Erleichterung von Anrufen bei der jeweils zuständigen Stelle der FernUniversität).
- Die Kommunikation zwischen Gefangenen und der FernUniversität könnte durch *e-mail* verbessert werden. Die Anstaltspädagogen könnten dabei als *e-mail*-Adresse fungieren.
- Nicht-Bearbeitung oder verspätete und unvollständige Beantwortung von Anfragen.
- Es ist mehr persönliche Beratung und Betreuung nötig. Die Betreuung sollte auch das Ziel haben, den Inhaftierten moralischen und seelischen Beistand zu liefern.
- Eine fachliche Beratung fehlt weitgehend. Es ist mehr mentorielle Betreuung notwendig und diese sollte möglichst frühzeitig einsetzen. Inbesondere bei Studienbeginn sowie bei der Klausurvorbereitung ist mehr mentorielle Betreuung notwendig.
- Kursbetreuer und Mentoren sollten mehr Rücksicht auf die besondere Studiensituation der Inhaftierten nehmen.

(3) Literaturversorgung:
- Weiterführende Fachliteratur fehlt oder ist nicht zu beschaffen; eine Fernleihe von Büchern aus der FernUni-Bibliothek ist von der JVA aus nicht möglich.
- Die Fernleihe ist zu langsam und zu umständlich; das Fernleihverfahren sollte einfacher gestaltet werden.
- Fernleihe ist zu teuer. Die FernUniversität sollte möglichst das Rückporto bei der Fernleihe übernehmen.

(4) Kosten / Gebühren:
- Die Gebühren sind insgesamt zu hoch; inhaftierte Studierende sollten eine Gebührenbefreiung erhalten.
- Die Kosten für das Studienmaterial sowie die zusätzlichen Ausgaben für Bücher oder zusätzliche Medien wie Software, CBT oder Videos sind zu hoch. Es fehlt Geld zur Anschaffung von Büchern oder Arbeitsmaterial.
- Die Kosten bei der Fernleihe (s.o.).
- Dünne Lehrtexte, zu denen man sich teure Basistexte dazukaufen muß.
- Die Kontakte zur FernUniversität sind zu teuer (Porti; Telefongebühren).
- Die Portokosten für die Einsendeaufgaben sind zu hoch.[16]

Anmerkung zu den Kosten und Gebühren: Oben bei Fr. 49 und 51 war darauf hingewiesen worden, daß die Mehrzahl der Befragten mit den Kosten des Fernstudiums zufrieden ist bzw. darin kein für sie zutreffendes Problem sieht. Eine nicht unbeträchtliche Minderheit sieht dies jedoch offensichtlich anders. Gründe für diese abweichende Einschätzung mögen die unterschiedliche Unterstützung (etwa auch finanzieller Art) der Betroffenen, uneinheitliche Regelungen für Ausbildungsbeihilfen sowie die unterschiedliche Inanspruchnahme der Gebührenbefreiung sein. Die FernUniversität sollte in ihren

---

[16] Zumindest in einer der JVAs besteht die Regelung, daß das Porto für Einsendearbeiten von der JVA getragen wird.

Informationsmaterialien vielleicht deutlicher und gezielter darauf hinweisen, daß es für inhaftierte Studierende die Möglichkeit der Gebührenbefreiung gibt.

(5) *Prüfungswesen: Einsendeaufgaben, Klausuren, Prüfungen*:
- Das Studium sollte insgesamt leichter sein; die Einsendeaufgaben und Prüfungen sind zu schwer.
- Die Zeit für die Bearbeitung der Einsendeaufgaben ist zu knapp. Insbesondere wird keine Rücksicht darauf genommen, daß die Inhaftierten kaum Kontrolle darüber haben, wann ihre Arbeiten durch die JVA dann auch tatsächlich abgesandt werden. Ein Befragter schlug vor, daß der Pädagogische Dienst die Abgabe der Einsendearbeit bescheinigen soll und daß das Datum der Abgabe beim Pädagogischen Dienst von der FernUniversität künftig als gültiger Abgabetermin akzeptiert wird. (Eine entsprechende Regelung gilt bereits in den Studienzentren: Die Studierenden können dort am letzten Tag terminierte Einsendearbeiten abgeben, wobei dann der dortige Eingangsstempel anerkannt wird.)
- Die Einsendeaufgaben und Klausuren sollten schneller korrigiert und ausführlicher kommentiert werden. Es gibt zu wenig kommentierende Rückmeldungen zum jeweils Nicht-Verstandenen bzw. zu gemachten Fehlern. Die Handschrift der Korrektoren ist oft schlecht lesbar.
- Es sollten vor den Klausuren Musterklausuren zur Verfügung gestellt werden.
- Mündliche Prüfungen sollten - zur Vermeidung von „Verschubungen" - möglichst in der JVA stattfinden.
Hinweis: Für die Prüfungen in Hagen muß für Gefangene im geschlossenen Vollzug i.d.R. eine Verschubung in die JVA Hagen erfolgen[17]; dies kann u.U. eine Woche in Anspruch nehmen, bei der der Gefangene kaum Möglichkeit zur Prüfungsvorbereitung hat.

(6) Mangelhafte Medienausstattung, PC-Nutzung:
- Insgesamt eingeschränkte Informationsmöglichkeiten; keine Chance zur Nutzung üblicher Uni-Einrichtungen; schlechte Ausstattung mit technischen Hilfsmitteln.
- Keine oder nur eingeschränkte Möglichkeit, zu telefonieren.
- Es stehen keine PCs zur Verfügung; die Nutzung eigener PCs oder Videogeräte wird durch die JVA nicht gestattet.

Auf die Problematik der PC-Nutzung wurde bereits oben (Abschn. 2.5 und bei Fr. 51) eingegangen.

(7) Haftsituation sowie negative Haltung der JVA-Leitung oder -Mitarbeiter sowie der Mitgefangenen zum Fernstudium:
- Die Haftsituation und die damit verbundenen negativen Rahmenbedingungen erschweren generell ein erfolgreiches Fernstudium.
- Die monotone Haft-Umgebung beeinträchtigt die Motivation und die Leistungsfähigkeit.
- Häufige Verlegungen in andere Justizvollzugsanstalten erschweren ein kontinuierliches Studium.
- Man muß mit der JVA um jedes Hilfsmittel für das Studium, das draußen selbstverständlich ist, einen Kampf führen.
- Es treten oft Kollisionen zwischen den Anforderungen eines Fernstudiums und dem Sicherheitsdenken der JVA (z.B. bzgl. PC, Modem etc.) auf.
- Ständige Störungen durch die Vollzugsbeamten.
- Für das Fernstudium braucht man eine ruhige Einzelzelle; die gibt es aber nicht für alle inhaftierten Studierenden.

---

[17] In Einzelfällen sind Prüfer aus Hagen zur Abnahme der mündlichen Prüfung in die JVA gekommen. - Bei der Umfrage bei Fernlehreinrichtungen im Ausland gaben eine Reihe von Instituten an, zumindest die schriftlichen Prüfungen in den Haftanstalten durchzuführen, wobei in vielen Fällen das Personal der Haftanstalt als Aufsicht fungierte (Näheres s.u.: Abschn. 7.1).

5. Befragung inhaftierter Studierender an der FernUniversität

- Es erfolgt keine Freistellung von der Arbeitspflicht, woraus eine Doppelbelastung durch Arbeit(spflicht) und Studium und ein Mangel an Zeit für das Studium entsteht.
- Die Haltung der Anstaltsleitung und der Vollzugsbeamten zum Fernstudium bzw. den studierenden Gefangenen ist negativ. Keine Unterstützung des Fernstudiums durch die JVA. Benachteiligungen von Fernstudenten gegenüber Gefangenen in anderen Ausbildungsbereichen.
- Fernstudenten werden gegenüber anderen Gefangenen (z.b. solchen in anderen Ausbildungsbereichen) benachteiligt - bis hin zu Schikanen seitens der JVA.
- Nicht-Weitergabe des Studienmaterials oder Wegnahme des Materials.
- Das Studium weckt Neid beim JVA-Personal oder bei den nicht-studierenden Gefangenen.
- Negative Haltung der Mitgefangenen zum Fernstudium. Die Mitgefangenen sind neidisch (z.b. wegen der Freistellungsregelung oder wegen einiger Sonderregelungen für Studierende in einigen der JVAs). Die nicht-studierenden Mitgefangene üben psychischen Druck gegen die Studierenden aus.

(8) Mängel des Studienmaterials:
- Das Studienmaterial sollte verständlicher, stärker praxisorientiert und anschaulicher sein.
- Die Inhalte haben zu wenig Bezug zur Lebenssituation der (inhaftierten) Studenten und erscheinen daher oft absurd.

(9) Mangelnde Kommunikation und Kooperation zwischen FernUniversität und JVA:
- Die FernUniversität sollte die JVAs besser über das Fernstudium aufklären und über die dafür benötigten Hilfsmittel und Freistellungen informieren. Die FernUniversität sollte für mehr Verständnis für das Fernstudium und die studierenden Gefangenen werben.
- Die FernUniversität sollte sich grundsätzlich mit den JVAs über die Studienbedingungen der inhaftierten Fernstudenten auseinandersetzen.
- Die FernUniversität sollte mehr Einfluß auf die JVAs wegen der Freistellung von der Arbeitspflicht nehmen. Gefangenen mit ernsthafter Studienabsicht sollten Lockerungsbedingungen gewährt werden.
- Es sollte mehr Kooperation zwischen der FernUniversität bzw. den Studienzentren einerseits und der JVA andererseits geben.
- Die FernUniversität sollte intensivere Kontakte zu den Mitarbeitern des Pädagogischen Dienstes in den JVAs unterhalten, damit letztere die Studierenden besser beraten können.

- Besonders positive Aspekte des Fernstudiums (Fr. 60a):

Die befragten inhaftierten Studierenden brachten aber keineswegs nur Kritik vor, sondern wiesen auch auf positive Aspekte ihres Fernstudiums hin. Häufig sind es dieselben Befragten, die einerseits deutliche Kritik an bestimmten Aspekten ihres Fernstudiums artikulieren, sich andererseits aber insgesamt sehr positiv zu ihrem „Fernstudium in Haft" äußern.

In der abschließenden Frage 60 waren die Befragten gebeten worden, in freier Form aufgrund ihrer mit dem Fernstudium gemachten Erfahrungen jeweils das zu benennen, was für sie besonders gut und was für sie besonders schlecht am Fernstudium ist. 79 der Befragten äußerten sich zu der Frage nach den positiven Aspekten.[18] Als Vorteile des Fernstudiums werden von den Befragten genannt:

---

[18] 73 Befragte hatten sich zu den negativen Aspekten geäußert. Diese Antworten sind in der vorstehenden Schilderung von Problemen und Aspekten, die verbessert werden müßten, mit eingegangen.

a) Vorteile des Fernstudiums allgemein: freie Zeit-/Ortswahl
- Die Unabhängigkeit von Veranstaltungsterminen und -orten: keine Präsenzpflicht und insbesondere die freie Zeiteinteilung. Es entfallen die Wegezeiten für Fahrten zur Universität.
- Das Fernstudium ermöglicht eigenverantwortliches Lernen bzw. Autonomie beim Lernen.

b) Fernstudium macht Studium auch für Inhaftierte möglich
- Fernstudium ermöglicht auch Inhaftierten ein Studium und einen Ausbildungsabschluß. Fernstudium ist die einzige Möglichkeit, trotz Inhaftierung studieren zu können.
- Fernstudium hat generell den Vorteil, daß dadurch auch Berufstätige neben ihrem Beruf studieren können. Ähnliches gilt für Inhaftierte, die nicht von der Arbeitspflicht in der JVA befreit sind und dennoch auf diese Weise studieren können.

c) Fernstudium bietet gute Möglichkeiten für Weiterbildung und die Vertiefung von Kenntnissen
- Weiterbildung: Fernstudium ermöglicht es, sich weiterzubilden und den Horizont zu erweitern. Als Gasthörer hat man zudem freie Themenwahl.
- Berufliche Fortbildung: durch das Fernstudium können berufliche Kenntnisse und vorhandenes Wissen systematisiert und vertieft werden.
- Ein Fernstudium als Gasthörer an der FernUniversität ermöglicht auch Nicht-Abiturienten Bildungsmöglichkeiten in der Haft. (Dies gilt sogar für mittellose inhaftierte Studierende, da die ersten 10 Kurseinheiten gebührenfrei sind.)

d) Fernstudium bietet eine Chance, die Haft sinnvoll zu nutzen
Fernstudium kann dazu dienen, der Haft einen Sinn zu geben und die Haftzeit sinnvoll zu nutzen; zudem können sich dadurch die Perspektiven für die Zeit nach der Haft verbessern.

e) Chance, Haft besser ertragen zu können
- Das Fernstudium verleiht dem Leben einen neuen Sinn. Fernstudium trägt dazu bei, die Haft besser ertragen zu können (insbes. bei Einzelhaft oder Verwahrvollzug), und ermöglicht eine Ablenkung vom Knastalltag.
- Das Fernstudium verhindert eine geistige Verkümmerung und veranlaßt den Studierenden zu schärferem und kritischerem Denken.
- Das Fernstudium bewirkt, daß man ein Ziel hat, und gibt so psychischen Halt. Es motiviert und stachelt den Ehrgeiz an. Das Fernstudium legt einem einen wohltuenden Zwang auf, selbständig und diszipliniert zu arbeiten; der Tagesablauf wird so bewußter und sinnvoller gestaltet.
- Durch das Fernstudium wird man sich wieder der eigenen Qualitäten und Fähigkeiten bewußt, die durch den Vollzug eher „zerstört" werden. Es ermöglicht kleine Erfolgserlebnisse und trägt so zur Steigerung des Selbstwertgefühls bei. Zudem lernt man, eigene Fehler zu analysieren und zu verstehen.
- Das Jurastudium hilft, die juristische Seite der Haft besser zu verstehen, und stellt eine Hilfe beim „Kampf gegen rechtswidrige (Verwahr-) Vollzugspraktiken" dar.

f) Die Qualität des Fernstudienmaterials
Das schriftliche Studienmaterial wie auch das sonstige Medienangebot hat eine gute Qualität und ist gut verständlich. Der Lehrstoff ist übersichtlich; der Studienablauf ist transparent.

g) Betreuung
- Es erfolgt eine pünktliche Versorgung mit Studienmaterial.
- Einsendeaufgaben werden schnell bearbeitet; die Lernergebnisse sind durch die Selbstkontroll- und Einsendeaufgaben gut kontrollierbar.

- Eine gute Betreuung durch das Studienzentrum und eine schnelle Bearbeitung von Anfragen.
- Es wird für Studenten ohne eigenen Rechner ein Rechnerzugang ermöglicht. (Die Antwort stammt von einem Studierenden in der JVA Geldern, wo die Studierenden Zugang zu PCs haben.)

h) Weitere positive Aspekte des Fernstudiums. Als positive (Einzel-) Aspekte des Fernstudiums wurden zudem angeführt:
- der Umstand, daß man in der Haft genügend Zeit hat und sich als Inhaftierter auf das Studium konzentrieren kann, weil es kaum anderes Interessantes gibt;
- die Möglichkeit, sich vor der Entscheidung für ein Fachstudium erst einmal orientieren zu können (Orientierungsphase);
- die freie Wählbarkeit der Kurse und das Fehlen eines Prüfungszwanges;
- die Zur-Verfügung-Stellung nicht-zensierten Wissens;
- der besondere Status als Student in der JVA und
- die Förderung des Studiums durch die Anstaltsleitung.

Ein Befragter meinte, alles am Fernstudium sei gut, und nichts sei schlecht. Ein anderer meinte, ärgerlich sei nur, daß er nicht schon früher mit dem Fernstudium begonnen habe.

Teil D:

Ausländische Erfahrungen mit Fernstudium für Inhaftierte

(Institutionenerhebung)

6 Methodik der Institutionenerhebung

Die FernUniversität konnte bei der Entwicklung des Angebotes für ein „Fernstudium in Haft" zwar auf inländische Erfahrungen im Fernunterrichtsbereich, nicht hingegen im Bereich der universitären Ausbildung zurückgreifen. Daher ist es naheliegend, zu erkunden, welche Konzeptionen für ein „Fernstudium in Haft" von Fernlehreinrichtungen im Ausland entwickelt worden sind und welche Erfahrungen dabei gewonnen wurden - dies umso mehr, als zumindest einige dieser Einrichtungen sich schon vor Gründung der FernUniversität (1974) in diesem Bereich engagiert haben.

Da zudem die letzte größere internationale Erhebung, die sich mit Fernlehrangeboten für besondere Gruppen (darunter auch Strafgefangene) befaßt hat (Haffa & Kammerer 1987), bereits einige Jahre zurück liegt, wurde 1996/97 eine Erhebung bei (universitären wie nicht-universitären) Fernlehreinrichtungen im Ausland durchgeführt. Wir erhofften uns von dieser Erhebung (ähnlich wie von der Befragung inhaftierter Studierender der FernUniversität; s.o.: Kap. 4 und 5) Anregungen und Hinweise, wie das Angebot für inhaftierte Studierende der FernUniversität weiter verbessert werden kann.

6.1 Informationsquellen

Die Informationen zu den Erfahrungen mit einem Fernstudium für Inhaftierte im Ausland wurden i.w. aus folgenden Quellen gewonnen:
1. Analyse der einschlägigen Fachliteratur;
2. gezielte Anfrage bei einigen ausländischen Partnereinrichtungen der FernUniversität;
3. schriftliche Umfrage bei einer größeren Anzahl von Fernlehreinrichtungen;
4. Informationsmaterial der Einrichtungen und
5. Anfragen bei Justizministerien in Europa über den Einsatz von Fernlehre in Haftanstalten.

Zu 2. - 5. einige Anmerkungen:

In den letzten Jahren wurden verschiedene Einrichtungen, von denen bekannt war, daß sie sich im Bereich eines Fernstudiums für Inhaftierte engagiert hatten, gezielt angeschrieben und um Informationen über neuere Entwicklungen gebeten. Mit einigen dieser Einrichtungen (wie z.B. der britischen Open University und niederländischen Open universiteit) besteht seit längerem ein zwar informeller, aber intensiver Informationsaustausch zum Thema „Fernstudium für Inhaftierte", der durch gelegentliche Besuche bei diesen Einrichtungen vertieft wurde.

Solche informellen intensiven Kontakte können sich naturgemäß nur auf einige wenige Institutionen beschränken. Um Informationen über eine größere Anzahl von Fernlehreinrichtungen zu erhalten, mußte ein anderes Instrumentarium verwendet werden. Als Methode der Wahl bietet sich eine schriftliche Umfrage an (Näheres dazu s.u.: Abschn. 6.2).

Die bei der schriftlichen Befragung angeschriebenen Institutionen wurden zudem gebeten, dem ausgefüllten Fragebogen ergänzendes Informationsmaterial beizufügen. Von einigen Einrichtungen erhielten wir auf diese Weise neben allgemeinerem Material auch Broschüren zum Fernstudium für Inhaftierte.

Die Angaben der Fernlehreinrichtungen zu ihrer Praxis im Umgang mit inhaftierten Studierenden sollten möglichst durch Informationen der für Fragen der Ausbildung in Gefängnissen zuständigen Justizverwaltungen ergänzt werden. Daher wurde an die Justizministerien der dem Europarat angehörenden Länder eine Anfrage gerichtet, in der um Informationen zur Fernstudiennutzung in Haftanstalten gebeten wurde.[1]

---

[1] Eine Liste mit möglichen Ansprechpartnern und Anschriften wurde uns dankenswerterweise vom Justizministerium des Landes NW (Abt. IV) zur Verfügung gestellt.

Teil D

6.2 Methodik und Durchführung der Institutionenbefragung

Die Institutionenbefragung hat erkundenden Charakter: Es sollte festgestellt werden, welche Fernlehreinrichtungen auch Inhaftierten die Möglichkeit geben, ihre Fernstudienangebote zu nutzen, und welche Regelungen für die inhaftierten Studierenden gefunden wurden (Näheres zum Fragebogen s.u. Abschn. 6.2.1).

Die Befragung dient in erster Linie der institutionen-bezogenen Beschreibung; d.h. es soll vornehmlich der Umgang jeder der Institutionen mit der Gruppe der inhaftierten Studierenden erfaßt werden. Erst in zweiter Linie sollen institutionen-übergreifende Trends erfaßt und dargestellt werden.

Dieser Zielsetzung entsprechend erfolgt die Auswertung der Fragebögen i.w. qualitativ beschreibend.

6.2.1 Entwicklung des Fragebogens

Der Fragebogen soll neben allgemeinen Informationen über die jeweilige Institution (u.a. Ausbildungs-„Niveau", Art und Anzahl der Lehrangebote, verwendete Lehrmethoden und -medien) insbesondere erkunden, ob und in welchem Maße die jeweilige Institution auf die Gruppe der Inhaftierten zugeschnittene Angebote und Verfahrensweisen entwickelt hat. Es sollte also u.a. festgestellt werden, welchen Grad der adressatengruppen-spezifischen Anpassung die jeweilige Fernlehreinrichtung praktiziert.

Bei der Entwicklung des Fragebogens konnte teils auf Instrumente aus früheren institutionsbezogenen Untersuchungen zurückgegriffen werden - so auf den Fragebogen einer internationalen Erhebung bei Fernlehreinrichtungen (Graff & Holmberg 1988; Doerfert et al 1989), die auf die Erfassung allgemeinerer Informationen zu diesen Einrichtungen abzielte, sowie insbes. auf ein Erhebungsinstrument, das von Haffa & Kammerer (1987) entwickelt wurde, um die adressatenspezifische Anpassung des Fernstudienangebots und der -praxis von Fernlehreinrichtungen an Zielgruppen zu untersuchen.

Haffa & Kammerer (1987) hatten für ihre Untersuchung des Fernstudiums für spezielle Zielgruppen einen Fragebogen (in englischer Sprache) verwendet, der neben offenen Fragen auch Fragen mit vorgegebenen Antwortoptionen enthielt.

Für die Zwecke unserer Untersuchung zu Fernstudienangeboten für Inhaftierte wurde ein ähnlich strukturierter Fragebogen (ebenfalls in englischer Sprache) konzipiert, der auf dem von Haffa & Kammerer verwendeten Fragebogen aufbaut und einige zusätzliche Aspekte umfaßt (s. Anhang A-6.2.1).

Der Fragebogen, der an Fernstudieneinrichtungen des Auslands versandt werden sollte, beinhaltete u.a. folgende Themen:
- Art und Ausbildungsniveau der angebotenen Kurse (von Grundschul- bis Universitätsniveau; Kurse zur beruflichen Weiterbildung) (Fr.2),
- Gesamtanzahl aller Studierenden an der jeweiligen Einrichtung (Fr. 3),
- Anzahl der inhaftierten Lernenden an der jeweiligen Einrichtung (Fr. 5),
- Ansprechen der Inhaftierten als Zielgruppe (Fr. 6),
- Entwicklung eines eigenen Modells einer 'prison education' an der jeweiligen Fernlehreinrichtung (Fr. 20),
- spezielle Programm- oder Kursangebote für Inhaftierte (Fr. 8),
- Verwendung spezieller Beratungs- und Betreuungsstrategien für die Gruppe der Inhaftierten (Fr. 13),
- Vorhandensein einer Kontaktperson bzw. eines „Ombudsman" für Gefangene in der jeweiligen Institution (Fr. 21),
- Studienzentren in Gefängnissen, die von der Fernlehreinrichtung betrieben werden; Finanzierung dieser Zentren (Fr. 14),
- verwendete Lehrmethoden (Fr. 9) und Medien (Fr. 10),

6. Methodik der Institutionenerhebung

- Festlegung von Curricula und Examensregelungen: autonom durch die jeweilige Institution oder Ausrichtung an staatlichen Vorgaben (Fr. 11),
- Angebot an tutorieller Betreuung (Fr. 12),
- Einschränkungen bei der Kursauswahl für Inhaftierte (Fr. 7),
- gesonderte Examensregelungen und -verfahren für inhaftierte Studierende (Fr. 15),
- Studienerfolg - differenziert nach Ausbildungsniveau (Fr. 16),
- Arbeitspflicht für inhaftierte Studierende (Fr. 17) und Möglichkeiten zur teilweisen oder vollständigen Freistellung zu Studienzwecken (Fr. 17),
- Studiengebühren und Möglichkeiten zur Gebührenreduktion für Gefangene (Fr. 18),
- Probleme nicht-erfolgreich studierender Inhaftierter (Fr. 19),
- didaktische und organisatorische Probleme bei einem Fernstudienangebot für Inhaftierte (Fr. 22).

Der Fragebogen ist teil-standardisiert; d.h. er enthält neben Fragen, bei denen die Antwortmöglichkeiten vorformuliert sind, auch offene Fragen ohne vorgegebene Antwortoptionen (zu Befragungsformen und Graden der Standardisierung s. u.a. Bortz & Döring 1995, S. 216ff; Schnell, Hill & Esser 1989, S. 294ff; vgl. ferner Ommerborn 1995b, S. 6ff u. S. 40ff). Die Vor- und Nachteile unterschiedlicher Frageformen sollen hier nicht näher diskutiert werden. (Beispielsweise erhöht ein höheres Ausmaß an Standardisierung die Vergleichbarkeit der Antworten und erleichtert die Auswertung sowie das Testen von Hypothesen, schränkt aber andererseits das Antwortverhalten der Befragten ein; offene Fragen ermöglichen es den Antwortenden, von sich aus Aspekte zu nennen und ergänzende Informationen zu geben.) Da die Institutionenbefragung explorativen Charakter hat und zudem bei einigen der zu erkundenden Themen nicht genügend Wissen vorlag, um vorgegebene Antwortoptionen formulieren zu können, erschien uns ein mittlerer Grad der Strukturierung bzw. Standardisierung des Fragebogens angemessen.

Es wurden zwei (weitgehend identische) Versionen des Fragebogens verwendet. Beim Rücklauf der ausgefüllten Fragebogen aus dem Erstversand wurde festgestellt, daß einige wenige der Fragen und vorgegebenen Antwortoptionen von jeweils einigen der Ausfüllenden als nicht hinreichend eindeutig oder als mißverständlich empfunden wurden, wie sich aus Randbemerkungen der Antwortenden ergab. (In auftretenden Fällen von Unklarheiten ergibt sich zumeist aus dem Kontext der übrigen Antworten und aus dem von vielen Einrichtungen beigefügten Begleitmaterial, wie die Antworten zu verstehen sind.)

Beispielsweise wurde in Frage 12 nach der regelmäßigen tutoriellen Betreuung gefragt, wobei in der Erstversion des Fragebogens (ähnlich wie bei Haffa & Kammerer) der Begriff 'tuition' verwendet wurde. Dieser Begriff wird aber in den USA zumeist als Kurzform von 'tuition fee' - also im Sinne von „Studien- oder Kursgebühr" - verwendet.

Daher wurde beim Zweitversand des Fragebogens (im Rahmen einer Erinnerungs- oder Nachfaßaktion) eine leicht modifizierte Fassung des Fragebogens verwendet. (Diese Zweitfassung des Fragebogens ist im Anhang dokumentiert; s. A-6.2.1.)

Von den rückgesandten ausgefüllten Fragebogen bezieht sich jeweils ungefähr die Hälfte auf die Erst- bzw. die Zweitversion des Fragebogens.

6.2.2 Auswahl der Fernlehreinrichtungen

Das Adressenmaterial für den Fragebogenversand basiert i.w. auf der internationalen Befragung von Fernstudieneinrichtungen von Graff & Holmberg (1988). In dieser Untersuchung waren 922 Einrichtungen angeschrieben worden, wobei zu 197 Einrichtungen nähere Informationen erhalten werden konnten. Aus den Unterlagen dieser Untersuchung wurde eine Dokumentation erstellt (Doerfert et al 1989), die Kurzbeschreibungen zu 212 Fernlehreinrichtungen enthält. Aus diesem Material sowie aus weiteren Unterlagen des Zentralen Instituts für Fernstudienforschung (ZIFF) und der Hochschulverwaltung (Dezernat 2) der FernUniversität wurde eine Liste von 293 Fernlehreinrichtungen erstellt (s. Anhang A-6.2.2).

Teil D

6.2.3 Fragebogenversand und Rücklauf

An die 293 Einrichtungen wurde die Erstversion des Fragebogens (zusammen mit einem Begleitschreiben) im Oktober 1996 versandt. Im Begleitschreiben wurden die Einrichtungen gebeten, den Fragebogen auch dann zurückzusenden, wenn an ihrer Einrichtung keine inhaftierten Studierenden eingeschrieben waren. (Einige der in der Liste genannten Einrichtungen - wie u.a. einige Fernstudienverbände - waren als Multiplikatoren vorgesehen; sie wurden gebeten, Kopien des Fragebogens an andere Fernstudieneinrichtungen weiterzugeben, die - ihrem Kenntnisstand nach - ein Fernstudium für Inhaftierte anbieten könnten.)

Bis Ende 1996 wurden 68 Fragebögen zurückgesandt. Der Versand der (modifizierten) Zweitversion des Fragebogens mit einem Erinnerungsschreiben erfolgte Ende Dezember 1996.

Zusätzlich wurden Anfragen an Fernlehrverbände sowie an Justizministerien (insbes. in europäischen Ländern) gerichtet. Der Anfrage waren jeweils einige Fragebögen (Zweitversion) beigefügt - dies mit der Bitte um Weiterleitung an Einrichtungen, die sich mit Fernlehre und Fernlehrangeboten für Inhaftierte befassen.

Bis Mai 1997 wurden weitere 81 Fragebögen (insgesamt also 149) zurückgesandt. Darunter befinden sich auch 9 Fragebögen, die von Nicht-Fernlehreinrichtungen (i.w.S.) ausgefüllt waren (darunter zwei Fragebögen von niederländischen Gefängnissen, in denen sich ein Ausbildungszentrum befindet und in denen einige inhaftierte Studierende der niederländischen *Open universiteit* untergebracht sind). Berücksichtigt man nur die Fragebögen von Fernlehreinrichtungen, so ist von einer Gesamtanzahl von 140 zurückgesandten Fragebögen auszugehen. Bezogen auf die 293 Ausgangsadressen entspricht dies einer Rücklaufrate von 47.7% - ein Wert, der deutlich über der Rate von nur 21% aus der Institutionenerhebung von Graff & Holmberg (1988) liegt.[2]

Von den 140 zurückgesandten Fragebögen stammen 82 von Institutionen, unter deren Studierenden keine Inhaftierten sind; es liegen also 58 ausgefüllte Fragebögen von Institutionen vor, bei denen Inhaftierte eingeschrieben sind.

Unter diesen 58 Fragebögen befinden sich vier, die von zwei der Institutionen jeweils zweimal (einmal beim Erstversand und einmal bei der Mahnaktion) ausgefüllt wurden. (Hier hatte sich also die Rücksendung des ausgefüllten Fragebogens vom Erstversand mit dem Zweitversand des Fragebogens im Rahmen der Nachfaßaktion überkreuzt.) Von diesen beiden Fragebögen pro Institution wurde jeweils der vollständiger ausgefüllte Fragebogen bei der Auswertung berücksichtigt. (Die „bereinigte" Rücklaufrate - unter Berücksichtigung der Doubletten - beträgt also 47.1%.)

Die Ergebnisse der Auswertung beziehen sich also auf Angaben von 56 Fernlehreinrichtungen, unter deren Studierenden auch Inhaftierte sind.

Anmerkung zur Repräsentativität: Die Institutionenbefragung kann aus zumindest zwei Gründen keinen Anspruch auf Repräsentativität erheben. Zum einen ist die Grundgesamtheit aller Fernlehreinrichtungen und insbes. auch jener Einrichtungen, die Angebote auch für Inhaftierte bereitstellen, nicht bekannt; zum anderen sind bei einer Rücklaufrate von nur ca. 47% selektive Verzerrungen im Sinne eines 'non-response bias' nicht auszuschließen, selbst wenn diese Rate für eine Institutionenerhebung als durchaus noch akzeptabel angesehen werden kann.

Zudem sollte berücksichtigt werden, daß es bei dieser explorativen Erhebung schwerpunktmäßig weniger um eine möglichst genaue Abschätzung von „Populationsparametern" im Sinne einer institutionen-übergreifenden Analyse als vielmehr um eine - auf individuelle Institutionen bezogene - Beschreibung des Umgangs dieser Einrichtungen mit inhaftierten Studierenden geht.

---

[2] Die Rücklaufrate von ca. 47% stellt allerdings insofern eine Überschätzung dar, da einige der angeschriebenen Einrichtungen als Multiplikatoren fungierten (s.o.) und Fragebögen an eine nicht genau bekannte Anzahl von Fernlehreinrichtungen weitergegeben haben; bei dem Rücklauf finden sich dementsprechend auch Fragebögen von Institutionen, die von uns nicht direkt angeschrieben worden waren.

6. Methodik der Institutionenerhebung

6.3 Hinweis zur Auswertung

Vorliegende (Institutionen-) Untersuchung und der Fragebogen zielten schwerpunktmäßig eher auf eine Beschreibung der Praxis der jeweiligen individuellen Einrichtung im Umgang mit ihren inhaftierten Studierenden als auf eine quantitative, institutionen-übergreifende Analyse.
 Der Fragebogen erlaubt es aber auch, die Antworten zu einigen Fragen auszuzählen, um auf diese Weise einige Trends zu beschreiben.
 Im folgenden werden daher einige dieser Auszählungsergebnisse zusammenfassend dargestellt (Abschn. 7.1). Die Beschreibung der individuellen Einrichtungen erfolgt in Abschn. 7.2, in dem Erfahrungen verschiedener Fernlehreinrichtungen mit einem „Fernstudium in Haft" - geordnet nach Erdteilen, Ländern und Einrichtungen - dargestellt werden.

7 Ergebnisse der Institutionenerhebung

7.1 Einige institutionen-übergreifende Trends aus der Institutionenbefragung

Art der Einrichtung: Von den 56 ausgefüllten Fragebögen von Institutionen, die Inhaftierte unter ihren Studierenden haben, bezieht sich eine deutliche Mehrheit (38 von 56) auf Hochschulen bzw. Universitäten im weiteren Sinne. 18 der 58 Fragebögen stammt von sonstigen Fernlehreinrichtungen (darunter z.T. kommerzielle oder staatlich geförderte Fernunterrichtseinrichtungen, die teils Kurse zur Erreichung von Schulabschlüssen, teils Kurse im tertiären Bildungsbereich und teils berufsbildende Kurse anbieten).[1]

(Hingegen ist der Anteil der Universitäten in der Ausgangsliste geringer: unter den 311 angeschriebenen Fernlehreinrichtungen sind 136, die sich selbst als Universität bezeichnen.)

Herkunftsland: Aus drei Ländern (USA, Kanada und Australien) liegt jeweils eine größere Anzahl von Fragebögen vor, aus den übrigen Ländern jeweils nur 1 oder 2.

Tabelle 7.1-1a: Verteilung der Einrichtungen nach Erdteilen und Ländern

Erdteil	Land	Häufigkeit	%
Europa	Großbritannien	1	1.8
	Norwegen	1	1.8
	Schweden	1	1.8
	Finnland	1	1.8
	Niederlande	1	1.8
	Belgien	1	1.8
	Frankreich	2	3.6
	Spanien	2	3.6
Asien	Israel	1	1.8
	Hongkong	2	3.6
	Thailand	1	1.8
Australien (einschl. Ozeanien)	Australien	11	19.6
	Papua Neuguinea	1	1.8
	Neuseeland	1	1.8
Afrika	Sambia	1	1.8
	Südafrika	2	3.6
Nordamerika	Kanada	11	19.6
	USA	13	23.2
Südamerika	Mexiko	1	1.8
	Kolumbien	1	1.8

Aus den drei Ländern USA, Kanada und Australien zusammen kommen also mehr als die Hälfte aller ausgefüllten Fragebögen.

Aus den USA liegen zudem von zwei weiteren Universitäten Angaben vor; diese Universitäten haben zwar den Fragebogen nicht ausgefüllt; aus dem rückgesandten Informationsmaterial geht jedoch hervor, daß bei ihnen auch Inhaftierte studieren können.

---

[1] Unter den 38 Universitäts-/Hochschuleinrichtungen i.w.S. befindet sich auch die ICI University. Dabei handelt es sich nicht um eine Universität (im europäischen Verständnis), sondern um eine religiöse Einrichtung, die u.a. Bibelkurse und Kurse für Prediger anbietet. ICI unterhält Dependancen in mehreren Ländern, darunter auch in der Bundesrepublik. Ordnet man die ICI University den sonstigen Einrichtungen zu, verringert sich die Anzahl der Universitäten/Hochschulen entsprechend auf 37.

7. Ergebnisse der Institutionenerhebung

Art und Anzahl der Kurse (Fr. 2): Viele der Einrichtungen bieten Kurse nicht nur für ein bestimmtes Ausbildungsniveau, sondern für mehrere -niveaus an. Von den 45 Einrichtungen, die diese Frage beantwortet haben, bietet über die Hälfte (26 von 45) Kurse zu zwei oder mehr Ausbildungsbereichen und über ein Viertel (12 von 45) Kurse zu drei oder mehr Bereichen an.

Die Anzahl der Kurse pro Ausbildungsbereich und Institution variiert zwischen 1 und 600; die Mediane liegen beim Schulbereich bei 40 Kursen (Angaben von N=18 Institutionen), beim Collegeniveau bei 56 (N=9), im 'undergraduate'-Bereich bei 100 (N=23), im 'post-graduate'-Bereich bei 19 (N=14) und im berufsbildenden Bereich bei 50 Kursen (N=9); vgl. Tabelle 7.1-2.

Tabelle 7.1-2: Anzahl der Kurse pro Einrichtung und Ausbildungsniveau

Bereich / Ausbildungsniveau	Anzahl (N)	Range*	Median	1. Quartil	3. Quartil
Schule	18	7 - 220	40.5	15	120
College	9	2 - 164	56	30	117
Universität	15	5 - 380	100	60	180
- undergraduate	23	5 - 600	100	50	160
- post-graduate	14	1 - 208	19	10	42
Berufsbildung	9	2 - 559	50	40	100
Sonstiges	6	2 - 90	10.5	5	40

* Range: Spannweite der Verteilung (kleinster - größter Wert). Median: Wert in der Verteilung, bis zu dem 50 % der Fälle liegen;
1. bzw. 3. Quartil: Wert in der Verteilung, bis zu dem 25% bzw. 75% der Fälle liegen

Gesamtanzahl der Studierenden und Anzahl der inhaftierten Studierenden (Fr. 3 und Fr. 5): Die Gesamtanzahl der Studierenden pro Einrichtung variiert zwischen ca. 500 und ca. 1,24 Millionen (Fr. 3; vgl. Tabelle A-7.1 im Anhang).

Die beiden nach der Anzahl der Studierenden größten Einrichtungen sind die ICI University in den USA mit 1.240.000 sowie die Sukothai Thammathirat Open University (STOU) in Thailand mit 450.000 Studierenden; und die beiden kleinsten Einrichtungen sind die University of Wyoming mit 500 und die Université de Caen mit 900 Studierenden.

Der Median liegt bei 5.000; ein Viertel der Einrichtungen hat 2.500 oder weniger Studierende und ein Viertel der Einrichtungen hat 13.065 oder mehr Studierende.

Die Anzahl der inhaftierten Studierenden pro Einrichtung variiert zwischen „derzeit 0" und 2.600 (Fr. 5; vgl. Tabelle A-7.1 im Anhang). (Die Angabe „derzeit 0" erfolgt bei 2 Einrichtungen, die dazu anmerken, daß in den letzten Jahren jeweils einige Inhaftierte Kurse belegt hätten. 11 der Einrichtungen können die Anzahl der inhaftierten Studierenden nicht beziffern und teilen lediglich mit, daß bei ihnen auch Inhaftierte Kurse belegt haben.)[2]

Die Hälfte der Einrichtungen hat bis zu 20 Inhaftierte unter ihren Studierenden; ein Viertel der Institutionen hat 8 oder weniger und ein Viertel hat 50 oder mehr inhaftierte Studierende.

Die sechs Einrichtungen mit 200 oder mehr inhaftierten Studierenden sind in Tabelle 7.1-3 aufgelistet.

---

[2] Die Angaben zu der Anzahl der inhaftierten Studierenden beruht in vielen Fällen auf Schätzungen, da die Institute bei der Einschreibung oft nicht wissen, ob der jeweilige Interessent inhaftiert ist oder nicht, und dementsprechend die Inhaftierten auch nicht als gesonderte Gruppe registrieren. Typisch dazu ist die Auskunft eines Repräsentanten der Curtin University in West-Australien: „Prison based students are not identified as such [...] we only know about them when if they 'self-identify'. They are therefore just another group of students who may have specific needs to be dealt with - there are many such other groups [...]." - Da dieser Sachverhalt für viele Einrichtungen gegeben ist, bedeutet dies, daß die Angaben zur Anzahl der inhaftierten Studierenden mit einiger Sicherheit systematische Unterschätzungen darstellen. Denn diese Angaben beziehen sich auf die Studierenden, bei denen die Fernlehreinrichtung Kenntnis von der Inhaftierung hat; es mag aber eine Reihe weiterer inhaftierter Studierender geben, von deren Haftstatus die jeweilige Fernlehrinstitution aber keine Kenntnis hat.

Teil D

Tabelle 7.1-3: Einrichtungen mit 200 oder mehr inhaftierten Studierenden

Name	Stadt	Provinz	Land	Anzahl Studierender insges.	Anzahl inhaftierter Studierender
Alberta Distance Learning Centre	Barhead	Alberta	Canada	18.000	200
Damelin Correspondence College	Braamfontein		Südafrika	20.000	430
Ohio University	Athens	Ohio	USA	4.850	480
ICI University	Irving	Texas	USA	1.240.000	1.000
Ministère de la Communaute Francaise, Enseignement à distance	Brüssel		Belgien	18.312	1.200
Independent Learning Centre	Toronto	Ontario	Canada	63.000	2.600

Ansprechen von Inhaftierten als Zielgruppe und Entwicklung spezieller Konzeptionen für die Gruppe der inhaftierten Studierenden (Fragen 6, 8, 13, 14, 20 und 21):
Nur von 14 der 56 Institute werden Inhaftierte gezielt als Zielgruppe angesprochen (Fr. 6).

Nur drei der Einrichtungen (die kanadische Open Learning Agency in British Columbia, die belgische Fernlehreinrichtung des Ministère de la Communaute Francaise sowie das südaustralische Open Access College) geben an, ein spezielles Modell einer „Erziehung im Gefängnis" bzw. einer Gefängnispädagogik ('prison education') entwickelt zu haben (Fr. 20). Im Falle des Open Access College bezieht sich dieses Modell einer 'prison education' auf spezielle Betreuungskonzeptionen (u.a. Lehrerbesuche in den Haftanstalten) und im Falle der Open Learning Agency ist aus den übrigen Angaben im Fragebogen ersichtlich, daß sich das 'prison education'-Modell ebenfalls vornehmlich auf die tutorielle Betreuung bezieht. Bei der belgischen Einrichtung bezieht sich das Modell auf die Möglichkeit zur flexiblen Anpassung der Programme an die individuellen Bedürfnisse der inhaftierten Studierwilligen.

Mit einer Ausnahme hat keine der antwortenden Einrichtungen für die inhaftierten Studierenden spezielle Lehrmaterialien (Kurse oder Programme) entwickelt (Fr. 8); die Fernstudienabteilung des belgischen Ministère de la Communaute Francaise gibt an, spezielle Programme für Inhaftierte entwickelt zu haben. Und nur in 9 der 56 Institutionen werden spezielle Beratungs- und Betreuungsstrategien für diese Zielgruppe angewendet (Fr. 13).

In 20 der Institutionen gibt es eine spezielle Abteilung oder ist eine Kontaktperson (mit „Ombudsman"-Funktion) benannt, an die sich die inhaftierten Studierenden wenden können (Fr. 21).

Zwar wird von 12 Einrichtungen bei der Frage nach verwendeten Lehrmethoden berichtet, daß „Studienzentren in Gefängnissen" genutzt werden (Fr. 12; s.u.: Tabelle 7.1-5); aber lediglich 6 der Einrichtungen geben an, über ein von ihrer Institution betriebenes Studienzentrum in einem Gefängnis zu verfügen (Fr. 14; s. Tab. 7.1-4); bei drei der sechs Einrichtungen (Utah State University, Sukothai Thammathirat Open University und University of Papua New Guinea) wird dieses Studienzentrum auch von der Institution selbst finanziert.

Tabelle 7.1-4: Liste der Einrichtungen, die Studienzentren in Gefängnissen unterhalten

Name	Stadt / Provinz	Land
National Institute for Distance Education	Norrköping	Schweden
Sukothai Thammathirat Open University(STOU)	Bangpood	Thailand
Utah State University	Tooele, Utah	USA
Seminary Extension Department, Independent Study Institute	Nashville, Tennessee	USA
National Correspondence College	Luanshya	Sambia
University of Papua New Guinea		Papua New Guinea

7. Ergebnisse der Institutionenerhebung

Einschränkungen bei der Kursauswahl für Gefangene (Fr. 7): Bei ungefähr der Hälfte der Einrichtungen (29 von 54 antwortenden) gibt es für Inhaftierte seitens der Einrichtung keine Beschränkungen bei der Kursauswahl; in 24 Einrichtungen gibt es Restriktionen unterschiedlicher Art; diese Einschränkungen betreffen unterschiedliche Aspekte - so u.a.:
- Kursinhalte (z.B. Kurse zu Sicherheitstechnik oder Schlossereikurse);
- zum Kurs gehörende Materialien (z.B. Laborkit für Kurse in Chemie);
- im Kurs verwendete Medien (z.B. Audio- oder Videokassetten) und Kommunikationsmittel (insbes. Internet, aber auch Telefon);
- zum Kurs gehörende Präsenzanteile (z.B. Teilnahme an Pflichtseminaren oder -praktika).

Verwendete Lehrmethoden und -medien (Fr. 9, 10 und 12): Fast alle Institute verwenden Studienbriefe als Hauptlehrmethode, in vielen Fällen ergänzt durch individuelle schriftliche oder telefonische tutorielle Betreuung (Fr. 9). Dementsprechend sind schriftliche Materialien das von wiederum fast allen benutzte Leitmedium; ein relativ hoher Anteil der Fernlehreinrichtungen verwendet darüber hinaus Audio- und Videokassetten (Fr. 10) - vgl. Tab. 7.1-5 sowie Tab. 7.1-6.

Hervorhebenswert erscheint, daß immerhin 15 Einrichtungen angeben, Formen computergestützter Lehr-/Lernsoftware auch für die inhaftierten Studierenden einzusetzen; und aus den Angaben von 4 weiteren Einrichtungen geht hervor, daß sie ebenfalls Verfahren einsetzen, die eine Computernutzung voraussetzen. Dies weist daraufhin, daß die in vielen deutschen Justizvollzugsanstalten geltend gemachten Sicherheitsbedenken gegen eine PC-Nutzung nicht allgemein geteilt werden bzw. nicht unüberwindlich sind. Die Acadia University in Kanada verweist sogar auf die Möglichkeit der *e-mail*-Nutzung durch inhaftierte Studierende; zwei andere Einrichtungen (Utah State University, USA, und Open Learning Agency, Kanada) weisen hingegen darauf hin, daß die inhaftierten Studierenden zwar PCs nutzen können, aber keinen Zugang zum *Internet* haben. (Näheres zur PC-Nutzung bei inhaftierten Studierenden s.u. in Kap. 8.)

Tab. 7.1-5: Verwendete Lehrmethoden

Lehrmethode	Anzahl der Institute, die die Methode verwenden	Anzahl der Institute, die die Methode *hauptsächlich* verwenden
Studienbriefe	52	49
Direktunterricht (z.B. Seminare)	7	1
direkte tutorielle Betreuung (face-to-face)	11	1
individuelle schriftliche tutorielle Betreuung	22	14
individuelle telefonische tutorielle Betreuung	23	8
Gruppenbetreuung; regionale Arbeitsgruppen	8	2
Studienzentren außerhalb von Gefängnissen	1	0
Studienzentren innerhalb von Gefängnissen*	12	1
sonstiges	6	2
* nur bei 6 der Institute werden diese Studienzentren von der Fernlehreinrichtung selbst betrieben (s.o. bei Fr. 14)		

Teil D

Tab. 7.1-6: Verwendete Lehrmedien

Lehrmedium	Anzahl der Institute, die das Medium verwenden	Anzahl der Institute, die das Medium *hauptsächlich* verwenden
schriftl. Material	54	48
Audio	39	10
Video	34	4
Radio	5	0
TV	5	0
Lehr-/Lernsoftware, CBT*	15	1
sonstiges	5	1
* computer based training bzw. computergestützter Unterricht; überwiegend vom Typ „drill & practice"		

Die Angaben zur tutoriellen Betreuung (in Tab. 7.1-5) können durch die Antworten zu der Frage (Fr. 12) nach der Regelmäßigkeit der Betreuung für inhaftierte Studierende ergänzt werden. Demnach bieten 23 der 54 Institute ihren inhaftierten Studierenden tutorielle Betreuung in irgendeiner Form an; 5 Einrichtungen geben an, daß dies einmal wöchentlich, und 3 Einrichtungen, daß dies einmal im Monat erfolgt; in 8 Fällen erfolgt die Betreuung unregelmäßig bzw. in variierendem Zeitabschnitt. 6 der Einrichtungen machen sonstige Angaben (darunter: Betreuung je nach individuellem Bedarf und je nach Kurs). (Immerhin 11 Einrichtungen nennen aber „Probleme bei der tutoriellen Beutreuung" als eine der Hauptschwierigkeiten inhaftierter Studierender; zu weiteren Problemen der Inhaftierten s.u. bei Fr. 19.)

Nachbemerkung zur individuellen *telefonischen Betreuung:* Mehrere befragte inhaftierte Studierende der FernUniversität hatten berichtet (s.o.: Abschn. 5.11), daß es für sie schwierig sei, die Erlaubnis zum Telefonieren zum erhalten. Daher mag es überraschen, daß eine doch beachtliche Anzahl der Fernlehreinrichtungen (23 von 56 befragten[3]) bei der Institutionenbefragung angibt, telefonische tutorielle Betreuung einzusetzen. Einige der Institute weisen aber auch auf dabei auftretende Schwierigkeiten hin:
- Von fehlender und stark eingeschränkter Erlaubnis der Haftanstalten zum Telefonieren der inhaftierten Studierenden berichten die Hadley School for the Blind, USA; das Caritas Institute, Hongkong; die Central Queensland University und das Open Access College, Australien; sowie die University of Manitoba, Kanada. Die Hadley School weist zudem darauf hin, daß die Telefonerlaubnis von Gefängnis zu Gefängnis unterschiedlich gehandhabt wird; manche Haftanstalten erlauben eine tutorielle Betreuung nicht. Das Caritas Institute, dessen tutorielles System eine intensive Telefonnutzung (für individuelle, aber insbesondere auch für Gruppenbetreuung) vorsieht, berichtet, daß die Gefangenen in der Regel keine Erlaubnis zur Teilnahme an den tutoriellen Telefonkonferenzen erhalten.
- Die kanadische Open Learning Agency berichtet, daß die Tutoren die Inhaftierten, diese aber nicht die Tutoren anrufen dürfen.

Autonomie der Institute bei der Festlegung der Curricula (Fr. 11): Bei 47 der Institute werden die Curricula und Prüfungsregularien von der Institution selbst festgelegt; 13 der Institute geben an, sich dabei nach staatlichen Vorgaben zu richten. (Bei einigen wenigen Instituten wurde beides angekreuzt - u.a. deswegen, weil ihre Autonomie bzw. ihre Ausrichtung an Vorgaben von Kurs zu Kurs bzw. Programm zu Programm unterschiedlich ist.)

Gebühren und Gebührenreduktion (Fr. 18): In rund drei Viertel (42 von 54) der antwortenden Einrichtungen müssen die inhaftierten Studierenden Gebühren zahlen (Fr. 18), wobei nur bei 7 Instituten eine Gebührenreduktion möglich ist. Hier hat sich also anscheinend die Situation gegenüber dem Stand, wie er von Haffa & Kammerer (1987) für die 80-er Jahre beschrieben wurde, zum Nachteil der studierwilligen Gefangenen verschlechtert. Während etwa damals in den USA die Gefangenen (wie andere sozial benachteiligte Gruppen auch) an den State Uni-

---

[3] darunter 7 aus Australien und 6 aus Kanada

7. Ergebnisse der Institutionenerhebung

versities vielfach gebührenfrei oder bei gesenkter Gebühr studieren konnten bzw. Ausbildungsbeihilfen erhalten konnten, ist dies heute anscheinend nur noch seltener der Fall (Näheres s.u.).
- Als Finanzierungsquelle für die Gebühren wird zumeist auf die Eigenmittel der Inhaftierten bzw. derer Familien, und nur in wenigen Fällen auf Stipendien bzw. Ausbildungsbeihilfen verwiesen.

Befreiung von der Arbeitspflicht (Fr. 17): Für uns etwas überraschend geben nur 22 der Einrichtungen an, daß die Gefangenen einer Arbeitspflicht unterliegen; 15 Institute verneinen dies explizit (in Einzelfällen wird zudem ausdrücklich darauf hingewiesen, daß kein Gefangener zu einer Arbeit oder Tätigkeit gezwungen werden könne), und immerhin 19 lassen die Frage unbeantwortet. (Dieser relativ hohe Anteil von Nicht-Antworten bei dieser Frage weist darauf hin, daß die Frage möglicherweise unklar formuliert ist oder eine Arbeitspflicht von Inhaftierten in den entsprechenden Ländern unbekannt ist.) Von den 22 Einrichtungen, die eine Arbeitspflicht angeben, bejahen 9 die Möglichkeit einer zumindest teilweisen und zwei die Möglichkeit einer vollständigen Entbindung von der Arbeitspflicht.

Prüfungsregelungen für die inhaftierten Studierenden (Fr. 15): 19 Einrichtungen geben an, daß für die Gefangenen spezielle Regelungen für die Durchführung von Prüfungen getroffen werden. In der Mehrzahl dieser Fälle (14 von 19) werden dabei die Prüfungen in der Haftanstalt - zumeist unter Aufsicht der für Ausbildungsfragen zuständigen Mitarbeiter („Educational Officers") - durchgeführt (so u.a. bei: NKI in Norwegen; University of Georgia, USA; Laurentian University, Open Learning Agency, Kanada; Massey University, Neuseeland; STOU, Thailand; Caritas Institute, Open Learning Institute, Hongkong; National Institute for Distance Education, Schweden; Curtin University, Australien; Institute of Personnel Management, Damelin Correspondence College, Südafrika)

Studienerfolg (Fr. 16): Nur wenige der befragten Einrichtungen geben Schätzungen für die Studienerfolgsrate ihrer inhaftierten Studierenden ab. Die Schätzungen reichen von 10% bis 100% - vgl. Tabelle 7.1-7 und sind (trivialerweise) für den schulischen Bereich tendenziell höher als für die übrigen Bereiche. Über die Hälfte der Schätzungen beinhaltet Erfolgsraten von 50% oder höher. (Einige der Einrichtungen - wie z.B. die Ohio University - weisen darauf hin, daß die Erfolgsraten für die Inhaftierten sich kaum von jenen anderer Gruppen unterscheiden.)

Tabelle 7.1-7: Angaben zur Studienerfolgsrate

Bereich	Anzahl der antwortenden Institute	Range	Median	1. Quartil	3. Quartil
Schule (Primar u. Sekundar)	10	25 - 100	72.5	50	95
College	2	40 - 60	-	-	-
'undergraduate'	15	10 - 95	50	50	75
'post graduate'	1	50	-	-	-
Berufsbildung	4	17 - 100	55	34	80

Probleme nicht-erfolgreicher inhaftierter Studierender bzw. der Studienabbrecher unter den inhaftierten Studierenden (Fr. 19): Am häufigsten genannt werden die geringe Studienmotivation sowie das niedrige formale Bildungsniveau vieler Inhaftierter; am dritthäufigsten genannt werden Probleme der Studienorganisation im Gefängnis. Am seltensten genannt wird die fehlende Freistellung von der Arbeit (vgl. dazu oben bei Frage 17).

Teil D

Tabelle 7.1-8: Probleme nicht-erfolgreicher inhaftierter Studierender

Problem	Anzahl der Nennungen
niedriges Niveau formaler Bildung	20
Verständnisprobleme	13
niedrige Studienmotivation	20
Probleme der Organisation des Studiums im Gefängnis	18
keine Freistellung von der Arbeit	5
keine Unterstützung seitens der Gefängnisleitung oder des -personals	10
Probleme mit der tutoriellen Betreuung	11
sonstiges	9

Ein relativ hoher Anteil (19 von 56) läßt Frage 19 insgesamt unbeantwortet; dazu erfolgen in Einzelfällen Anmerkungen, daß man darüber nichts oder zuwenig wisse.

Weitere Probleme: Bei Frage 19 wie auch bei den (offenen) Fragen 22 und 23 hatten die Beantworter der Fernlehreinrichtungen Gelegenheit, von sich aus Probleme bei der Arbeit mit inhaftierten Studierenden anzusprechen. Aus den vielfältigen Anworten seien hier einige häufiger angesprochene Problembereiche genannt.
- Zustellprobleme (wegen der anstaltsinternen Postkontrolle) bzw. die Nicht-Aushändigung des Materials an die Studierenden werden von mehreren Einrichtungen genannt[4]: so von der University of Alabama, der Utah State University, der University of Pittsburg, dem Seminary Extension Department in den USA; von der University of South Queensland, University of New England in Australien sowie dem Instituto Maurer in Mexiko.
- Die University of New England berichtet zudem, daß Material bei der Postkontrolle gelegentlich verlorengehe oder beschädigt werde.
- In einigen Fällen (Utah State University, University of Alabama, USA; Saskatchewan Correspondence School, Independent Learning Centre, Kanada; Midland College Australien) ergaben sich auch Schwierigkeiten dadurch, daß die Gefangenen in andere Gefängnisse verlegt wurden, ohne daß die Fernlehreinrichtung darüber informiert wurde.

Beziehungen zwischen der Anzahl der inhaftierten Studierenden und anderen Variablen:

Es erscheint plausibel, daß die Anzahl der bei einer Institution studierenden Inhaftierten mit den Maßnahmen der Einrichtung in Hinblick auf diese Gruppe in Beziehung steht. So dürfte beispielsweise das Ansprechen von Inhaftierten als Zielgruppe dazu beitragen, daß sich die Anzahl der inhaftierten Studierenden erhöht; eine höhere Anzahl solcher Studierenden mag ihrerseits dazu Anlaß geben, bestimmte Maßnahmen für diese Gruppe (z.B. spezifische Beratungskonzepte oder Prüfungsregelungen) zu entwickeln und anzuwenden.
Um Beziehungen dieser Art (explorativ) zu untersuchen, wurden die Fernlehreinrichtungen unterteilt in solche, die bis zu 20 inhaftierte Studierende haben, und solche, bei denen 21 oder mehr inhaftierte Studierende eingeschrieben sind.[5] Die so dichotomisierte Anzahlvariable wurde sodann mit den Angaben zu anderen Fragen kreuztabelliert und Kontingenzmaße bestimmt.
Zusammenfassend kann vorab festgestellt werden, daß die Beziehungen zwischen der (dichotomisierten) Variablen „Anzahl der inhaftierten Studierenden" und den übrigen betrachteten Variablen schwach ausgeprägt sind[6]; nur bei wenigen Variablen zeigen sich schwache

---

[4] Auch an der FernUniversität kommt es gelegentlich vor, daß die Annahme von Studienmaterial durch die Poststelle der Haftanstalten verweigert wird (s.o.: Abschn. 5.13).
[5] Der Median der Variablen lag zwischen 19 und 20 inhaftierten Studierenden.
[6] Die Beziehungen ändern sich in der Tendenz nur wenig, wenn die (nicht-dichotomisierte) Anzahl der inhaftierten Studierenden anstelle der dichotomisierten Anzahlvariablen verwendet und punktbiseriale statt Vierfelder-Korrelationskoeffizienten bestimmt werden.

7. Ergebnisse der Institutionenerhebung

Zusammenhänge, die im folgenden - trotz fehlender statistischer Signifikanz[7] für die meisten der Beziehungen - kurz skizziert werden sollen:
- *Ansprechen der Inhaftierten als Zielgruppe (Fr. 6):* Von den 12 Institutionen, die Gefangene als Zielgruppe ansprechen, zählen über die Hälfte (7 von 12) zu den Einrichtungen mit mehr als 20 inhaftierten Studierenden; hingegen haben bei den Institutionen, die Inhaftierte nicht als Zielgruppe ansprechen, weniger als die Hälfte (14 von 32) mehr als 20 inhaftierte Studierende (phi=.13).
- *Angebot regelmäßiger tutorieller Betreuung für inhaftierte Studierende (Fr. 12):* Von den 18 Institutionen mit mehr als 20 inhaftierten Studierenden[8] bietet eine Mehrheit (11 von 18) den inhaftierten Studierenden regelmäßige Betreuung an; bei den Einrichtungen mit bis zu 20 studierenden Gefangenen sind es hingegen nur 6 von 20 (phi=.31).
- *Entwicklung spezieller Strategien tutorieller Betreuung für inhaftierte Studierende(Fr. 13):* Hier zeigt sich eine analoge Beziehung wie bei Fr. 12. Von den 21 Institutionen mit mehr als 20 inhaftierten Studierenden haben immerhin 7, von den 23 Einrichtungen mit bis zu 20 studierenden Gefangene haben hingegen nur 2 eine spezielle Betreuungsstrategie entwickelt (phi=.31; p < .05). Diese plausibel erscheinenden Beziehungen (so schwach sie sind) können in der Weise interpretiert werden, daß Einrichtungen mit einer größeren Anzahl inhaftierter Studierender mehr Anlaß haben, geregelte Betreuungsstrategien und -formen zu entwickeln; nicht ausgeschlossen werden kann aber auch, daß Institutionen, die spezifische Betreuungskonzepte entwickelt haben, für inhaftierte Studierende attraktiver sind.
- *Studiengebühren und Möglichkeiten der Gebührenreduktion (Fr. 18):* Der Anteil der Einrichtungen, bei denen die inhaftierten Studierenden keine Gebühren zahlen müssen, ist bei Einrichtungen mit bis zu 20 inhaftierten Studierenden etwas geringer (3 von 23) als bei Einrichtungen mit 21 oder mehr inhaftierten Studierenden (6 von 21; phi=-.19). Und der Anteil der Einrichtungen, die keine Gebührenermäßigung gewähren, ist bei Einrichtungen mit bis zu 20 Inhaftierten etwas größer (18 von 19) als bei Einrichtungen mit 21 oder mehr inhaftierten Studierenden (13 von 18; phi=-.31).
- *Einrichten einer Kontakstelle mit „Ombudsman"-Funktion für die inhaftierten Studierenden (Fr. 21):* Der Anteil der Einrichtungen, bei denen eine entsprechende Kontaktstelle eingerichtet ist, ist bei Instituten mit bis zu 20 Inhaftierten etwas geringer (6 von 24) als bei Einrichtungen mit 21 oder mehr inhaftierten Studierenden (10 von 21; phi=.19).
- *Besondere Prüfungsregelungen für die inhaftierten Studierenden (Fr. 15):* Der Anteil der Fernlehreinrichtungen, die besondere Prüfungsregelungen für die Inhaftierten getroffen haben, ist bei Einrichtungen mit bis zu 20 Inhaftierten (entgegen der Erwartung) geringfügig höher (9 von 23) als bei solchen mit 21 oder mehr inhaftierten Studierenden (7 von 20; phi=-.04).
- *Betreiben von Studienzentren in Haftanstalten (Fr. 14):* Nur 6 Einrichtungen gaben an, Studienzentren in Haftanstalten zu betreiben; von 3 dieser Einrichtungen liegen allerdings keine Angaben zur Anzahl der inhaftierten Studierenden vor. Die drei Einrichtungen, die Studienzentren in Haftanstalten betreiben und auch Angaben zur Anzahl der inhaftierten Studierenden gemacht haben, haben alle jeweils über 20 inhaftierte Studierende. Anders ausgedrückt: Von den 23 Einrichtungen mit bis zu 20 inhaftierten Studierenden betreibt keine, hingegen von den 21 Einrichtungen mit über 20 inhaftierten Studierenden betreiben drei Studienzentren in Haftanstalten (phi=.31).

---

[7] p > .05 bei Verwendung von Fisher's 'exact test' für einseitige Fragestellung (bei Beziehungen, für die a-priori-Hypothesen vorlagen) bzw. für die zweiseitige Fragestellung (bei Beziehungen, für die keine Hypothesen vorlagen).
[8] Die Anzahl der Institutionen mit 20 oder weniger bzw. mehr als 20 inhaftierten Studierenden variiert in den verschiedenen Kreuztabellen je nach Anzahl der fehlenden Angaben für die jeweils zweite betrachtete Variable in der Tabelle.

Teil D

7.2 Darstellung zu einzelnen Institutionen - nach Erdteilen und Ländern geordnet

Die vorstehende institutionen-übergreifende Darstellung einiger Trends aus der Institutionenbefragung bleibt relativ abstrakt, wenn man sie nicht durch Beschreibungen einzelner Institutionen und ihrer Aktivitäten konkretisiert und ergänzt.

Hinweis zur Darstellung: Bei den folgenden Darstellungen zu einzelnen Ländern und Institutionen wurden die Informationen aus den verschiedenen Quellen (s.o.: Abschn. 6.1) zumeist zusammengeführt; d.h. die Ergebnisse aus der Institutionenbefragung werden nicht isoliert, sondern in Verbindung mit den sonstigen verfügbaren Informationen dargestellt.

7.2.1 Europa

7.2.1.1 Großbritannien

'Open Learning'-Programme werden in Großbritannien von einer Reihe von Institutionen angeboten - darunter insbesondere auch von Colleges und Universitäten. An einigen solcher Programme können auch Inhaftierte teilnehmen. Nach Richardson (1989) hat sich 'Open learning in prison' in der zweiten Hälfte der achtziger Jahre in England und Wales fest etabliert.[9]

Ähnlich wie in der Bundesrepublik sind (nach Richardson 1989, p. 99) die Inhaftierten in sehr unterschiedlichen Anstalten mit differenzierten Vollzugsformen und Sicherheitsstufen (vom offenen Vollzug bis zum Hochsicherheitsgefängnis) untergebracht.[10] In den Gefängnisstatuten, insbes. in der 'Prison Rule 29', ist festgelegt, daß jeder Inhaftierte, der dazu in der Lage ist, an Bildungs- oder Ausbildungsmaßnahmen teilzunehmen, zur Teilnahme ermutigt werden soll: „Every prisoner should be able to profit from the educational facilities provided should be encouraged to do so" (Prison Rule 29).

Richardson befaßt sich auch mit der Frage „Direktunterricht vs. Fernlehre" und zählt einige Gründe auf, welche die Teilnahme an konventionellen Direktunterrichtsmaßnahmen in den sehr unterschiedlich gestalteten Gefängnissen erschweren können wie u.a.: eine zu geringe Anzahl zur Verfügung stehender Plätze; Kollisionen mit der Arbeitspflicht (wobei die Produktivität Vorrang vor der Ausbildung hat); Sicherheitsauflagen, die eine Teilnahme verhindern; Nicht-Erfüllung von Auswahlkriterien; Nicht-Verfügbarkeit der gewünschten Ausbildungsart im jeweiligen Gefängnis; zudem können die Unterrichtszeiten (z.B. Abendklassen) so liegen, daß sie sich mit den Zeiten für andere Aktivitäten (z.B. Sport) oder den Besuchszeiten überschneiden.

Einige dieser Probleme beim Direktunterricht können bei der Fernlehre gemindert oder vermieden werden, wobei Richardson (1989, p. 99) speziell auf den Vorzug verweist, daß die Gefangenen bei Fernlehre nicht an bestimmte Orte und Zeiten der Lehre gebunden sind. Sie berichtet ferner von Bemühungen zur Optimierung des offenen Lernens in Gefängnissen (u.a. durch Erkundung der Bildungsbedürfnisse von Inhaftierten sowie die Entwicklung, Erprobung und Evaluierung von adressatengerechten Curricula und Fernstudienmaterialien).

Richardson (1989, p. 101) betont, daß Fernlehre in Haftanstalten geeignet ist, Eigenaktivität und Selbstbewußtsein der Inhaftierten dadurch zu fördern, daß den Lernenden mehr eigene Verantwortung für den individuellen Lernprozeß zugewiesen wird. Unerläßlich dafür sei allerdings die Bereitstellung eines adäquaten Beratungs- und Betreuungssystems, in dem die systematische Vermittlung von Lern- und Arbeitstechniken einen wesentlichen Stellenwert hat.

Zukunftsweisend ist auch die Weiterentwicklung von Medienzentren (sog. 'Information

---

[9] Richardson (1989, p. 98) weist auf die Ironie hin, die in der Verwendung des Begriffs des 'open learning' im Kontext einer Erziehung in einer geschlossenen Institution liegt; sie hält dennoch 'open learning' für eine angemessene Form des Lernens im Justizvollzug.
[10] Zu den differenzierten Vollzugsformen und -anstalten, die in der zweiten Hälfte der neunziger Jahre im englischen Strafvollzug existieren, vgl. Smartt (1995a, S. 131ff); zu den Organisationsstrukturen von Privatgefängnissen, die inzwischen Teile des englischen Gefängniswesens darstellen; vgl. Smartt (1995b, S. 290ff).

Technology Centers'), von denen bereits fünf in den Gefängnissen existieren. Nach Richardson werden die neuen Informations- und Kommunikationstechnologien das 'offene Lernen' im Strafvollzug zukünftig noch stärker beeinflussen. Sie votiert dementsprechend für den Ausbau eines vollständigen 'Open Learning'-Netzwerkes, verbunden mit einem Training für die Organisatoren und Betreuer. (Zu Veränderungen in der Rolle der Betreuer im Open Learning s. Hardy 1997, S. 5.)

Fernunterrichtsangebote können auch in einzelnen Einrichtungen des Jugendstrafvollzugs von England und Wales (sog. „youth custody centres" bzw. „detention centres") - insbesondere zur Erlangung höherer Schulbildung - genutzt werden. Dabei ist die Teilnahme an einer bestimmten Anzahl von Unterrichtsstunden verpflichtend, die auch in Form von Fernkursen absolviert werden können (vgl. Geisler 1991, S. 100).

'Open Learning' im Vollzug kann sich auf sehr unterschiedliche Kurs-„Niveaus" und -inhalte beziehen. Die individuellen Belegungen von Kursen und Programmen reichen von einzelnen Unterrichtseinheiten bis hin zu umfassenderen Kursen oder Programmen; zu letzteren können auch College- oder Universitätskurse zählen. Beliebt sind z.B. Sprachkurse, bei denen die Lerner mithilfe eines Lehrbuches, eines Kassettenrekorders oder eines Minisprachlabors eine Fremdsprache lernen. Die Lernenden werden bei ihrem Studium in besonderen Klassenräumen von einem Lehrer oder Betreuer individuell beraten und unterstützt (vgl. Smartt 1995a, S. 137). 'Open Learning'-Programme sind beispielsweise integrale Bestandteile des Lehrplans der (privatisierten) Gefängnisschule in der *Glen Parva*-Jugendvollzugsanstalt, der größten ihrer Art in England (vgl. Smartt 1995a, S. 133f sowie Anm. 9 auf S. 137).

Inhaftierte können in Großbritannien unter bestimmten Bedingungen auch an Universitäten studieren - so an der Open University (OU) bereits seit Beginn der 70-er Jahre und in jüngerer Zeit auch an der University of Sunderland im Rahmen von 'Open Learning'-Programmen.

Zunächst zur *Open University* (OU): Sie wurde 1969 gegründet und hat derzeit etwa 210.000 Studierende. Seit ihrer Gründung bis 1996 haben mehr als 2.5 Millionen Teilnehmer an der Open University studiert (vgl. Open University 1996, S. 3).
Für die Aufnahme eines Studiums werden an der OU - ähnlich wie an der niederländischen Open universiteit und anders als etwa an der FernUniversität - keine formalen Bildungsvoraussetzungen (i.S. einer Hochschulreife) benötigt.
Die OU bietet Kurse in folgenden Fachrichtungen an: Sciences, Arts, Management, Education, Mathematics, Health and Social Welfare and Community Education, Social Sciences und Technology, wobei zwischen verschiedenen Programmen gewählt werden kann:
- The Undergraduate Programme (Abschluß: Bachelor).
- The Higher Degree Programme (Abschluß: u.a. Master).
- The Open Business School (Abschluß: Master of Business Administration).
- The Associate Programme (Kursangebote zur Weiterbildung mit der Möglichkeit zur Erlangung von Zertifikaten, die in 'credits' für einen 'degree' umwandelbar sind).

Die Lehre basiert primär auf gedruckten Studienmaterialien, ergänzt durch Lehrsendungen im Fernsehen und Hörfunk; für eine intensive tutorielle Betreuung der Studierenden ('face-to-face tuition') sowie für Beratungs- und Lehrveranstaltungen stehen 13 regionale Zentren und insgesamt 311 Studienzentren im Vereinigten Königreich und ein wachsendes Netz von solchen Lehr- und Lernorten in Westeuropa zur Verfügung (vgl. dazu u.a. Daniel 1996, S. 4). In vielen Kursen wird zudem der Besuch obligatorischer Präsenzveranstaltungen, beispielsweise von 'Summer-Schools' oder Wochenendseminaren, verlangt (zu deren Gestaltung und Evaluation vgl. Rowntree 1992 sowie Woodley & Parlett 1983; vgl. ferner Münch 1997, S. 260ff).
Die Open University hat sich - entsprechend dem Verzicht auf formale Bildungsvoraussetzungen - auf den Umstand eingestellt, daß ein großer Teil der Studenten nicht über eine abgeschlossene Sekundarschulausbildung verfügt. Die Kurse des ersten Jahres, die sog. 'foundation courses', sind daher so angelegt, daß sie langsam in das neue Gebiet einführen und keine spe-

Teil D

ziellen Vorkenntnisse voraussetzen.

Bereits unter den ersten 25,000 Studierenden der Open University (UK) waren im Jahre 1971 22 inhaftierte Studenten; der erste von diesen graduierte 1974. Bereits 1971 wurden auch erste systematische Maßnahmen hinsichtlich der inhaftierten Studierenden eingeleitet (vgl. Meade 1983, p. 4, sowie Kennard[11] 1982, pp. 1-7). 1982 gab es 40 inhaftierte OU-Studierende. Die Zahl der Studenten ist in den darauffolgenden Jahren deutlich angestiegen: Ende der 80-er Jahre waren ca. 250 Gefängnisinsassen als Studierende der Open University registriert, die in 36 bis 38 Gefängnissen - für Inhaftierte mit Langzeitstrafen - einsaßen und tutoriell betreut wurden.

Für die inhaftierten Studierenden gibt es an der Open University keine speziell entwickelten Kurse (vgl. Haffa & Kammerer 1987, S. 41). „In den Programmankündigungen und Kursbeschreibungen der OU werden Strafgefangene - im Gegensatz zu anderen Sondergruppen - nicht eigens angesprochen [...]. Die OU gibt jedoch spezielles Informationsmaterial für Strafgefangene heraus, das Interessenten dann von den Betreuungskräften der Vollzugsanstalt erhalten. Darin erfahren die Strafgefangenen alles Wichtige über Teilnahmevoraussetzungen und Durchführungsmodalitäten [...] Die Informationen weisen auch auf die Chancen einer allgemeinen oder beruflichen Weiterbildung und auf deren Bedeutung für die Resozialisierung hin" (Haffa & Kammerer 1987, S. 61; vgl. Balli 1986, S. 91).

Die studierwilligen Strafgefangenen können nicht alle Kurse der OU, sondern nur bestimmte, als für sie als geeignet ausgewiesene Kurse belegen. Dazu zählen Kurse, für die keine besonderen Ausrüstungen notwendig sind, wie beispielsweise Computer, Werkzeug und Labor-Sets sowie solche, für welche die Teilnahme an „Summer Schools" nicht obligatorisch ist. Für die inhaftierten Studierenden sind über 110 Kurse insbes. der Fachrichtungen Geistes-, Sozial- und Erziehungswissenschaften und Mathematik sowie Kurse im Bereich der allgemeinen Erwachsenenbildung zugänglich; bezüglich Kursen im Bereich der Naturwissenschaften und Technik gelten die o.g. Einschränkungen.

Die Entscheidung darüber, welche Kurse für Strafgefangene angeboten werden können, trifft das Innenministerium. „Die am Fernstudium interessierten Strafgefangenen werden nach vom Innenministerium und der OU aufgestellten Kriterien ausgewählt [...]. In diesem Verfahren wird die generelle Eignung des Interessenten für ein Fernstudium (Persönlichkeit, Verhalten, physische und geistige Gesundheit usw.) sowie seine spezielle Situation (Dauer der Haft, Vorkenntnisse usw.) erfaßt und bewertet. [...]

Die Kursgebühren und Materialkosten (inclusive Zurverfügungstellen von Radio, TV, Kassettenrekorder usw.) übernimmt der Staat. Den Strafgefangenen werden zehn Stunden Lernzeit pro Woche zugebilligt; das entspricht dem üblichen für die Kurse veranschlagten Zeitaufwand. Sollte der Strafgefangene nicht die Möglichkeit haben, außerhalb seiner Arbeitszeit zu studieren, kann er dafür während der Arbeitszeit ohne Lohnausfall freigestellt werden. Der Kontakt der inhaftierten Studenten mit den OU-Tutoren ist reglementiert und muß immer über den 'education officer' der Justizvollzugsanstalt laufen" (Haffa & Kammerer 1987, S. 41f).

Die Open University arbeitet mit 36 Haftanstalten zusammen und stellt für die Strafgefangenen garantierte Quoten zur Verfügung. Während in einzelnen Gefängnissen (z.B. in Downview, Latchmare House, Highdown und Brixton) jeweils nur ein inhaftierter OU-Studierender ist, studieren in manchen anderen Gefängnissen jeweils bis zu 13 Gefangene (so in Maidstone, Ford, Cookham Wood, Lawes, Swaledale, Blantry House, Send, Aldington, Coldingley und East Sutton Park).

Besondere Probleme der inhaftierten Studierenden ergeben sich daraus, daß nicht alle in Einzelzellen untergebracht sind und einen geeigneten Platz zum Lernen finden; zudem haben die Inhaftierten keinen freien Zugang zu Radio und Fernsehen; sie müssen für die kursbegleitenden Sendungen freigestellt werden. Um diese Schwierigkeiten zu lösen, ist ein guter Kontakt zwischen den OU-Tutoren, den Erziehungsbeauftragten der Justizvollzugsanstalten und der Anstaltsleitung notwendig.

---

[11] Raymund Kennard war zu Beginn der achtziger Jahre Senior Counsellor der Open University, London Region, und hat die Möglichkeiten der Weiterentwicklung eines Fernstudiums in Haft auch in den Vereinigten Staaten und in Kanada publik gemacht (vgl. Meade 1983, p. A 4)

7. Ergebnisse der Institutionenerhebung

An der OU ist eine Gleichstellung der inhaftierten Studierenden „mit den übrigen OU-Studenten weder angestrebt noch möglich, da die wesentlichen Vorgaben von dem für den Strafvollzug verantwortlichen Innenministerium vorgegeben werden: Sicherheit steht vor Resozialisierung. Die Anpassung an die besondere Zielgruppe Strafgefangene liegt hier eher in einer Einschränkung der Studienmöglichkeiten" (Haffa & Kammerer 1987, S. 61f; vgl. ferner Balli 1986):
- geringere Fächer- und Kursauswahl: die Inhaftierten belegen - eben aufgrund der Einschränkungen bezüglich naturwissenschaftlicher und technischer Fächer - überwiegend Kurse mit sozialwissenschaftlich orientierten Inhalten;
- keine Teilnahme an Präsenzveranstaltungen;
- eingeschränkte tutorielle Beratung und Betreuung[12]; sowie auch
- kein freier Zugang zum Studium: die OU hält nur eine bestimmte Quote von Studienplätzen frei; nur Langzeithäftlinge dürfen ein Studium an der OU absolvieren; zudem müssen sich interessierte Strafgefangene erst einem umfangreichen Test unterziehen.

Die Erfolgsdaten sind recht positiv: Die Abschlußquote für Kurse im „undergraduate"-Bereich beträgt bei den teilnehmenden Inhaftierten 76.6% gegenüber einem Anteil von ca. 70 % bei allen OU-Studenten (vgl. Kennard 1982, p. 1; vgl. ferner Haffa & Kammerer 1987, S. 62, Balli 1986, S. 91, sowie Worth 1994, p. 34 + 41). Die für Erziehungsfragen in den Gefängnissen Zuständigen sind sich zudem über die positiven Wirkungen des Studiums einig: „Unsoziale und schwierige Gefangene ändern sich im Verhalten und Persönlichkeit und tragen konstruktiv zu Gruppenentscheidungen bei" (Balli 1986, S. 91; vgl. Haffa & Kammerer 1987, S. 62).

In den letzten Jahren ist die Zahl der inhaftierten Studierenden weiter angestiegen. Aktuellere Zahlen sind dem nachstehend abgedruckten Auszug aus einer Mitteilung der „Academic Administration (Students) Division" (vom 18.3.96) zu entnehmen; Stephen L. Dutt, der Senior Assistant Registrar, schreibt: „The Open University has a long-established distance-learning scheme for prisoners in England and Wales (separate schemes exist for Scotland and Northern Ireland [...]). The main features of the scheme are as follows:
- 94 prisons are designated by the Home Office in England and Wales as suitable for prisoners' study purposes (this list is reviewed annually);
- a total of 342 prisoners are currently enrolled on Open University courses (this figure includes 118 initially registered for 1996, and 224 continuing prisoners);
- the list of Open University courses that prisoners can study is reviewed annually, (some courses, e.g. of a technical nature employing 'Home Kits', are designated 'unsuitable' for security reasons);
- the Home Office pays all tuition fees, including additional tutorial costs;
- prisoners are not allowed to follow Open University courses without the agreement of the Prison Education Officer / Co-Ordinator, and they cannot pay their own fees;
- numbers are restricted by the amount of funding available and the emphasis is on supporting continuing students;
- the guidance principle of the scheme is to enable long-serving prisoners to follow Open University courses, but not those with short sentences.

In Scotland, permission to follow Open University courses is at the discretion of individual Prison Governors, and funding is from Scottish Office. In Northern Ireland, permission is also at the discretion of individual Governors, and funding is from the Northern Ireland Office. The scheme, as described above, for England and Wales is currently being reviewed with the Home Office in the light of recent Government legislation, which provides a far greater degree of financial autonomy for individual Prison Governors."

An der *University of Sunderland* (im Norden Englands) können inhaftierte Studierende an einem 'Open Learning'-Programm unter dem Motto „Gateway to Learning" teilnehmen. Das Programm zielt darauf, verschiedene, bisher unterrepräsentierte Gruppen der Gesellschaft zu

---

[12] Zu den Problemen der Beratung und tutoriellen Betreuung inhaftierter Studierender an der Open University s. auch Purcell (1988) und Worth (1994).

erreichen. (Die Angaben entstammen einem Schreiben der Universität vom 13.6.1996 und einem beigefügten kurzen Evaluationsbericht.)

Eine erste Evaluation durch den Learning Development Service der Universität befaßte sich u.a. mit den Studienerfolgen von Angehörigen solcher Gruppen (darunter Frauen, die ihre Ausbildung unterbrochen hatten; Arbeitslose; und auch 5 Inhaftierte). Die Ergebnisse fallen für die Inhaftierten recht positiv aus: „All the learners at the prison completed the programme. A prison-based tutor arranged personal tutorial times with them. Flexibility was uppermost - the print-based materials were supportive yet also active ensuring that the learner could obtain maximum effectiveness from their learning. The project did not have any prerequisites. These were truly liberated learners." (Schreiben von Helen Milner vom 13.6.96)

Angaben zu einer weiteren Einrichtung liegen aus der Institutionenbefragung von 1996/97 vor: Das *Edinburgh's Telford College* bietet Kurse im 'undergraduate'- und 'post-graduate'-Bereich an. Von den ca. 2500 Studierenden sind derzeit 15 inhaftiert.

Gefangene werden von dem College als spezielle Zielgruppe angesprochen und bei der Einschreibung unterstützt. Das College hat zwar für inhaftierte Studierende keine speziellen Kurse oder Programme entwickelt, es bemüht sich aber um eine gezielte Beratung und Betreuung für diese Gruppe.

Derzeit verfügt das College über kein Studienzentrum in einem Gefängnis; man hofft aber, in näherer Zukunft ein solches eröffnen zu können. Gegenwärtig ist man bemüht, mit dem 'Scottish Prison Service' und der 'Scottish Association for the Resettlement of the Offenders' zu einer Regelung zu gelangen, wodurch studieninteressierte Gefangene gebührenfrei an Fernstudienkursen teilnehmen können.

Bei der Kurswahl gelten für Gefangene einige Restriktionen seitens der Haftanstalten. Ferner müssen die inhaftierten wie die übrigen Studierenden die jeweiligen Kursvoraussetzungen erfüllen.

Als Hauptlehrmethoden werden Studienbriefe in Verbindung mit individueller schriftlicher oder telefonischer tutorieller Betreuung verwendet; die tutorielle Betreuung erfolgt einmal monatlich. Ferner setzt das College auch Präsenzlehrformen ein. Als Hauptmedien werden schriftliche Materialien, ergänzt durch Audio- und Videomaterial, genutzt.

Für inhaftierte Studierende gelten gesonderte Examensregeln, die i.w. durch die Haftanstalten festgelegt werden. Die Erfolgsrate wird als „high" (ohne nähere Spezifikation) angegeben.

Als Probleme werden die Studienorganisation im Gefängnis, der Zugang zu den Gefangenen und die Aufrechterhaltung des Kontaktes genannt.

7.2.1.2 Norwegen

Fernlehre hat im Bildungssystems Norwegens (wie auch der übrigen skandinavischen Staaten) seit längerem einen festen Platz. Das vorhandene Fernlehrangebot wird derzeit durch den Aufbau eines Fernlehrnetzwerkes noch ausgebaut. (Zu diesem Netzwerk - unter der Federführung des *Norwegian Executive Board for Distance Education at University and College Level* (SOFF) - haben sich Universitäten, Colleges und private Fernstudienanbieter zusammengeschlossen; vgl. SOFF 1996, S. 1f.)

Norwegen verfügt auch über ein gut ausgebautes Ausbildungssystem in den Haftanstalten. In 33 der 43 Gefängnisse des Landes werden Kurse (hauptsächlich im schulischen Bereich) angeboten. Die vorhandenen Ausbildungsplätze (650 in den Haftanstalten; 150 weitere außerhalb) sind ausreichend, um ca. einem Viertel aller Inhaftierten Ausbildung anbieten zu können. Inhaftierte haben zwar auch die Möglichkeit, an Fernstudienkursen teilzunehmen; die Gesamtanzahl aller inhaftierten Fernstudierenden in Norwegen wird jedoch auf lediglich 20 bis 30 geschätzt. (Vorstehende Angaben sind einem Schreiben vom 18.12.96 von Per Kvist und Torfinn Langelid vom Statens Utdanningskontor in Hordaland entnommen; diese Stelle ist zuständig für die Koordination und Entwicklung des Ausbildungswesen in Gefängnissen in Norwe-

gen.) Ein Auszug aus dem Schreiben sei hier wiedergegeben: „Educational courses are currently available in 33 of the country's 43 prisons. There are approximately 650 places available in the prisons themselves, and approximately 150 places available in the follow-up classes outside the prisons. At any [...] time, therefore, 23 percent of the prisoners can get some form of education in prison. The courses offered are at compulsory school and upper secondary school level, with the emphasis on the latter. In addition, there are a number of courses that could be called coping-with-life courses. In the classes, the groups are smaller than in the ordinary schoolsystem, with 4-6 pupils in each class.
We have no figures for how many inmates [...] take part in distance teaching. We know there are some inmates who study on university level. On national level we suppose that 20-30 inmates take part into correspondence courses on different level, but we don't know the exact figure."

Eine Einrichtung, die auch Inhaftierten ein Fernstudium ermöglicht, ist *NKI* (in Bekkestua bei Oslo), eine nicht-staatliche Stiftung, die aber von der Regierung kontrolliert und auch finanziell unterstützt wird. NKI hat 4 Abteilungen: a) ein Polytechnikum (entstanden aus der Zusammenlegung zweier Colleges für Ingenieurswesen und für 'Computer Science'), b) eine Berufsbildungsakademie, c) einen Verlag und d) die Fernstudienabteilung (vgl. Rekkedal, in Vorb; vgl. ferner Rekkedal 1991; die nachstehenden Angaben entstammen der Institutionenbefragung).

Zum Angebot der Fernstudienabteilung von NKI gehören schulische Kurse (100), Kurse im College-Bereich (100), Kurse auf Hochschulniveau (100) sowie Kurse zur Beruflichen Fort- und Weiterbildung (100); ferner spezielle Kurse (u.a. für Management). Die Anzahl eingeschriebener Studierender beträgt derzeit ca. 10.000, worunter auch 15 Inhaftierte sind. NKI fügt bezüglich der Anzahl der Inhaftierten hinzu, daß es sich dabei um eine Schätzung handele, da NKI bei der Einschreibung in der Regel nichts davon erfährt, ob ein Studieninteressent inhaftiert ist. Dementsprechend werden die inhaftierten wie alle übrigen Lerner behandelt.

Gefangene werden von NKI nicht gezielt als Adressatengruppe angesprochen. NKI hat für sie weder spezielles Lehrmaterial noch besondere Beratungs- und Betreuungsmethoden entwickelt. Es gibt auch keine gesonderten Examensregelungen für die inhaftierten Studierenden; denn NKI praktiziert generell dezentrale Prüfungen, die daher auch in Gefängnissen abgelegt werden können.

Als Lehrmethoden werden hauptsächlich Studienbriefe und individuelle schriftliche tutorielle Betreuung verwendet, je nach Kurs ggf. auch durch Labortraining ergänzt. Als Hauptmedium wird schriftliches Material eingesetzt, welches - je nach Kurs - durch Audio- und Videokassetten ergänzt wird. Für Gefangene gelten bei der Kursauswahl keine Restriktionen hinsichtlich der Inhalte oder des Niveaus, wohl aber insofern hinsichtlich der Medien, als sie faktisch nicht Kurse belegen können, die eine Internet-Nutzung implizieren.

Eine Arbeitsverpflichtung für Gefangene gibt es laut NKI nicht. Die inhaftierten Studienteilnehmer müssen für die Kursteilnahme (wie alle übrigen Studierenden auch) Gebühren entrichten; diese werden jedoch vom Gefängnis bzw. dem Staat bezahlt; dabei gibt es seitens der Institution keine Ermäßigungen.

7.2.1.3 Schweden

Aus Schweden liegt ein Erfahrungsbericht zum Fernunterricht in Gefängnissen bereits aus den 60-er Jahren vor (Statens offentliga utredningar, Stockholm, 1963/16; in übersetzter Form nachgedruckt in Epistolodidaktika 1(1964), 2, S. 83-90). Dargestellt werden Erfahrungen aus den Gefängnissen in Hall, Kristianstadt, Langholmen und Västeras sowie den Jugendanstalten in Skenäs und Hällby. Eingesetzt wurden u.a. schulische und berufliche Kurse der Fernlehrinstitute NKI und Hermods, an denen bis zu über 30 Inhaftierte pro Anstalt teilnahmen. Die Er-

Teil D

fahrungen waren gemischt[13], insgesamt aber doch eher positiv. Der Berichterstatter aus dem Jugendgefängnis in Västeras, K.-V. Jacobson, meint denn auch in seiner abschließenden Bewertung, „daß Fernstudien nicht nur durch die Bereicherung an Wissen, sondern auch [...] als ein Bestandteil der Resozialisierungsbestrebungen von großem Wert sind" (zit. n. der o.a. deutschen Übersetzung in Epistolodidaktika, S. 90).

Aus jüngerer Zeit (aus der Institutionenbefragung) liegen Angaben des *Nationalen Instituts für Fernstudium* in Norrkööpping vor. Das Institut bietet schulische Kurse an und hat derzeit ca. 10.000 Studierende, darunter eine geschätzte Anzahl von 30 - 50 inhaftierten Studierenden. (Die inhaftierten Studierenden werden nicht getrennt erfaßt.)

Gefangene werden von dem Institut weder gezielt als Adressatengruppe angesprochen, noch gibt es für sie spezielles Lehrmaterial oder besondere Beratungs- und Betreuungsmethoden. Die Institution kooperiert jedoch mit den Ausbildungszentren, die es in fast allen Gefängnissen gibt. (Diese Ausbildungszentren werden nicht vom Institut, sondern von den Gefängnissen bzw. der Justizverwaltung betrieben.) Als Leitmedium werden schriftliche Materialien, ergänzt durch Audio- und Videokassetten, verwendet. Bei der Kursauswahl gibt es für die Inhaftierten keine Restriktionen. Die tutorielle Betreuung erfolgt regelmäßig bzw. nicht in festen Zeitabständen. Die Gefangenen können ihre Prüfungen innerhalb der Gefängnisse ablegen.

Die inhaftierten Studierenden unterliegen i.d.R. einer Arbeitspflicht, von der sie aber - zumindest teilweise - befreit werden können. Zudem müssen sie Gebühren entrichten; eine Gebührenreduktion wird nicht gewährt.

7.2.1.4 Finnland

Die finnischen Strafvollzugsbestimmungen sehen Regelungen für (Aus-) Bildungsmaßnahmen für die Gefangenen vor. Die Ausbildungsmaßnahmen in finnischen Haftanstalten unterliegen dabei den allgemeinen finnischen Bestimmungen für Schul-, Berufs- und sonstige Bildung (vgl. Ministry of Justice Helsinki 1996, S. 1). Es werden primär Kurse zur Erlangung von Schulabschlüssen sowie verschiedene berufliche Ausbildungsgänge angeboten. Im Jahre 1995 waren von den 3248 Inhaftierten 13 % (= 415) in Aus- und Weiterbildungsmaßnahmen (vgl. Ministry of Justice, Helsinki 1996, S. 2).

Auf eine Anfrage teilte die für die Gefängnisse zuständige Abteilung des finnischen Justizministeriums (in Helsinki) zum „Fernstudium in Haft in Finnland" mit: „As far as we know distance studies are not very widely carried out in our institutions. Most education and vocational training in our prisons is organized inside our prisons. In additon to this some prisoners are granted permission to go to outside educational institutes. Certainly there exist in our prisons students whose individual educational programmes include distance-studies. For instance when you are trained by the apprenticeship system in prison work it is likely that you study at least part of the theoretical studies by distance-learning in co-operation with an educational institute. A couple of years ago there was a very beneficial project with one of our closed central prisons and the local university. A small group of prisoners studied the lowest university grade in social sciences by distance-studies. Audio-visual methods were also used in providing some lectures by university teachers. The experiences of the prisoners, the teachers and prison personnel were very positive. At least one prisoner from that group has carried on his studies (in the beginning by distance-studies) and is nowadays finishing the Master degree. Unfortunately the prison didn't find another group to begin the studies." (Schreiben von K.J. Lång & K. Kuivajärvi vom 6.3.97)

Nach einer früheren Erhebung von Haffa & Kammerer (1987) bieten die Fernlehreinrichtungen in Finnland keine Kurse speziell für bestimmte Zielgruppen (wie z.B. Inhaftierte) an; die

---

[13] Beispielsweise berichtet das Gefängnis in Kristianstad von „nicht den besten" Erfahrungen. In der Jugendanstalt war die Erfolgsrate anfänglich (1957/58) niedrig (15%), steigerte sich dann aber in den Folgejahren auf 60-70%.

7. Ergebnisse der Institutionenerhebung

Institute bemühen sich jedoch, im Sinne einer Einzelfallanpassung, den Bedürfnissen sog. sozial Benachteiligter unter ihren Teilnehmern entgegenzukommen und ihnen in der Regel Gebührenermäßigungen zu gewähren (vgl. Haffa & Kammerer 1987, S. 129; allgemein zum Fernunterrichtswesen in Finnland s. auch Karow 1980, S. 203ff; zur Entwicklung des „offenen Lernens" und von „offenen Universitäten" in Finnland s. Ukkola 1995 sowie Rinta-Kanto & Vaherva 1995, S. 11ff).

Diese generelle Einschätzung trifft auch für das größte finnische Fernlehrinstitut, das *KVSK*-Institut der „Society for Popular Culture and Adult Education" in Helsinki zu, das neben schulabschluß-vorbereitenden Kursen auch Sprachkurse, allgemeinbildende Kurse geisteswissenschaftlicher Fachrichtungen und Hobbykurse anbietet; zum Angebot gehören ferner auch berufsbildende Kurse der Fachrichtungen Technik, Wirtschaft, Management und Business, Bibliothekswesen, Kindererziehung und Pädagogik. Im Fernlehrbereich hat das Institut drei Studienschwerpunkte (s. Haffa & Kammerer 1987, S. 130f): Sekundarschulausbildung; Weiterbildung für Kinderpflege-Personal und ein Fernschulprogramm für finnische Kinder, die sich zeitweilig außerhalb des Landes (meistens in Schweden oder anderen skandinavischen Ländern) aufhalten. Das Fernlehrangebot enthält eine intensive Tutorenbetreuung.

Das KVSK-Institut ermöglicht auch Strafgefangenen die Kursteilnahme und gewährt ihnen Gebührenermäßigung oder -erlaß. Es gibt aber keine speziellen Kurse oder Lehrangebote für Inhaftierte. „Das KVSK-Institut betrachtet im Grunde genommen alle Behinderten und Benachteiligten als seine normalen Zielgruppen, die nicht über die anderen Erziehungsorganisationen und Bildungsinstitutionen erreicht werden können. Das Institut würde sein Konzept intensiverer Betreuung besonderer Gruppen gern erweitern und intensivieren, es fehlt allerdings an öffentlicher Unterstützung, da die Einkommen aus den Kursgebühren nicht ausreichend sind" (Haffa & Kammerer 1987, S. 131).

Auch das *TIETOMIS*-Institut in Helsinki bietet Fernkurse u.a. zur beruflichen Fort- und Weiterbildung im Technikbereich an; zu den vom Institut betreuten Sondergruppen gehören neben „Körperbehinderten" auch „Strafgefangene" (vgl. Haffa & Kammerer 1987, S. 130).

Diese Angaben können durch Daten aus der eigenen Institutionenbefragung 1996/97 aktualisiert und ergänzt werden: TIETOMIS offeriert pro Jahr 60 Kurse im Bereich der beruflichen Bildung, an denen jährlich ca. 2.000 Studierende - darunter 1-2 Inhaftierte - teilnehmen. Das Institut verwendet als Lehrmethoden Studienbriefe, u.U. ergänzt durch Präsenzphasen, sowie ggf. auch individuelle briefliche oder telefonische individuelle Betreuung, die i.d.R. einmal wöchentlich erfolgt. Zudem verfügt das Institut über Studienzentren (außerhalb von Gefängnissen). Als Medien werden schriftliches Material und ggf. auch Audiokassetten eingesetzt.

Gefangene werden nicht gezielt als Adressatengruppe angesprochen. Eine Anpassung an diese Adressatengruppe erfolgt i.w. nur in der Weise, daß bei Kursen, die Seminarartige vorsehen, spezielle Arrangements für die inhaftierten Studierenden getroffen werden.

Die Inhaftierten unterliegen einer Arbeitspflicht. Für die Teilnahme an den Kursen müssen sie, wie alle übrigen Studierenden auch, Gebühren zahlen. Die Erfolgsrate wird mit 100% angegeben.

Gefangene können in Finnland auch an universitären Einrichtungen studieren.[14] Dazu liegen aus der Institutionenbefragung Angaben vor: Die *Universität Oulu* bietet Kurse in Präsenzlehre und über Fernlehre an. Markku Karjalainen, der Project Manager des Continuing Education Centre der Universität berichtet (e-mail vom 24.10.1996), daß zwar einige Gefangene an Kursen in Präsenzlehrform, nicht aber an Fernkursen teilgenommen hätten.

Und nach Auskunft von Kari Salkunen (vom Lifelong Learning Institute Dipoli an der 'Helsinki University of Technology') haben Gefangene auch an Kursen des Europäischen Studienzentrums Turku teilgenommen (e-mail vom 24.10.1996).

---

[14] Die Entwicklung des Fernstudiums in Finnland ist seit den 80-er Jahren rapide vorangeschritten. Die Zahl der Fernstudierenden an den 21 finnischen Universitäten, die alle über eine Fernstudienabteilung verfügen (sog. 'dual mode'-System), ist kontinuierlich angestiegen: 1987: 26.000 Studierende; 1992: 50.000; 1994: 68.000. 1995 studierten 1,4% der gesamten finnischen Bevölkerung an den offenen Universitäten (d.h. fast 70.000); vgl. dazu Rinta-Kanto & Vaherva 1995, S. 11f).

7.2.1.5 Dänemark

Fernstudium findet in dänischen Gefängnissen nur selten statt, da die Vollzugsregeln es den Insassen in der Regel ermöglichen, an Lehrveranstaltungen außerhalb der Anstalten teilzunehmen; nur wenn die Insassen lange Zeit im Gefängnis bleiben müssen, wird Fernstudium in Betracht gezogen, wobei den inhaftierten Interessenten die gleichen Fernlehrangebote wie der übrigen Bevölkerung zur Verfügung stehen (Mitteilung von John Berthelsen vom Ministry of Justice, Department of Prisons and Probation, vom 9.5.96).

Fernlehre wird hier überwiegend als eine für sozial Benachteiligte wenig geeignete Bildungs- und Ausbildungsmaßnahme angesehen, denn: „Die gerade für diese Zielgruppen notwendige Integration in die Gesellschaft bzw. Resozialisierung kann kaum über Fernkurse, sondern viel eher über Direktunterricht, d.h. direkten Kontakt zu Lehrern, Ausbildern, Mitschülern, Kollegen erreicht werden" (Haffa & Kammerer 1987, S. 128).

Dementsprechend gibt es keinen speziell an die Bedürfnisse dieser Zielgruppe angepaßten Fernunterricht in Dänemark (vgl. Haffa & Kammerer 1987, S. 127, unter Bezug auf Informationen des dänischen Dachverbandes für Fernunterricht; allgemein zum Fernunterricht in Dänemark s. auch Karow 1980, S. 197ff).

Inhaftierte in Dänemark haben auch die Möglichkeit, ein Universitätsstudium durchzuführen - an einer der Präsenzhochschulen oder auch an der *Jutland Open University (JOU)*. Letztere ist eine gemeinsame Einrichtung der Universität Aarhus und der Universitätszentren von Aalborg und Esbjerg und bietet neben Programmen zur Erlangung eines formalen Abschlusses (äquivalent zum B.A.) auch Weiterbildungskurse ohne formalen Abschluß an. Das Studium an der JOU ist in Abendkursen mit Direktunterricht oder als Fernlehre mit ergänzenden Wochenendseminaren organisiert.[15] Nach einer Mitteilung von Kirsten Andersen von der JOU (Fax vom 26.2.96) ist die Anzahl inhaftierter Studierender nicht bekannt, da die Studierenden bei der Einschreibung nicht anzugeben brauchen, ob sie inhaftiert sind; sie werden daher genauso wie alle übrigen Studierenden behandelt.

7.2.1.6 Niederlande

Die Erwachsenenbildung spielt in den Niederlanden traditionell eine bedeutende Rolle. So bieten viele Gemeinden Tages- und Abendkurse für erwachsene Lerner an. Ferner existieren private Fernunterrichtseinrichtungen, die berufsbildende oder weiterbildende Kurse anbieten.

Da aber die meisten Inhaftierten in den Niederlanden, ähnlich wie in anderen europäischen Ländern, nur ein relativ geringes Ausbildungs- und Bildungsniveau haben und dementsprechend nicht über die für ein Fernstudium notwendigen Studierfertigkeiten ('study skills') verfügen, ist für sie Präsenzlehre bzw. Klassenunterricht angemessener - so die Ansicht von Robert Suvaal vom niederländischen Justizministerium, Directorate-General for the Protection of Young People and the Care of Offenders, Care of Offenders and Youth Institutions Department (Schreiben vom 6.3.97). Für eine kleine Minderheit sei aber durchaus auch Fernstudium angemessen, wenn bestimmte Bedingungen - wie hohe Qualität des Lehrmaterials und adäquate Betreuung - gewährleistet seien; aber auch hier gelte: „being fit for distance education is not only a matter of level of education, it is also a matter of perseverance" (a.a.O.).

Trotz dieser eher skeptischen Einschätzung durch das Justizministerium können Gefangene in den Niederlanden auch an der 1984 gegründeten *Open universiteit (Ou)* studieren.

Die niederländische Ou, die in etwa mit der britischen Open University zu vergleichen ist, spielt eine wichtige Rolle im Bereich der Erwachsenenbildung und bietet ihren Studierenden neben kompletten Studiengängen auch Angebote zur Weiterbildung, wobei unter einer Vielzahl von (im Modulsystem konzipierten) Kursen gewählt werden kann. Es können Kurse in fol-

---

[15] Dies entspricht einer generellen Tendenz im universitären Bereich Dänemarks: nämlich Präsenz- und Fernlehrformen für Voll- und Teilzeitstudierende aller Adressatengruppen zu koppeln - ggf. auch unter Einsatz „neuer Medien" (vgl. Bang 1996, S. 71ff).

genden Fachrichtungen belegt werden: Rechtswissenschaften, Wirtschaftswissenschaften, Business und Management, Naturwissenschaften, Technische Wissenschaften, Sozial- und Kulturwissenschaften. Die einzige Bedingung für die Immatrikulation an der Open universiteit ist ein Mindestalter von 18 Jahren; es werden also (wie bei der britischen Open University) keine formalen Bildungsvoraussetzungen gemacht. Die akademischen Abschlüsse, die an der niederländischen Ou erreicht werden können, sind denen der übrigen niederländischen Hochschulen gleichgestellt (vgl. Schaumann 1995, S. 47ff).

Derzeit studieren ca. 26.000 Studierende an der Open universiteit. (Diese Angabe stammt aus der Institutionenbefragung; die Anzahl der Studierenden hat gegenüber den Vorjahren etwas abgenommen; sie betrug 1995 über 30.000, von denen etwa ein Drittel einen Studienabschluß im Sinne eines Diploms oder Magister anstrebt, während die übrigen nur einzelne oder mehrere Kurse zu Weiterbildungszwecken belegt haben.)

Die Lehre an der Ou basiert i.w. auf schriftlichem Studienmaterial, ergänzt u.a. durch audiovisuelles Lehrmaterial und computer-gestützte Lehr-/ Lernprogramme. Zum System gehören ferner 20 Studienzentren, die in ihrer Konzeption denen der deutschen FernUniversität ähneln. Dort werden die Studierenden einzeln oder in Gruppen fachlich oder in allgemeinen Studienfragen beraten; zudem werden dort dreimal jährlich Prüfungen (Klausuren etc.) mit zentraler Kontrolle durchgeführt.

Gefangene zählen an der niederländischen Open universiteit zu den Zielgruppen; es gibt für sie allerdings weder spezielle Kursangebote noch eine spezielle Betreuungskonzeption.[16]

Die Ou verfügt nicht über eigene, von ihr betriebene Studienzentren in Haftanstalten. Es existieren aber in einigen niederländischen Gefängnissen gut ausgebaute anstaltseigene Ausbildungszentren, die inhaftierte Studierende der Ou mitbetreuen können - so u.a. in der P.I. Norderhaven, einer Haftanstalt in Veenhuizen, wo derzeit 10 Studierende der Ou untergebracht sind. Dort steht ein Ausbildungsteam zur Verfügung, das in erster Linie für die von der Haftanstalt getragenen Ausbildungsgänge - u.a. Sprachkurse und berufsbildende Kurse - zuständig ist. Einige inhaftierte Studierende der Ou werden auch im Studienzentrum der FernUniversität in Geldern durch Tutoren aus dem Ou-Studienzentrum in Venlo betreut. (Seit 1993 gibt es eine Kooperation zwischen einigen ausgewählten Studienzentren der Ou und der FernUniversität, die 1995 auf den Bereich der Betreuung von inhaftierten Fernstudieninteressenten und Studenten ausgedehnt wurde.)

Die Anzahl der inhaftierten Studierenden unterliegt anscheinend gewissen Schwankungen. Während 1996 lediglich achtzehn inhaftierte Studierende am Fernstudium partizipierten (Mitteilung vom 08.07.1996 durch Ina Kluytmans, an der Ou zuständig für die Betreuung von Sondergruppen), wurde bei der Institutionenbefragung (Anfang 1997) eine Anzahl von 45 inhaftierten Studierenden angegeben.

Seitens der Ou gibt es für Gefangene keine Restriktionen bei der Auswahl der Kurse. Die Gefangenen müssen (wie alle übrigen Studierenden der Ou) Gebühren zahlen; eine Gebührenreduktion ist nicht möglich. Die Erfolgsrate bei den inhaftierten Studierenden beträgt für den 'undergraduate'-Bereich ca. 27%.

7.2.1.7 Belgien

Aus Belgien wurde uns (über die für Gefängnisse zuständige Abteilung des Justizministeriums) ein ausgefüllter Fragebogen der Abteilung 'Enseignement à distance' des Ministère de la Communaute Française in Brüssel zugeleitet. Die Einrichtung bietet u.a. Kurse (in französicher Sprache) für schulische Abschlüsse. Es sind dort 18.312 Studierende eingeschrieben, darunter 1.200 Inhaftierte.

Gefangene werden gezielt als Adressatengruppe angesprochen. Bei der Programmgestaltung ist man bemüht, das Angebot so flexibel zu gestalten, daß es den individuellen Bedürfnissen

---

[16] Nach Haffa & Kammerer (1987, S. 68f) besteht an 42 von 49 Haftanstalten eine Möglichkeit zur Teilnahme an Fernlehrangeboten, die nach Schätzungen aus dem Jahre 1984 von ca. 10% der insgesamt 1500 Strafgefangenen, die an Ausbildungsmaßnahmen teilnehmen, genutzt werden.

Teil D

des Einzelfalls angepaßt werden kann. An der Einrichtung gibt es zudem eine spezielle Kontaktstelle, an die sich die inhaftierten Studierenden wenden können. Für Inhaftierte ohne Schulabschluß existieren außerdem spezielle Lehrangebote mit regelmäßiger tutorieller Betreuung. Die Institution betreibt zwar keine eigenen Studienzentren in den Haftanstalten, nutzt aber die Möglichkeiten der von den Haftanstalten betriebenen Ausbildungszentren.

Als Lehrmethoden und -medien werden schriftliche Materialien in Verbindung mit individueller tutorieller Betreuung verwendet. Die zusätzlich eingesetzten Video- und Audiokassetten (letztere etwa für Sprachkurse) dürfen aus Sicherheitsgründen nur in Anwesenheit des Gefängnispersonals genutzt werden. Durch Sondererlaubnis kann auch die Nutzung von (in den Haftäumen aufgestellten) Computern ermöglicht werden.

Es ist für bestimmte Programme eine regelmäßige monatliche tutorielle Betreuung vorgesehen; bei anderen Programmen erfolgt die Betreuung auf Anfrage. Die inhaftierten Studierenden müssen keine Gebühren zahlen.

Als Hauptprobleme bei nicht-erfolgreicher Teilnahme werden die niedrige formale Vorbildung der Inhaftierten sowie Probleme der Organisation eines Studiums unter Haftbedingungen angeführt. Als besondere Vorteile der Fernlehrmethode bei der Adressatengruppe inhaftierter Lerner werden der geregelte Arbeitsrhythmus sowie die Möglichkeit zur Fortsetzung der Ausbildung nach der Haftentlassung angesehen.

7.2.1.8 Frankreich

Inhaftierte in Frankreich können u.a. Fernlehrangebote des *Centre National d'Enseignement par Correspondance - C.N.E.D.* nutzen. Das C.N.E.D. ist eine große, landesweit wirkende staatliche Einrichtung, die Fernlehrangebote im sekundären Bildungsbereich sowie Kurse für berufliche Fort- und Weiterbildung anbietet. (1994 waren dort über 300.000 Studierende eingeschrieben; vgl. Keegan 1994b, S. 5.)

Das C.N.E.D.-Zentrum in Marseilles bietet Strafgefangenen in Marseiller Haftanstalten eine spezielle Beratung und Betreuung an, die seit 1983 von einer besonderen, für diese Zielgruppe zuständigen Abteilung durchgeführt wird. Einmal wöchentlich besucht ein C.N.E.D.-Mitarbeiter die Haftanstalt (vgl. Haffa & Kammerer 1987, S. 92).

Die Funktionen des Beraters und Betreuers sind dabei, ähnlich wie zum Teil an der deutschen Fernstudieneinrichtung, die

- Informierung der Strafgefangenen über die Ausbildungsmöglichkeiten;
- Beratung interessierter Gefangener über das geeignete Fernstudium;
- Durchführung der Immatrikulation und die
- allgemeine Beratung und Betreuung während des Fernstudiums (vgl. Haffa & Kammerer 1987, S. 92f).

Die Gefangenen können - ähnlich wie in Großbritannien - nur eine begrenzte Auswahl von Kursen belegen. „Der Verlauf des Studiums, die Zeiteinteilung und die verwendeten Materialien sind [dabei] nicht [...] an die spezielle Situation der Gefangenen angepaßt; sie absolvieren die 'normalen' Kurse" (Haffa & Kammerer 1987, S. 93). Die spezielle Anpassung für diese Gruppe von Fernstudierenden besteht also beim C.N.E.D. vorwiegend in der gezielten Ansprache und Betreuung der Inhaftierten.

„Die Kursgebühren können [den inhaftierten Studierenden] unter bestimmten Bedingungen erlassen werden, dies ist auch meistens der Fall" (Haffa & Kammerer 1987, S. 93).

Gefangene können in Frankreich auch Fernstudienangebote von Universitäten nutzen. (Die folgenden Angaben beruhen auf der Institutionenbefragung in 1996/97.)

Die Fernstudienzentren (Centres de Télé-Enseignement) der *Université de Caen* sowie der *Université de Rouen* (in Mont Saint Aignon) haben jeweils unter ihren ca. 900 bzw. 1.300 Studierenden auch einige wenige Gefangene (8 bzw. 2).

Von beiden Universitäten werden Gefangene nicht als spezielle Zielgruppe angesprochen. Zudem gibt es für sie auch keine speziell entwickelten Lehrmaterialien oder Betreuungsmethoden.
Bei der Kursauswahl gibt es seitens beider Universitäten keinerlei Einschränkungen. Die studierenden Gefangenen müssen zudem keine Gebühren zahlen. Als Hauptlehrmethode gilt bei beiden Einrichtungen der Studienbrief. Die Université de Caen setzt zudem auch Direktunterrichtsformen ein und hält Kontakt zu Gefängnis-Ausbildungszentren, die jedoch nicht von der Universität selbst unterhalten werden. In der Université de Caen ist eine wöchentliche tutorielle Betreuung vorgesehen. Als Medien verwenden beide Einrichtungen hauptsächlich schriftliches Material, zusätzlich aber auch Audiomaterial. Die Université de Caen nutzt außerdem das Radio.
Bei dieser Universität gibt es auch (anders als an der Université de Rouen) eine spezielle Kontaktstelle, an die sich die inhaftierten Studierenden wenden können.
Als Hauptprobleme werden von der Université de Caen das niedrige formale Bildungsniveau der Inhaftierten sowie Probleme der Studienorganisation im Gefängnis angeführt.

7.2.1.9 Schweiz

In der Schweiz können Gefangene am Fernunterricht teilnehmen; dabei werden - entsprechend einer Empfehlung des *Schweizerischen Verbandes für Fernunterricht* - sozial Benachteiligten (Strafgefangenen und Arbeitslosen) ggf. Gebührenermäßigung (so beim Technischen Lehrinstitut Onken: 50 %) bzw. Gebührenerlaß (so bei Mössinger und der Akademikergesellschaft für Erwachsenenbildung in Zürich) gewährt (vgl. Haffa & Kammerer 1987, S. 96ff).

7.2.1.10 Österreich

In der Republik Österreich gibt es insgesamt 29 eigenständige Justizvollzugsanstalten; davon sind sechs Strafvollzugsanstalten für Männer und eine für Frauen. Ferner existieren noch drei Justiz- und zwei Sonderanstalten und 17 sog. gerichtliche Gefangenenhäuser am Sitz der Gerichtshöfe erster Instanz (vgl. Gödl 1993, S. 267). Einige dieser Anstalten haben sich auf Aus- und Fortbildungsaktivitäten für Insassen spezialisiert.
Zudem können Gefangene an Fernlehrmaßnahmen teilnehmen. Die gesetzlichen Grundlagen für die Teilnahme ergeben sich aus § 57, Abs. 2 und 3 des österreichischen Strafvollzugsgesetzes von 1969; darin heißt es (vgl. Gödl 1993, S. 269): „(2) Die Strafgefangenen dürfen an Fernlehrgängen teilnehmen. Sie dürfen hierfür auch Gelder verwenden, die ihnen ansonsten im Strafvollzug nicht zur Verfügung stehen. Im Falle eines Mißbrauches ist die weitere Teilnahme an dem Lehrgang zu untersagen. (3) Der Unterricht und die mit der Teilnahme an Fernlehrgängen verbundenen Tätigkeiten sind in der arbeitsfreien Zeit vorzunehmen".
Im Bundesministerium für Justiz der Republik Österreich wird davon ausgegangen, daß »Aus- und Fortbildung im Strafvollzug« ein künftig expandierender Bereich sein müsse: „Im Interesse der uns anvertrauten straffällig gewordenen Menschen und als Beitrag zur Stärkung der Sicherheit für die Bürger" (Gödl 1993, S. 269).
Zur derzeitigen Situation teilte das Justizministerium mit: „An Fortbildung interessierte und begabte erwachsene Insassen haben die Möglichkeit, an Fernlehrgängen teilzunehmen, wenn sie die erforderliche Vorbildung aufweisen und den ernsten Willen zum Studium erkennen lassen. Im Bedarfsfall werden entsprechende Kurse auch in den Vollzugsanstalten abgehalten. Es nehmen laufend Strafgefangene an derartigen Kursen und Fernlehrgängen teil. Die Kurse haben unter anderem technische, gewerbliche und kaufmännische Fächer, Maschinenschreibunterricht sowie Sprachen zum Gegenstand. Statistiken darüber, wie viele Strafgefangene an welchen Fernlehrgängen teilnehmen, werden nicht geführt." (Schreiben von Dr. Gödl, Bundesministerium für Justiz, Wien, vom 13.02.1997)

Teil D

7.2.1.11 Spanien

Inhaftierte in Spanien können Angebote verschiedener Fernlehrinstitute nutzen. Zwei Einrichtungen, die sich in diesem Bereich engagiert haben, sind die Universidad Nacional De Educacion A Distancia (UNED) in Madrid und die Fundaciòn ECCA auf Las Palmas de Gran Canaria. (Die Angaben zur UNED basieren auf Mitteilungen der UNED aus den Jahren 1993 und 1995; die Angaben zu ECCA entstammen der Institutionenbefragung von 1996/97.)

Die *Universidad Nacional De Education A Distancia (UNED)* ist eine der großen (staatlichen) Fernuniversitäten in Europa und hat ein ähnlich breites Lehrangebot und eine ähnliche Struktur wie die nationalen Fernuniversitäten bzw. 'open universities' in Großbritannien oder den Niederlanden.

Die UNED bietet ein Studienprogramm für Inhaftierte an. Dieses Programm basiert auf einem 1983 geschlossenen Vertrag zwischen der UNED, dem Ministerium für Bildung und Wissenschaft sowie der staatlichen Gefängnisverwaltung. Ziel des Programms war es, entsprechend dem in der Verfassung verankerten Resozialisierungsgedanken, das Bildungsniveau der Inhaftierten zu erhöhen und ihnen die gleichen Chancen auf Weiterbildung und den gleichen Zugang zu einem Universitätsstudium wie der übrigen Bevölkerung zu ermöglichen.

1993 hatten sich 565 inhaftierte Studierende immatrikuliert (darunter 8 % inhaftierte Frauen), wovon etwa die Hälfte Grundlagenkurse und ca. ein Viertel 'university degree courses' belegt haben. Nach Fachrichtungen überwiegen Belegungen in den Rechts- und Geisteswissenschaften; der Anteil derjenigen, die wirtschaftswissenschaftliche Kurse belegt haben, ist mit 8% - im Vergleich etwa zur Situation an der FernUniversität - nur gering. (Einfluß auf die fachliche Ausrichtung des Lehrangebots hat u.a., daß das Fernstudium naturwissenschaftlicher oder technischer Kurse in Haftanstalten zu Problemen führen könnte.)

Bei einer Befragung von Inhaftierten nach ihren Studienmotiven im Studienjahr 1984/85 wurden folgende Motive häufiger genannt (vgl. Doce 1989): Interesse an Weiterbildung, sinnvolle Nutzung der Haftzeit, Erreichung eines Abschlusses und Hoffnung auf Strafminderung.

Um eine bessere tutorielle Betreuung der inhaftierten Studierenden zu erreichen, wurden in 25 Gefängnissen besondere organisatorische und pädagogische Rahmenbedingungen geschaffen; die Studierenden können dort an Tutorien teilnehmen; es stehen Lehrmaterial und eine Bibliothek zur Verfügung, und die Studierenden können dort auch ihre Examina ablegen.

Es können sich aber auch Studieninteressenten in anderen Haftanstalten bei der UNED einschreiben; sie müssen sich dann jedoch zu Examenszwecken in eine der 25 besonderen Anstalten verlegen lassen. Das Programm steht überdies auch Gefangenen in ausländischen Gefängnissen offen. - Alle Studierenden unterliegen einer kontinuierlichen Leistungskontrolle.

Die Kosten für das gesamte Programm werden von den Vertragsunterzeichnern getragen, so daß die inhaftierten Studierenden von Gebühren befreit sind. Die inhaftierten Studierenden können zudem (wie die übrigen Studierenden der UNED auch) unter bestimmten Bedingungen Zuschüsse für die Anschaffung zusätzlichen Lehrmaterials erhalten.

Da sich die Programmverantwortlichen darüber im klaren waren, daß ein Fernstudium unter Haftbedingungen schwierige Probleme aufwerfen kann, wurde ein Kontrollkomitee eingerichtet, das sich mit aktuell auftretenden Problemen befassen soll.

Das Programm war insgesamt insoweit erfolgreich, als einige der Teilnehmer ein Abschlußexamen während der Haftzeit ablegen konnten; andere Teilnehmer wechselten später an andere Universitäten, um ihre Studien zu beenden.

Die *Fundaciòn ECCA* auf Las Palmas de Gran Canaria hat ein sehr vielseitiges Kursangebot: schulische Kurse, Kurse auf College- und Hochschulniveau (Lehrerausbildung) sowie Fort- und Weiterbildungskurse (u.a. Sprachen, Verwaltung, Marketing, EDV, Gesundheit, Familie). Die Curricula und Prüfungsordnungen richten sich dabei in der Regel nach staatlichen Vorgaben. Die Anzahl eingeschriebener Studierender lag 1995/96 bei ca. 62.000; unter den Studierenden sind derzeit auch ca. 50 Inhaftierte.

Gefangene werden nicht gezielt als Adressatengruppe angesprochen; und es gibt für sie auch kein speziell entwickeltes Lehrmaterial (Kurse oder Programme) oder spezielle Beratungs- oder Betreuungsmethoden oder gesonderte Examensregelungen.

Als Lehrmethoden und -medien werden Radiosendungen in Verbindung mit tutorieller Gruppenbetreuung und regionalen Arbeitsgruppen genannt, wobei schriftliche Materialien und Audiokassetten eingesetzt werden. Es ist eine wöchentliche tutorielle Betreuung vorgesehen. (Die Institution wurde früher auch kurz „Radio ECCA" genannt; vgl. Doerfert et al 1989, pp. 318-319.)

Die inhaftierten Studierenden müssen keine Gebühren zahlen. Die ECCA teilt ergänzend mit, daß es in den Jahren 1994/95 ein spezielles Programm mit Unterstützung des Sozialministeriums für 200 Gefangene gegeben hat. Derzeit gäbe es einige Gruppen von Inhaftierten, die Kurse im Grundschul- und Sekundarbereich belegt hätten, wobei die Inhaftierten unter denselben Bedingungen wie alle übrigen Teilnehmer lernen müßten.

Als Hauptproblem bei nicht-erfolgreicher Teilnahme wird die niedrige Studienmotivation der Inhaftierten angeführt.

Inhaftierte in Spanien können auch die Angebote anderer Fernlehreinrichtungen nutzen. Dazu teilt der nationale Fernlehrverband *ANCED (Associcion Nacional de Centros de Ensenanza a Distancia)* in Madrid mit, daß in ihrem Bereich Gefangene in der Regel nicht als spezielle Adressatengruppe gezielt angesprochen werden; auch gäbe es für sie weder speziell entwickeltes Lehrmaterial noch besondere Betreuungsmethoden. Inhaftierte Studierende würden wie alle übrigen Teilnehmer behandelt.

Bei den der ANCED angeschlossenen Einrichtungen haben etwa 400.000 Studierende Kurse belegt; der Anteil der Inhaftierten darunter ist nicht bekannt.

Die Gefangenen müssen keine Gebühren zahlen, da diese von der Regierung bezahlt werden. Die inhaftierten Studierenden können u.U. für Studienzwecke von sonstigen Arbeitsverpflichtungen - zumindest teilweise - freigestellt werden. Als Hauptproblem der Nicht-Erfolgreichen unter den inhaftierten Studierenden wird deren niedrige Studienmotivation angeführt.

7.2.1.12 Griechenland

Es gehört zu den Grundprinzipien des griechischen Strafvollzugs, daß der Vollzug der freiheitsentziehenden Strafen auf die „Erziehung und soziale Wiedereingliederung" der Gefangenen zielt (Art. 1 Abs. 1 grStVollzG). In dem 1990 in Kraft getretenen Strafvollzugsgesetz ist in Art. 3 Abs. 1 das Recht auf „Fortbildung und Information durch Bücher, Zeitungen, Zeitschriften, Rundfunk- und Fernsehsendungen, Seminare und Diskussionen" (vgl. Pitsela 1995, S. 171f) fest verankert. Auch kann (nach Art. 51) den Gefangenen mit Erlaubnis des Anstaltsleiters gestattet werden, Ferngespräche zu führen und sich über Ausbildungsurlaub weiterzubilden. Zur Verbesserung der Lebenssituation werden seit einigen Jahren auch Bildungs- und Ausbildungsangebote sowie Angebote zur Freizeitgestaltung offeriert, die zur Steigerung der Lebensqualität in der Anstalt beitragen sollen. Dabei wird aber anscheinend bisher von Fernlehre kein Gebrauch gemacht.

So teilte das griechische Justizministerium (General Management of Correctional Policy, Direction of Inspection of Social Services in Prisons) mit, daß die griechischen Strafvollzugsbestimmungen zwar ein Fernstudium aus der Haft heraus ermöglichen würden, daß diese (Aus-) Bildungsmöglichkeit bisher jedoch nicht praktiziert wird, da die anerkannten Ausbildungseinrichtungen bisher keinen Gebrauch vom Fernstudium machen; von Fernlehre könne aber durchaus künftig Gebrauch gemacht werden (Schreiben von Nikolaos Tsigias, Directeur General de la Politique Penitentiaire, vom 11.02.1997).

Auch frühere Erkundigungen (Dezember 1992) bei griechischen Institutionen erbrachten keine Hinweise auf Fernlehrangebote, die auch von Inhaftierten genutzt werden können. Wir erhielten lediglich einen Hinweis auf ein Projekt, zu dem (auf entsprechende Nachfragen) etwas

Teil D

detailliertere Informationen von dem für das Projekt verantwortlichen Direktor von EKKLEPA, einem Institut für Informationstechnologie in Athen, Herrn Bakolas, vorliegen.[17] Die folgende Darstellung beruht auf diesen Informationen.

Zur Begründung des Projekts wird darauf verwiesen, daß Gefangene zu den am stärksten benachteiligten sozialen Gruppen gehören; Gefangene hätten überwiegend keine oder nur geringe berufliche Qualifikationen und dementsprechend - verstärkt durch Vorurteile - auch nur geringe berufliche Aussichten auf dem Arbeitsmarkt, was wiederum zu der alarmierend hohen Rückfälligkeit beitrage. Kriminologen, Justiz und Polizei seien sich daher weitgehend einig, daß die Entwicklung und Förderung beruflicher Fertigkeiten eine wichtige Voraussetzung für die soziale und ökonomische (Re-) Integration der Häftlinge sei.

Dies war der Ausgangspunkt für das Pilotprojekt, das von EKKLEPA in enger Kooperation mit dem griechischen Justizministerium konzipiert wurde und die Errichtung eines Ausbildungszentrums für Inhaftierte auf Multimedia-Basis zum Ziel hatte. Dabei wurde davon ausgegangen, daß diese Technologie effektive Ausbildungsmaßnahmen gerade auch in einer Gefängnisumgebung ermöglichen würde. Das Projekt zielte also darauf ab, neue Ausbildungstechnologien in einer Gefängnisumgebung einzuführen und angemessene Ausbildungsmethoden einschließlich entsprechender Lehr- / Lernsoftware zu entwickeln.

Die Ausbildungsinhalte wurden ausgewählt im Hinblick auf das Ziel, die späteren Berufschancen der Inhaftierten zu verbessern; vorgesehen waren u.a.: Grundfertigkeiten wie Lesen und Rechnen (ausgerichtet auf Analphabeten und Personen ohne Kenntnisse in den Grundrechenarten); Computer und Büroautomatisierung, 'desk top publishing' (DTP) und Computergrafikanwendungen; sowie berufliches Training für Techniker, Elektriker und Mechaniker.

Dabei war man sich darüber im klaren, daß ein besseres Training allein nicht ausreicht und daß zusätzliche Maßnahmen notwendig sind, um dem Ziel der Resozialisierung näher zu kommen (vgl. Bakolas 1992).

7.2.1.13   Hinweise zu weiteren europäischen Ländern

Island: In einem Schreiben vom 5.2.97 teilt Erlendur Baldursson von *Fangelsismálastofnun Ríkisins* in Reykjavik mit, daß jährlich ca. 2-3 Inhaftierte an Fernstudienkursen in Island teilnehmen. Das Kursniveau wird mit 'college level' beschrieben.

Litauen (Lithuania): Nach Angaben des Justizministeriums der Republik Litauen wird in den litauischen Haftanstalten von Fernlehre kein Gebrauch gemacht. Die Gefangenen können in Ausbildungszentren der Haftanstalten an allgemeinbildenden oder berufsbildenden Kursen teilnehmen. Die Aktivitäten dieser Zentren werden von den nationalen Bildungseinrichtungen finanziert und koordiniert (Schreiben von Jonas Blazevicius, Director General of Prison Administration of Lithuania, vom 19.02.1997).

Estland: Nach Angaben der estnischen Gefängnisbehörde nehmen zwei Gefangene an Fernlehrgängen auf universitärer Ebene teil.

Makedonien: Nach Angaben des Justizministeriums der (vormals jugoslawischen) Republik Makedonien ist für Inhaftierte kein Fernstudium vorgesehen (Schreiben vom 5.3.97).

Zypern: Nach Angaben der für Haftanstalten zuständigen Abteilung des Justizministeriums der Republik Zypern in Nikosia werden den Gefangenen vielfältige Ausbildungsmöglichkeizen in den Haftanstalten geboten. Gefangene dürfen unter bestimmten Bedingungen auch an Lehrveranstaltungen außerhalb der Gefängnisse teilnehmen (u.a. College-Besuch) oder Fernlehrangebote nutzen (Schreiben von G.X. Anastasiades, Director of Prisons Department, vom 5.3.97).

---

[17] Spätere Nachfragen nach der weiteren Entwicklung des Projektes blieben allerdings unbeantwortet. Daher ist uns nicht bekannt, ob das Projekt weitergeführt wurde; die obige Stellungnahme des Justizministeriums läßt vermuten, daß dies nicht der Fall ist. Das Projekt wird hier dennoch wegen seines innovativen Charakters kurz skizziert.

7. Ergebnisse der Institutionenerhebung

Italien: Aus Italien liegen aus der Institutionenbefragung 1996/97 nur Angaben von einer Einrichtung vor: Das *Consorzio NET.T.UNO* in Rom berichtet, daß es zwar derzeit keine Vereinbarungen mit der nationalen Gefängnisverwaltung gibt, daß aber ihrer Kenntnis nach einige Inhaftierte die Telekurse, die täglich von dem Sender RAI 2 ausgestrahlt werden, nutzen. (NET.T.UNO - Network Teledidattico per Universita Ovunge - ist ein Zusammenschluß von traditionellen Universitäten und Telekommunikationsanbietern, der im akademischen Jahr 1992 / 93 entstand.)[18]

7.2.2 Asien

7.2.2.1 Israel

Die *Open University of Israel (OUI)* (in Ramat Aviv) ist eine der britischen OU vergleichbare Einrichtung. Zum Zeitpunkt der Institutionenbefragung in 1996/97, der die folgenden Angaben entstammen, bot die OUI 362 Kurse an und hatte ca. 27.000 eingeschriebene Studierende, worunter 32 Inhaftierte waren.

Gefangene werden von der OUI nicht gezielt als Adressatengruppe angesprochen. Es gibt für sie weder speziell entwickelte Lehrmaterialien noch spezielle Beratungs- und Betreuungsmethoden oder eine Kontaktstelle mit 'Ombudsman'-Funktion.

Die OUI verwendet als Lehrmethoden Studienbriefe in Verbindung mit Präsenzveranstaltungen sowie direkter (face-to-face) und telefonischer tutorieller Betreuung; als Medien werden hauptsächlich schriftliches Material, daneben aber auch Audio- und Video, Radio, Fernsehen und Computer-gestütztes Training (CBT) eingesetzt. Die inhaftierten Studierenden können allerdings nur solche Kurse belegen, die keine obligatorische tutorielle Betreuung vorsehen. Die tutorielle Betreuung erfolgt bei den inhaftierten Studierenden nicht regelmäßig. Die OUI berichtet zudem von Problemen, die sich daraus ergeben, daß die Tutoren eine Abneigung dagegen haben, zu den Tutorien in die Gefängnisse zu gehen.

Die inhaftierten Studierenden unterliegen einer Arbeitsverpflichtung, von der sie allerdings - zumindest teilweise - befreit werden können. Die inhaftierten Studierenden müssen zudem Gebühren entrichten (üblicherweise von den Familien bezahlt); es gibt keine Gebührenermäßigungen.

Man hat sich außerdem bemüht, für die Gefangenen Examensregelungen zu finden, die ihnen eine Teilnahme an Prüfungen ermöglichen. Die Erfolgsrate im undergraduate - Bereich wird mit 63% angegeben. Als Hauptprobleme nicht-erfolgreicher inhaftierter Studierender werden deren geringe formalen Bildungsvoraussetzungen, Probleme der Organisation des Studiums im Gefängnis sowie Schwierigkeiten bei der tutoriellen Betreuung angeführt.

Die OUI fügt dem Fragebogen ergänzend hinzu: (1) Von 362 inhaftierten Studierenden an der OUI waren 190 männlich und 172 weiblich. (2) 22 erreichten ein B.A. degree; 21 davon setzten ihr Studium nach ihrer Haftentlassung fort. (3) Unter den Inhaftierten sind viele Araber, die wegen Terrorismus inhaftiert sind.

7.2.2.2 Hong Kong

Aus der Institutionenbefragung liegen Angaben von zwei Fernstudieneinrichtungen in Hongkong vor: dem *Caritas Institute for Further and Adult Education*, Multi Media Education Programme Section, sowie dem *Open Learning Institute of Hongkong*.

Das Caritas-Institut bietet Kurse im schulischen und College-Bereich sowie zur Fort- und Weiterbildung an; derzeit sind dort ca. 2.000 Lerner eingeschrieben, von denen ca. 20 inhaftiert

---

[18] Ursprünglich beteiligten sich nur drei Universitäten - Politechnikum Mailand, Universität Napoli „Frederico II" und das Politechnikum Turin; 1996 zählten schon 24 der bedeutendsten Universitäten zu den Mitgliedern. Die Lehrfilme, erstellt von 40 ausgewählten Professoren, werden jeden Vormittag von der RAI - Radiotelevisione - gesendet und i.d.R. von den Studierenden aufgezeichnet. Die Lehrorganisation umfaßt ferner Präsenzphasen, e-mail, Fax und Telefon. - vgl. Garito (1996).

sind. Am Open Learning Institute (OLI), das Kurse vorwiegend im 'undergraduate'-Bereich anbietet, sind derzeit ca. 20.000 Studierende eingeschrieben, davon 25 Inhaftierte. (Das OLI verfügt über ein computerisiertes Telefonsystem mit einem „24-hour info line service" für Informations- und Beratungszwecke und einem automatisierten Antwortsystem für fachliche Anfragen; zur Evaluation des Systems s. Murphy 1996).

Bei beiden Instituten werden Gefangene nicht als spezielle Zielgruppe angesprochen; es gibt für sie weder speziell entwickelte Materialien oder spezielle Betreuungsformen noch eine Kontaktstelle, an die sich die Gefangenen wenden könnten.

Beide Einrichtungen nutzen Studienbriefe als Hauptlehrmethode (beim Caritas-Institut ergänzt durch Audio- und Videomaterial). Das Caritas-Institut bietet zudem Gruppenbetreuung in Klassen sowie telefonische Betreuungsformen (individuell sowie über Konferenzsysteme) an, an denen die inhaftierten Studierenden jedoch nicht teilnehmen können (keine Ausgangserlaubnis, keine Erlaubnis zum Telefonieren). Probleme der tutoriellen Betreuung werden daher auch von dieser Fernlehreinrichtung als Hauptproblem der inhaftierten Studierenden (neben dem geringen Bildungsniveau bzw. fehlenden Voraussetzungen) genannt.

Bei beiden Einrichtungen können die Inhaftierten die Kurse frei wählen; allerdings müssen die inhaftierten Lerner für die Teilnahme Gebühren entrichten (zumeist von der Familie bezahlt); beim Open Learning Institute stehen für eine sehr geringe Anzahl von Studierenden auch (von Firmen oder Einzelpersonen gestiftete) Stipendien zur Verfügung.

Die Prüfungen können in den Haftanstalten vorgenommen werden. Das Caritas-Institut gibt eine Erfolgsrate für Kurse im schulischen Bereich von ca. 50% an.

7.2.2.3 Thailand

Thailand verfügt mit der *Sukhothai Thammathirat Open University (STOU)* in Bangpood über eine große nationale Fernuniversität mit derzeit ca. 450.000 Studierenden. Im 'undergraduate'-Bereich werden 600 und im 'graduate / degree'-Bereich ca. 50 Kurse angeboten; hinzu kommen berufsbildende Kurse u.a. zu gewerblichen Themen, zum Gesundheitswesen und zum Kommunikationsbereich. (Die Angaben zur STOU entstammen der Institutionenbefragung.)

Die STOU sieht neben Studienbriefen (als Hauptlehrmethode) direkte ('face-to-face') individuelle sowie Gruppenbetreuung vor. (Pro Semester sind ca. 10 - 15 Stunden für Tutorien vorgesehen.) Daneben gibt es regionale Arbeitsgruppen. Als Medien werden schriftliches Material (hauptsächlich) sowie Audio- und Videokassetten und computer-gestützte Instruktion verwendet; zudem werden Radio- und Fernsehprogramme ausgestrahlt (Radio: zehn bis fünfzehn 20-minütige Programme pro Kurs; TV: drei bis fünf 30-minütige Programme pro Kurs).

Die Kurse der STOU können auch von Inhaftierten belegt werden, wobei es seitens der Institution keine Einschränkungen gibt. Die Gefangenen werden zudem als Zielgruppe angesprochen. Ihre Zahl wird derzeit mit 922 angegeben. Allein 1996 graduierten 139 inhaftierte Studierende. Es gibt aber keine speziell für Gefangene entwickelten Kursmaterialien oder spezielle tutorielle Betreuungsformen. Die STOU verfügt jedoch über Studienzentren in Haftanstalten. Zudem gibt es (innerhalb des Office of Educational Services) eine Kontaktstelle für die inhaftierten Studierenden.

Die inhaftierten Studierenden müssen Gebühren zahlen; eine Gebührenreduktion ist nicht vorgesehen. Die inhaftierten Studierenden unterliegen zudem einer Arbeitspflicht, von der sie auch nicht wegen des Studiums befreit werden können. Die Prüfungen werden in den Gefängnissen abgenommen.

Als Hauptprobleme der inhaftierten Studierenden werden genannt: Verständnisprobleme, niedrige Studienmotivation, Probleme der Studienorganisation im Gefängnis sowie die Nicht-Freistellung von der Arbeit. Ferner werden von der Einrichtung die mangelhaften Kenntnisse und Fertigkeiten der inhaftierten Studierenden sowie ihre ungünstigen Studienbedingungen in der Haft angeführt.

Die STOU ist dennoch davon überzeugt, mit ihren Angeboten einen bedeutsamen Beitrag zum Haftsystem geliefert zu haben „[...] in providing 'tools of living' for inmates who care to get ready for beginning their lives after leaving prisons. Tears of joy can be seen on the graduates' faces and their relatives alike. In 1996, 139 graduates of the sixth were granted degrees" (Auszug aus der Beantwortung von Frage 23 im Fragebogen).

7.2.3 Australien (einschl. Ozeanien)

7.2.3.1 Australien[19]

Ähnlich wie in Kanada hat das Fernstudium in Australien - schon allein wegen der dünnen Besiedelung des Landes - eine lange Tradition[20] und wichtige Funktion in allen Ausbildungsbereichen (von der Schulerziehung bis zur Erwachsenenbildung und insbes. auch im Hochschulbereich) und für unterschiedlichste gesellschaftliche Gruppen. Für viele Bildungswillige bietet Fernstudium die einzige Möglichkeit, eine höhere Schulbildung zu erlangen und sich aus- und weiterzubilden (vgl. Campion & Kelly 1988, p. 198). Die Tradition des Fernstudiums in Australien geht zurück bis zur Jahrhundertwende (vgl. Jakupec 1993, S. 295ff), wobei sich besondere Formen herausgebildet haben, so u.a. spezifische Mischformen von Fern- und Präsenzstudien an sog. 'dual mode'-Institutionen - also Einrichtungen (wie z.B. Universitäten), die beide Studienformen anbieten. (Die neuen Informations- und Kommunikationstechnologien erfüllen dabei wichtige Funktionen; vgl. dazu Taylor 1992, pp. 22-30, sowie Taylor 1994, pp. 5-13.)

Fernstudium als integraler Bestandteil des höheren Bildungswesens in Australien hat denselben bildungspolitischen Zielen wie alle anderen Studien- und Ausbildungsformen dieses Bereichs zu dienen. D.h. das Fernstudium sollte wie andere Studienformen auch im Sinne einer Ausbildungs- und Qualifizierungsoffensive (verstärkt seit den 80-er Jahren) nicht nur zu ökonomischem Wachstum beitragen, sondern insbesondere auch für solche Gruppen in Australien die Möglichkeiten zur höheren Hochschulbildung eröffnen, die an einem Direktstudium, aus welchen Gründen auch immer, nicht teilnehmen können (vgl. Jakupec 1993, S. 295).

Seit Ende der 80-er Jahre haben sich alle »Distance Education Centres«[21] verpflichtet, solche Bewerber bevorzugt zuzulassen, die in geographisch isolierten Gegenden wohnen oder aus anderen sozialen Gründen am Direktstudium nicht teilnehmen können (vgl. Jakupec 1993, S. 304). Im Rahmen der sog. »Open-Learning-Initiative« am Ende der 80-er und Anfang der 90-er Jahre wurde eine »Erweiterung der Studienmöglichkeiten für benachteiligte Schichten« angestrebt (vgl. Jakupec 1993, S. 313); für dieses Projekt der „Öffnung des höheren Bildungswesens" stellte die Bundesregierung allein 1990 1 Million Australische Dollar zur Verfügung.)

Entsprechend der wichtigen Rolle des Fernstudiums im australischen Bildungswesen - insbesondere auch für benachteiligte Gruppen - bietet eine Reihe von Fernlehreinrichtungen (darunter auch Universitäten) auch Inhaftierten die Möglichkeit zu einem Fernstudium. Im folgenden werden einige Ergebnisse aus der Institutionenbefragung 1996/97 zusammenfassend dargestellt. Bei der Befragung gaben 11 der Institutionen an, ihre Fernstudienangebote auch Gefangenen zugänglich zu machen (s. Liste in Tabelle 7.2.3.1-1). Unter diesen Institutionen sind 7 Universitäten.

---

[19] Eine sehr detaillierte Dokumentation und Analyse des Fernstudiums in Australien findet sich in Jakupec (1993).
[20] Schon 1911 etablierte beispielsweise die University of Queensland eine Fernstudienabteilung, um Interessenten zu erreichen, denen es aufgrund ihrer geographischen oder sozialen Lage nicht möglich war, eine herkömmliche Präsenzhochschule zu besuchen (vgl. Curran 1996, S. 20).
[21] Diese Zentren haben u.a. die Funktion, zur Erreichung bildungspolitischer Ziele wie Öffnung des höheren Bildungswesens, Chancengleichheit und „skill formation" beizutragen (vgl. Jakupec 1993, S. 314).

Teil D

Tabelle 7.2.3.1-1: Australische Einrichtungen, die Fernstudium für Inhaftierte ermöglichen

Name	Stadt	Bundesland	Anzahl der Studierenden Insgesamt	Anzahl der Studierenden Gefangenen
Stotts Correspondence College	Melbourne		3.500	30
The University of New England	Armindale	New England	11.246	20 - 25
Curtin University	Bentley	Perth	4.700	10
The University of Southern Queensland	Toowoomba	Queensland	13.000	60
The University of Queensland		Queensland	1.400	5
Central Queensland University	Rockhampton	Queensland	5.500	1 - 2
The University of South Australia, Flexible Learning Centre	Underdale	South Australia	3.500	20
Open Access College (früher: South Australian Correspondence School)	Po Marden	South Australia	1.950	30
Edith Cowan University	Claremont	West. Australia	3.500	10
Midland College of Technical and Further Education (TAFE)	Midland	West. Australia	k.A.	k.A.
Murdoch University	Murdoch	West. Australia	3.027	ca. 12

Bei den Universitäten liegt der Schwerpunkt ihres Ausbildungsangebots im 'undergraduate'- und 'post-graduate'-Bereich; das Open Access College bietet vornehmlich Kurse im schulischen Bereich an; beim Stotts Correspondence College sowie beim Midland College können vornehmlich Kurse zur Berufsbildung (beim Midland College zusätzlich zu schulischen Kursen) belegt werden.

Die Anzahl der studierenden Gefangenen pro Institution variiert zwischen 2 und 60. Die größte Anzahl inhaftierter Studierender findet sich an der University of South Queensland. Nur die University of New England sowie das Open Access College sprechen Inhaftierte gezielt an. Mehrere Einrichtungen berichten, daß sie die Gefangenen wie jede andere Gruppe von Studierenden behandeln; nur durch Zufall oder durch „Selbstidentifizierung" der Betroffenen würde der Institution bekannt, daß ein Studierender Häftling sei. Typisch dafür ist die Auskunft der Curtin University: „Prison based students are not identified as such because of governmental regulations - we only know about them if they 'self - identify'. They are therefore just another group of students who may have specific needs to be dealt with - there are many such other groups, e.g. students in Antarctica."

Keine der Einrichtungen entwickelt Lehrmaterialien oder Kurse speziell für die Gruppe der inhaftierten Studierenden. Nur das Open Access College gibt an, eine spezielle 'prison education'-Konzeption erarbeitet zu haben. Im Rahmen dieser Konzeption wurden spezielle Modelle zur Beratung und tutoriellen Betreuung der inhaftierten Studierenden entwickelt. Dazu gehören u.a. Lehrerbesuche in den Haftanstalten, tutorielle Betreuung für individuelle Lerner sowie für Lernergruppen mittels Telephon (beim Gruppen-Tutoring mittels Telefonkonferenz) sowie eine enge Kooperation mit den 'prison education officers' in den Anstalten. Das College hat zudem einen Koordinator benannt, der für alle Fragen eines Studiums aus der Haft verantwortlich ist. (Auch die Murdock University und die Edith Cowan University geben an, daß es spezielle Kontaktpersonen für die inhaftierten Studierenden in ihrer Einrichtung gibt.) Zu den Erfahrungen mit dieser Zielgruppe wird im Fragebogen des Open Access College ausgeführt: „The personal contact with prison inmates has been beneficial. They see a 'face' from the college at least once a year, which personalises study. The regular weekly telephone lessons have been an extremely important factor in prisoner success at education - contact with both teachers and other students."

Die Wahl der Kurse durch die inhaftierten Studierenden unterliegt lediglich bei zwei der Einrichtungen (der New England University und dem Midland College) keinen Einschränkungen; bei 8 der Einrichtungen gibt es hingegen Restriktionen bei der Kurswahl. Beim Open Access College und ähnlich auch bei der University of South Australia gibt es zwar keine Einschränkungen seitens der Institution, wohl aber seitens der Gefängnisse: Beispielsweise dürfen beim Open Access College Chemiekurse, die das Arbeiten mit einem Laborkasten implizieren, nicht belegt werden; beim Stotts Correspondence College dürfen Inhaftierte keine Schlosserei-

7. Ergebnisse der Institutionenerhebung

kurse belegen. Bei anderen Einrichtungen betreffen die Einschränkungen Kurse, die Anteile mit Präsenzpflicht enthalten (so etwa bei der Murdock University und den Universitäten von Queensland und Central Queensland). Die University of South Queensland weist zudem daraufhin, daß bei manchen Kursen faktisch dadurch Einschränkungen vorliegen, weil Vorbestraften die spätere Ausübung des den Kursinhalten entsprechenden Berufes verwehrt bleibt (Nicht-Zulassung zum Beruf).

Alle Einrichtungen bezeichnen Studienbriefe als ihre Hauptlehrmethode und schriftliches Material als ihr Hauptmedium. Das Midland College und das Open Access College verwenden darüber hinaus auch Direktunterrichtselemente (Direktunterricht oder direktes - 'face-to-face' - individuelles oder Gruppen-'tutoring'). Direkte mündliche tutorielle Betreuung wird auch von der University of South Queensland eingesetzt. Individuelle schriftliche Betreuung verwenden 4 der Einrichtungen, und individuelle tutorielle Betreuung mittels Telefon setzen 7 der Einrichtungen ein. Keine der Einrichtungen betreibt ein Studienzentrum in einer Haftanstalt. (Die Edith Cowan University verweist zwar auf Studienzentren in Gefängnissen; diese werden aber nicht von ihr betrieben.)

Bei den Medien werden (neben schriftlichen Materialien als Hauptmedium) vor allem Video (9x) und Audiokassetten (8x) sowie computer-gestütztes Training (CBT; 5x) genannt. Die University of New England verwendet zudem Radio und Fernsehen; letzteres wird auch von der University of South Australia genutzt.

Die Curricula und Prüfungen für die inhaftierten Studierenden werden in 9 der 11 Einrichtungen von der Institution entwickelt; nur bei 2 Institutionen (Midland und Open Access College) erfolgt die Entwicklung in Hinblick auf staatlich vorgegebene Curricula; beim Stotts Correspondence College werden beide Formen (Eigenverantwortliche Festlegung und Ausrichtung an staatlichen Vorgaben) praktiziert.

Nur drei der Institute geben an, den inhaftierten Studierenden regelmäßige tutorielle Betreuung anzubieten (das Midland und das Open Access College sowie die University of South Queensland); bei den beiden Colleges ist eine wöchentliche Betreuung vorgesehen; bei der University of South Queensland erfolgt die Betreuung hingegen nicht in festen Zeitabständen.

Zwei der Einrichtungen (das Open Access College sowie die University of South Queensland) geben an, spezielle Beratungs- und Betreuungsformen für ihre inhaftierten Studierenden entwickelt zu haben. Auf die Betreuungsformen beim Open Access College war oben schon hingewiesen worden. Bei der University of South Queensland beinhaltet die Beratung und Betreuung der Zielgruppe der Gefangenen u.a. vorbereitende („Brücken"-) Kurse in Präsenzlehrform; für die Vorbereitungskurse ist zudem eine tutorielle Betreuung dreimal pro Semester vorgesehen.

Nur die Curtin University gibt an, spezielle Prüfungsregularien für die Inhaftierten zu haben; dabei fungieren 'education officers' als Prüfungsaufsicht.

Angaben zum Studienerfolg machen nur wenige der Einrichtungen. Das Open Access College berichtet eine Erfolgsrate von 75% für Kurse im schulischen Bereich. Die University of Queensland gibt eine Erfolgsrate von 50% für Kurse im 'undergraduate'-Bereich an; und das Stoots Correspondence College nennt eine Rate von 50% für Berufsausbildungskurse.

6 der Institute bejahen die Frage nach der Arbeitspflicht der studierenden Gefangenen; drei Einrichtungen verneinen die Frage und zwei weitere lassen die Frage unbeantwortet. Die Möglichkeit zur teilweisen oder vollständigen Befreiung von der Arbeitspflicht wird von je zwei der Institute bejaht.

Mit Ausnahme des Open Access College müssen die inhaftierten Studierenden bei allen Einrichtungen Studiengebühren zahlen, wobei nur das Midland College eine Möglichkeit zur Gebührenreduktion für Gefangene nennt. Als Finanzierungsquellen für die Gebühren werden u.a. Studienbeihilfen, Beihilfen von Familienangehörigen, Ratenzahlungssysteme sowie spezielle Ausbildungsfonds der Gefängnisse bzw. der Gefängnisverwaltungen genannt.

Als Hauptprobleme für die inhaftierten Lerner werden Probleme der Studienorganisation im Gefängnis (4x), der niedrige Bildungsstand (4x) und die geringe Studienmotivation (3x), die mangelnde Unterstützung seitens des Gefängnisses (3x) sowie die Nicht-Freistellung von der

Teil D

Arbeitspflicht (2x) angeführt. - Bei der offenen Frage nach organisatorischen und didaktischen Problemen der Betreuung dieser Zielgruppe werden u.a. genannt:
- eingeschränkter Zugang zu den Gefangenen in einigen Haftanstalten;
- Verzögerungen bei der Ausgabe der Lehrmaterialien an die inhaftierten Studierenden durch das Gefängnispersonal;
- Schwierigkeiten der telefonischen Kontaktaufnahme (z.b. für telefonisches 'tutoring') bzw. Notwendigkeit, alle Kommunikation über die Education Officers als Mittler laufen lassen zu müssen;
- Einschränkungen bei der Nutzung von Medien (z.b. Multimedia);
- Zwang zur Rücksicht auf die Sicherheitsbestimmungen und Auflagen der Anstalten;
- ständige Verlegungen der Gefangenen in andere Anstalten; sowie
- emotionale Probleme der Gefangenen.

7.2.3.2 Neuseeland

Gefangene haben in Neuseeland auch die Möglichkeit zu einem universitären Fernstudium. Aus der Institutionenbefragung liegen dazu Angaben der *Massey University* in Palmerston North vor. An der Universität sind ca. 16.000 Studierende eingeschrieben, davon ca. 35 Inhaftierte (pro Jahr). Gefangene werden nicht als spezielle Zielgruppe angesprochen; es gibt für sie auch keine extra entwickelten Kurse oder Programme oder besondere Beratungs- und Betreuungsmethoden; es existiert aber ein regionaler Beratungsdienst ('Regional Advice Network'), der auf Wunsch die Haftanstalten besucht und bei dem die studierenden Gefangenen ihre Anliegen vorbringen können.

Die Massey University verwendet generell Studienbriefe mit individueller schriftlicher tutorieller Betreuung als Hauptlehrmethoden; diese werden gelegentlich durch direkte (face-to-face) oder telefonische Betreuung, ggf. auch durch regionale Lerngruppen. Als Medien werden hauptsächlich schriftliches Material, ergänzend aber auch Audio- und Videomaterial sowie CBT eingesetzt. Die tutorielle Betreuung erfolgt regelmäßig - entsprechend dem jeweiligen Studienprogramm.

Für inhaftierte Studierende gibt es bei der Kurswahl seitens der Universität keine Einschränkungen; für sie gelten die gleichen Bildungsvoraussetzungen und finanziellen Regelungen wie für alle übrigen Studierenden. Gefangene benötigen allerdings für die Einschreibung die Erlaubnis der jeweiligen Haftanstalt.

Die Gefangenen müssen für ihr Studium Gebühren zahlen (ohne Möglichkeit einer Gebührenreduktion). Sie können jedoch unter Umständen Beihilfen erhalten - sei es aus Ausbildungsfonds in einigen der Gefängnisse, aus Stammesfonds der Maori oder aus Mitteln der 'extramural student association'. Die meisten müssen aber die für ihr Studium benötigten Mittel selbst aufbringen bzw. sind auf die Unterstützung ihrer Familie angewiesen.

In Neuseeland gibt es keine Arbeitspflicht für Gefangene. Die Gefangenen vereinbaren jedoch mit dem für sie zuständigen Behandlungsteam (Case Management Team) ein Aktivitätenprogramm. Wenn sie die Erlaubnis zum Studieren erhalten, wird ihnen dann auch die dafür benötigte Studienzeit zugebilligt. Probleme können daraus entstehen, daß sich die Studierwilligen zuviel vornehmen und das Gefängnispersonal sich nicht recht klar macht, wieviele Stunden ein solches Studium erfordert. Aufgrund unzureichender Beratung kann es auch zu Fehlentscheidungen bei der Wahl der Studienprogramme kommen.

Als weitere Probleme werden - in Hinblick auf die nicht erfolgreichen Studierenden - die niedrige Studienmotivation, Schwierigkeiten bei der Studienorganisation im Gefängnis, die mangelnde Unterstützung seitens der Haftanstalt sowie die Schwierigkeiten einer hinreichenden tutoriellen Betreuung angeführt. Zudem seien die Leiter der Haftanstalten und die für Ausbildungsfragen im Gefängnis Zuständigen überlastet; nicht immer verstünden sie auch die Belange eines Universitätsstudiums.

Die Prüfungen der inhaftierten Studierenden können in den Haftanstalten durchgeführt werden. Die Erfolgsrate wird mit ca. 50% angegeben.

7.2.3.3 Papua Neuguinea

Das Institute of Distance and Continuing Education der *University of Papua New Guinea* bietet Kurse im Sekundarschulbereich sowie im 'undergraduate'-Bereich an. Derzeit machen ca. 7.500 Studierende, darunter 50 inhaftierte, von dem Angebot Gebrauch. Gefangene werden nicht gezielt als Adressatengruppe angesprochen, und es gibt für sie auch keine speziellen Kurs- oder Programmangebote. Die Universität verfügt aber über ein von ihr in einer Haftanstalt betriebenes Studienzentrum. Die inhaftierten Studierenden werden ansonsten wie alle übrigen Studierenden behandelt.

Hauptlehrmethode sind Studienbriefe. Eine tutorielle Betreuung ist vorgesehen; sie erfolgt aber nicht in festen Zeitabständen. Die inhaftierten Studierenden müssen Gebühren zahlen; die Finanzierung erfolgt zumeist über Familienangehörige.

7.2.4 Afrika

7.2.4.1 Sambia

Gefangene können an Fernkursen des staatlichen *National Correspondence College* in Luanshya teilnehmen, das Kurse im schulischen Bereich (entsprechend dem staatlichen Schulcurriculum) anbietet. Die Gesamtanzahl der eingeschriebenen Studierenden wird mit 3.794 angegeben, worunter 46 Inhaftierte sind. (Die Angaben enstammen der Institutionenbefragung.)

Gefangene werden von dem College nicht als spezielle Zielgruppe angesprochen. Das College hat für sie weder spezielle Lehrmaterialien noch besondere Betreuungs- und Beratungsmethoden entwickelt. Es gibt aber eine spezielle Kontaktstelle, an die sich inhaftierte Studierende wenden können. Zudem existieren Studienzentren in Gefängnissen, die von nicht-staatlichen Organisationen (NGOs wie z.B. den Kirchen oder den Rotary Clubs, teils aber auch vom Department for Continuing Education des Ministry of Education finanziert werden. Das College klagt jedoch darüber, daß sie nicht genügend Geld von der Regierung erhalten, um Material für alle Zentren zu drucken; daher sei der Kontakt zu drei der Studienzentren abgebrochen.

Seitens des College bestehen für die Gefangenen keine Restriktionen bei der Kursauswahl. Als Hauptlehrmethode werden Studienbriefe mit individueller schriftlicher tutorieller Betreuung genannt; zudem wird auf die Studienzentren in den Gefängnissen verwiesen. Eine regelmäßige tutorielle Betreuung für die inhaftierten Studierenden ist jedoch nicht vorgesehen. Die Gefangenen brauchen keine Gebühren zu zahlen; die Finanzierung erfolgt durch den Staat; die Gefängnisse erhalten zudem Beihilfen von Nicht-Regierungsorganisationen, um das Studienmaterial kaufen zu können. Die Gefangenen unterliegen zwar der Arbeitspflicht, können davon jedoch zumindest teilweise befreit werden.

Die Examensregeln sind für die inhaftierten und die übrigen Studierenden gleich; allerdings müssen die inhaftierten Studierenden ihre Prüfungen unter Bewachung ablegen. Als Hauptprobleme der nicht erfolgreich studierenden Gefangenen werden ihre schlechte formale Vorbildung, die niedrige Studienmotivation, organisatorische Probleme eines Studium in Haft sowie Probleme bei der Betreuung angeführt.

7.2.4.2 Südafrika

Zum Fernstudium für Inhaftierte in Südafrika liegen (aus der Institutionenbefragung) Angaben für zwei Einrichtungen vor: vom Institute of Personnel Management sowie vom Damelin Correspondence College.

Das *Institute of Personnel Management* in Braamfontein bietet 5 Kurse im 'university level'-Bereich an. Die Anzahl der Studierenden wird mit ca. 2.400 pro Jahr angegeben. Darunter sind derzeit auch 3 Inhaftierte.

Teil D

Das *Damelin Correspondence College* in Braamfontein bietet Kurse im schulischen und College-Bereich sowie ferner berufsbildende Kurse an (u.a. Buchhaltung und Marketing). Die Anzahl der eingeschriebenen Studierenden wird mit ca. 20.000 und die der inhaftierten Studierenden mit 430 beziffert.

In beiden Einrichtungen werden die Inhaftierten nicht als Zielgruppe angesprochen, und es gibt für sie weder speziell entwickelte Kurse noch gesonderte Betreuungsmethoden. Keines der beiden Institute verfügt auch über ein Studienzentrum in einem Gefängnis oder eine spezielle Kontaktstelle (mit 'Ombudsman'-Funktion) für die Gefangenen.

Seitens beider Institute gibt es keine Restriktionen bei der Kursauswahl für Gefangene. Als Hauptlehrmethoden und -medien werden bei beiden Instituten Studienbriefe bzw. schriftliches Material genannt, beim Institute of Personnel Management ergänzt durch individuelle schriftliche (und teils auch telefonische) tutorielle Betreuung. Für Gefangene gibt es aber keine regelmäßige tutorielle Unterstützung.

Gefangene können bei beiden Fernlehreinrichtungen ihre Prüfungen innerhalb des Gefängnisses ablegen. Die Erfolgsrate wird beim Institute of Personnel Management mit 50% (für den 'undergraduate'-Bereich) und beim Correspondence College mit 50% für den Schulbereich, 40% für den College-Bereich und 60% für die berufsbildenden Kurse beziffert.

Die Gefangenen müssen bei beiden Instituten Gebühren zahlen; die Finanzierung erfolgt beim Institute of Personnel Management zumeist durch Familienangehörige oder u.U. auch durch Ausbildungsbeihilfen (NICRO-Bursary Scheme). Eine Gebührenreduktion ist hier nicht möglich. Für Gefangene, die kein Stipendium erhalten, kann die Finanzierung zu einem gravierenden Problem werden. Beim Correspondence College wird eine Gebührenreduktion von 50% gewährt; den Rest müssen die Gefangenen selbst (bzw. ihre Familien) aufbringen.

Als Hauptprobleme nicht erfolgreicher inhaftierter Studierenden werden die schlechten Bildungsvoraussetzungen bzw. Verständnisprobleme und die niedrige Studienmotivation genannt. Das Institute of Personnel Management nennt zudem die Nicht-Freistellung von der Arbeit sowie Probleme bei der tutoriellen Betreuung; inhaftierte Studierende könnten nicht an Übungsgruppen in Studienzentren teilnehmen. Das Correspondence College führt zudem Probleme der Studienorganisation im Gefängnis an.

7.2.5 Nordamerika

7.2.5.1 Kanada

In Kanada spielt Fernlehre im öffentlichen Bildungswesen[22] von der Vorschulerziehung bis zur beruflichen oder Hochschulbildung (einschließlich Weiterbildung) - nicht zuletzt wie in Australien wegen der teilweise extrem dünnen Besiedlung und der Größe des Landes - eine bedeutende Rolle (vgl. Haffa & Kammerer 1987, S. 132).

Das Fernlehrangebot in Kanada wendet sich primär an all diejenigen, die aufgrund zu großer Entfernungen zu Bildungseinrichtungen Schwierigkeiten haben, an Lehrveranstaltungen in Präsenzlehreinrichtungen teilzunehmen. Die Angebote richten sich ferner an bestimmte Gruppen, die aufgrund ihrer sozialen Lage (i.w.S.) ebenfalls an Präsenzlehrveranstaltungen nicht oder nur unter Schwierigkeiten teilzunehmen in der Lage sind.

„Die Fernlehrinstitute in Alberta, Manitoba, Saskatchewan, British Columbia und den Northwestern Territories erwähnen in ihren Broschüren folgende 'besondere Zielgruppen', die ihre Kurse kostenlos absolvieren können:
- Schulpflichtige, die aufgrund von Krankheit oder größeren Entfernungen nicht am Direktunterricht teilnehmen können;
- Körperbehinderte;
- Ältere Menschen (über 65);

---

[22] In Kanada gibt es 1997 68 öffentliche Hochschulen, von denen einige zu umfassenderen Universitätsverbünden zusammengeschlossen sind. An den kanadischen Universitäten sind derzeit (1997) ca. 400.000 Studierende immatrikuliert (vgl. Granatstein 1997, S. 56).

7. Ergebnisse der Institutionenerhebung

- Unverheiratete schwangere Frauen;
- Inhaftierte und
- Sozialhilfeempfänger" (Haffa & Kammerer 1987, S. 134).

Anpassungen an diese Adressatengruppen erfolgen in der Regel nur insofern, als sie gezielt angesprochen werden und auf die Ausbildungsmöglichkeiten per Fernstudium aufmerksam gemacht werden. Zudem können sie u.U. die Fernlehrmaterialien ganz oder teilweise kostenlos erhalten (vgl. Haffa & Kammerer 1987, S. 133f).

Zu der Gruppe der Inhaftierten lagen schon zu Beginn der achtziger Jahre einzelne Erfahrungsberichte (mit ausführlichen Biographien) von Studierenden vor, die während ihrer Haftzeit trotz widriger Bedingungen ein Studium mit Unterstützung externer Bezugspersonen, u.a. aus dem akademischen Bereich, erfolgreich absolvierten (vgl. dazu z.b.: MacLean 1981, pp. 5-7).

Im folgenden werden die Bemühungen von vier Institutionen beschrieben, sich auf die Gruppe der Inhaftierten einzustellen, wobei auf unterschiedliche Weise den Bedürfnissen dieser Zielgruppe entgegenzukommen versucht wird.

Independent Learning Center (ILC) in Toronto: Das ILC, welches direkt dem Erziehungsministerium des Bundesstaates Ontario untersteht, bietet Fernkurse für schulische Abschlüsse sowie im Bereich der Erwachsenenbildung an. (Die Angaben zum ILC stammen teils aus Haffa & Kammerer 1987, S. 135f, und teils aus der Institutionenbefragung von 1996/97. Das ILC fügte dem Fragebogen zudem ein ausführlicheres Begleitschreiben bei.)

Neben Strafgefangenen hat sich das ILC auch um andere besondere soziale Gruppen bemüht, so um jugendliche Arbeitslose und Personen, die im Ausland leben (vgl. Haffa & Kammerer 1987, S. 135). Im Studienjahr 95/96 hatte das ILC insgesamt 63.000 Studierende, worunter auch 2.600 Inhaftierte waren. Die Kurse sind von den Studierenden gebührenfrei zu beziehen; das Studienmaterial (Texte, Audio- und Videokassetten usw.) wird den Studierenden nur als Leihgabe überlassen. Die meisten Kurse sind für ein unabhängiges Selbststudium konzipiert und bedürfen keiner besonderen tutoriellen Betreuung.

Das ILC arbeitet mit einigen Haftanstalten zusammen. In jeder der Anstalten ist unter den Anstaltsmitarbeitern eine Kontaktperson, ein sog. 'facilitator', benannt, der quasi als Schnittstelle zwischen den inhaftierten Studierenden und dem ICL fungiert. Für die Kursauswahl durch die Gefangenen gibt es seitens des ICL keine Einschränkungen; die Entscheidung darüber, welche Kurse ein Gefangener belegen darf, wird aber von der Haftanstalt getroffen. Dabei wird u.a. geprüft, inwieweit eine Kursbelegung den individuellen Bildungsbedürfnissen eines Gefangenen entspricht; zudem spielen Sicherheitsüberlegungen eine Rolle: so kann die Belegung von Kursen untersagt werden, wenn deren Bearbeitung z.B. den Zugang zu einem Audio- oder Videokassettenrecorder oder besondere Betreuungsformen impliziert.

Als Probleme nennt das ILC das niedrige formale Bildungsniveau und die geringe Studienmotivation der inhaftierten Studierenden sowie organisatorische Probleme. Die Gefangenen würden oft von einer Haftanstalt in eine andere verlegt, wobei das ILC von einer solchen Verlegung oft sehr spät oder gar nicht unterrichtet würde. Ferner ginge zuweilen Studienmaterial verloren.

Die Erfolgsrate der inhaftierten Lerner ist eher niedrig; sie wird für den 'basic school'-Bereich mit ca. 25% für das Studienjahr 1993/94 angegeben. Nach Haffa & Kammerer (1987, S. 136) gab es in früheren Jahren eine Initiative mit guten Ergebnissen, bei der Lehrer der Haftanstalt oder unabhängige Lehrer die Gefangenen direkt betreuten oder wenn ILC-Lehrkräfte selbst die Betreuung und Beratung übernahmen, d.h. Direktunterrichtsphasen in der Haftanstalt durchführten. In den aktuelleren Materialien des ILC wird diese Initiative jedoch nicht erwähnt.

Concordia University in Montreal: Locke und Galler (1988) berichten von einem Projekt aus dem Jahre 1987: Die Concordia University bot neun Inhaftierten in Collins Bay, einer halboffenen („a medium-security penitentiary") Justizvollzugsanstalt in Kingston (Ontario), Studienkurse im Medienverbundsystem (u.a. Computer, Radio und TV) an.

Um die mangelnden Kommunikationsmöglichkeiten der Inhaftierten auszugleichen, wurden die Leistungskontrollen im Vergleich zu den anderen Studierenden verändert: Die Leistungstests wurden sehr ausführlich kommentiert und mit erläuternden Hinweisen versehen (vgl. Locke & Galler 1988, p. 81).

Das Projekt erbrachte insgesamt recht positive Resultate: Von den inhaftierten Teilnehmern brach lediglich einer sein Studium ab. Alle anderen bestanden erfolgreich das Abschlußexamen. Locke & Galler (1988, p. 81) schreiben dazu: „As a group, these students were superior to their classroom counterparts. When stating this fact, one always expects the standard retort of *'They have nothing else to do anyway.'* It can be conceded that they do have a certain amount of free time, but there are, in fact, other demands on their time and other issues to occupy their minds." (Die Evaluation erbrachte zudem Hinweise zur Optimierung der Kursgestaltung und der Versandtaktung.)

Locke und Galler halten solche Weiterbildungsmöglichkeiten für einen sinnvollen Beitrag zur Resozialisierung; Inhaftierung schaffe immer Probleme; Aufgabe der Gefängnisse sei es, diese Probleme auf einem möglichst niedrigen Niveau zu halten - bei gleichzeitig maximalem Schutz der Gesellschaft und einem Maximum an Möglichkeiten für solche Straftäter, die zur Reintegration in die Gesellschaft bereit und motiviert sind.

Télé-université, L'Université à Distance - Université du Québec: Die Télé-université[23] gehört zur Université du Québec. Sie wurde 1972 gegründet und bietet - als alleiniger Anbieter in Nordamerika - Fernstudium in *französischer* Sprache an. Jedes Jahr immatrikulieren sich ca. 15.000 Studenten. Derzeit ist die Zahl der Einschreiber auf 12.000 'graduates' beschränkt. Das Lehrangebot umfaßt 'undergraduate programmes' in den Bereichen Verwaltung, Kommunikation, Sozial- und Geisteswissenschaften, Naturwissenschaften und Technik. In Verwaltung und Kommunikation kann das Studium mit einem 'Bachelor of Arts' abgeschlossen werden.

Leitmedium ist schriftliches Material, das aber durch vielfältige zusätzliche Lehrmethoden und -medien ergänzt wird - so u.a.: Audio- und Videokassetten, Computerspeichermedien, Fernsehen, Telefon- und Videokonferenzen.[24] Ferner werden 'summer schools' durchgeführt. Die Studierenden werden zudem durch Tutoren betreut, die u.a. auch für die Korrektur von Einsendeaufgaben und Klausuren zuständig sind.

Die Télé-université bietet ihre Kurse bereits seit 1978 auch im Strafvollzug an. Damals übernahm die für den Strafvollzug verantwortliche Bundesbehörde 'Services correctionnels du Canada' voll die Kosten für Einschreibung und Studium für alle Strafgefangenen, die ein Universitätsstudium beginnen oder fortführen wollten. Die Eingeschriebenen hatten zwar Zugang zum Kursangebot, nicht aber zu den für jeden Kurs vorgesehenen Betreuungsmaßnahmen, abgesehen von Korrekturdienst und Prüfungen.

1989 gingen die für den Strafvollzug in Kanada verantwortlichen Behörden dazu über, die im Strafvollzug zur Verfügung stehenden Bildungs- und Weiterbildungsangebote zu dezentralisieren. Seither ist jede JVA selbst dafür zuständig, den Strafgefangenen den Zugang zu Ausbildungsangeboten zu ermöglichen, wobei der Vorbildung der Gefangenen und ihren Bildungsdefiziten und -bedürfnissen Rechnung zu tragen ist.

Etwa zu dieser Zeit führte die Télé-université eine Evaluation bezüglich ihrer Aktivitäten im Bereich des Strafvollzugs durch. Der Evaluationsbericht nennt drei wichtige Faktoren, die zu der hohen „Versagerquote" von etwa 50 % beitragen: geringe Schulbildung der Gefangenen; ihr geringes Interesse, einen Kurs erfolgreich abzuschließen (Abbrecherquote 21 %); sowie die mangelhaften Betreuungsmaßnahmen für diese Gruppe.

---

[23] Die Angaben zur Télé-université basieren auf einem ausgefüllten Fragebogen aus der Institutionenbefragung, einem Schreiben von Jeanne Maheux, Télé-université, vom 05.02.1997, sowie folgenden von der Télé-Université in Québec 1996 herausgegebenen Broschüren: La Télé-université, ses programmes, ses cours et ses activités 1996-1997; Télé-université, Direction des études: Offre de cours en milieu carcéral (Le 13 janvier 1997 et Le 6 février 1997); Télé-université: Offre de cours milieu carcéral 1996-1997; Télé-université: Frais et remboursements, session hiver 1997, milieu carcéral.

[24] Die sog. „Neuen Medien" werden für unterschiedliche Adressatengruppen eingesetzt und zudem auf ihre Effektivität hin überprüft (s. dazu Marrec 1996).

7. Ergebnisse der Institutionenerhebung

Seit 1990/91 hat die Universität daher ihr Angebot für Strafgefangene modifiziert: Die Universität erstellt eine spezielle Liste von Kursen, die den Besonderheiten der Klientel Rechnung zu tragen versucht. In jeder Haftanstalt wurde außerdem ein Bildungsbeauftragter bzw. eine Kontaktperson benannt, über die alle Kommunikation zwischen der Universität und den inhaftierten Studierenden (u.a. bei der Einschreibung und bei der tutoriellen Betreuung) abgewickelt wird. Die inhaftierten Studieninteressenten können die Kurse nicht frei wählen. Vielmehr hat der Bildungsbeauftragte der JVA sicherzustellen, daß der Strafgefangene die Voraussetzungen für die von ihm belegten Kurse erfüllt und die für eine erfolgreiche Kursbearbeitung erforderlichen Aktivitäten (z.B. Zugang zu Medien, Freigang zu Studienzwecken o.ä.) erbringen kann. Die Zulassung eines Gefangenen zu einem Kurs hängt also zum einen von seinen Bildungsvoraussetzungen und zum anderen von seinen individuellen Haftbedingungen (z.B. Sicherheitsauflagen) ab.

Der Bildungsbeauftragte leitet die Zulassungs- und Belegunterlagen an die Télé-université weiter und kümmert sich auch um die Entrichtung der Gebühren. Gefangene können für ihr Studium eine finanzielle Unterstützung durch das Erziehungsministerium erhalten. Nach Bestätigung seiner Zulassung/Belegung erhält der inhaftierte Student eine schriftliche Mitteilung darüber, in welcher Weise er (über den Bildungsbeauftragten) die Hilfe seines Tutors in Anspruch nehmen kann. (Dabei wird vermieden, daß die Studierenden persönliche Daten der Tutoren erfahren.)

Strafgefangene im Vollzug können nur als eine Art Kurs-Gasthörer ('étudiant libre') zugelassen werden; d.h. sie werden für einzelne Kurse, nicht aber für einen Studiengang eingeschrieben. Der Studierende kann bei erfolgreicher Teilnahme Leistungsnachweise erhalten. (Bei Kursen, die eine Klausur vorsehen, ist der Bildungsbeauftragte auch für die Aufsicht verantwortlich.)

Gasthörer können zudem nur Kurse im Umfang von 15 'credit points' belegen. In Einzelfällen gestattet die Télé-université in Abstimmung mit dem jeweiligen Bildungsbeauftragten einer JVA auch die Zulassung zu Kursen, die nicht auf der Kursliste für Strafgefangene stehen, oder - bei Erreichung der 15 'credit points' - u.U. auch die Zulassung zu einem Studienprogramm.

Seit der Änderung der Praxis ist die Anzahl der Einschreibungen zurückgegangen (u.a. durch die Vorauswahl der Bewerber nach ihrer Vorbildung durch die Bildungsbeauftragten). Dafür ist aber die Motivation der Studierenden gestiegen, was sich etwa in einer Erfolgsquote von 75 % und einer Abbrecherquote von nur 10% niederschlägt.

Simon Fraser University (SFU) in British Columbia: Die SFU hat ein spezielles Modell einer 'prison education' auf Direkt- und Fernunterrichtsbasis entwickelt und erfolgreich erprobt (vgl. dazu u.a. Haffa & Kammerer 1987, S. 137ff). Dieses Modell mußte eingestellt werden, da die Finanzierung vor drei Jahren auslief (Mitteilung der SFU vom 22.4.97). Das 'prison education program' der SFU wird hier dennoch kurz beschrieben, weil es in vielerlei Hinsicht Modellcharakter hat und weil in ihm ein Höchstmaß einer adressatenspezifischen Anpassung an die Zielgruppe realisiert worden war. Die folgende Darstellung des SFU-Modells stützt sich i.w. auf Haffa & Kammerer (1987, S. 137ff) sowie auf Garz (1994).

Das von der SFU entwickelte Programm für Strafgefangene, das Kurse auf Universitätsniveau beinhaltete und starke Anteile von Direktunterricht umfaßte, wurde seit 1984 angeboten (vgl. Haffa & Kammerer 1987, S. 137; vgl. ferner Garz 1994). (Die SFU konnte dabei an ein in den 70er Jahren begonnenes Projekt der University of Victoria in British Columbia anknüpfen, bei dem Inhaftierten 'post secondary'-Kurse u.a. in Englisch und Geschichte angeboten worden waren und das auf ein Gefängnis - Matsqui - mit ca. 370 männlichen Inhaftierten begrenzt war; vgl. Garz 1994, S. 38). Die SFU arbeitete mit vier Haftanstalten unterschiedlicher Sicherheitskategorien (von 'minimum' bis 'maximum security') in British Columbia zusammen (vgl. Haffa & Kammerer 1987, S. 137, und Garz 1994, S. 38 und S. 43, Anm. 4).

Die SFU unterhielt zudem (mit Unterstützung der Bundesbehörde für Strafvollzug in British Columbia) eine Forschungsabteilung für Gefängnispädagogik ('prison education'), die spezielle Curricula für Programme in Haftanstalten und für die Zeit nach der Entlassung entwickelte.

Teil D

Die SFU bot also nicht - wie viele andere Einrichtungen - den Inhaftierten lediglich ihr 'normales' Kursprogramm an, sondern entwickelte eine eigene pädagogische Konzeption für Strafgefangene.

An vier Haftanstalten richtete die Universität eine Art Außenstelle (Studienzentrum) mit Bibliothek und eigenem Lehrpersonal für Präsenzphasen ein. Das Studienangebot für die Strafgefangenen konzentrierte sich fachlich auf die Geistes- und Sozialwissenschaften, da ein geisteswissenschaftliches Studium unter den restriktiven Bedingungen einer Anstalt am einfachsten durchzuführen sei und die Inhalte, Methoden und Zielsetzungen eines geisteswissenschaftlichen Studiums für besonders wertvoll im Hinblick auf eine erfolgreiche Resozialisierung angesehen würden (vgl. Haffa & Kammerer 1987, S. 138ff).

Den inhaftierten Studenten sollte - trotz aller Beschränkungen innerhalb der Haftanstalt - möglichst viel vom akademisch-universitären Klima übermittelt werden. Es gab im Gefängnis gemeinsame Diskussionsrunden zu Seminarthemen mit Campus-Studenten sowie eine gemischte Theatergruppe von Inhaftierten und den Campus-Studenten; Dozenten der Universität hielten regelmäßig Vorlesungen und Seminare in den Haftanstalten ab. Die inhaftierten Teilnehmer an dem Programm wurden von der Arbeitspflicht freigestellt (vgl. Haffa & Kammerer 1987, S. 139).

Wegen des engen Kontakts der Strafgefangenen zur Universität, ihren Dozenten und Studenten sowie aufgrund des hohen Anteils von Präsenzphasen kann das Programm nur bedingt als Fernlehrmaßnahme im engeren Sinne bezeichnet werden. Die Konzeption beruht auf der Annahme, daß Studienerfolg und Resozialisierung in direktem Zusammenhang mit intensiver persönlicher Betreuung der inhaftierten Studenten steht. (Ähnliche Überlegungen entsprechen der dänischen Haltung zum Einsatz von Fernunterricht für Inhaftierte; s.o.: Abschn. 4.5.5.)

In den achtziger Jahren nahmen insgesamt rund 200 Studenten an dem Programm teil. Die 'erzieherische' Wirkung des Programms zeigte sich bereits innerhalb der Haftanstalt u.a. in verbesserten Beziehungen zu Mitgefangenen und dem Personal. Untersuchungen der SFU ergaben zudem, daß die Rückfallquote entlassener Häftlinge bei Teilnehmern des Programms mit nur 16 % erheblich unter dem Durchschnitt (von über 50 %) lag. Das Gefängnispersonal und die Dozenten nannten jedoch auch Probleme, die sich vor allem in einer „elitären" Haltung der inhaftierten Studenten gegenüber ihren nicht-studierenden Mitgefangenen bemerkbar mache (vgl. Haffa & Kammerer 1987, S. 142f).

An den geschilderten Beispielen wird deutlich, daß kanadische Einrichtungen erhebliche Anstrengungen im Bereich der 'prison education' unternommen haben. Daß dabei Fernstudienkomponenten eine erhebliche Rolle gespielt haben, dürfte u.a. darauf zurück zu führen sein, daß das Fernstudium in Kanada in stärkerem Maße als in vielen anderen Ländern als selbstverständlicher und integraler Bestandteil des Bildungswesen angesehen wird.

Eine kritische Würdigung des Ansatzes einer »liberal education in prison« mit den Schwerpunkten „Studies in Humanities", „gerechte Gemeinschaft im Gefängnis" und „Entwicklung der Persönlichkeit" aus politischer, theoretischer und pädagogischer Perspektive findet sich bei Garz (1994, S. 36ff). Gehring (1988, S. 62ff) nennt folgende Charakteristika des 'Canadian Correctional Education Program': „Förderung der Denkentwicklung, d.h. der Fähigkeit, komplexe Probleme zu erkennen und zu lösen", „Hervorhebung der moralischen Dimension im Prozeß der Individualentwicklung", „Umbau der Institutionen im Hinblick auf eine Demokratisierung der Lebensverhältnisse" und „Berücksichtigung der Persönlichkeit der Insassen" (vgl. auch Eggleston & Gehring 1986).

Die Darstellung zur kanadischen 'prison education' soll durch eine Zusammenfassung von Ergebnissen aus der Institutionenbefragung in 1996/97 für Kanada ergänzt werden.

7. Ergebnisse der Institutionenerhebung

Ergebnisse der Institutionenbefragung: 11 Einrichtungen sandten einen ausgefüllten Fragebogen zurück.[25] 6 der Einrichtungen sind Universitäten (mit Ausbildungsangeboten im College-, 'undergraduate'- und 'post-graduate'-Bereich). Bei 4 Einrichtungen (Open Learning Agency, Alberta Distance Learning Centre, Independent Learning Centre sowie Saskatchewan Correspondence School) liegt der Ausbildungsschwerpunkt im schulischen Bereich.

Tabelle 7.2.5.1-1: Kanadische Fernlehreinrichtungen, deren Angebote von Inhaftierten genutzt werden können

Name	Stadt	Provinz	Anzahl Studierender insges.	Anzahl inhaftierter Studierender
Acadia University	Wolfville	Nova Scotia	1.500	0 (derzeit); letzte 10 Jahre: ca. 12
University of Windsor	Windsor	Ontario	1.200	3
Laurentian University	Sudbury	Ontario	1.651	k.A.
Open Learning Agency	Burnaby	British Columbia	13.065	5 (derzeit); 161 (von 1990 bis '95)
Queens University	Kingston	Ontario	4.500	40
University of Waterloo	Waterloo	Ontario	3.300	10
Alberta Distance Learning Centre	Barhead	Alberta	18.000	200
Independent Learning Centre	Toronto	Ontario	63.000	2.600
Saskatchewan Government Correspondence School	Regina	Saskatchewan	4.510	14
Télé-université	Sainte-Foy	Québec	15.000	19
University of Manitoba, Continuing Education Division	Winnipeg	Manitoba	1.000	7

Bei diesen 11 Institutionen variiert die Anzahl der inhaftierten Studierenden zwischen derzeit 0 (für die Arcadia University) und 2.600 (beim Independent Learning Centre); die Institution mit der zweithöchsten Anzahl (200) studierender Gefangener ist das Alberta Distance Learning Centre.

Nur eine der Einrichtung, die Open Learning Agency (mit derzeit nur 5 inhaftierten Lernern), gibt an, ein Modell für 'prison education' entwickelt zu haben. Aus den Angaben im Fragebogen ergibt sich, daß sich dieses Modell vornehmlich auf die Organisation der tutoriellen Betreuung bezieht (Näheres s.u.).

Keine der Einrichtung gibt an, spezielle Lehrmaterialien oder Kurse für die Zielgruppe der Inhaftierten entwickelt zu haben. Bei drei Einrichtungen (Independent Learning Centre, University of Manitoba und Télé-université) sind zumindest spezielle Kontaktpersonen (mit 'Ombudsman'-Funktion) benannt, an die sich die inhaftierten Lerner wenden können. Bei der Queen's University ist diese Funktion anscheinend an einen 'Education Officer' in der Haftanstalt übertragen worden. Und nur bei 4 Einrichtungen (Open Learning Agency, Queen's University, University of Manitoba und Télé-université) werden Gefangene gezielt als Adressatengruppe angesprochen.

Keine der Einrichtungen betreibt ein eigenes Studienzentrum in einer Haftanstalt, wenn auch zwei der Einrichtungen (Open Learning Agency und Saskatchewan Correspondence School) auf Studienzentren in den Gefängnissen verweisen, die jedoch nicht von der Lehrinstitution, sondern von den Haftanstalten betrieben werden.

Alle 11 Einrichtungen verwenden Studienbriefe als Lehrmethode (10 von ihnen als Hauptlehrmethode). Individuelle schriftliche oder telefonische tutorielle Betreuung wird von 5 bzw. 6 der Einrichtungen verwendet. Präsenzlehrformen und direktes 'face-to-face tutoring' wird nur von der Open Learning Agency angewendet. Keine der Einrichtungen nutzt Formen der tutoriellen Gruppenbetreuung oder Studienzentren außerhalb der Gefängnisse als Lehrmethode.

---

[25] Zwei Institutionen (Acadia University und Saskatchewan Correspondence School) sandten zwei Fragebögen ein; d.h. sie beantworteten sowohl den erst-zugesandten Fragebogen als auch den - im Rahmen einer Erinnerungsaktion - zweit-zugesandten Fragebogen (vgl. oben Abschn. 6.2.3). Verwendet wird hier der jeweils zuletzt eingesandte Fragebogen.

Teil D

Entsprechend der dominanten Rolle des Studienbriefes als Hauptlehrmethode verwenden fast alle Institute schriftliches Material als ein Hauptmedium (10 von 11; 1 x „k.A."). Weitere häufiger genannte Medien sind: Audio (9x) und Video (8x); Fernsehen und Lehr-/Lernsoftware (bzw. CBT) werden jeweils nur von einer Institution als zusätzliches Medium genutzt.

Die Entwicklung der Curricula und die Festlegung der Prüfungsregularien erfolgt bei 9 der Einrichtungen in eigener Verantwortung; bei zwei Einrichtungen (Open Learning Agency und Independent Learning Centre) erfolgt eine Ausrichtung der Lehrpläne und Prüfungen in Hinblick auf vom Staat vorgegebene Curricula.

Bei der direkten Frage nach tutorieller Unterstützung geben nur drei der Einrichtungen (die University of Windsor, die Open Learning Agency und die Saskatchewan Correspondence School) an, regelmäßig tutorielle Hilfe anzubieten. Bei der University of Windsor ist diese Betreuung von Kurs zu Kurs unterschiedlich. Bei der Open Learning Agency erfolgt die schriftliche Betreuung nicht direkt vom Tutor zum inhaftierten Studierenden, sondern über die Zentrale der Agentur als Zwischenstation; zudem erfolgt eine telefonische Betreuung, bei der die Tutoren die Studierenden anrufen, die Studierenden aber nicht von sich aus die Tutoren kontaktieren können. Bei der Saskatchewan Correspondence School erfolgt die schriftliche oder telefonische Betreuung auf Anfrage; die Häufigkeit hängt u.a. ab von dem Bedarf der Gefangenen, der Art des Kurses sowie von den Haftbedingungen und den dadurch gegebenen Einschränkungen (z.B. Sicherheitsauflagen, keine Zulassung bestimmter Medien wie z.B. Audio- oder Videokassetten, keine Erlaubnis zum Telefonieren). Drei weitere Einrichtungen (die Télé-université, die Queens University und das Alberta Distance Learning Centre) nennen zwar bei der Frage nach den verwendeten Lehrmethoden schriftliche oder telefonische tutorielle Betreuung als bei ihnen angewandte Methoden, lassen aber die Frage nach der Regelmäßigkeit der tutoriellen Betreuung unbeantwortet.

Drei der Einrichtungen (die Laurentian University und die Télé-université sowie die Open Learning Agency) geben an, spezielle Prüfungsverfahren für die Gefangenen entwickelt zu haben. Bei der Laurentian University werden die Prüfungen für die Gefangenen nicht wie bei den übrigen Studierenden in einem der lokalen Prüfungszentren, sondern in den Haftanstalten durchgeführt. Ähnlich wird die Prüfungsaufsicht bei der Télé-université wie auch bei der Open Learning Agency von den Bildungsbeauftragten bzw. 'Education Officers' in den Haftanstalten übernommen.

Angaben zu den Studienerfolgsraten werden nur von 5 Einrichtungen gemacht; sie variieren zwischen 25 und 91%. Die niedrigste Erfolgsrate von 25% nennt das Independent Learning Centre für Kurse im schulischen Bereich. Für schulische Kurse berichtet das Alberta Distance Learning Centre eine Rate von 44%, die Saskatchewan Correspondence School hingegen eine sehr viel höhere Rate von 91%. Für Kurse im 'undergraduate'-Bereich nennt die University of Manitoba eine Erfolgsrate von 50% und die Télé-université eine Quote von 75%. Auch die University of Waterloo berichtet von inhaftierten Studierenden, die aus der Haft heraus einen Abschluß ('degree') erworben haben, macht allerdings dazu keine Zahlenangaben.

Eine Arbeitspflicht für studierende Gefangene geben vier der Einrichtungen an (Open Learning Agency, Saskatchewan Correspondence School, Queen's University und Télé-université). Die Saskatchewan Correspondence School ergänzt dazu, daß studierende Gefangene teilweise von dieser Arbeitspflicht befreit werden können; die Télé-université gibt an, daß unter bestimmten Umständen eine teilweise oder auch vollständige Befreiung erfolgen kann.

Die Frage nach den Studiengebühren wird von einer Einrichtung nicht beantwortet; die restlichen geben bis mit Ausnahme des Independent Learning Centre an, daß die inhaftierten Studierenden Gebühren zahlen müssen. Als Finanzierungsquelle für die Gebühren werden u.a. genannt: staatliche Ausbildungsbeihilfen, z.B. des Erziehungsministeriums (Télé-université, Acadia University, Queen's University), eigene Mittel der Inhaftierten (Queen's University, Saskatchewan Correspondence School, Open Learning Agency, University of Manitoba), Familie (Acadia University, Open Learning Agency, University of Manitoba), Ausbildungsbudgets der Haftanstalten (Saskatchewan Correspondence School). Gebührenermäßigung gewährt nur das Alberta Distance Learning Centre.

7. Ergebnisse der Institutionenerhebung

Als Hauptprobleme der inhaftierten Studierenden werden am häufigsten (4x) das niedrige Bildungsniveau und am zweithäufigsten (3x) die geringe Studienmotivation angeführt; weitere Nennungen betreffen die Probleme der Studienorganisation im Gefängnis (2x) sowie Verständnisprobleme, mangelnde Unterstützung seitens der Haftanstalten und Probleme bei der tutoriellen Betreuung (je 1x).

7.2.5.2 Vereinigte Staaten von Amerika (USA)

Die private und öffentliche Fernlehre in den Vereinigten Staaten weist eine über 100jährige Geschichte auf (vgl. Haffa & Kammerer 1987, S. 144). „Privater und öffentlicher Fernunterricht haben sich weitgehend unabhängig voneinander entwickelt. Insgesamt gesehen hat sich der öffentliche und halb-öffentliche Fernunterricht (dazu zählen Fernunterrichtseinrichtungen der Hochschulen, Streitkräfte, Bundesbehörden) stärker durchgesetzt als der private: die öffentlichen Fernlehreinrichtungen verzeichnen mit 2,4 Mio. (1980) fast doppelt so viel Teilnehmer wie die privaten, obwohl es mehr als doppelt so viele private Institute gibt (ca. 400)" (Haffa & Kammerer 1987, S. 144; vgl. Deutscher Bildungsdienst 1987, S. 5).

Viele der 'State Universities' der einzelnen Bundesstaaten haben sog. 'Extensions' bzw. Abteilungen für 'Independent Study', die vielfältige Aus- und Weiterbildungsprogramme - teils auch auf Fernlehrbasis - anbieten[26] (vgl. Haffa & Kammerer 1987, S. 145; vgl. ferner Doerfert et al 1989, S. 244ff), wovon manche auch von Inhaftierten genutzt werden können.

„Für ein Fernstudium an einer Hochschule kann unter bestimmten Umständen [speziellen Adressatengruppen] finanzielle Unterstützung gewährt werden. [...] Staatliche Unterstützung erhalten auf Antrag Kriegsveteranen, Militärs im aktiven Dienst und Wehrdienstleistende. [...] Auch Arbeitslose und Strafgefangene können für eine Aus- und Weiterbildung durch einen Fernlehrkurs oder ein Fernstudium staatliche Mittel erhalten. In der Regel bietet die in der Nähe der Strafanstalt gelegene Hochschule dort ihre Fernkurse an und arbeitet mit der Gefängnisverwaltung zusammen" (Haffa & Kammerer 1987, S. 146f).

In einigen Fällen besteht auch eine Art institutionalisierte Zusammenarbeit zwischen den Hochschulen (Fernlehrabteilungen) und den Strafanstalten, wobei dann spezielle Regelungen, zum Beispiel zur Durchführung von Prüfungen, vereinbart werden (vgl. Haffa & Kammerer 1987, S. 149). So arbeiten beispielsweise die Fernlehrabteilung der Louisiana State University und die University of Illinois eng mit den „Education Directors" der Strafanstalten in ihrem Umkreis zusammen (s. Haffa & Kammerer 1987, S. 149f; vgl. auch Deutscher Bildungsdienst 1987, S. 5f).

Die vorstehenden Ergebnisse (aus der Untersuchung von Haffa & Kammerer 1987) können durch Ergebnisse der Institutionenbefragung von 1996/97 ergänzt und aktualisiert bzw. teilweise auch - insbesondere hinsichtlich des Gebührenaspektes - modifiziert werden.

Es liegen ausgefüllte Fragebögen (teilweise mit erläuternden Briefen und Begleitmaterial) von 13 Fernlehreinrichtungen in den USA vor, deren Fernlehrangebot auch Gefangenen offensteht (s. die Liste der Einrichtungen in Tabelle 7.2.5.2-1)[27]. Bei diesen Einrichtungen handelt es sich überwiegend um Universitäten. Die Anzahl der fernstudierenden Gefangenen pro Institution schwankt zwischen derzeit 0 und 1000; letztere Angabe bezieht sich auf die ICI University; die ICI University (mit über 1 Million Kursteilnehmern) ist eine religiöse Einrichtung, die u.a. Bibelkurse anbietet, und keine Universität im üblichen Sinne. Abgesehen von dieser Einrichtung melden vor allem die Ohio University (mit 480) sowie die Utah State University und die University of Iowa (mit 150 bzw. bis zu 100) höhere Anzahlen von studierenden Gefangenen. Mehrere der Einrichtungen machen deutlich, daß die genaue Anzahl studierender

---
[26] Zu neuen Schwerpunktsetzungen an vielen US-amerikanischen Colleges und Universitäten in den neunziger Jahren s. Lewis (1997, S. 24). Dabei spielen Fernstudienkomponenten eine relativ große Rolle.
[27] Vier weitere Einrichtungen (University of Colorado, University of Michigan, University of South Florida und Home Study International) sandten anstelle eines ausgefüllten Fragebogens Briefe, teils mit ergänzenden Materialien. Diese Einrichtungen sind in der Tabelle sowie bei der zusammenfassenden Darstellung von Fragebogenergebnissen nicht berücksichtigt.

Teil D

Gefangener nicht angegeben werden kann, da das Merkmal „Gefangener" bei der Einschreibung nicht erfaßt wird.

Tabelle 7.2.5.2-1: Fernlehreinrichtungen in den USA, deren Angebote auch von Gefangenen genutzt werden können

Name	Stadt	Bundesstaat	Anzahl der Studierenden Insges.	Anzahl studierender Gefangener
University of Nebraska - Lincoln	Lincoln	Nebraska	ca. 5.000	k.A.
University of Georgia	Athens	Georgia	ca. 3.350	unbekannt
Ohio University	Athens	Ohio	ca. 5.000	480
The University of Alabama	Tuscaloosa	Alabama	ca. 5.000	2 - 4
University of Wisconsin, Extension, Independent Learning	Madison	Wisconsin	ca. 12.000	k.A.
Utah State University	Tooele	Utah	ca. 8.000	150 pro Vierteljahr
University of Iowa	Iowa City	Iowa	5.000	50- 100
University of Wyoming, School of Extended Studies and Public Service, Correspondence Study Department	Laramie	Wyoming	500	10
University of Pittsburgh	Pittsburgh	Pennsylvania	1.100 pro 'term'	10-20
ICI University	Irving	Texas	1.24 Mill.	1.000
American Health Information Management, Independent Study Programs	Chicago	Illinois	ca. 2.500	derzeit 0
Seminary Extension Department, Independent Study Institute	Nashville	Tennessie	6.500	k.A.
The Hadley School for the Blind	Winnetka	Illinois	ca. 10.000	k.A.

Das Ausbildungsniveau der angebotenen Kurse variiert bei den Einrichtungen von Schul- bis 'post-graduate'-Niveau; zudem werden Kurse zur beruflichen Fortbildung sowie Weiterbildungskurse genannt.
Nur in drei der antwortenden Einrichtungen (der Ohio University, der Utah State University und dem Seminary Extension Department) werden Gefangene als Zielgruppe gezielt angesprochen. Bei 7 der 13 Einrichtungen, die Fernkurse für Gefangene anbieten und zudem den Fragebogen ausgefüllt hatten, ist die Wahl der Kurse für die Gefangenen frei, bei den 6 anderen gibt es Restriktionen bei der Kurswahl. Letzteres gilt etwa auch für die drei Universitäten mit höheren Anzahlen von studierenden Gefangenen: An der Ohio University dürfen die Gefangenen (aus naheliegenden Gründen) nicht ohne ausdrückliche Erlaubnis der Gefängnisverwaltung Kurse über Sicherheitstechnik ('security', 'safety technology') belegen. An der Utah State University gibt es Einschränkungen bei 'graduate degree'-Kursen; die Gefangenen sollen zudem u.a. nicht an Kursen teilnehmen, die Zugang zum Internet (bzw. www) voraussetzen. Die University of Iowa gibt an, daß es zwar keine Restriktionen bei der Kurswahl seitens der Universität gibt, daß jedoch einige Gefängnisse Auflagen hinsichtlich bestimmter Kursmaterialien oder hinsichtlich bestimmter im Kursprogramm vorgesehenen Aktivitäten machen.
Keine der 13 Institutionen gibt an, Lehrmaterial, Kurse oder Ausbildungsprogramme speziell für Gefangene oder gar spezielle Modelle einer „prison education" entwickelt zu haben. Bei zumindest zwei der Einrichtungen gibt es besondere programmatische Konzeptionen für die Gruppe der inhaftierten Studierenden: Die Utah State University beteiligt sich an einem Programm zur Minderung der Rückfälligkeit; und die Ohio University verfügt über ein Inhaftierten-Programm, für das es einen eigenen Mitarbeiterstab gibt.
Immerhin in 7 der 13 Einrichtungen gibt es spezielle Ansprechpartner, an die sich inhaftierte Studierende und Studieninteressenten mit ihren Fragen und Anliegen wenden können.
Mit Ausnahme einer Einrichtung (Utah State) werden Studienbriefe als Hauptlehrmethode eingesetzt. Vier der Einrichtungen sehen individuelle schriftliche tutorielle Betreuung vor. Einige der Einrichtungen verwenden daneben auch Präsenzlehrformen. So unterhält die Utah State University, die an einem speziellen Programm zur Minderung der Rückfälligkeit teil-

7. Ergebnisse der Institutionenerhebung

nimmt, ein von der Universität finanziertes Studienzentrum in einem Gefängnis und bietet direkte tutorielle Betreuung für einzelne Gefangene oder Gruppen an.

Als Hauptlehrmedien wird schriftliches Material (12x) verwendet; häufiger genannt werden aber auch Audio- und Videomaterial. Die Verwendung von Lernsoftware bzw. CBT wird immerhin von drei der Einrichtungen genannt. (In diesen drei Einrichtungen haben Gefangene also Zugang zu einem PC.) Das Lehrmaterial und die Prüfungsregularien werden überwiegend (12x; 1x „keine Angabe") von der eigenen Institution entwickelt.

Nur vier der Einrichtungen (Utah State University, Ohio University, University of Iowa, Seminary Extension Department) geben an, tutorielle Betreuung für die Gefangenen anzubieten; nähere Angaben zur Regelmäßigkeit der Betreuung gibt es nur von zwei der Institutionen (Utah State University: 1x im Monat; Seminary Extension Department: unregelmäßig; University of Iowa: Häufigkeit tutorieller Hilfe in Abhängigkeit von der Anzahl der Einsendeaufgaben, die ein Gefangener einsendet; Ohio University: keine detaillierten Angaben dazu.)

Nur die Ohio University und die Utah State University geben an, spezielle Beratungs- und Betreuungsmethoden und -medien für die Gefangenen vorzusehen. Bei beiden Einrichtungen erfolgt die Beratung und Betreuung durch spezialisiertes Personal. Bei der Utah State University müssen die Gefangenen einen Teil zur Finanzierung beitragen.

Bei den meisten Fernlehrinstitutionen gelten für die Gefangenen dieselben Examensregelungen wie für die übrigen Studierenden. Gesonderte Examensregelungen für Gefangene gibt es nur in drei der Einrichtungen: Utah State University, University of Georgia, University of Pittsburgh. Die Regelungen betreffen den Ort der Prüfung bzw. die Beaufsichtigung (durch Verantwortliche im Gefängnis).

Die geschätzten Erfolgsquoten für die studierenden Gefangenen fallen mit Angaben zwischen 50 und 100% - soweit angegeben - relativ hoch aus; für Kursangebote im schulischen Bereich liegen sie zwischen 70 und 100 (Angaben lediglich von 3 Einrichtungen); für den undergraduate Bereich variieren sie zwischen 50 und 95%; drei der sieben vorliegenden Schätzungen liegen aber auch hier über 90%. Ein Verantwortlicher bei der Ohio University mit 20-jähriger Erfahrung in diesem Bereich meinte zu den Erfolgsaussichten, daß die studierwilligen Inhaftierten ihr Studium sehr ernsthaft betrieben und insgesamt in etwa die gleichen Erfolgsaussichten wie die nicht-inhaftierten Studierenden hätten.

Von 5 der Einrichtungen wird angegeben, daß die Gefangenen einer Arbeitspflicht unterliegen, und nur in einem Fall wird auf die Möglichkeit einer zumindest teilweisen Freistellung von der Arbeitspflicht verwiesen.

Die Antworten der Einrichtungen zur Frage der Studiengebühren für Gefangene bei unserer Befragung stehen in gewissem Gegensatz zu den Angaben bei Haffa & Kammerer (1987) für die Situation in den 80-er Jahren. Während Haffa & Kammerer auf die Möglichkeit einer finanziellen staatlichen Unterstützung der fernstudierenden Gefangenen hinwies (s.o.), gaben bei unserer Befragung 9 von 12 Einrichtungen (1x „keine Angabe") an, daß die Gefangenen Studien- bzw. Teilnahmegebühren zu zahlen hätten, wobei nur 3 der 10 Einrichtungen eine Möglichkeit zur Gebührenreduktion für studierende Gefangene nannten (bei der Ohio University z.B. eine Reduktion zwischen 10 und 30%, bei der Utah State University 25% und bei der ICI University unter bestimmten Bedingungen sogar 100%). Die University of Alabama wie die University of Pittsburgh nennen als Finanzierungsmöglichkeit, daß an Gefangene Stipendien vergeben werden können. Die University of Iowa weist ebenfalls auf ein Stipendiumprogramm hin, das aber sehr eng begrenzt sei; zudem handelt es sich nicht um ein speziell für Inhaftierte gedachtes Programm, wenn sie sich auch grundsätzlich - neben Angehörigen anderer Gruppen - darum bewerben könnten. Die University of Georgia weist darauf hin, daß ein entsprechendes Stipendienprogramm für Inhaftierte gestrichen worden sei. Und die University of Wyoming berichtet, daß sie selbst über kein Stipendienprogramm für Inhaftierte verfüge, daß aber einige Gefängnisse solche Programme hätten.

Auf die Frage nach Schwierigkeiten bzw. nach den Hauptgründen für Studienabbruch bei Gefangenen wird am häufigsten (6x) die niedrige Studienmotivation und am zweithäufigsten (5x) die mangelnde Unterstützung durch die Gefängnisleitungen bzw. durch das Gefängnispersonal genannt; auch das niedrige Bildungsniveau sowie Probleme der Studienorganisation im Gefängnis werden häufiger (4x bzw. 3x) angeführt.

Bei der offenen Frage nach Schwierigkeiten bei der Gruppe der inhaftierten Studierenden werden u.a. angeführt:
- Probleme beim Versand der Studienmaterialien bzw. bei deren Aushändigung an die inhaftierten Studierenden;
- Verlegung der Gefangenen in andere Gefängnisse ohne Informierung der Fernlehreinrichtung;
- Einzug der Gebühren;
- Organisation der tutoriellen Betreuung; Einschränkungen der Kommunikation zwischen Gefangenen und Tutoren;
- Restriktionen bei der Verwendung von Medien (z.B. Erlaubnis zur Verwendung von Kassettenrecordern), keine Erlaubnis zur telefonischen Kontaktaufnahme mit den Tutoren; und
- die Unterschiedlichkeit der Regelungen in den verschiedenen Haftanstalten.

Die bisherige Darstellung betraf Angebote von Universitäten und Fernlehreinrichtungen in den USA. Aber nicht nur diese haben Fernstudienangebote entwickelt, die auch von Inhaftierten genutzt werden können; auch Strafvollzugsbehörden nutzen Fernstudienansätze zur Verbesserung ihres Ausbildungsangebotes für Inhaftierte.

Über ein innovatives Pilotprojekt des *Department of Correctional Services of New York State* berichtete Kathleen Sunshine (1997) auf dem Kongress des International Council for Distance Education (ICDE). Bei dem Projekt wurde Videokonferenztechnologie ('compressed video system' 4000 bzw. 4500 von PictureTel) für die Ausbildung und Beratung von Inhaftierten genutzt. Es wurden zwei Anwendungen erprobt: a) Unterricht zur Vorbereitung auf den Sekundarschulabschluß[28] und b) Information und Beratung von Inhaftierten zur Vorbereitung auf ein spezielles Haftentlassungsprogramm.

Bei dem Unterrichtsprojekt fand Präsenzunterricht mit Klassen von je 6 bis 10 Schülern in einer Haftanstalt (Orleans State Correctional Facility in Albion, NY) statt, wobei mittels Videoübertragung jeweils eine weitere Klasse in einer anderen Haftanstalt (Gowanda State Correctional Facility in Gowanada, NY) in den Unterricht einbezogen war. Pro Tag gab es 6 Unterrichtsstunden: vormittags 3 Stunden auf Englisch und nachmittags 3 Stunden auf Spanisch. Während es in dem einen Gefängnis (Orleans) bei jeder Unterrichtsstunde einen Lehrer gab, stand in dem anderen Gefängnis (Gowanda) kein Lehrer zur Verfügung; vielmehr fungierten hier Insassen als Hilfskräfte (sog. 'inmates aides'). Diese Hilfskräfte mußten über den entsprechenden Schulabschluß verfügen und hatten zumeist zusätzliche College-Kurse absolviert. Ihre Aufgabe war es, Lehrbücher und -material zu verteilen, Fragen zu beantworten sowie die Aktivitäten der Lernenden zu unterstützen und zu überwachen. Die Erfahrungen bei dem Projekt waren gemischt. Zunächst zu den Problemen:
- Am schwierigsten war es, die Lernenden in den Klassen ohne Lehrer (also in Gowanda) hinreichend zu motivieren und ihr Interesse über längere Zeit aufrechtzuerhalten. Dieser Schwierigkeit wurde dadurch zu begegnen versucht, daß man die Lehrer gelegentlich auch in diese Haftanstalt schickte und so eine direkte persönliche Beziehung zwischen den Lehrern und Schülern herzustellen versuchte; zudem wurde der Gruppenunterricht durch individualisierte Unterweisung (über Video) ergänzt.
- Als schwierig erwies sich auch die Koordinierung der Stundenpläne in den beteiligten Anstalten.
- Schwierigkeiten ergaben sich ferner daraus, daß Gefangene von einer Haftanstalt in eine andere verlegt wurden, ohne daß die Projektmitarbeiter darauf irgendeinen Einfluß hatten oder auch nur darüber informiert worden wären (vgl. oben: Abschn. 7.1).

---

[28] Genauer gesagt handelte es sich um das General Equivalency Diploma (GED) - ein Zertifikat, das dem traditionellen US-amerikanischen 'high school'-Abschluß vergleichbar ist.

7. Ergebnisse der Institutionenerhebung

- Der Einsatz der Hilfskräfte bzw. der Umstand, daß die Lernenden in Gowanda praktisch nur unter Aufsicht eines Mitgefangenen waren, stieß auf Mißtrauen und Sicherheitsbedenken seitens des Gowanda-Personals.

Trotz aller Schwierigkeiten waren die Reaktionen der Lerner (insbes. jener in der Orleans-Haftanstalt) insgesamt recht positiv. (Die Schüler waren gehalten, ihre Reaktionen zu dieser neuen Unterrichtsform in einer Art Tagebuch festzuhalten.) Die Schüler in den Klassen ohne Lehrer (in der Haftanstalt Gowanda) beklagten sich allerdings manchmal über die ungleiche Zuwendung zu den Schülern in den beiden beteiligten Orten - trotz aller Anstrengungen der Lehrer, den Klassen an beiden Standorten gleiche Aufmerksamkeit zu widmen.

Es wurden auch bereits erste Versuche unternommen, anstelle der Übertragung in nur einen anderen Standort, eine Übertragung zu mehreren Standorten vorzunehmen ('point to multipoint transmission'). Dabei kann der Lehrer allerdings derzeit - wegen technischer Grenzen - noch nicht alle Standorte gleichzeitig im Auge behalten. Man hofft jedoch diese technischen Probleme bald zu überwinden.

Zur Bedeutung eines solchen Programmes zum Nachholen des Sekundarschulabschlusses verweist die Autorin auf Rückfälligkeitsstatistiken: Die allgemeine Rückfallrate nach der Erstinhaftierung beträgt 75% oder mehr. Hingegen beträgt die Rate für jene, die über einen Sekundarschulabschluß verfügen, lediglich 25%.[29] Der Schulabschluß erhöhe zudem die Chancen, einen Job nach der Entlassung zu erhalten. Eine verminderte Rückfälligkeitsrate würde sich auch ökonomisch lohnen: Die Kosten für die Inhaftierung betragen pro Jahr und Häftling ca. $ 35.000.[30] Bei Nicht-Rückfälligkeit würden also die Kosten für eine erneute Inhaftierung gespart; zudem würde der Nicht-Rückfällige Steuern zahlen.

In dem anderen Teil des Projektes sollten Gefangene durch unterschiedliche Veranstaltungen sowie Informations- und Beratungsangebote besser auf ihre bevorstehende Entlassung aus dem Gefängnis vorbereitet werden. Auch hier erfolgte wieder eine Übertragung von einer Haftanstalt in eine andere mittels Videoconferencing: Das Programmpersonal (die Berater) war in der Queensboro Correctional Facility auf Long Island in New York City angesiedelt; übertragen wurde in die 120 Meilen entfernte Greene Correctional Facility. Auf diese Weise konnte also beispielsweise ein Berater in New York City mit den Greene-Insassen kommunizieren; oder diese konnten an Veranstaltungen teilnehmen, bei denen die Berater auf Long Island einer Gruppe dortiger Insassen Tips für die Zeit nach ihrer Entlassung gab.

Viele der Insassen in der Greene Correctional Facility waren in einem speziellen Entlassungs-Vorbereitungs-Programm ('pre-release program') und sollten nach Queensboro verlegt werden, um dort an einem weiteren speziellen 'work-release program' teilzunehmen. Die Mißerfolgsrate bei diesem Programm war sehr hoch (hohe Rückfälligkeit trotz Teilnahme an dem Programm). Gründe dafür sind u.a.: Schwierigkeiten beim Finden einer Unterkunft und eines Jobs, fehlende Ausbildung sowie Alkohol- und Drogenprobleme.

Die Programmangebote im Rahmen des Projektes sollten dazu beitragen, die Mißerfolgsrate zu verringern. Die Auswahl der Inhalte des Programms richtete sich dabei nach einer Liste von Themen, die von den Insassen der Greene-Haftanstalt selbst als besonders wichtig und nützlich eingeschätzt worden waren. Einige der Angebote sind:

- Informationen zu dem 'work-release program': Die Informierung erfolgt jeweils durch jene Berater aus Queensboro, mit denen die Gefangenen nach ihrer Verlegung von Greene nach Queensboro zu tun haben werden.
- Informationen zu Suchtberatung und -therapie.
- Hinweise zu Erwachsenenbildungsangeboten des New York City Board of Education.
- Information über Beschäftigungsmöglichkeiten, Tips zur Jobsuche.

---

[29] Angemerkt sei, daß sich ein Zusammenhang wie der beschriebene nicht ohne weiteres bzw. ohne Zusatzannahmen im Sinne einer unmittelbaren Kausalbeziehung („bessere Bildung führt zu einer verminderten Rückfallrate") interpretieren läßt.
[30] Zum Vergleich: Die Kosten für einen Haftplatz in der BRD betragen lt. Joachim Jäger von der Polizeiführungsakademie in Hiltrup pro Monat DM 6.000 (also pro Jahr DM 72.000,-); zit. n. DER SPIEGEL Nr. 28 vom 7.7.97, S. 58.

Teil D

Entsprechende Übertragungen sind mittlerweile ein zunehmend wichtiger Teil der Vorbereitungskurse in Greene. (Auch bei diesem Projektteil ist eine Ausweitung auf weitere Gefängnisse geplant.) Die in der Pilotphase aufgetretenen Probleme betrafen u.a. die Finanzierung der Ausrüstung sowie die mangelnde Raumkapazität in Greene: Der Raum, in den das Programm übertragen wird, ist zu klein und wird ständig auch für andere Zwecke genutzt. Insgesamt war das Projekt aber - trotz aller Probleme - ein Erfolg.

Mit zunehmender Verbreitung der entsprechenden Ausrüstung auch in anderen Haftanstalten könnte diese auch für andere Zwecke genutzt werden - so u.a. auch für die Ausbildung des Personals der Haftanstalten; für Gespräche der Insassen mit potentiellen Arbeitgebern; oder auch für Kontakte der Insassen zu ihren Familien, insbesondere in Fällen, wo die Gefangenen in Haftanstalten einsitzen, die hunderte von Meilen vom Familienwohnort entfernt sind.

Die Autorin schließt ihren Beitrag mit folgender Einschätzung (Sunshine 1997, p. 7): „Despite the obstacles and unique difficulties peculiar to the prison environment, the distance learning project is helping to make education available to more inmates than would have been reached otherwise. It is undoubtedly performing a service both for them and for society at large."

7.2.6 Mittel- und Südamerika

7.2.6.1 Mexiko

Das Instituto Maurer in Mexico City, das pro Jahr 45 Kurse im Bereich der Berufsausbildung anbietet, hat ca. 11.300 eingeschriebene Studierende, darunter eine unbekannte Anzahl inhaftierter Studierender. (Die Inhaftierten werden von dem Institut nicht gesondert registriert.)

Die Kurse beinhalten Studienbriefe mit individueller brieflicher tutorieller Betreuung. Neben schriftlichen Materialien werden auch Audio- und Videokassetten als Medien eingesetzt.

Gefangene werden nicht gezielt als Adressatengruppe angesprochen; und auch besondere Anpassungen an diese Gruppe sind weder in Hinblick auf die Kurse noch bei der Betreuung vorgesehen.

Eine Arbeitspflicht für Gefangene gibt es nicht. Die inhaftierten Teilnehmer müssen - wie alle übrigen - Gebühren zahlen, die i.a. von ihren Familienangehörigen bezahlt werden.

Die Erfolgsrate wird auf 12 - 17 % geschätzt. Als Probleme dieser Gruppe werden der niedrige Vorbildung, Schwierigkeiten beim Begreifen des Lehrstoffes sowie Schwierigkeiten bei der tutoriellen Betreuung angeführt. Als Probleme haben sich auch die pünktliche Zustellung der Arbeitsmaterialien und deren Aushändigung an die Inhaftierten erwiesen.

Nach Ansicht des Institutes handelt es sich bei den Inhaftierten um eine Gruppe, die Ausbildung dringend benötigt und an sich auch die dafür nötige Zeit hat. Es sei sogar zu überlegen, ob nicht für Inhaftierte, die studieren und sich zu lernen bemühen, künftig straffrei zu leben, ein Strafnachlaß ermöglicht werden könne. (Die Angaben entstammen der Institutionenbefragung von 1996/97.)[31]

7.2.6.2 Kolumbien

Inhaftierte können in Kolumbien Fernlehrangebote der *UNISUR - Universitaria del Sur de Bogotá* in Bogotá nutzen. (Die folgenden Angaben entstammen der Institutionenbefragung.)

Gefangene werden aber von der UNISUR nicht als spezielle Zielgruppe angesprochen. Die derzeitige Anzahl der inhaftierten Studierenden wird mit 86 beziffert.

---

[31] Es gibt in Mexiko eine Reihe weiterer Fernlehreinrichtungen; vgl. den aktuellen Überblick bei Taylor (1996). Dort finden sich Angaben beispielsweise zu *John Deere & Company* sowie dem *Monterrey Institute*. Letzteres hat über 70.000 Studierende und verfügt über Stützpunkte in 26 Städten sowie über ein Satelliten-gestütztes Kommunikationssystem (SIES - Satellite Interactice Education System).

7. Ergebnisse der Institutionenerhebung

Als Hauptlehrmethoden verwendet die UNISUR generell für ihre Studierenden Studienbriefe sowie individuelle schriftliche tutorielle Betreuung; ferner genutzt werden individuelle telefonische Betreuung, Gruppenbetreuung sowie regionale Lernergruppen. Als Medien werden neben schriftlichen Materialien (als Hauptmedium) Audio- und Videokassetten eingesetzt. Bei der Kurswahl gibt es für die inhaftierten Studierenden einige Einschränkungen; beispielsweise können keine Kurse belegt werden, die Praktika beinhalten.

Zwar werden für die Gruppe der inhaftierten Studierenden keine speziellen Lehrmaterialien (Kurse oder Programme) angeboten; es wurden aber für diese Gruppe spezielle Materialien für die tutorielle Beratung und Betreuung entwickelt. Zudem steht für die Gefangenen eine Kontaktperson in der Universität zur Verfügung.

Die tutorielle Betreuung findet nicht in festen Zeitintervallen statt. Die UNISUR verfügt über kein von ihr betriebenes Studienzentrum in einem der Gefängnisse. Die Examensregelungen für die Gefangenen richten sich u.a. nach den Möglichkeiten in den einzelnen Haftanstalten.

Die studierenden Gefangenen unterliegen einer Arbeitspflicht, von der sie aber zumindest teilweise freigestellt werden können. Die Gefangenen (bzw. ihre Familien) müssen zudem Gebühren zahlen; eine Gebührenreduktion ist nicht vorgesehen.

Als Probleme für die Studierenden werden u.a. genannt: niedriges Bildungsniveau, niedrige Studienmotivation, Probleme der Studienorganisation im Gefängnis, Probleme der tutoriellen Betreuung, die Haftbedingungen bzw. das Strafvollzugssystem sowie psychische Probleme (wie z.B. Depressionen) bei den Gefangenen. Als Probleme für die Institution wird die Aufteilung der inhaftierten Studierenden auf viele Gefängnisse sowie die geringen zur Verfügung stehenden Ressourcen genannt. Außerdem bestehe an dieser Zielgruppe insgesamt nur ein geringes Interesse.

Die Studienerfolgsrate ist relativ niedrig; sie wird für den 'undergraduate'-Bereich mit 10% beziffert.

7.3 Abschließende Bemerkung zum Grad der Anpassung der Institutionen an die Gruppe inhaftierter Studierender

Wie die vorstehenden Beschreibungen deutlich gemacht haben, gibt es beträchtliche Unterschiede zwischen den Fernlehreinrichtungen nicht nur in der Anzahl ihrer inhaftierten Studierenden (von einigen wenigen bis hin zu über 2.000), sondern insbesondere auch in der Art und Weise, wie die Einrichtungen ein Fernstudium für Inhaftierte organisieren und wie sie auf die inhaftierten Studierenden zugehen.

Viele der Einrichtungen behandeln die inhaftierten wie alle ihre übrigen Lerner, wobei sie oft gar nicht wissen, welche ihrer Kursteilnehmer inhaftiert sind. Zielgerichtete Maßnahmen in Hinblick auf die Gruppe der inhaftierten Studierenden und unter Berücksichtigung ihrer besonderen Studiensituation sind unter diesen Umständen kaum möglich. Andere Einrichtungen sprechen Inhaftierte gezielt als Adressatengruppe an und/oder entwickeln besondere Verfahren oder organisatorische Maßnahmen, um der besonderen Studiensituation dieser Klientel Rechnung zu tragen. Solche Maßnahmen können z.B. besondere Regelungen für die Betreuung oder für die Durchführung von Prüfungen betreffen; die Maßnahmen können dabei lediglich institutions-intern oder aber im Zusammenwirken mit Haftanstalten und/oder dafür zuständigen Behörden erfolgen. Im letzteren Fall kann die Kooperation eher informell oder aber auf der Basis fester vertraglicher Regelungen erfolgen.

Kaum eine Einrichtung hat - wie die Simon Fraser University bei ihrem mittlerweile aus finanziellen Gründen eingestellten Programm - darüber hinaus versucht, auch die curricularen Inhalte ihrer Lehrangebote gezielt auf die Adressatengruppe der Inhaftierten und ihre Bedürfnisse zuzuschneiden (es sei denn, man würde die Einschränkungen hinsichtlich der Kurswahl, die bei einigen Fernlehreinrichtungen - zumeist aus Sicherheitserwägungen und in Absprache mit Justizstellen - bestehen, als eine adressatengruppen-spezifische Anpassung der Lehrinhalte an die Zielgruppe interpretieren).

Teil D

Klassifikation der Institutionen nach dem Grad der Anpassung an die Adressatengruppe: Haffa & Kammerer (1987, S. 19ff) haben ein Stufenschema konzipiert, das benutzt werden kann, um Fernlehreinrichtungen danach zu klassifizieren, inwieweit sie eine adressatenspezifische Anpassung an bestimmte Zielgruppen vorsehen.[32] Dieses Schema - modifiziert und spezifiziert für die Zielgruppe der Inhaftierten (vgl. Ommerborn & Schuemer 1996, S. 13f) - sei hier kurz skizziert:

Stufenschema

Stufe I	Einzelfallanpassung; *keine* gezielte Ansprache Inhaftierter
Stufe II	Einzelfallanpassung; *gezielte* Ansprache Inhaftierter
Stufe III	gezielte Ansprache Inhaftierter sowie adressatengruppen-spezifische, systematische Entwicklung und Bereitstellung *organisatorischer* Maßnahmen und Hilfe für Inhaftierte
Stufe IV	Adressatengruppenspezifische *inhaltliche* Studienangebote für Inhaftierte

Stufe I: Hierzu sind Fernstudieneinrichtungen zu rechnen, die bereit sind, im Einzelfall individuell auf die Erwartungen und Bedürfnisse inhaftierter Studierender einzugehen. Generell haben solche Institutionen *keine besonderen Maßnahmen* zur Berücksichtigung der Belange von Inhaftierten eingerichtet. Sie wenden sich prinzipiell an alle potentiellen Fernstudierenden, sprechen die Gruppe der inhaftierten Adressaten nicht gesondert an, und haben auch keine speziellen Lehrmaterialien für sie entwickelt. Die Einzelfallanpassung ist in der Regel mit speziellen Beratungen vor Aufnahme des Fernstudiums verbunden.

Stufe II bezieht sich auf solche Fernstudieneinrichtungen, die Inhaftierte gezielt ansprechen und bestimmte Lehrmedien als für sie geeignet ausweisen, ohne daß diese Studienangebote hinsichtlich Aufbau, Organisation oder Inhalten angepaßt oder verändert werden. Die Besonderheit dieser Fernlehreinrichtungen liegt darin, daß *Inhaftierte als spezielle Adressatengruppe* erkannt und gezielt unter Einsatz von Informationsmedien auf bestimmte Lehrmaterialien, die trotz einer Inhaftierung ohne größere Probleme zu absolvieren sind, aufmerksam gemacht werden.

Stufe III bezieht sich auf solche Fernstudieneinrichtungen, die nicht nur die Gruppe der Inhaftierten gezielt ansprechen, sondern unterschiedliche, systematische adressatengruppenspezifische *organisatorische* Anpassungsmaßnahmen vorsehen, wie z.B.:
- angepaßte Lehrmedien: Berücksichtigung der Haftsituation (und der dadurch ggf. bedingten Restriktionen) bei der Wahl bzw. Festlegung der Lehrmedien für die Gruppe der inhaftierten Studierenden;
- spezielle organisatorische Regelungen für die tutorielle Unterstützung; spezielle Tutoren, Berater oder Betreuer;
- eine eigene Abteilung oder spezielle Ansprechpartner für die Gruppe der Inhaftierten;
- spezielle Hilfen zur Ermöglichung der Teilnahme an Präsenzphasen;
- spezielle Prüfungsregelungen (wie z.B. Durchführung von Prüfungen in Haftanstalten).

Eine Einrichtung ist dieser Stufe zuzuordnen, wenn sie - neben der gezielten Ansprache der Inhaftierten - eine oder mehrere organisatorische Maßnahmen der genannten Art vorsieht.

Stufe IV der Anpassung bezieht sich auf solche Fernstudieneinrichtungen, die eine adressatenspezifische *inhaltliche* Ausrichtung der Lehrmedien mit einbezieht. Das bedeutet, daß die spezielle Situation der Inhaftierten selbst ganz oder teilweise Inhalt der Medien ist oder zumindest in den Lehrinhalten reflektiert wird.

---

[32] vgl. Ommerborn (1995a, S. 39ff), der dieses Schema in Hinblick auf Fernstudienangebote für Behinderte spezifizierte.

7. Ergebnisse der Institutionenerhebung

Bei der Anwendung dieses Stufenschemas auf die in vorliegendem Text beschriebenen Fernlehreinrichtungen erweist sich die dem Schema zugrundeliegende Annahme einer eindimensionalen Rangordnung oder Abstufung insbesondere in Hinblick auf die Stufen II und III als problematisch: Denn eine Reihe von Institutionen spricht zwar die Zielgruppe der Inhaftierten nicht gezielt an, erfüllt also damit nicht eine der wesentlichen Voraussetzungen für die Stufe II, hat aber nichtsdestotrotz eine Reihe von gezielten Maßnahmen in Hinblick auf die Adressatengruppe durchgeführt und damit eine der Bedingungen für Stufe III erfüllt.[33] Das Schema wurde daher auf drei Kategorien reduziert:

Reduziertes Kategorienschema (zum Grad der Anpassung an die Adressatengruppe)

Kategorie	
A (Stufe I)	Einzelfallanpassung; keine gezielte Ansprache Inhaftierter
B (Stufe II + III)	gezielte Ansprache Inhaftierter und / oder systematische Bereitstellung einer oder mehrerer adressatengruppen-spezifischen, organisatorischen Maßnahme(n) für Inhaftierte
C (Stufe IV)	adressatengruppen-spezifische inhaltliche Studienangebote für Inhaftierte

Dieses reduzierte Kategorienschema wurde auf die in vorliegendem Text beschriebenen Fernlehrinstitute angewendet, wobei nicht nur die 56 Institute aus der Institutionenerhebung, sondern weitere 14 berücksichtigt wurden, zu denen aus anderen Quellen Informationen vorlagen. Nach der übereinstimmenden Klassifikation von zwei Codierern sind dabei 22 Institutionen der Kategorie A, 47 der Kategorie B und nur 1 der Kategorie C zuzuordnen. (Bei diesen Kategorienhäufigkeiten ist zu berücksichtigen, daß in dem reduzierten Kategorienschema die Kategorien A und C relativ eng, hingegen die Kategorie B relativ weit definiert sind.)

Knapp ein Drittel der Institute (22 von 70) behandeln also die Gefangenen i.w. wie ihre übrigen Kursteilnehmer und bemühen sich lediglich von Fall zu Fall darum, im Sinne einer Einzelfallanpassung der besonderen Studiensituation der inhaftierten Studierenden - etwa bei der Betreuung oder den Prüfungsregularien - Rechnung zu tragen.

Rund zwei Drittel der Einrichtungen (47 von 70) sprechen die Inhaftierten als Gruppe gezielt an und/oder sehen eine oder mehrere adressatengruppen-spezifische systematische Anpassungsmaßnahmen organisatorischer Art vor. Und nur bei einer Einrichtung waren in systematischer Form adressatengruppen-spezifische *inhaltliche* Studienangebote für Inhaftierte entwickelt worden (gemeint ist das - mittlerweile aus finanziellen Gründen eingestellte - Programm der kanadischen Simon-Fraser-University).[34]

Erfordernis der Abstimmung von Maßnahmen mit den Haftanstalten: Viele Maßnahmen, die Fernlehreinrichtungen ergreifen, um ihr Lehrangebot der Studiensituation und den Bedürfnissen der inhaftierten Studierenden besser anzupassen, bedürfen zu ihrer wirkungsvollen Umsetzung der Abstimmung und möglichst auch Kooperation mit den Haftanstalten. Dies gilt nicht nur für viele der gezielten adressatengruppen-spezifischen Maßnahmen im Sinne der Kategorie B und C, sondern bereits für Maßnahmen im Sinne einer Einzelfallanpassung (Kategorie A):

Die Teilnahme an Fernkursen durch Inhaftierte muß in der Regel von den Verantwortlichen in der jeweiligen Haftanstalt genehmigt werden. Auch die Aushändigung der Studienmaterialien an die inhaftierten Studierenden bedarf in der Regel der Zustimmung durch die Verant-

---

[33] Es ist angesichts dieser dem Stufenschema immanenten Unschärfe sowie des Umstandes, daß die jeweils für eine Institution zur Verfügung stehende Informationsmenge bei manchen Institutionen eher dürftig ist, kaum verwunderlich, wenn die von drei verschiedenen Urteilern unabhängig voneinander vorgenommenen Klassifikationen in einem ersten Durchlauf nur bei 53 von 70 (75.6%) klassifizierten Fernlehreinrichtungen übereinstimmten.

[34] Auch die belgische Einrichtung (Enseignement à distance, Ministère de la Communaute Française) kann u.U. zu Kategorie C gerechnet werden. Zumindest hat sie ein spezielles Programm für Inhaftierte entwickelt, das den individuellen Bedürfnissen angepaßt werden kann. Allerdings ist aus den vorliegenden Informationen nicht erkennbar, ob es sich um ein in seinen *Inhalten* speziell auf die Adressatengruppe ausgerichtetes Programm handelt. Zählt man die Einrichtung zu Kategorie C, verringert sich die Häufigkeit für Kategorie B von 47 auf 46.

wortlichen in der Haftanstalt.[35] Besuche von Tutoren in den Haftanstalten, Ermöglichung von Telefonkontakten zwischen inhaftierten Studierenden und den Tutoren, die gelegentliche Teilnahme von inhaftierten Studierenden an Präsenzveranstaltungen außerhalb der Haftanstalt, die Durchführung von Prüfungen in den Anstalten - all dies ist nur möglich, wenn die Verantwortlichen in der jeweiligen Haftanstalt (Anstaltsleitung, Mitarbeiter der Pädagogischen Dienste usw.) nicht nur ihre Zustimmung erteilen, sondern zur Kooperation bereit sind. Und nur in Kooperation mit den Haftanstalten kann erreicht werden, daß die inhaftierten Studierenden in ihrem Studium nicht nur nicht behindert, sondern möglichst unterstützt werden.

Ob eine solche Kooperation einer förmlichen vertraglichen Grundlage bedarf oder ob informelle *ad hoc*-Vereinbarungen ausreichen, dürfte von den Rahmenbedingungen und dem Gegenstand der angestrebten gemeinsamen Bemühungen abhängen: Beispielsweise dürfte bei der Einrichtung von Studienzentren einer Fernlehreinrichtung in einer Haftanstalt ein förmlicher Vertrag unerläßlich sein; wenn es nur darum geht, sicherzustellen, daß die Studierenden ihre Einsendeaufgaben an die Fernlehreinrichtung absenden dürfen, mögen weniger förmliche Vereinbarungen durchaus ausreichen. Die Etablierung bestimmter, durch Vereinbarungen oder Verträge geregelter Verfahrensweisen und Routinen macht allen Beteiligten - den inhaftierten Studierenden, dem Anstaltspersonal und nicht zuletzt auch der Fernlehrinstitution - das Leben leichter und trägt zur Vermeidung von Reibungen und unnötigen Reibungsverlusten bei.

Einige der befragten Fernlehreinrichtungen weisen auf Probleme hin, die aus der mangelnden Informiertheit und dem mangelnden Verständnis des Personals der Haftanstalten resultieren. (Auch bei der Befragung inhaftierter Studierender der FernUniversität klagten viele der Betroffenen darüber, daß das Anstaltspersonal viel zu wenig über das Fernstudium wisse und dementsprechend oft wenig Verständnis für die Studienbelange aufbrächte; Näheres s.o.: Abschn. 5.13.) Selbst dann, wenn von einer Fernlehreinrichtung keine Maßnahmen geplant sind, die eine Kooperation mit den Haftanstalten unumgänglich erscheinen lassen, sind also regelmäßige Kontakte zwischen der Fernlehreinrichtungen und Bildungsbeauftragten in den Haftanstalten anzustreben. Solche Kontakte bieten der Fernlehreinrichtung Gelegenheit, ihre (Aus-) Bildungsangebote sowie den üblichen Ablauf eines Fernstudiums zu erläutern und um Verständnis für die Belange der Studierenden zu werben. Gleichzeitig kann die Fernlehreinrichtung auf diese Weise mehr über die konkrete Studiensituation ihrer inhaftierten Studierenden erfahren; zudem kann bei solchen Kontakten geklärt werden, ob und welche der in einem Kurs vorgesehenen Aktivitäten mit den Haftbedingungen - z.B. bestimmten Sicherheitsauflagen - unvereinbar sind.

---

[35] Mehrere Fernlehrinstitute berichteten, daß es hier immer wieder Probleme gibt; auch an der FernUniversität kommt es immer wieder vor, daß die Annahme der Fernstudienmaterialien durch Anstaltsbedienstete verweigert wird (s.o.: Abschn. 7.1).

Teil E:

Empfehlungen zur Weiterentwicklung eines Fernstudiums für Inhaftierte

8 Schlußfolgerungen und Empfehlungen

Zielsetzung der vorliegenden Studie war es nicht, eine allgemeine Abhandlung über „Fernstudium in Haft" zu schreiben; vielmehr sollten die Ergebnisse der beiden empirischen Untersuchungen, über die hier berichtet wurde, genutzt werden, um Möglichkeiten zur Verbesserung des Fernstudienangebots der FernUniversität für Inhaftierte aufzuzeigen (vgl. Abschn. 1.1).

Die in vorliegendem Kapitel gezogenen Schlußfolgerungen und gemachten Empfehlungen sind daher immer zunächst auf die Praxis der FernUniversität bezogen, wenn auch vieles davon sinngemäß auf andere Fernlehreinrichtungen - bei entsprechender Berücksichtigung der jeweiligen Besonderheiten dieser Institutionen und ihres jeweilig spezifischen Kontextes - übertragbar ist.

Es werden zunächst (Abschn. 8.1) einige Vorschläge zur Optimierung der Studiensituation der inhaftierten Studierenden skizziert; diese Vorschläge gehen vom bisherigen Studiensystem der FernUniversität aus und beinhalten - unter kurz- bis mittelfristiger Perspektive - i.w. Korrekturen oder Ergänzungen zu diesem System.

Abschließend wird dann in Form eines Ausblicks (Abschnitt 8.2) untersucht, was unter einer längerfristigen Perspektive zur Verbesserung der Studiensituation unternommen werden könnte, wobei auch Alternativen zum bisherigen System in die Betrachtung einbezogen werden.

8.1 Empfehlungen für konkrete Maßnahmen der FernUniversität

Im folgenden wird der Versuch unternommen, auf der Basis der bei der Bestandsaufnahme gewonnenen Befunde Empfehlungen für die Verbesserungen des Fernstudienangebots und der Studiensituation für inhaftierte Studierende zu formulieren; dabei sollen insbesondere auch die von den Betroffenen gemachten Vorschläge berücksichtigt werden.

Schwerpunkt werden dabei Vorschläge für jene Bereiche sein, die von der FernUniversität (im Rahmen ihrer Möglichkeiten) gestaltet oder zumindest beeinflußt werden können; allerdings kann die FernUniversität - selbst bei allem Bemühen - vieles nicht allein realisieren; vielmehr ist sie auf den guten Willen und die Kooperationsbereitschaft der Justizverwaltungen und der JVAs (bzw. ihrer Leitungen und Mitarbeiter) angewiesen.

Dabei muß sich die FernUniversität immer des Umstandes bewußt sein, daß die Schaffung günstiger Studienbedingungen bestenfalls nur eine unter sehr vielen Aufgaben einer Justizvollzugsanstalt ist und daß die Gruppe der inhaftierten Studierenden eine zahlenmäßig sehr kleine Minderheit unter den Teilnehmern von Bildungsmaßnahmen im Strafvollzug ist (wobei letztere wiederum selbst nur eine kleine Gruppe unter allen Inhaftierten darstellen; vgl. oben: Abschn. 5.2).

Die Formulierung der Empfehlungen erfolgte in mehreren Schritten: Zunächst wurde ein Entwurf erstellt, der i.w. auf den Befragungsergebnissen und der Auswertung von Vorschlägen und Hinweisen der Befragten beruhte, die diese in den ausgefüllten Fragebögen oder auch in Begleitbriefen dazu formuliert hatten.

Sodann wurde dieser Entwurf (wie auch eine Zusammenfassung der Befragungsergebnisse) an die inhaftierten Studierenden in der JVA Geldern mit der Bitte gesandt, an einer Diskussion über die Empfehlungen teilzunehmen. Diese Diskussion fand am 6.5.96 in der JVA Geldern statt. Die Diskussion ergab weitgehende Zustimmung zu dem Empfehlungsentwurf; es wurden aber noch einige ergänzende Vorschläge gemacht, die in der vorliegenden Fassung der Empfehlungen berücksichtigt sind. Schließlich wurden die Empfehlungen aufgrund der Ergebnisse der Institutionenerhebung (aus 1996/97) ergänzt.

In der folgenden Darstellung werden die Vorschläge und Empfehlungen nach Bereichen geordnet, wobei sich jedoch Überschneidungen zwischen den Bereichen ergeben.

Teil E

(1) Verbesserung der Kommunikation zwischen der FernUniversität und den JVAs

Mehrere Befragte weisen darauf hin, daß die Kommunikation zwischen der FernUniversität und den Justizvollzugsanstalten verbessert werden müsse; die FernUniversität solle mehr unternehmen, um die Anstaltsleitungen und die Mitarbeiter in den JVAs über das Fernstudium und über die Voraussetzungen eines erfolgreichen akademischen Studiums zu informieren.[1]

Zwar hat die FernUniversität seit Bestehen ihres Angebots für ein „Fernstudium im Strafvollzug" viel unternommen, um dieses Angebot in den JVAs bekanntzumachen und um Verständnis für die Belange der inhaftierten Studierenden zu werben. Dennoch gibt es - zumindest nach Ansicht einiger Befragter - ein weitverbreitetes Unverständnis vieler Mitarbeiter in den JVAs bezüglich der Erfordernisse eines akademischen Studiums.

Einige Funktionen und Ziele einer intensivierten Kommunikation zwischen FernUniversität und den Anstalten könnten u.a. sein:

- Verbesserung des Informationsstandes der Anstaltsleitungen und der JVA-Mitarbeiter über das Fernstudium und die Voraussetzungen für ein erfolgreiches Studium;
- Werben um Verständnis für die Belange der inhaftierten Studierenden;
- Vermeidung von Verzögerungen bei der Aushändigung von Post (Studienmaterial) an die Studierenden und beim Versenden der studienbezogenen Sendungen der Studierenden (z.B. der Einsendeaufgaben) an die FernUniversität;
- Erlaubnis zum Unterbringen des Studienmaterials und ggf. auch weiterführender Literatur in den Haft räumen;
- Gewährleistung des Zugangs von Mitarbeitern der Studienzentren und der Mentoren zu den Gefangenen;
- Ermöglichung eines Zugangs zu PCs durch die inhaftierten Studierenden und / oder Gestattung der Nutzung eigener PCs;
- Werben um Freistellung von der Arbeitspflicht sowie um Ausbildungsbeihilfen für Vollzeitstudierende;
- Erweiterung der Möglichkeiten für die inhaftierten Studierenden (im Rahmen des rechtlich Möglichen), die JVA zu Studienzwecken vorübergehend (z.B. Besuch eines Studienzentrums oder einer Bibliothek, Teilnahme an einer Präsenzveranstaltung) zu verlassen (Stichwort: „Ausgang", „Ausführung aus wichtigem Anlaß");
- Ermöglichung der Zusammenarbeit mehrerer in einer JVA inhaftierter Studierender;
- Gestattung der (gelegentlichen) Durchführung von Präsenzveranstaltungen in der JVA;
- Ermöglichung von Telefonaten der Studierenden mit den Kursbetreuern der Lehrgebiete, den Studienzentren, den Prüfungsämtern oder der Universitätsverwaltung. (Solche Telefonate können ggf. in Anwesenheit von Mitarbeitern des Pädagogischen oder Sozialen Dienstes geführt werden.)

Die FernUniversität könnte darüberhinaus versuchen, bei den Länderjustizverwaltungen dafür zu werben, studierwillige Gefangene - wenn möglich - zusammenzulegen, um damit ähnliche Studienvoraussetzungen und Rahmenbedingungen wie in den Justizvollzugsanstalten Geldern, Hannover oder Freiburg zu schaffen.

Maßnahmen, die die FernUniversität zur Verbesserung der Kommunikation mit den Anstalten sowie zur Optimierung des Informationsstandes innerhalb der Anstalten ergreifen könnte, sind beispielsweise:

- Vorträge bei Treffen oder Dienstbesprechungen der Anstaltsleiter/innen und der Mitarbeiter/innen der Pädagogischen und Sozialen Dienste sowie bei den Justizvollzugsämtern;

---

[1] Auf mangelndes Verständnis des Personals der Haftanstalten für die Belange eines Fernstudiums sowie die Bedeutung einer funktionierenden Kommunikation zwischen der Fernlehreinrichtung und den Haftanstalten weisen auch Verantwortliche einiger Institutionen bei der Institutionenerhebung hin (so z.B. der Massey University in Neuseeland).

8. Schlußfolgerungen und Empfehlungen ...

- gezielte Informationen für die Verbände der Bediensteten. Dies könnte geschehen durch Gespräche mit Funktionären der Verbände, durch Beiträge für die Mitteilungsorgane der Verbände sowie ggf. auch durch die Erstellung einer Informationsbroschüre für die Bediensteten, worin ihnen das Fernstudium und die Voraussetzungen für eine erfolgreiche Durchführung erläutert werden könnten.

Wichtig für die Verbesserung der Kommunikation zwischen FernUniversität und JVA wäre auch die Bennenung fester Ansprechpartner für die FernUniversität in der JVA (etwa Beauftragte bei dem Pädagogischen oder Sozialen Dienst oder beim allgemeinen Vollzugsdienst).

Zudem sollten sich auch die Mitarbeiter/innen der Studienzentren darum bemühen, Kontakte zu den JVAs (etwa den Anstaltsleitungen und den Mitarbeitern des Pädagogischen Dienstes) in ihrem Bereich herzustellen und systematisch zu pflegen, um auf diese Weise zu einem Klima der Kooperation zwischen JVA und FernUniversität beizutragen. Auftauchende Fragen und Probleme (etwa organisatorischer Art oder Verfahrensfragen) lassen sich auf diesem „kurzen Weg" häufig einfacher oder schneller klären, als wenn beispielsweise die Mitarbeiter des Pädagogischen Dienstes erst den Umweg über die Zentrale in Hagen gehen müssen. (In der Vergangenheit hat sich gezeigt, daß in vielen JVAs gar nicht bekannt ist, daß ein Studienzentrum der FernUniversität in ihrer näheren Umgebung existiert.)

Bedeutung für einen besseren Kenntnisstand in den Anstalten über das Fernstudium kommt auch der (eher informellen) Kommunikation zwischen den Anstalten zu: Darauf wies ein Mitarbeiter des Pädagogischen Dienstes in der JVA Geldern, Herr Nedden, bei einem Treffen in Geldern am 6.5.96 hin; er berichtete, daß sich des öfteren Kollegen aus anderen Anstalten an ihn gewendet haben, wenn sie Informationen zum Fernstudium oder zum Ablauf eines Fernstudiums in der Haft benötigten.

(2) Informationen für studieninteressierte Inhaftierte

Zwar gibt die FernUniversität eine Informationsbroschüre speziell für inhaftierte Studieninteressierte[2] heraus („Fernstudium im Strafvollzug - Einige Informationen für Studieninteressenten und Fernstudierende in Justizvollzugsanstalten", hrsg. vom Dezernat 2); doch sollte der Umstand, daß bei Frage 20 nach den Quellen der Information über das Fernstudium für Inhaftierte Mitgefangene als Quelle doppelt so häufig wie die Broschüre genannt werden, Anlaß für Überlegungen sein, wie sichergestellt werden kann, daß die genannte Informationsbroschüre ihre Adressaten auch zuverlässig erreicht.

Diese Informationsbroschüre wird bisher nur auf Anfrage verteilt; sie ist zukünftig in das computergesteuerte Informations- und Beratungssystem der FernUniversität zu integrieren. Zudem sollte den Pädagogischen Diensten in den Anstalten eine hinreichend große Anzahl von Exemplaren der Broschüre zur Verfügung gestellt werden - mit der Bitte, diese an studieninteressierte oder geeignet erscheinende Gefangene weiterzuleiten. Den versandten Exemplaren sollte ein Formular zur Nachbestellung beigefügt sein.

Ferner sollte überlegt werden, ob die Broschüre nicht durch Plakataushänge in den Anstalten o.ä. ergänzt werden sollte. Der AStA der FernUniversität hatte entsprechende Poster mit dem Titel „Fernstudium im Strafvollzug" in Auftrag gegeben, die auch noch in einigen Studienzentren aushängen; solche Poster hängen aber anscheinend nur in wenigen Anstalten aus. Sinnvoll wäre eine Neuauflage des Posters und ein Versand an alle JVAs (mit der Bitte um Aushang).

Auch könnte ein entsprechender „Info-Baustein" in das computergestützte Informations- und Beratungssystem eingebaut werden, das bei telefonischen Anfragen in der Telefonberatung Verwendung findet. Ein solcher Textbaustein wäre dann ein Teil des Computerschreibens, das der Anrufer mit beigefügten ausführlichen Informationen erhält.

---

[2] Entsprechende Informationsbroschüren werden auch von einer Reihe Fernlehreinrichtungen im Ausland ihren inhaftierten Studieninteressenten und Studierenden zur Verfügung gestellt, so beispielsweise von der Télé-université in Quebec oder der Ohio University in den USA.

Teil E

Zudem sollten die Bemühungen verstärkt werden, die Mitarbeiter der Pädagogischen Dienste systematischer und mit größerer Regelmäßigkeit (z.b. kurz vor Beginn der beiden jährlich stattfindenden Immatrikualtionsphasen) über die Studiermöglichkeiten an der FernUniversität zu informieren (vgl. (1)), so daß diese besser in der Lage sind, ihnen geeignet erscheinende Gefangene auf die Möglichkeiten eines „Fernstudiums in Haft" hinzuweisen und studieninteressierte Gefangene gezielt beraten zu können.

Letztlich ist anzustreben, daß ein Fernstudium in Haft (bzw. die Studiermöglichkeit an der FernUniversität) für geeignete Gefangene im Bewußtsein der Mitarbeiter der Pädagogischen Dienste eine ähnlich selbstverständliche Option wie die Angebote zum Nachholen von Schulabschlüssen oder die anstaltsinternen beruflichen Qualifizierungsmaßnahmen sind.

Nicht nur Mitarbeiter der Pädagogischen, sondern auch die der Sozialen und Psychologischen Dienste in den Anstalten sowie die dort ggf. tätigen Arbeitsberater können eine wichtige Rolle dabei spielen, geeignete und interessierte Gefangene auf die Studiermöglichkeiten an der FernUniversität aufmerksam zu machen, und sollten daher gleichfalls systematischer mit Informationen über die FernUniversität versorgt werden. Dies gilt insbesondere auch für die Mitarbeiter der genannten Dienste in den U-Haft- und Einweisungsanstalten bzw. -abteilungen. Sie könnten so geeignete Inhaftierte in schon frühen Stadien der Haft, an einem wichtige Weichen für den Vollzugsplan als Kernstück des „behandlungsorientierten Vollzugs" gestellt werden (vgl. Stock 1993, S. 89ff), auf die Studiermöglichkeit hinweisen. - In analoger Weise sollte der Versuch unternommen werden, Strafverteidiger (etwa über die Rechtsanwaltskammern) über die Studiermöglichkeit an der FernUniversität zu informieren, so daß diese ggf. ihre Mandanten darauf hinweisen können.

Ein wichtiges Medium zur besseren Information der Inhaftierten über die Studiermöglichkeiten an der FernUniversität könnten auch die in vielen Haftanstalten von Gefangenen gemachten Zeitungen sein - wie etwa die „Posaune" in der JVA Geldern oder das „Kuckucksei" in der JVA Schwerte-Ergste: Die FernUniversität (Fachbereiche, Prüfungsämter oder Hochschulverwaltung) und der AStA könnten den Redakteuren dieser Zeitungen regelmäßig oder zu bestimmten Anlässen (etwa in den Immatrikulationsphasen) Artikel mit Hinweisen zum Fernstudium und zur FernUniversität (beispielsweise zu Einschreibmodalitäten und -fristen) anbieten; Redakteure der „Posaune" haben ihrerseits angeboten, der FernUniversität einen festen Platz für Informationen der FernUniversität in ihrem Blatt einzuräumen.

(3) Orientierungsphasen

Da ein relativ hoher Anteil der inhaftierten Studieninteressenten über vergleichsweise schlechte formale Bildungsvoraussetzungen verfügt (vgl. oben: Abschn. 5.2), erscheint es besonders geboten, dieser Gruppe die Möglichkeit zu einer Art von „Schnupperstudium" zu bieten. Dies wird durch die seit einiger Zeit von der FernUniversität angebotene „Orientierungsphase" ermöglicht, die allen Studieninteressenten offensteht. Eine solche Orientierungsphase kann beispielsweise für folgende Gruppen von Studieninteressenten unter den Inhaftierten relevant sein:
- für diejenigen, die - etwa aufgrund mangelhafter formaler Schulbildung - Zweifel über ihre Studieneignung haben und daher ihre Fähigkeiten zur Bewältigung eines Fernstudiums vorher erproben möchten;
- für diejenigen Studieninteressenten, die vor Beginn des eigentlichen Studiums gerne wissen möchten, was sie bei einem Fernstudium erwartet, und
- für solche, die die Immatrikulation verpaßt haben und den Zeitraum bis zur nächsten Einschreibungsmöglichkeit sinnvoll zur Studienvorbereitung nutzen möchten.

Die inhaftierten Studienteilnehmer/innen an einer solchen Orientierungsphase haben so die Möglichkeit, bereits vor einer Immatrikulation das Studium an der FernUniversität kennenzulernen und ein Studium „auf Probe" durchzuführen. Konkret können sie feststellen, wieviel Zeit sie in ein Fernstudium investieren müssen, wie „leicht" oder „schwierig" ihr gewähltes Fach ist und wie sie ihr Fernstudium mit ihrer spezifischen Lebenswelt in Einklang bringen können. Sie

8. Schlußfolgerungen und Empfehlungen ...

können in dieser Phase, die auch von den Studienzentren begleitet und unterstützt werden kann, eine Studienorientierung als „Schlüsselkompetenz zwischen Anforderung und Selbstwahl" (Raapke 1993) gewinnen.[3]

Die während der Orientierungsphase gewonnenen persönlichen Erfahrungen vermitteln dem oder der Einzelnen ein realistischeres Bild, als es aus Informationsbroschüren, Beratungsgesprächen oder auch aus einem Vorbereitungskurs wie „Studieren an der FernUniversität" gewonnen werden kann.

Es sollte durch entsprechende Informationsmaßnahmen in verstärktem Maße erreicht werden, daß dieses Orientierungsphasenangebot möglichst vielen inhaftierten Studieninteressenten bekannt wird. Zugleich könnten sie auch in verstärktem Maße dazu ermuntert werden, davon Gebrauch zu machen, um unnötige Enttäuschungen zu vermeiden, die - bei einem unvorbereiteten Studienbeginn - aus Fehleinschätzungen und unrealistischen Erwartungen leicht resultieren mögen.

Teilnehmer an der Orientierungsphase haben angeregt, das Studienmaterial i.e.S. durch gezielte Hinweise zur Studienvorbereitung zu ergänzen; so sollten Literaturhinweise auf geeignete Bücher gegeben werden, mit denen man für das jeweilige Fach benötigte Schulkenntnisse (z.B. in Mathematik) auffrischen kann. Zudem wurde angeregt, die Möglichkeiten zur Teilnahme an der Orientierungsphase nicht durch Fristen oder restriktive Gebührenregelungen einzuschränken. Ferner wurde darauf hingewiesen, daß Teilnehmer an der Orientierungsphase u.U. ihr „Schnupperstudium" durch Teilnahme an anderen, in der jeweiligen JVA stattfindenden Bildungsmaßnahmen sinnvoll ergänzen können.

(4) Berücksichtigung von Studienmotiven

Der Umstand, daß der „Wunsch nach sinnvoller Nutzung der Haftzeit" am häufigsten als Studienmotiv (und noch vor der „Verbesserung der beruflichen Perspektiven") genannt wird, wie auch entsprechende Aussagen von Betroffenen bei den offenen Fragen und in Begleitbriefen deuten darauf hin, daß dem Fernstudium für die Inhaftierten nicht zuletzt auch eine wichtige psychohygienische Funktion zukommt. Die FernUniversität ist zudem für zumindest einige ihrer inhaftierten Student/inn/en der einzige Kontakt nach draußen. Die FernUniversität muß sich der damit verbundenen Verantwortung bewußt sein.[4]

(5) Institutionelle Förderung und Unterstützung für das Studium: Freistellung von der Arbeitspflicht und Ausbildungsbeihilfen

Die FernUniversität entscheidet nicht über Freistellungen von der Arbeitspflicht oder über Ausbildungsbeihilfen. Sie kann aber durch bessere und gezielte Information bei den Justizverwaltungen und den Anstaltsleitungen dafür werben, daß zumindest Vollzeitstudierenden eine Freistellung und ggf. auch eine Ausbildungsbeihilfe gewährt wird.

Auf diese Weise könnte vielleicht zumindest erreicht werden, daß studieninteressierte Gefangene, um die Erlaubnis zur Aufnahme ihres Studiums zu erhalten, nicht - wie in manchen Anstalten außerhalb von NW - eine Erklärung unterschreiben müssen, daß sie keinen Anspruch auf Freistellung erheben werden.

(Trotz des fehlenden unmittelbaren Einflusses der FernUniversität auf die Gewährung von Freistellungen oder Ausbildungsbeihilfen hat die FernUniversität ihrerseits aber doch eine Möglichkeit, die inhaftierten Studierenden in begrenztem Maße finanziell zu unterstützen,

---

[3] Für die Gruppe der Zivildienstleistenden und Grundwehrdienstleistenden im Fernstudium liegen dazu erste Modelle, Handlungskonzepte und Maßnahmen zur Studienvorbereitung vor, deren Ergebnisse dokumentiert sind (Raapke 1993; Bernath 1993; Ommerborn & Tilly 1993).
[4] Eine „niedrige Studienmotivation" der inhaftierten Lerner, wie sie von 20 (der 56 befragten) Fernlehreinrichtungen im Ausland beklagt wird (s.o.: Abschn. 7.1), hat sich bei den inhaftierten Studierenden der FernUniversität nur in wenigen Ausnahmefällen als Problem erwiesen.

Teil E

nämlich durch Erlaß der Gebühren für den Bezug der Studienmaterialien. Darauf wird unten bei (11) eingegangen.)

(6) Beratung und Betreuung

Inhaftierte Studierende sind im Vergleich zu ihren nicht-inhaftierten Kommiliton/inn/en in besonderem Maße auf Beratung und Betreuung angewiesen, da sie in der Regel in ihrem Zugang zu Informationen wesentlich stärker eingeschränkt sind. Es ist daher kaum überraschend, daß viele inhaftierte Studierende über unzureichende oder fehlende Beratung (z.B. zu Beginn ihres Studiums) und Betreuung (z.B. vor Klausuren) klagen.[5]

Die FernUniversität kann hier verhältnismäßig wenig ändern, um die Situation zu verbessern. So kann sie zwar - wie schon bisher - die Mitarbeiter/innen der Studienzentren und die Mentoren in NW dazu veranlassen, die inhaftierten Studierenden in ihrem Einzugsgebiet mitzubetreuen; eine solche Möglichkeit zur Verpflichtung ist aber schon bei den Studienzentrumsmitarbeitern und Mentoren außerhalb von NW nicht mehr oder nur sehr bedingt gegeben.

Und auch in NW kann nicht immer sichergestellt werden, daß alle inhaftierten Studierenden hinreichend mentoriell betreut werden: Nicht in allen Studienzentren sind Fachmentoren für alle Fächer tätig. Die nebenberuflich tätigen Mentoren haben zudem nur eine sehr begrenzte Stundenzahl, so daß wenig Zeit für die Betreuung der inhaftierten Studierenden verbleibt. Besonders ungünstig ist die Situation bei isoliert einsitzenden Studierenden - zumal dann, wenn die Entfernung zwischen Studienzentrum und JVA relativ groß ist.

Wenn also eine flächendeckende hinreichende mentorielle Bertreuung nicht gewährleistet werden kann, so sollte sich die FernUniversität zumindest bemühen, sicherzustellen, daß briefliche Anfragen von Inhaftierten mit nicht zu großer Zeitverzögerung bearbeitet werden.

Telefonische Kontaktaufnahmen - etwa zur Universitätsverwaltung oder den Fachbereichen - sind vielen inhaftierten Studierenden gar nicht oder nur unter erschwerten Bedingungen möglich.[6] Um aber zumindest den inhaftierten Studierenden, die eine solche Möglichkeit haben, die telefonische Kontaktaufnahme zur FernUniversität zu erleichtern, (und zur Vermeidung unnötiger Kosten durch Weiterleitungen von Anrufen „im Hause") könnte den Studierenden eine aktuelle Liste von relevanten Ansprechpartnern (mit Angaben zu den günstigsten Anrufzeiten) zur Verfügung gestellt werden.

Eine wichtige, die Tätigkeit der Mentoren entlastende und ergänzende Funktion könnten auch sog. „Kontaktstudenten" übernehmen, um insbesondere dort, wo die Dichte der mentoriellen Beratung und Betreuung zu gering ist, tätig zu werden (vgl. oben: Abschn. 5.11). Solche Kontaktstudenten sollten von der FernUniversität zumindest ideell und möglichst auch materiell gefördert werden (ggf. aus Mitteln des Tutorenprogramms und/oder aus dem Unterstützungsfond der studentischen Selbstverwaltung, des AStA).[7]

Ähnliches gilt für „Selbsthilfegruppen": So könnten sich inhaftierte Studierende in jenen Anstalten, wo mehrere Inhaftierte an der FernUniversität studieren, zu derartigen Gruppen zusammenschließen. Die Bildung solcher Gruppen, die ebenfalls von der FernUniversität gefördert werden sollten, würde unter den Studierenden ein soziales 'Netzwerk' zur Steigerung des Studienerfolges entstehen lassen. „Leistungen", die von den Selbsthilfegruppen erbracht werden könnten, sind u.a.: Information und Beratung, Förderung sozialer Kontakte sowie ideelle und emotionale Unterstützung. Gleichzeitig würde die Bildung solcher Gruppen die Tätigkeit der Mentoren und/oder Kontaktstudenten einfacher und effektiver machen.

---

[5] Und auch bei der Institutionenerhebung nannten immerhin 11 von 56 befragten Einrichtungen Probleme mit der tutoriellen Betreuung als eines der Hauptprobleme ihrer inhaftierten Studierenden; s.o.: Abschn. 7.1.

[6] Zumindest bei einigen der ausländischen Einrichtungen ist eine Nutzung des Telefons (etwa zu tutoriellen Zwecken) anscheinend grundsätzlich möglich (s.o.: Abschn. 7.1), wenn auch einige dieser Einrichtungen auf Schwierigkeiten bei der telefonischen tutoriellen Betreuung der inhaftierten Studierenden hinweisen.

[7] Um zu vermeiden, daß die Besuche solcher Kontaktstudenten auf das Besuchszeitkontingent der inhaftierten Studierenden angerechnet werden, sollten diese Besuche von der JVA wie die Besuche der Mentoren oder von ehrenamtlichen Betreuern in den JVAs behandelt werden.

8. Schlußfolgerungen und Empfehlungen ...

Erwägenswert wäre ferner die Einrichtung einer Kontaktstelle bzw. die Ernennung eines „Ombudsman" für die vielfältigen Belange der Inhaftierten. (Eine entsprechende Kontaktstelle mit „Ombudsman"-Funktion gibt es in 20 der 56 befragten Einrichtungen des Auslands; s.o.: Abschn. 7.1.)

Einige der genannten Schwierigkeiten bei der Betreuung lassen sich verringern, wenn jeweils mehrere studierende Gefangene in einer Haftanstalt untergebracht werden (s. dazu (8)).

(7) Emotionale und praktische Unterstützung

Insbesondere die Mitarbeiter/innen der Studienzentren und die Mentoren können - allein schon durch ihren Kontakt zu den inhaftierten Studierenden sowie durch ihr bekundetes Interesse an den Studierenden und ihren Fortschritten (und keineswegs nur durch konkrete Unterstützungsmaßnahmen) - viel dazu beitragen, daß sich die Studierenden bei ihren Studien ernstgenommen fühlen und nicht frühzeitig aufgeben ('drop out'-Prophylaxe; zum 'drop out' im Fernstudium s. u.a. Peters 1988, 1992; Schuemer & Ströhlein 1991).

(8) Unterbringung

Die Betreuung der Studierenden wird wesentlich erleichtert und vieles kann einfacher geregelt werden, wenn in einer JVA nicht jeweils nur einzelne, sondern möglichst mehrere Studierende zusammengelegt sind.[8] Einmal abgesehen von der förderlichen Wirkung einer stärkeren Kommunikation der Studierenden untereinander erleichtert eine Zusammenlegung auch die mentorielle Betreuung; es können auch einfacher Regelungen gefunden werden für die mit dem Studium verbundenen Abläufe - von der Regelung der Postzustellung (Erhalt der Studienmaterialien), dem Unterbringen der Studienmaterialen in den Hafträumen, dem Versenden der Einsendeaufgaben, der Beschaffung von Literatur (z.B. Regelungen für Fernleihe), der Mediennutzung bis hin zu der Teilnahme an Prüfungen und ggf. auch an Präsenzveranstaltungen. Ein in einer JVA isoliert Studierender muß alle diese Regelungen jeweils ad hoc mit der Anstaltsleitung oder dem Pädagogischen Dienst und den Vollzugsbediensteten aushandeln; wenn mehrere studierende Gefangene in einer JVA einsitzen, wird man eher bereit sein, grundsätzliche Regelungen zu finden, wodurch unnötige Reibereien und Frustrationen vermieden werden können. (Mehrere in einer JVA einsitzende Studierende sollten zudem möglichst in derselben Abteilung - wie beispielsweise in den studienzentrumsähnlichen Einrichtungen in den Justizvollzugsanstalten Geldern, Hannover oder Freiburg - untergebracht sein bzw. zusammengelegt werden; zur verstärkten Zusammenlegung von inhaftierten Studierenden in Studienzentren s.u.: Abschn. 8.2.)

(9) Kontakte zu Fernstudierenden außerhalb der JVA

Zwar haben nur sehr wenige inhaftierte Studierende Kontakt zu ihren nicht-inhaftierten Kommiliton/inn/en, die meisten von ihnen wünschen sich aber solche Kontakte.

Die FernUniversität kann hier wenig tun; sie kann jedoch zumindest die Voraussetzungen für solche Kontakte verbessern:
- Studierwillige werden bei ihrer Einschreibung gefragt, ob sie zustimmen, daß ihre Anschrift anderen Studierenden mitgeteilt wird. Daraus werden (regionen- und kursbezogene) „Kontaktlisten" erstellt. Die inhaftierten Studierenden könnten in verstärktem Maße auf diese Kontaktlisten und die dadurch gegebenen Möglichkeiten hingewiesen werden, mit anderen Studierenden desselben Kurses (außerhalb der JVA) kommunizieren zu können.

---

[8] Eine Aufteilung der inhaftierten Studierenden auf viele Haftanstalten wird auch von anderen Fernlehreinrichtungen (wie etwa der UNISUR in Kolumbien oder der Edith Cowan University in West-Australien) als gravierendes Problem beklagt.

Teil E

Allerdings ist es hier in der Vergangenheit vereinzelt zu Fällen von Mißbrauch gekommen. Solche Einzelfälle von Mißbrauch lassen sich zwar nie - weder bei inhaftierten noch bei den übrigen Studierenden - gänzlich ausschließen; sie sollten jedoch kein Anlaß sein, das wichtige Instrument der „Kontaktliste" aufzugeben.

- Präsenzveranstaltungen der Fachbereiche müssen nicht immer in Studienzentren, sondern könnten gelegentlich auch - wie in der JVA Geldern und in einigen wenigen Justizvollzugsanstalten in anderen Bundesländern schon einige Male geschehen - in einer JVA durchgeführt werden (s.u.).

Insbesondere auch der AStA könnte sich stärker als bisher bemühen, Kontakte (z.B. brieflicher Art) zwischen inhaftierten und nicht-inhaftierten Fernstudierenden oder auch zwischen in verschiedenen JVAs einsitzenden Studierenden zu vermitteln. Beispielsweise könnte durch Aufrufe in der Studentenzeitschrift „sprachrohr" für solche Kontakte geworben werden („Kontaktbörse").

Die FernUniversität und der AStA könnten sich darüber hinaus auch dafür einsetzen, daß sich - zumindest gelegentlich - studentische Arbeitsgruppen nicht-inhaftierter und inhaftierter Studierender in einer JVA treffen, wozu in der JVA Freiburg im Breisgau schon recht positive Erfahrungen vorliegen.[9] Dafür ist natürlich vorher das Einverständnis der JVA einzuholen. (Auf den Einsatz sog. „Kontaktstudenten" war oben bei (6) schon hingewiesen worden.)

Solche Kontakte zwischen inhaftierten und nicht-inhaftierten Studierenden waren auch ein wichtiges Element in dem Modell einer 'prison education' der Simon Fraser University.

(10) Versandorganisation

Gelegentlich auftretende Schwierigkeiten mit der Postkontrolle[10] in den JVAs könnten u.U. vermindert oder vermieden werden, wenn der Versand des Studienmaterials geblockt und nicht auf mehrere Sendungen aufgeteilt erfolgen würde. Die FernUniversität sollte also prüfen, ob es nicht *auf Wunsch* von Inhaftierten möglich ist, die Versandtaktung in ihren Fällen zugunsten eines einmaligen Versandes pro Semester zu vermeiden.

(Schwierigkeiten mit der Post können auch durch anstaltsinterne Regelungen vermieden werden: So besteht beispielsweise in der JVA Geldern die Regelung, daß alle eingehende Post von der FernUniversität direkt an den Pädagogischen Dienst weitergeleitet wird.)

(11) Kosten

Wenn auch eine Mehrheit der befragten inhaftierten Studierenden der FernUniversität mit den Kosten des Fernstudiums insgesamt zufrieden ist bzw. in zu hohen Kosten kein für sie zutreffendes Problem sieht, können die Kosten des Fernstudiums für inhaftierte Studierende, die außer ihrem Arbeitsentgelt bzw. einer Ausbildungsbeihilfe keinerlei finanzielle sonstige finanzielle Unterstützung erhalten, ein ernstes Problem sein, das u.U. zum Studienabbruch führen kann.[11]

---

[9] Kontakte zwischen inhaftierten und nicht-inhaftierten Studierenden können u.U. auch mittels computer-gestützter Kommunikation ermöglicht werden; Näheres dazu s.u. bei (14) sowie in Abschn. 8.2.2.

[10] Zustellprobleme (wegen der anstaltsinternen Postkontrolle) bzw. die Nicht-Aushändigung des Materials an die Studierenden wurden bei der Institutionenerhebung auch von mehreren Einrichtungen im Ausland berichtet. Gelegentlich gehe Material bei der Postkontrolle verloren oder werde beschädigt. Bei einigen Instituten ergaben sich auch Schwierigkeiten dadurch, daß die Gefangenen in andere Gefängnisse verlegt wurden, ohne daß die Fernlehreinrichtung darüber informiert wurde (vgl. oben: Abschn. 7.1).

[11] Die Arbeitsentgelte (und entsprechend auch die Ausbildungsbeihilfen) betragen in NW im Monat rund DM 240, wovon noch ein Drittel (als Überbrückungsgeld für die Zeit nach der Entlassung) gespart werden muß (vgl. Justizministerium 1994, S. 50). Die Einkünfte können sich zudem noch durch Pfändungsbefehle (z.B. wegen Gerichtskosten o.ä.) verringern.

8. Schlußfolgerungen und Empfehlungen ...

Die FernUniversität sollte daher in ihren Informationsbroschüren für die Inhaftierten stärker als bisher verdeutlichen, welche Möglichkeiten zum Gebührenerlaß oder zur Gebührenermäßigung bestehen und wie sie in Anspruch genommen werden können.[12]

Die bereits genannte Informationsbroschüre „Fernstudium im Strafvollzug" enthält zwar schon jetzt entsprechende Hinweise (neben solchen zur Gebührenbefreiung auch solche zu Ausbildungsbeihilfen und zu Unterstützungsmöglichkeiten des AStA in Notfällen); den Antworten einiger befragter inhaftierter Studierender (etwa bei den offenen Fragen nach Problemen und nach Sachverhalten, die verbessert werden sollten) ist jedoch zu entnehmen, daß diese Formen einer möglichen Unterstützung anscheinend nicht hinreichend bekannt sind (vgl. oben: Abschn. 5.13).

Auch der AStA sollte möglichst seine Bemühungen (etwa durch Veröffentlichungen im „sprachrohr", ggf. auch durch eine gezielte Informationsbroschüre) verstärken, seine vielfältigen Unterstützungsangebote den Betroffenen besser bekannt zu machen. (Zu den Unterstützungsmöglichkeiten gehört etwa auch, daß studienbezogene Kosten, die mangels Eigengeld nicht erbracht werden können, ggf. vom AStA aufgrund entsprechend belegter Einzelanträge übernommen werden können; s. S. 3 der o.g. Informationsbroschüre „Fernstudium im Strafvollzug".)

Auf die Kosten für Literaturbeschaffung und für Porti beim Einsenden von Aufgaben wird unten eingegangen werden.

(12) Literaturversorgung

Die Beschaffung der in den Studienbriefen angegebenen zusätzlichen Studienliteratur bereitet den inhaftierten Studierenden erhebliche Schwierigkeiten.

Mängel bei der Literaturversorgung haben mehrere Aspekte und ergeben sich mindestens in folgenden Hinsichten:

- *Nicht-Zulassung der Nutzung zusätzlicher Studienliteratur durch die JVA / Nicht-Zulassung von Fernleihe:* In einigen JVAs wird es den Studierenden (u.a. aus Gründen der einfacheren Zellenkontrolle) nicht erlaubt, in den Hafträumen neben den Studienbriefen noch zusätzliche Studienliteratur unterzubringen und/oder Literatur über Fernleihe zu bestellen. Die FernUniversität hat zwar keinen direkten Einfluß auf solche justizvollzugsspezifischen Einschränkungen seitens der JVA; sie sollte sich jedoch darum bemühen, durch gezielte Information und ggf. auch in Gesprächen mit den Anstaltsleitungen oder den Justizministerien deutlich zu machen, daß die Nutzung zusätzlicher Studienliteratur für ein erfolgreiches akademisches Studium unabdingbar ist.

- *Kosten / Gebühren:* Einige der inhaftierten Studierenden klagen über die (für sie kaum tragbaren) Kosten und Gebühren bei der Nutzung der „Fernleihe"[13].
 In den Informationsbroschüren für inhaftierte Studierende sollte verstärkt auf die Möglichkeit einer Gebührenermäßigung bzw. eines Gebührenerlasses durch die Universitätsbibliothek (entsprechend dem Hochschulbibliotheksgebührengesetz) hingewiesen werden. Ähnlich sollte der AStA in verstärktem Maße auf den von ihm für solche Zwecke eingerichteten Fond hinweisen, durch den Porto- und Kopierkosten bei Bedürftigkeit übernommen werden können. (Nach S. 3 der Informationsbroschüre „Fernstudium im Strafvollzug", hrsg. vom Dezernat 2, gilt diese Kostenübernahme jedoch nur für die Zusendung und nicht

---

[12] Eine Gebührenermäßigung bzw. ein -erlaß kann an der FernUniversität unter bestimmten Bedingungen allen einkommensschwachen Studierenden gewährt werden; es handelt sich bei dieser „Sozialklausel" um eine Regelung, von der unterschiedliche Gruppen profitieren können und die also nicht Inhaftierten-spezifisch ist.- Eine solche Möglichkeit zum Gebührenerlaß sollte möglichst beibehalten werden, selbst wenn dadurch eine Minderheit von nicht eine Fernleihrechnungen eine entsprechende Regelung praktiziert: Nach der Institutionenerhebung mußten die inhaftierten Studierenden bei 42 von 56 befragten Einrichtungen Gebühren bezahlen; und nur bei 7 von diesen 42 bestand die Möglichkeit einer Gebührenermäßigung (vgl. oben: Abschn. 7.1).

[13] „Fernleihe" meint hier vornehmlich die Ausleihe von Büchern aus der Universitätsbibliothek in Hagen (von der JVA aus) und weniger die Beschaffung von Büchern oder Aufsatzkopien aus externen Bibliotheken über die Universitätsbibliothek in Hagen.

Teil E

auch für die Rücksendung; es wäre zu begrüßen, wenn auch eine Übernahme der Rücksendekosten durch einen ähnlichen Fond erfolgen könnte.)

- *Kauf von Büchern:* Wenn es vielen inhaftierten Studierenden schon schwer fällt, die Mittel für die Ausleihgebühren und -kosten zu tragen, wird die Anschaffung von Büchern für sie ein kaum lösbares finanzielles Problem. Dieses Problem wird verstärkt, wenn sie Kurse (im Stile eines Leitprogrammkurses) belegt haben, zu deren Bearbeitung die Anschaffung eines Basistextes notwendig ist, der zudem nicht in ausreichender Anzahl in der Bibliothek zur Verfügung steht. Eine Lösung könnte hier eventuell dadurch erreicht werden, daß eine bestimmte Anzahl von Exemplaren solcher Basistexte in der Bibliothek zur Ausleihe für jene Studierende reserviert wird, deren Antrag auf Gebührenbefreiung positiv beschieden worden ist.

(13) PC-Nutzung

In vielen Anstalten stehen den inhaftierten Studierenden keine PCs zur Verfügung, und auch die Nutzung eigener PCs wird in der Regel nicht gestattet (zumeist begründet mit Sicherheitsbedenken).[14]

Auch diesbezüglich kann die FernUniversität keinen direkten Einfluß nehmen; sie kann auch hier nur bei den Verantwortlichen in den Justizministerien und bei den Anstaltsleitungen um Verständnis werben und darauf hinweisen, welche Bedeutung der PC-Nutzung im heutigen Studienalltag zukommt.

Die FernUniversität kann dabei auf Modelle der PC-Nutzungsregelung in JVAs hinweisen: In dem Studienzentrum in der JVA Geldern stehen den Studierenden in einem Arbeitsraum PCs zur Verfügung, die an ein studienzentrumsinternes Netz angeschlossen sind; und die Studierenden im Studienzentrum in der Bildungsstätte bei der JVA Hannover können einen PC mit Drucker in einem eigenen Arbeitsraum - nach einem vorher vereinbarten Nutzungsplan - benutzen. Im neu eingerichteten Studienzentrum in der JVA Freiburg haben die inhaftierten Studierenden einen Schlüssel zu einem Arbeitsraum mit PCs (vgl. o.: Abschn. 2.3).

(Zur zunehmenden Bedeutung der PC-Nutzung im Fernstudium s. auch die Abschn. 2.5 und 8.2.)

(14) Computer-gestützte Kommunikation

PCs können im Fernstudium keineswegs nur zum Anfertigen schriftlicher Ausarbeitungen oder für das Arbeiten mit Lehr-/Lernprogrammen, sondern insbes. auch als Mittel einer zeit- und orts-unabhängigen Kommunikation genutzt werden. Zwei typische Formen der (computer-gestützten) Kommunikation sind die sog. „elektronische Post" (bzw. e-mail) und die Computer-Konferenz, wobei im einfachsten Fall schriftliche Mitteilungen zwischen den Teilnehmern ausgetauscht werden. Die Nutzung dieser Kommunikationsformen setzt voraus, daß der PC über Modem oder ISDN mit dem Telefonnetz verbunden ist. (Die Kosten der entsprechenden Hardware sind mittlerweile relativ gering; stärker ins Gewicht fallen die Übertragungs- bzw. Telefonkosten.)

Wenn man von Sicherheitsbedenken und Kostenüberlegungen absieht, könnten e-mail und 'computer conferencing' effektive Mittel sein, um auch inhaftierte Studierende am akademischen Dialog teilhaben zu lassen. Es wäre daher - ggf. im Rahmen eines Modellprojektes in zunächst nur einer Anstalt - zu erkunden, wie der Zugang zu solchen Systemen in einer Weise gestaltet werden kann, daß er den Sicherheitsbedenken Rechnung trägt. Überlegungen zu einer Nutzung dieser Kommunikationsmittel für ein „Fernstudium in Haft" finden sich im nächsten Abschn. 8.2.

---

[14] Zu der teils günstigeren Situation bezüglich der PC-Nutzung bei den Fernlehreinrichtungen im Ausland s.o.: Abschn. 7.1

8. Schlußfolgerungen und Empfehlungen ...

(15) Präsenzveranstaltungen

Die meisten inhaftierten Studierenden befinden sich im geschlossenen Vollzug und können daher i.d.R. nicht an Präsenzveranstaltungen teilnehmen.[15] In bestimmten Ausnahmefällen können jedoch auch Gefangenen im geschlossenen Vollzug (bei entsprechender Auslegung von Urlaubs-, Ausgangs- oder Ausführungsregelungen) Ausnahmegenehmigungen zur Veranstaltungsteilnahme erteilt werden. Damit sich die inhaftierten Studierenden um eine solche Ausnahmegenehmigung bemühen können, müssen sie jedoch rechtzeitig über Veranstaltungen informiert werden; dies ist auch deswegen erforderlich, weil die Betroffenen in der Regel einige Zeit brauchen, um das für eine Teilnahme benötigte Geld - z.B. von Verwandten oder Freunden - zu besorgen.

Werden zur Vorbereitung auf eine Präsenzveranstaltung Materialien (z.B. Reader-ähnliche Zusammenstellungen von Aufsätzen) an die Teilnehmer verteilt, so sollten diese Materialien den inhaftierten Studierenden auf jeden Fall zur Verfügung gestellt werden - unabhängig davon, ob sie nun teilnehmen können oder nicht.

Überlegenswert wäre es auch, gelegentlich Seminare, Übungen und klausurvorbereitende Maßnahmen in einer JVA statt in einem der Studienzentren stattfinden zu lassen. Dies setzt natürlich eine rechtzeitige Abstimmung zwischen FernUniversität und der Justizverwaltung bzw. der jeweiligen JVA voraus.

(16) Prüfungswesen

Einsendeaufgaben: Einige Befragte weisen zu Recht darauf hin, daß die FernUniversität bei der Setzung von Terminen keine Rücksicht darauf nimmt, daß die inhaftierten Studierenden keine Kontrolle darüber haben, wann ihre Aufgabenlösungen an die FernUniversität abgesandt werden. Ein Befragter machte dazu den vernünftigen Vorschlag, daß der Pädagogische Dienst die Abgabe der Einsendearbeit bescheinigen solle und daß das Datum der Abgabe beim Pädagogischen Dienst von der FernUniversität künftig als gültiger Abgabetermin akzeptiert werden solle.

Einige inhaftierte Studierende (wie wohl auch viele nicht-inhaftierte Studierende) bemängelten die langen Umlaufzeiten bei der Korrektur der Aufgaben, die oft unzureichende Kommentierung sowie die oft geringe Lesbarkeit der handschriftlichen Kommentare der Korrektoren. Hier sind also weniger gezielte Maßnahmen für die Gruppe der inhaftierten Studierenden gefragt als vielmehr eine Verbesserung des Korrekturdienstes für die Studierenden insgesamt.

Die Einsendearbeiten können für inhaftierte Studierende, die keinerlei Unterstützung erhalten, auch unter dem Gesichtspunkt der Kosten (Porti) zum Problem werden. Es wäre erwägenswert, bedürftigen inhaftierten Studierenden (auf Antrag) für die Einsendung von Aufgaben eine bestimmte Anzahl vorfrankierter Rücksendeumschläge (bzw. Umschläge mit dem Aufdruck „Rückantwort" bzw. „Gebühr bezahlt Empfänger") pro Semester zur Verfügung zu stellen.

In den Anstalten, die durch Mitarbeiter/innen eines Studienzentrums und/oder Mentoren betreut werden, können Portokosten für die inhaftierten Studierenden auch dadurch gespart werden, daß die Lösungen zu den Einsendeaufgaben diesen Mitarbeiter/inne/n bzw. Mentoren mitgegeben und von ihnen an die FernUniversität versandt werden.

Auch die JVAs könnten hier helfen: In zumindest einer JVA wurde eine unbürokratische Lösung in der Weise gefunden, daß die Einsendeaufgaben der inhaftierten Studierenden mit der Anstaltspost versandt werden.

Klausuren: Daß sich einige inhaftierte Studierende eine intensivere mentorielle Betreuung zur Klausurvorbereitung wünschen, ist verständlich; diesen Wunsch dürften sie mit vielen ihrer

---

[15] Zur Einschätzung der Bedeutung der Teilnahme an solchen Veranstaltungen für den Studienerfolg s. z.B. von Prümmer & Rossié (1994).

nicht-inhaftierten Kommiliton/inn/en teilen. Da auch mittelfristig nicht abzusehen ist, wie diesem Wunsch entsprochen werden kann, muß nach alternativen Möglichkeiten gesucht werden.

Ein Befragter schlug hierzu vor, zur Klausurvorbereitung alte Klausuren - mit kommentierten Musterlösungen - zur Verfügung zu stellen. Sofern dies nicht bereits geschieht, wäre dieser Vorschlag eine Anregung für die Fachbereiche und/oder für die Fachschaften bzw. den AStA.[16] (An vielen Präsenzuniversitäten haben die Fachschaften Aufgabensammlungen für Klausuren oder mündliche Prüfungen erstellt.)

Mündliche Prüfungen: Neben Einsendeaufgaben und schriftlichen Prüfungen unter Aufsicht (etwa den „Klausuren" am Ende eines Semesterkurses) sehen die Prüfungsordnungen für die verschiedenen Diplom- oder Magisterstudiengänge mündliche Prüfungen durch Prüfungsberechtigte (in der Regel: Professoren) vor, die in der Regel bei den Fachbereichen in der Zentrale in Hagen durchgeführt werden.

Um an einer solchen mündlichen Prüfung in Hagen teilnehmen zu können, müssen die inhaftierten Fernstudierenden - soweit sie im geschlossenen Vollzug sind - für die Zwecke der Prüfungsteilnahme in die JVA Hagen verlegt werden. Eine solche sog. „Verschubung" kann sich über mehrere Tage hinziehen, wobei die Betroffenen in der Regel keine oder nur sehr eingeschränkte Möglichkeiten haben, sich während dieser Zeit weiter auf die Prüfung vorzubereiten (weil beispielsweise einige der entsendenden Anstalten den Prüflingen nicht gestatten, Material zur Prüfungsvorbereitung mitzunehmen, oder weil die inhaftierten Prüflinge in der JVA Hagen - etwa wegen Überbelegung - nicht in einer Einzelzelle untergebracht werden können).

Es wäre daher wünschenswert, die Prüfungen direkt vor Ort in der JVA vorzunehmen (wie dies auch schon in Einzelfällen von der FernUniversität praktiziert worden ist[17]). Wenn dies zu aufwendig erscheint oder nicht möglich ist, sollten - in Abstimmung zwischen der FernUniversität einerseits und der Justizverwaltung und den JVAs andererseits - Regelungen gefunden werden, die eine möglichst geringe Beeinträchtigung der Prüfungsvorbereitung für die Kandidaten beinhalten. (Bei Vorhandensein der entsprechenden Hardware ist es möglich, solche Prüfungen auch per Videokonferenz vorzunehmen, ohne daß der Prüfling nach Hagen oder der Prüfer in die JVA kommen muß. Solche „Fern"-Prüfungen mittels Videokonferenz sind an der FernUniversität bereits durchgeführt worden; vgl. CONTACTE 1996, S. 10).

8.2 Ausblick

Die in- und ausländischen Erfahrungen (vgl. oben Kap. 3 und 7) wie auch die Ergebnisse der Befragung inhaftierter Fernstudierender (vgl. Kap. 5) belegen, daß Fernstudienangebote für Inhaftierte schon allein deswegen unverzichtbar sind, weil es in vielen Fällen keine alternative (Aus-) Bildungsmöglichkeit gibt: Fernunterricht kann in Haftanstalten überall dort eingesetzt werden, wo anstaltsintern Aus- und Weiterbildungsmöglichkeiten nicht oder nicht hinreichend durch Direktunterricht angeboten werden können; Fernstudium eröffnet zudem auch Gefangenen im *geschlossenen* Vollzug den Zugang zu einem Hochschulstudium, von dem sie im traditionellen Bildungssystem (bzw. an den Präsenzhochschulen) ausgeschlossen sind.[18]

Und in dem Maße, in dem unterstellt werden kann, daß Aus- und Weiterbildungsmaßnahmen einen Beitrag zur Erreichung des im Strafvollzugsgesetz verankerten Zieles der Reso-

---

[16] In einigen Fächern werden derzeit solche „alten" Musterklausuren verschickt; einige Befragte bemängeln jedoch, daß die Musterlösungen fehlen oder daß die vorgeschlagenen Lösungen - soweit mitversandt - teils fehlerhaft sind.
[17] Bei der Institutionenerhebung gab eine Reihe von Instituten an, besondere Prüfungsregelungen für Inhaftierte getroffen zu haben. Bei mehreren Instituten bestand die besondere Regelung darin, daß die Prüfungen in den Haftanstalten - oft unter Aufsicht der „Educational Officers" oder der „Welfare Officers" - durchgeführt werden (vgl. oben: Abschn. 7.1). Allerdings dürfte es sich bei diesen Prüfungen zumeist um *schriftliche* Prüfungen (vergleichbar den Klausuren) und nicht um *mündliche* Abschlußprüfungen (wie z.B. eine Diplomprüfung) handeln.
[18] Bezogen auf die Situation in der Bundesrepublik läßt sich konkretisierend feststellen: Nur durch ein Fernstudium an der FernUniversität wird solchen Gefangenen ein Hochschulstudium ermöglicht.

8. Schlußfolgerungen und Empfehlungen ...

zialisierung leisten (können), ist auch davon auszugehen, daß Fernstudium zur Resozialisierung beitragen kann.[19]

Inhaftierte Studierende sind in gewissem Sinne „doppelt isoliert": Sie sind - durch ihre Inhaftierung - isoliert von der übrigen Gesellschaft; und sie sind - durch die Lehrmethode - zumindest räumlich isoliert von der Lehrinstitution und auch von ihren Mitstudierenden (zumindest von solchen außerhalb der jeweiligen JVA). Letzteres trifft zwar in gewissem Sinne auch auf viele der übrigen Fernstudierenden zu; diese haben jedoch in der Regel alternative Informations-, Kontakt- und Diskussionsmöglichkeiten, die den inhaftierten Studierenden nicht offenstehen.

Es ist daher kaum als ein Widerspruch anzusehen,
- wenn auf der einen Seite eine große Anzahl der in vorliegender Untersuchung befragten inhaftierten Studierenden meint, daß ihr Studium ihnen hilft, mit der Haft besser fertig zu werden, oder wenn sogar manche der Befragten der FernUniversität ausdrücklich dafür danken, daß sie auch Inhaftierten ein Hochschulstudium ermöglicht, und
- wenn auf der anderen Seite - zum Teil von denselben Befragten - Kritik vorgebracht wird und in erheblichem Maße Schwierigkeiten und Probleme genannt werden.

Anders gesagt: Die inhaftierten Studierenden sind zwar dankbar dafür, daß sie überhaupt studieren können, halten aber die Studienbedingungen vielfach für verbesserungsbedürftig und beklagen - neben den haftbedingten Schwierigkeiten - u.a. die zu geringen Kontakte zu den Lehrgebieten und/oder Mentoren; sie fühlen sich zu sehr mit ihren Problemen allein gelassen.

Im vorigen Abschnitt 8.1 sind bereits einige Vorschläge genannt worden, um die Studiensituation der inhaftierten Studierenden zu verbessern; im Vordergrund der Betrachtung standen dabei konkrete Einzelmaßnahmen, die - bei grundsätzlicher Beibehaltung des bisherigen Systems - auf eine Korrektur oder Anpassung einzelner Komponenten in Hinblick auf die Zielgruppe abzielen.

Es bleibt daher abschließend noch zu untersuchen, was unter einer eher längerfristigen Perspektive zur Verbesserung der Studienbedingungen inhaftierter Studierender geschehen kann, wobei auch Alternativen zum bisherigen System in die Betrachtung einbezogen werden sollen. Einige denkbare „Strategien" seien genannt, wobei diese sich nicht gegenseitig ausschließen, sondern zumindest teilweise gegenseitig ergänzen können:

(1) verstärkter Einsatz von Präsenzlehrformen in den Anstalten - etwa nach dem Modell der *Simon-Fraser-University* (SFU) in Kanada;

(2) verstärkte Verlegung von studierwilligen und -geeigneten Gefangenen in den offenen Vollzug - mit der Möglichkeit, sich an einer der Präsenzhochschulen einzuschreiben;

(3) verstärkte Zusammenlegung von inhaftierten Studierenden in anstaltsinternen „Studienzentren" nach dem Muster von Geldern, Hannover oder Freiburg;

(4) Einsatz „neuer Medien" bzw. der Informations- und Kommunikationstechnologien.

zu (1): < *Verstärkter Einsatz von Präsenzlehrformen in den Anstalten* >

Die Simon Fraser University (SFU) hat eine spezielle Gefängnispädagogik entwickelt und ein Modell einer universitären Aus- und Weiterbildung für Strafgefangene konzipiert und erprobt, das einen hohen Anteil an Präsenzveranstaltungsformen (z.B. Vorlesungen und Seminare in der Haftanstalt) vorsieht[20] (vgl. oben Abschn. 7.2.5.1).

---

[19] Dies in einem doppelten Sinne: zum einen als Möglichkeit, um den „schädlichen Folgen des Freiheitsentzuges entgegenzuwirken" (§ 3 StVollzG, Abs. 2), also speziell eine Verschlechterung der späteren Startposition zu vermeiden, und zum anderen als Hilfe bei dem Bemühen, „sich in das Leben in Freiheit einzugliedern" (Abs. 3) (vgl. Walter 1995, S. 192). „Fernstudium in Haft" ist mithin eine Form der Förderung, die die soziale Wiedereingliederung nach der Entlassung günstig beeinflussen soll.

[20] Daß dieses Modellprojekt inzwischen aus finanziellen Gründen eingestellt worden ist, ändert nichts an seiner Relevanz und grundsätzlichen Bedeutung für die Bemühungen um eine „Resozialisierung durch Bildung".

Zugunsten eines solchen Modells ließe sich anführen, daß Strafgefangenen - im Sinne des Resozialisierungszieles - nicht nur bessere Kenntnisse und Qualifikationen, sondern insbesondere auch mehr „soziale Kompetenz" (insbesondere auch die Bereitschaft und Fähigkeit zur Rücksichtnahme auf die Belange anderer) vermittelt werden sollten, und daß dies am besten im direkten Umgang mit anderen geschehen könne. Explizit oder implizit wird also von einer - im Vergleich zur Fernlehre - stärker sozialintegrativen Funktion der Präsenzlehr- und -lernformen ausgegangen. Nach dieser Konzeption wäre also ein reines Fernstudium eher eine Methode zweiter Wahl, da es zum Erlernen und zum Üben sozialer Verhaltensweisen wenig oder zu wenig Gelegenheiten bietet.

So richtig diese Überlegungen auch sein mögen - ein Modell wie das der SFU mit hohen Anteilen von Präsenzlehr- und -betreuungsformen ist selbst unter günstigen finanziellen und gesamtgesellschaftlichen Rahmenbedingungen kaum für alle Justizvollzugsanstalten und für alle studierwilligen Inhaftierten realisierbar. Bei den gegenwärtigen Sparzwängen im öffentlichen Bereich sowie der angespannten Personallage der meisten Universitäten erscheint eine Realisierung auch nur für einzelne Haftanstalten derzeit so gut wie ausgeschlossen.

Und auch bei günstigeren Rahmenbedingungen erscheint die Umsetzung solcher Vorstellungen - etwa im Rahmen einer breit angelegten Reform der Ausbildung im Vollzug - nicht sehr wahrscheinlich (nicht zuletzt, weil mit erheblichem Unverständnis der Öffentlichkeit und dementsprechend politischen Widerständen zu rechnen wäre).

Wünschenswert wären Modellprojekte in kleinerem Rahmen, bei denen nicht nur der Studienerfolg (im engeren Sinne des nachgewiesenen Erwerbs von Kenntnissen und Qualifikationen) als vielmehr auch die soziale Reintegration bzw. das 'Legalverhalten' und die 'Lebensbewährung' (meßbar u.a. durch die Rückfälligkeitsquote) im Vordergrund der Betrachtung stehen sollten.

Ein erster Schritt in diese Richtung wäre die Bildung von arbeitsfähigen Gruppen von inhaftierten Studierenden in den Anstalten und deren verstärkte mentorielle Betreuung.

zu (2): < *verstärkte Verlegung von studierwilligen und -geeigneten Gefangenen in den offenen Vollzug* >

Aus ähnlichen Überlegungen wie bei (1) kann auch argumentiert werden, daß studieninteressierte und -geeignete Gefangene bevorzugt in den offenen Vollzug verlegt werden sollten, wobei sie dann (wie etwa in Dänemark; vgl. Abschn. 7.2.1.5) die Möglichkeit hätten, an einer Präsenzhochschule zu studieren.

Für eine Verlegung von studierenden Gefangenen vom geschlossenen in den offenen Vollzug ließen sich nicht nur die günstigeren Studienbedingungen, sondern auch die allgemein besseren Resozialisierungsbedingungen anführen.

Aber selbst wenn man davon ausgeht, daß Resozialisierung bzw. das Vollzugsziel „künftiger Straflosigkeit" Vorrang vor dem Ziel des „Schutzes der Allgemeinheit" hat (vgl. dazu z.B. Kaiser, Kerner & Schöch 1978, S. 55ff oder Schwind 1995, S. 216), und selbst bei großzügiger Auslegung der rechtlichen Bestimmungen wird es auch künftig nicht möglich sein, alle studierwilligen Gefangenen in den offenen Vollzug zu verlegen. Es wird also eine größere Gruppe von studierwilligen Inhaftierten verbleiben, denen dennoch der Zugang zu einem Hochschulstudium nicht verschlossen bleiben sollte. Und zumindest für diese Gefangenen müßte ein Lehr- und Betreuungsangebot wie das der FernUniversität nicht nur erhalten, sondern möglichst noch verbessert werden.

zu (3): < *verstärkte Zusammenlegung von inhaftierten Studierenden in anstaltsinternen „Studienzentren"* >

Die Zusammenlegung von jeweils mehreren inhaftierten Studierenden in einer JVA erscheint aus vielerlei Gründen vorteilhaft; u.a.:

8. Schlußfolgerungen und Empfehlungen ...

- Die studierenden Gefangenen haben so die Möglichkeit, untereinander zu kommunizieren; selbst dann, wenn sie jeweils unterschiedliche Kurse belegt haben, können sie sich doch bei allgemeinen Studienproblemen gegenseitig unterstützen und auch ihre auf das Studium bezogenen Interessen und Bedürfnisse gegenüber der Anstaltsleitung besser vertreten (z.B. Erreichung von Regelungen für das Unterbringen von Studienmaterialien, den Empfang und den Versand von studienbezogener Post, zusätzliche gemeinsame Arbeitsräume usw.).
- Gruppen von inhaftierten Studierenden sind mentoriell besser und effektiver zu betreuen als Gefangene, die als einzelne Studierende in einer JVA untergebracht sind.
  Auch die Durchführung von gelegentlichen Präsenzveranstaltungen in einer JVA ist eher möglich, wenn davon nicht nur ein einzelner, sondern jeweils mehrere Gefangene profitieren.[21]
- Wenn zusätzliche Lehr- oder Arbeitsmaterialien (z.B. von der Universität oder vom AStA) zur Verfügung gestellt werden, kommen diese nicht nur einem einzelnen Lerner zugute und können so effektiver genutzt werden.
- Der Zugang zu und die Nutzung von elektronischen Medien (s.u.) kann für eine Gruppe leichter (und zudem kostengünstiger) als für einzelne geregelt werden.

Modell könnte hier die Regelung in Spanien (zwischen der UNED, der spanischen Fernuniversität, und der Justizverwaltung) sein, wonach es eine ganze Reihe von Haftanstalten (sog. Prioritätsanstalten) gibt, in die studierende Gefangene bevorzugt verlegt werden und in denen sie dann auch besser tutoriell betreut werden können.

zu (4): < *Einsatz „neuer Medien" bzw. der „Informations- und Kommunikationstechnologien"*
(IuK) >

IuK-Technologien, Multimedia und Internet spielen mittlerweile im Fernstudienbereich eine zunehmend wichtige Rolle. (Dies läßt sich u.a. an der großen Zahl von Beiträgen zur Nutzung dieser Medien zu Fernstudienzwecken auf Fernstudienkonferenzen ablesen; s. z.B. den Bericht zu einem Workshop zum universitären Fernstudium in Europa - Fandl, Bartz & Nickolmann 1996 - oder den Bericht zur letzten Konferenz des International Council for Distance Education - ICDE 1997). Entsprechende Projekte werden an vielen Fernlehreinrichtungen durchgeführt - so u.a. auch an der FernUniversität (Näheres s.u.).

Unter Schlagworten wie „neue Medien", „Multimedia" und „IuK" lassen sich in Lehr- / Lernkontexten sehr unterschiedliche didaktische Mittel zusammenfassen, deren hervorstechendstes gemeinsames Merkmal der Bezug zu Computer- bzw. Informationstechnologien ist (zum Einsatz solcher Technologien im Fernstudium s. u.a. Bates 1995, Mason & Kaye 1989 oder Tergan et al 1992; zu neueren Entwicklungen der Mediennutzung im Fernstudium s. auch Zentrum für Fernstudienentwicklung 1997). Als Beispiele für solche Mittel seien hier nur genannt:
- interaktiv nutzbare (multimediale) Informations- und Lernprogramme,
- *e-mail* und Computer-Konferenzsysteme sowie
- Videokonferenzsysteme bis hin zum „elektronischen" oder „virtuellen Studienzentrum" bzw. zur „virtuellen Universität" oder zum „virtuellen Campus".

Es geht uns hier nicht darum, unkritisch eine „schöne neue Medienwelt" zu propagieren; zweifellos gibt es in diesem Bereich noch zahlreiche ungeklärte bzw. nicht hinreichend geklärte Fragen und Probleme (u.a. technischer, aber insbesondere auch didaktischer Art). Die „neuen Medien" sind jedoch ein nicht mehr zu ignorierender Bestandteil der Fernstudienwelt; vor allem aber bieten sie auch neue Möglichkeiten, die von vielen beklagte Isolation der Lerner im Fernstudium wenn schon nicht aufzuheben, so doch wesentlich zu mindern. Gerade unter diesem letztgenannten Aspekt sind sie auch für ein „Fernstudium in Haft" von hoher Relevanz.

---

[21] Zur Bedeutung tutorieller Betreuung, komplementärer Präsenzphasen oder ergänzender „Arbeit in Studiengruppen" für die Studienzufriedenheit und den Studienerfolg vgl. u.a. Dekkers et al (1990); Enoch (1990, S. 248); Wissenschaftsrat (1992).

Teil E

Interaktiv nutzbare Informations- und Lernprogramme: Computer-gestützte interaktiv-nutzbare Informationssysteme zu Studienberatungszwecken werden schon seit einiger Zeit an Hochschulen eingesetzt (z.b. das Albertus-System zur Beratung von Studieninteressenten im WiSo-Bereich an der Universität Köln; über ein entsprechendes Projekt an der britischen Open University berichtet Fage 1995); auch an der FernUniversität hat eine Arbeitsgruppe ein solches System (Beratungs- und Informationssystem der FernUniversität, FeBIS) erstellt, das als CD verfügbar ist und neben den Informationen aus dem Personal- und Kursverzeichnis eine Reihe weiterer Informationsmodule enthält.

Die Kosten für die erforderliche Hard- und Software sind relativ gering; es ist jedoch ein erheblicher Aufwand (an Zeit, Personal und damit auch an Kosten) nötig, um die Informationen entsprechend aufzubereiten und das System laufend zu aktualisieren.

Wenn solche Informationssysteme erstellt sind, können sie von jedem genutzt werden, der Zugang zu einem PC hat, auf dem die entsprechende CD gelesen werden kann. Ein Studieninteressent kann sich so beispielsweise über Studienvoraussetzungen, Studienformen (z.B. Orientierungsphase, Voll- oder Teilzeitstudium, Gasthörerstudium) und Studiengänge informieren, kann Anschriften oder Fristen abfragen und Standardantworten auf Standardfragen erhalten.

Unter Haftbedingungen ergeben sich Einschränkungen lediglich aus den Sicherheitsbedenken, die allgemein gegen die Nutzung von PCs in den Anstalten geltend gemacht werden. Diese Bedenken ließen sich aber bezüglich der Nutzung eines solchen Systems wahrscheinlich ausräumen, wenn sichergestellt werden kann, daß der PC so aufgestellt und das System so eingerichtet wird (z.b. durch 'password'-Schutz), daß es nur unter Aufsicht eines Mitarbeiters des Pädagogischen Dienstes genutzt werden kann.

Entsprechende Systeme lassen sich natürlich nicht nur für Beratungszwecke einsetzen, sondern können auch für Lehr- / Lernzwecke genutzt werden (sog. 'computer-based training, CBT, bzw. 'computer-based instruction', CBI). Es gibt mittlerweile sehr unterschiedliche Formen solcher Programme: beispielsweise eher einfache Programme, die auf die Vermittlung bestimmter Fertigkeiten oder Kenntnisse abzielen ('drill & practice'; z.B. Vokabeltrainer) bis hin zu sehr komplexen Systemen ('Intelligente tutorielle Systeme'; vgl. dazu u.a. Mandl et al 1990 bzw. Tergan et al 1992; vgl. ferner Snow & Swanson 1992, pp. 604-605).

Die Entwicklung solcher Systeme geht hin zu „multimedialen" Angeboten, bei denen z.B. geschriebene Texte und audiovisuelle Komponenten (z.B. Ton durch gesprochene Texte; Grafiken, bewegte Bilder, Animation und Simulation) in einem System integriert sind. Bei einem solchen PC-gestützten „multimedialen" Lehrangebot können dem Lernenden am PC schriftliche Texte, dazu (etwa vom Kursautor) gesprochene Texte und grafische Elemente (z.B. Schaubilder, Ablaufdiagramme usw.) und Videoelemente (z.B. kurze Filmausschnitte) dargeboten werden. Die Gewichtung der Komponenten kann dabei sehr unterschiedlich sein - von Programmen, bei denen von vorhandenen schriftlichen Texten (z.B. einem „traditionellem" Kurs) ausgegangen wird und bei denen die audiovisuellen Komponenten eher ergänzend eingesetzt sind, bis hin zu Angeboten, bei denen der Lehrstoff z.B. hauptsächlich audiovisuell dargeboten wird und die geschriebenen Texte auf ein Minimum reduziert sind (vgl. Bast 1997; Müller 1997).

Mittlerweile liegen eine Reihe solcher Systeme vor; auch an der FernUniversität wurden entsprechende Systeme erstellt und erprobt (vgl. die 1993 erschienene Broschüre der Arbeitsgruppe „Lerntechnologie", an der Vertreter verschiedener Fachbereiche, des Zentrums für Fernstudienentwicklung, des Universitätsrechenzentrums, des Zentralen Instituts für Fernstudienforschung, und der Hochschulverwaltung beteiligt waren; s. Der Rektor der FernUniversität 1993). Solche Systeme können als ergänzende Angebote zum schriftlichen Studienmaterial eines Kurses (so z.b. bei einem Kurs über „Prozesse sozialer Beeinflussung"; Geiersbach, Lück, Raiser & Sternschulte 1995) oder als eigenständige Angebote erstellt werden. Ein Beispiel für letzteres ist ein Kurs über Informationstechnologie, bei dem alle Kurselemente (schriftliche und akustische Information, Diagramme und Abbildungen, Simulationen, Videoclips, Laborübungen) in einem elektronischen Dokument integriert sind (Halang, Krämer &

8. Schlußfolgerungen und Empfehlungen ...

Schormann 1996). Programme dieser Art können etwa als CD (oder u.U. auch über das Internet) verfügbar gemacht werden.

Der (personelle und zeitliche und damit auch finanzielle) Aufwand liegt auch hier wieder vor allem bei der Aufbereitung des (Lehr-) Materials. Es dürfte nicht zuletzt vom Inhalt des Kurses abhängen, ob sich dieser Aufwand lohnt. Bei einem schnell veraltenden Kurs (z.b. in den Sozialwissenschaften, wo Theorien und Modelle in der Regel nur eine eher begrenzte „Lebensdauer" haben) wird sich dieser Aufwand vermutlich weniger lohnen als etwa bei einem Kurs, der die Eigenschaften eines eher „zeitlosen" mathematisch-statistischen Modells erläutern soll. (Eine eher skeptische Einschätzung des Verhältnisses von Aufwand zu Ertrag bei der Entwicklung solcher interaktiv nutzbarer Lehr-/Lernsysteme findet sich z.b. bei Snow & Swanson 1992, p. 607.)

E-mail und Computer-Konferenzsysteme: Auf die mögliche Verwendung von *e-mail* und Computerkonferenzsystemen war schon hingewiesen worden (vgl. oben: u.a. Abschn. 8.2).

E-mail kann beispielsweise genutzt werden, wenn ein Fernstudent in einem Kurs etwas nicht verstanden hat, um dem Kursbetreuer in der Zentrale in Hagen eine entsprechende Frage zu stellen, die dieser dann auf gleichem Wege beantworten kann.

Eine typische Anwendung der Computer-Konferenz kann darin bestehen, daß zu einem Kurs eine Konferenz bzw. „news group" eingerichtet wird, zu der sich die jeweils für diesen Kurs eingeschriebenen Studierenden anmelden können. Die Kursbetreuer können die Konferenz nutzen, um den Kursteilnehmern beispielsweise ergänzende Informationen (z.B. zusätzliche Literaturhinweise; zusätzliche Erläuterungen zu bestimmten Themen usw.) zu übermitteln oder auch um wiederholt auftauchende Anfragen von Lernern „gebündelt" zu beantworten. Die Studierenden können die Konferenz nutzen, um z.B. Fragen zu stellen oder auch um Kontakt zu anderen Studierenden, die denselben Kurs belegt haben, aufzunehmen. Kursbetreuer und Studierende können die Konferenz auch dazu nutzen, bestimmte Themen vertiefend zu diskutieren. Insbesondere die durch die Konferenz ermöglichte Kommunikation der Studierenden untereinander wird als wichtiges Instrument angesehen, um der oft beklagten Isolation der Lerner im Fernstudium entgegenzuwirken (vgl. z.B. Lauzon 1992).

Entsprechende Konferenzen sind an der FernUniversität ergänzend zu den traditionellen Lehrmedien (i.w. also den Studienbriefen) für verschiedene Kurse eingerichtet worden.[22] Konferenzsysteme können aber auch genutzt werden, um eigenständige Veranstaltungen, z.B. sog. „virtuelle Seminare", durchzuführen. (Über Erfahrungen mit einem solchen Seminar zu Forschungsmethoden in der Psychologie berichtet Heidbrink 1997; eine Evaluation zu einem virtuellen Kolloquium mit Teilnehmern aus verschiedenen Ländern findet sich bei Fritsch 1997.) Auch an vielen anderen Fernlehreinrichtungen werden solche Systeme eingesetzt. So haben z.B. Paulsen & Rekkedal (1990) bei NKI in Norwegen das Konzept eines „elektronischen College" auf der Basis von 'conferencing' entwickelt und erprobt. Über ein ähnliches Projekt an der dänischen Jutland Open University berichten Lorentsen (1991) und Lorentsen & Rasmussen (1989); sie sehen im 'conferencing' ein Mittel zur Verwirklichung eines „kommunikativen Fernstudienkonzeptes" anstelle eines auf bloße Wissensvermittlung konzentrierten Fernstudienansatzes. Auch an der britischen Open University wurden Konferenzsysteme eingesetzt und erprobt (vgl. Mason 1989). (Zu Konferenzsystemen und zur Nutzung computergestützter Kommunikation im Fernstudium s. u.a. auch Bates 1995, pp. 202-227, Castro 1988, Mason & Kayes 1989, und Sternberger 1992; zu „virtuellen Seminaren" s. u.a. Hesse & Schwan 1996.)

Wenn man von Sicherheitsbedenken und Kostenüberlegungen in den JVAs einmal absieht, könnten *e-mail* und 'computer conferencing' sehr effektive Mittel sein, um auch inhaftierte Studierende am akademischen Austausch und Dialog teilhaben zu lassen; zugleich könnte so ihrer doppelten Isolation (durch die Haft und durch das Fernstudium) entgegengewirkt werden.

Die FernUniversität sollte erkunden, wie ein Zugang zu solchen Kommunikationstechniken in einer Weise gestaltet werden kann, daß er den Sicherheitsbedenken der Anstalten Rechnung

---

[22] Dabei wird das Internet genutzt.

Teil E

trägt. Um hier zu praktikablen Lösungen zu kommen, böte sich zunächst die Durchführung eines kleinen Modellprojektes in nur einer Anstalt an. Würde man etwa in einem ersten Schritt die Teilnahme am 'conferencing' für die inhaftierten Studierenden in der Weise einschränken, daß sie nur Lese-, hingegen keinen Schreibzugriff haben, entstünden keinerlei Sicherheitsrisiken. Die inhaftierten Studierenden könnten auf diese Weise wenigstens die Diskussionen in den 'news groups' verfolgen, hätten allerdings keine Möglichkeit, mit eigenen Beiträgen an den Diskussionen zu beteiligen. Will man den inhaftierten Studierenden auch eine aktive Teilnahme am 'conferencing' und die *e-mail*-Nutzung ermöglichen, so ließen sich die Sicherheitsrisiken dadurch minimieren, daß die PCs für solche Kommunikationszwecke nur in Anwesenheit eines Mitarbeiters des Pädagogischen Dienstes genutzt werden können. (Ein inhaftierter Fernstudent machte dazu den Vorschlag, daß die Mitarbeiter des Pädagogischen Dienstes als *e-mail*-Adresse fungieren könnten. Die PCs könnten dabei so eingerichtet werden, daß sie für Kommunikationszwecke nur nach Eingabe eines 'password' durch einen Mitarbeiter des Pädagogischen Dienstes und ggf. auch nur in dessen Anwesenheit genutzt werden können.)

Videokonferenzsysteme bis hin zum „virtuellen Studienzentrum": Die Videokonferenztechnologie ist eine Technologie zur „Übertragung von Bewegtbild und Ton zu Kommunikationszwecken" (Hauff & Laaser 1997, S. 27). Videokonferenzen können auf unterschiedlicher technischer Basis durchgeführt werden: auf der Basis von Breitbandnetzen oder als Satellitenübetragung[23] oder - bei verminderter Bildqualität, aber zu erheblich geringeren Übertragungskosten - auch auf Basis des ISDN-Netzes (vgl. Hauff & Laaser 1997; vgl. ferner Keegan 1995). Im letzteren Fall werden i.w. zwei unterschiedliche Gerätekonfigurationen verwendet: mobile Konferenzanlagen für Konferenzräume, die die Kommunikation mehrerer Teilnehmer pro Endstelle erlauben, und PC-gestützte Konferenzanlagen für die Kommunikation zwischen zwei Gesprächspartnern.

Videokonferenzen - ursprünglich gedacht für geschäftliche Zwecke - sind für unterschiedliche Lehrzwecke und Veranstaltungsformen hervorragend nutzbar (vgl. u.a. Wupper 1992, der die Konzeption „elektronischer Studienzentren" auf der Basis von dieser Technologie entwickelte). So könnte beispielsweise eine Videokonferenz installiert werden, bei der ein Professor in Hagen einen (Kurz-) Vortrag halten und anschließend mit einer studentischen Arbeitsgruppe in einem Studienzentrum außerhalb Hagens diskutieren kann, wobei Gruppen von (anderen) Studierenden in einem oder mehreren anderen Studienzentren zuhören oder sich ggf. auch an der Diskussion beteiligen können; je nach Bedarf könnten dabei zusätzlich Filme eingespielt werden. Es liegen auch bereits Erfahrungen von „Fern-Seminaren" vor, die vom Lehrgebiet „Arbeits- und Organisationspsychologie in Form von Videokonferenzen durchgeführt worden sind (vgl. Wiendieck, Mayer & Hauff 1996).

Diese Technologie ist prinzipiell auch für den Einsatz in Haftanstalten sehr gut geeignet, da ihr Einsatz mit keinen besonderen Sicherheitsrisiken verbunden ist. Bei Installation der entsprechenden Hardware in einer JVA könnten also auch Inhaftierte im geschlossenen Vollzug auf diese Weise, ohne die Anstalt zu verlassen, an Veranstaltungen teilnehmen, die einer Präsenzveranstaltung sehr nahe kommen („Quasi-Präsenzveranstaltungen").[24]

Die feste Einrichtung und der Einsatz solcher Systeme in einer Justizvollzugsanstalt wäre allerdings nur dann effektiv (und von den Kosten[25] vertretbar), wenn in dieser Anstalt eine größere Gruppe inhaftierter Studierender untergebracht ist. Die Zusammenlegung von jeweils mehreren inhaftierten Studierenden in einer JVA - wie dies beispielsweise in den Studienzentren in den Justizvollzugsanstalten Geldern, Hannover und Freiburg gegeben ist - wäre also auch hier eine wichtige Voraussetzung für einen effektiven und didaktisch sinnvollen Einsatz.

---

[23] Zu einer Anwendung zu Fernstudienzwecken mittels Satellitenübertragung s. z.B. Keegan (1994a).
[24] Daß es sich hier nicht um eine utopische Vorstellung jenseits aller Realität handelt, zeigt das in Abschn. 7.2.5.2 beschriebene Projekt zur Nutzung von Videoconferencing in Gefängnissen des Staates New York (vgl. Sunshine 1997).
[25] Neben den fixen Kosten für die Beschaffung der entsprechenden Hardware sind dies insbes. die laufenden Kosten für Übertragungen. Letztere sind - zumindest bei einer ISDN-Videokonferenz - nicht mehr allzu hoch; sie betragen rund das zwei- bis sechsfache für entsprechende Telefonate. Eine einstündige (vormittägliche) Konferenz zwischen Hagen und Nürnberg kostete beispielsweise unter DM 100,- (s. Hauff & Laaser 1997, S. 28; vgl. CONTACTE 1996, S. 19).

8. Schlußfolgerungen und Empfehlungen ...

(Die Anlage könnte dann auch zur Durchführung von Prüfungen genutzt werden, wodurch die „Verschubungen" zu Prüfungszwecken nach Hagen entfallen könnten.)

Der Einsatz solcher Konferenzsysteme würde sich zudem mehr lohnen, wenn diese Systeme nicht nur für die Zwecke einer Einrichtung (hier also der FernUniversität), sondern für unterschiedliche Ausbildungszwecke und/oder Institutionen genutzt werden könnten.

So ist abzusehen, daß künftig in verstärktem Maße auch Fachhochschulstudiengänge auf Fernstudienbasis angeboten werden[26]; durch solche Angebote auch für Inhaftierte würde sich der Kreis der Studieninteressenten und Studierenden unter den Inhaftierten vergrößern, so daß die oben beschriebenen Konferenzsysteme - bei gemeinsamer Nutzung durch die FernUniversität und (Fern-) Fachhochschulen sowie ggf. auch anderer Bildungseinrichtungen - effektiver eingesetzt werden könnten.

Die Bereiche Lehrsoftware, Computer-gestützte Kommunikation und Videokonferenzen sind hier getrennt dargestellt worden. Es zeichnet sich aber eine zunehmende Verzahnung und Integration ab. So wird etwa derzeit an der FernUniversität die Konzeption einer „online Universität" bzw. „*Virtuellen Universität*" entwickelt und erprobt (s. CONTACTE 1996, S. 8ff). Das System basiert auf der Nutzung von PCs und des Internet. Über das Netz kann interaktiv nutzbares Lehrmaterial versendet werden. Das Netz kann außerdem für die Kommunikation zwischen den Lehrenden und den Studierenden sowie zwischen den Studierenden untereinander genutzt werden. Es besteht damit die Möglichkeit zur Gruppenarbeit und zu neuen Formen von Seminaren, Übungen und Praktika. Zudem können Informations- und Beratungssysteme (wie z.B. das FeBIS; s.o.) oder Bibliotheksdienste in Anspruch genommen werden. Das System schließt überdies die Möglichkeit zur netz-gestützten Videokonferenz mit ein. (Dazu ist es allerdings notwendig, daß am Arbeitsplatz der Studierenden eine einfache Videokamera und ein Mikrofon installiert sind.)

Bei Berücksichtigung von Sicherheitsaspekten ist ein solches System prinzipiell auch für ein „Fernstudium in Haft" geeignet.

* * *

Wenn also auch die technischen Voraussetzungen gegeben sind, daß inhaftierte Studierende mit relativ mehr oder weniger aufwendigen Mitteln (Video- bzw. Computer-Konferenzen) an der akademischen Diskussion zumindest mittel- oder längerfristig beteiligt werden können, so wird es doch auch in Zukunft sehr wahrscheinlich Bedarf an direkter individueller Aussprache mit einem Berater, Mentor oder Kursbetreuer geben; Ermutigung und emotionale Unterstützung lassen sich in einem direkten Vier-Augen-Gespräch oder in der Kleingruppe wahrscheinlich einfacher und eher als „medial"-gefiltert vermitteln.

Ob und in welchem Maße solche individuellen Beratungs- und Betreuungsangebote erforderlich und vom einzelnen Betroffenen erwünscht sind, dürfte dabei in hohem Maße vom konkreten Einzelfall abhängen: so u.a. von der Dauer und Art der Haft, der Bildungsbiographie, den Studienvoraussetzungen und -erwartungen, den individuellen Studienzielen und Lernpotentialen sowie auch von den jeweiligen Studieninhalten (Art des Lerngegenstandes, Lehr-/Lernziele, didaktische Aufbereitung der Lehrmaterialien o.ä.).

Hier wie bei der Frage nach dem unabdingbaren oder wünschbaren Anteil von Präsenzphasen in einem akademischen Studium (vgl. dazu z.B. Klusemann 1992) dürfte die allgemeine erzieherische wie auch didaktische Erfahrung gelten, daß erzieherische oder didaktische Maßnahmen immer in Hinblick auf den jeweiligen Kontext und ggf. den Einzelfall zu relativieren sind.

---

[26] Allerdings teilte der Fachhochschul-Fernstudienverbund der Länder (*fvl*; eine Einrichtung in den Ländern Berlin, Brandenburg, Mecklenburg-Vorpommern, Sachsen, Sachsen-Anhalt und Thüringen) auf Anfrage mit (Schreiben vom 10.12.96), daß entsprechende Fernstudienangebote für die Gruppe der Inhaftierten in absehbarer Zeit nicht vorgesehen seien. Dabei ist allerdings zu berücksichtigen, daß dieser Verbund noch nicht allzu lange existiert. - Neben Fachhochschulen werden künftig voraussichtlich auch einige der „traditionellen" Präsenzhochschulen und Universitäten zusätzlich Angebote in Fernstudienform zur Verfügung stellen, die ggf. auch von inhaftierten Studierenden genutzt werden können.

Teil E

Schlußbemerkung

Es ist in einer Gesellschaft wie der unseren weitgehend unstrittig, daß jeder Bürger eine Chance zu einer seiner Eignung und seinen Neigungen entsprechenden Bildung erhalten sollte. Aber nicht nur die Bezugnahme auf ein solches, eher abstraktes Postulat eines „Rechts auf Bildung" gebietet es, auch inhaftierten Menschen Möglichkeiten für eine ihrer Eignung und Neigung entsprechende Bildung und Ausbildung in der Haft zu eröffnen. Vielmehr sollen solche Bildungs- und Ausbildungsangebote mit dazu beitragen, die Chancen für ein künftig straffreies Leben nach der Entlassung und für eine Wiedereingliederung zu verbessern.

Die Bemühungen der FernUniversität um eine Verbesserung des Angebots für ein „Fernstudium in Haft" sind in diesem Kontext zu sehen. Die Umsetzung zumindest einiger der skizzierten Maßnahmen kann dazu beitragen, daß interessierte und geeignete Inhaftierte in stärkerem Umfang als bisher eine Chance erhalten, sich in der Haft - im Rahmen eines 'Angebots- oder Chancenvollzugs' (vgl. Müller-Dietz & Walter 1995) - weiterzubilden und neue Qualifikationen zu erwerben, um sich auf diese Weise besser auf ihr Leben in Freiheit (nach ihrer Entlassung) vorbereiten zu können.

Dies entspricht dem Innovationsanspruch dieser Einrichtung; und es entspricht auch dem Prinzip der Vorsorge in Hinblick auf das im Strafvollzugsgesetz implizierte Ziel der „künftigen Straflosigkeit".

Eine Gesellschaft muß sich auch daran messen lassen, wie sie mit verurteilten Straftätern umgeht, ob sie sich mit der Ausgrenzung (im wörtlichen wie übertragenen Sinne) und Stigmatisierung begnügt oder ob sie sich zumindest bemüht, ihnen Wege zu einer Wiedereingliederung in die Gesellschaft zu eröffnen.

Damit ein solches Angebot für ein „Fernstudium in Haft" die erhofften Wirkungen erbringen kann, bedarf es einer engen Kooperation zwischen der Fernlehreinrichtung und den Justizvollzugsanstalten (insbes. deren Pädagogischen Diensten) und nicht zuletzt der Bereitschaft und des Willens der inhaftierten Studierenden, die ihnen gebotene Chance auch zu nutzen.

Literaturverzeichnis

Artuk, E. & Kleinjans, R. (1995): Das türkische Strafvollzugssystem: Überblick und Reformbestrebungen. *Zeitschrift für die gesamte Strafrechtswissenschaft*, 107 (3), S. 659-675

Bakolas, A. (1992): *EKKLEPA - The Greek Productivity Centre in Athen.* Athen: Institute for Information Science

Balli, Ch. (1986): Zur Integration sozialer Randgruppen durch Fernunterricht. Eine Betrachtung von Informations- und Werbematerialien ausgewählter Fernlehreinrichtungen aus England. *Berufsbildung in Wissenschaft und Praxis*, 15 (3), S. 87-94

Bang, J. (1996): University Education in a Dual Mode Perspective. In: Fandel, G.; Bartz, R. & Nickolmann, F. (eds.): *University level Distance Education in Europe. Assessment and Perspectives.* Pp. 71-79. Weinheim: Deutscher Studien Verlag

Bast, Ch. (1997): Der multimediale Dateikurs als Lehrelement im Fernstudium. In: Zentrum für Fernstudienentwicklung (Hrsg.): *Virtuelles Kolloqium: Medienentwicklung im Fernstudium.* S. 5-10. Hagen: FernUniversität, ZFE[1]

Bates, T. (1995): *Technology, open learning and distance education.* London/New York: Routledge

Bemmann, G. (1987): Über den Angleichungsgrundsatz des § 3 Abs. 1 StVollzG. In: Küper, W., in Verbindung mit I. Puppe & J. Tenckhoff (Hrsg.): *Festschrift für Karl Lackner zum 70. Geburtstag am 18. Februar 1987.* S. 1047-1056. Berlin: de Gruyter

Bernath, U. (1993): Begleituntersuchung im Projekt „Gruzi". In: Bundesministerium für Bildung und Wissenschaft (Hrsg.): *Konzertierte Aktion Weiterbildung - Studienorientierung und Studienvorbereitung für Grundwehrdienst- und Zivildienstleistende. Dokumentation einer Klausurtagung.* S. 118-141. Bonn: Wintermann

Blass, W. (1980): *Zeitbudget-Forschung. Eine kritische Einführung in Grundlagen und Methoden.* Frankfurt a.M.: Campus

Blass, W. (1990): Theoretische und methodische Grundlagen der Zeitbudgetforschung. In: von Schweitzer, R., Ehling, M., Schäfer, D. u.a.: *Zeitbudgeterhebungen. Ziele, Methoden und neue Konzepte.* Band 13 der Schriftenreihe Forum der Bundesstatistik, hrsg. vom Statistischen Bundesamt. S. 54-75. Stuttgart: Metzler-Poeschel

Borchert, P.A. (1969): Der Fernunterricht als Mittel zur Resozialisierung Straffälliger. *Aktuelle Kriminologie. Zum zehnjährigen Bestehen der Deutschen Kriminologischen Gesellschaft und dem 50. Geburtstag ihres Präsidenten Prof. Dr. Dr. Armand Mergen*, S. 267-279. Hamburg: Kriminalistik-Verlag

Bortz, J. & Döring, N. (1995): *Forschungsmethoden und Evaluation. Zweite, vollständig überarbeitete und aktualisierte Auflage.* Berlin: Springer

Brake, Ch. (1996): Virtueller Campus - ein „Turtur"-Phänomen. Nachgedanken zur GMW-Tagung „Virtueller Campus" in Siegen. Forum 3&4/96, S. 4-8 (Vierteljahresschrift der Gesellschaft für Medien in der Wissenschaft)

Brand, H. (1992): Zur Rolle der Fachmentoren im Studiersystem der FernUniversität, in: Bückmann, N. M., Ortner, G. E. & Schuemer, R. (Hrsg.): *Lehre und Betreuung im Fernstudium.* S. 39-42. Hagen: FernUniversität, ZIFF[2]

Buchert, M., Metternich, J. & Hauser, S. (1995): Die Auswirkungen von Langzeitbesuchen (LZB) und ihre Konsequenzen für die Wiedereingliederung von Strafgefangenen. *Zeitschrift für Strafvollzug und Straffälligenhilfe*, 44 (5), S. 259-265

Bückmann, N.-M., Ortner, G.-E. & Schuemer, R. (Hrsg.) (1992a): *Lehre und Betreuung im Fernstudium.* Hagen: FernUniversität, ZIFF

Bückmann, N.-M., Ortner, G.-E. & Schuemer, R. (1992b): Vorwort. In: Bückmann, N.-M., Ortner, G.-E. & Schuemer, R. (Hrsg.): *Lehre und Betreuung im Fernstudium.* S. 2-3. Hagen: FernUniversität, ZIFF

Callies, R.D. & Müller-Dietz, H. (1991): *Strafvollzugsgesetz. Gesetz über den Vollzug der Freiheitsstrafe und der freiheitsentziehenden Maßregeln der Besserung und Sicherung; mit ergänzenden Bestimmungen.* 5. neubearbeitete Auflage. München: Beck

---

[1] ZFE: Zentrum für Fernstudienentwicklung der FernUniversität
[2] ZIFF: Zentrales Institut für Fernstudienforschung der FernUniversität

Literaturverzeichnis

Callies, R.D. (1992): *Strafvollzugsrecht.* 3. Auflage. München: Beck

Campion, M. & Kelly, M. (1988): Integration of external studies and campus-based education in Australian higher education: The myth and the promise. *Distance Education,* Vol. 9 (2), pp. 171-201

Castro, A. (1988): *Critical reflections on the introduction of computer-mediated communication into a distance-teaching institution.* Milton-Keynes: The Open University Institute of Educational Technology

Clever, C. & Ommerborn, R. (1995): Erwachsenenbildung im Gefängnis. Untersuchungen zum Fernstudium von inhaftierten Menschen in deutschen Haftanstalten. *Jahrbuch 1995 der Gesellschaft der Freunde der FernUniversität.* S. 49-71. Hagen: Gesellschaft der Freunde der FernUniversität e.V.

Clever, C. & Ommerborn, R. (1996): Fernstudium in deutschen Haftanstalten. *Zeitschrift für Strafvollzug und Straffälligenhilfe,* 45 (2), 80-86

CONTACTE - Wissenschaftsmagazin der FernUniversität - Gesamthochschule in Hagen (1996)

Curran, Ch. (1996): Distance Teaching at University Level: Historical Perspective and Potential. In: Fandel, G., Bartz, R. & Nickolmann, F. (eds.): *University Level Distance Education in Europe. Assessment and Perspectives. Proceedings of a Workshop Jointly Initiated and Organised by FernUniversität and EADTU in Hagen, December 1994.* Pp. 19-31. Weinheim: Deutscher Studien Verlag

Daniel, J. (1996): Welcome from the Vice-Chancellor. In: The Open University (ed.): *Studying with the Open University 1997/8.* Milton Keynes: Belmont Press

Dekkers, J., Warner, L.R. & Wilkinson, J.E. (1990): Group Learning for Distance Education. In: Croft, M., Mugridge, I., Daniel, J.S. & Hershfield, A. (eds.): *Distance Education: Development and Access (xv-th International Council for Distance Education (ICDE) World Conference).* Pp. 249-251. Caracas: Universidad Nacional Abierta

Delling, M. (1971): Grundzüge einer Wissenschaft vom Fernstudium. *Epistolodidaktika,* 1971 (1), S. 14-28

Der Justizminister des Landes Nordrhein-Westfalen - Der Pressereferent - (Hrsg.) (1983): *Statement von Frau Justizminister Inge Donnep anläßlich der Pressekonferenz am 17. März 1983 in der JVA Geldern.* Düsseldorf: Der Justizminister des Landes Nordrhein-Westfalen

Der Kanzler der FernUniversität (Hrsg.) (1990): *Rechtliche und organisatorische Rahmenbedingungen der Mentorentätigkeit,* Stand 01.02.1990. Hagen: FernUniversität

Der Kanzler der FernUniversität (Hrsg.) (o.J.): *Fernstudium im Strafvollzug. Einige Informationen für Studieninteressenten und Fernstudierende in Justizvollzugsanstalten.* Hagen: FernUniversität, Dezernat 2

Der Rektor der FernUniversität (Hrsg.) (1993): *Neue Lern- und Kommunikationstechnologien an der FernUniversität.* Hagen: FernUniversität

Der Rektor der FernUniversität (Hrsg.) (1996): *Statistische Daten zum Wintersemester 1995/96.* Hagen: FernUniversität

DER SPIEGEL (1989): Unbeirrbare Energie. Ein niedersächsischer Häftling hat aus der Strafanstalt heraus eine florierende Computer-Firma aufgebaut. *Der Spiegel* Nr. 40, 1989, S. 88-92

DER SPIEGEL (1997): Der Ruf nach mehr Obrigkeit. *Der Spiegel* Nr. 28, 1997, S. 48-61

DER WEG - *Niedersächsische Zeitschrift für Straffälligenhilfe* (1987): Neu für den Niedersächsichen Strafvollzug: Die Bildungsstätte bei der JVA Hannover. Heft 1/87, S. 1-20

Deutscher Bildungsdienst (1987): *Vielfältige Angebote jenseits des „großen Teichs".* Jg. 29, Heft 31, S. 4-6

Doce, M.J. (1989): *Modelos de Educación en Centros Penitenciarios.* Catalan Autonomous Government (Generalitat de Cataluna). Malaga: Editorial Humanitas

Doerfert, F., Schuemer, R. & Tomaschewski, C. (eds.); Bückmann, B., Bückmann, N. & See-Bögehold, C. (Co-eds.) (1989): *Short descriptions of selected distance-education institutions.* Hagen: FernUniversität, ZIFF

Dolde, G. (1995): Motivationsprobleme der Strafvollzugsbediensteten. „Sisyphos"-Arbeit oder Erfolgserlebnisse? In: Müller-Dietz, H. & Walter, M. (Hrsg.): *Strafvollzug in den 90er Jahren. Perspektiven und Herausforderungen.* S. 45-54. Pfaffenweiler: Centaurus

Literaturverzeichnis

Donnep (1983): s. Der Justizminister des Landes Nordrhein-Westfalen - Der Pressereferent - (Hrsg.) (1983)

Dünkel, F. (1993): Empirische Daten zur sozialen Lage von Strafgefangenen. *Kriminalpädagogische Praxis, 21*, Heft 33, S. 6-17

EADTU (1991, 1993): s. European Association of Distance Teaching Universities

Eberle, J.J., Kloss, T. & Nollau, J. (1992*): Weiterbildung und Justizvollzug. Situationsanalyse und Modellbeschreibung.* Frankfurt a. M.: Peter Lang

Eggleston, C. & Gehring, T. (1986): Correctional education paradigms in the United States and Canada. *The Journal of Correctional Education*, 37, pp. 86-92

Enoch, Y. (1990): Intensive Tutoring at a Distance Teaching University: Implications for Students and Institution. In: Croft, M., Mugridge, I., Daniel,.J.S. & Hershfield, A. (eds.): *Distance Education: Development and Access (xv-th International Council for Distance Education (ICDE) World Conference)*. Pp. 243-244. Caracas: Universidad Nacional Abierta

Epistolodidaktika, 1/1964, 2, S. 83-90 (Bericht über Fernunterricht für Gefängnisinsassen. Beiträge von: S. Söderström, A. Nordin, J.G. Lindberg, M. Törnkvist-Jonson, V. Karlström, K.-V. Jacobson. Übersetzung aus einem schwedischen Bericht zum Fernunterricht in Gefängnissen: „Statens offentliga utredningar", Stockholm 1963/16)

European Association of Distance Teaching Universities, EADTU (1991): *Mini - Directory 1991/1992. First Edition.* Heerlen: EADTU

European Association of Distance Teaching Universities, EADTU (1993): *European Association of Distance Teaching Universities' Membership 1994. First Edition.* Heerlen: EADTU

Fage, J. (1995): Studying with the U.K. Open University - a CD-ROM presentation. In: Sewart, D. (ed.): *One World Many Voices. Quality in Open and Distance Learning. 17th World Conference for Distance Learning. International Council for Distance Education* (1, 20-23). Birmingham 26-30 June 1995

Fandel, G., Bartz, R. & Nickolmann, F. (eds.) (1996): *University level Distance Education in Europe. Assessment and Perspectives.* Weinheim: Deutscher Studien Verlag

Flick, U. (1995): *Qualitative Forschung. Theorie, Methoden, Anwendung in Psychologie und Sozialwissenschaften.* Rowohlts Enzyklopädie. Reinbek: Rowohlt

Foucault, M. (1978): *Überwachen und Strafen.* Frankfurt a.M.: Suhrkamp

Freiling, K. (1992): Fernunterricht in Strafvollzugsanstalten. Anmerkungen zu einem Erfahrungsbericht. *Zeitschrift für Strafvollzug und Straffälligenhilfe*, 41 (3), S. 169-170

Friedrichs, J. (1990): *Methoden empirischer Sozialforschung.* Opladen: Westdeutscher Verlag

Fritsch, H. (1997): *Host contacted, waiting for reply.* Hagen: FernUniversität, ZIFF

Garito, M.A. (1996): *Distance learning in traditional universities: The model of Consorzio NET.T.UNO.* Paper submitted to ICDE Task Force on Educational Technologies in preparation for the ICDE SCOP Meeting. Lillehammer, Norway

Garz, D. (1994): Über den Erwerb von Bildung im Gefängnis. Das kanadische »Correctional Education« Paradigma. *Neue Praxis*, 24 (1), S. 36-45

Gehring, T. (1988): The connection between democracy and cognitive processes in correctional education. *The Journal of Correctional Education*, 39, pp. 62-69

Geiersbach, F.-W., Lück, H., Raiser, H. & Sternschulte, P. (1995): *Psychologie der sozialen Beeinflussung - Konformität und Gehorsam. (Lehrsoftware).* Hagen: FernUniversität, ZFE

Geisler, J. (1991): *Ausbildung und Arbeit im Jugendstrafvollzug. Haftverlaufs- und Rückfallanalyse.* Freiburg i. Br.: Max-Planck-Institut für ausländisches und internationales Strafrecht (=Kriminologische Forschungsberichte aus dem Max-Planck-Institut, Band 44)

Geiter, H. (1995): Die Einstellungen von Staatsanwälten und Haftrichtern zu kriminalpolitischen Aussagen, insbesondere zur Untersuchungshaft. In: Müller-Dietz, H. & Walter, M. (Hrsg.): *Strafvollzug in den 90er Jahren. Perspektiven und Herausforderungen.* S. 228-253. Pfaffenweiler: Centaurus

Gerhardt, G. (1988): Externe Bildungsträger im Strafvollzug. *Zeitschrift für Strafvollzug und Straffälligenhilfe*, 37, S. 131-135

Literaturverzeichnis

Gödl, W. (1993): Aus- und Fortbildung im österreichischen Strafvollzug. *Zeitschrift für Strafvollzug und Straffälligenhilfe,* 42(5), S. 267-271

Graff, K. & Holmberg, B. (eds.) (1988): *International study on distance education: a project report.* Hagen: FernUniversität, ZIFF

Granatstein, J.L. (1997): Schatten über Kanadas Universitäten: Akademische Freiheit zeitweise gefährdet. *Das Parlament,* Nr. 1-2 v. 03./10. Januar, S. 56-57

Greven, M. Th. (1985): Professioneller Altruismus - Repressive Hilfe - Helfende Berufe in den totalen Institutionen. In: Bellebaum, A. , Becker, H.J. & Greven, M.Th. (Hrsg.): *Helfen und helfende Berufe als soziale Kontrolle.* S. 53-79. Opladen: Westermann

Habermas, J. (1993): *Der philosophische Diskurs der Moderne.* Frankfurt a.M.: Suhrkamp

Haagmann, H.-G. (1975): *Fernunterricht für Strafgefangene: Bericht zur Situation und zur Rehabilitierung mit Hilfe von Fernunterricht.* Köln: Staatliche Zentralstelle für Fernunterricht der Länder der Bundesrepublik Deutschland (=Dokumentation Nr. 12/75 der ZFU)

Haffa, A. & Kammerer, G. (1987): *Fernunterricht für Zielgruppen. Gelungene Beispiele aus elf Ländern.* Herausgegeben vom Bundesminister für Bildung und Wissenschaft. (=Schriftenreihe „Studien zu Bildung und Wissenschaft", 56). Bad Honnef: Bock

Hage, N. el (Hrsg.) (1996): *Lehrevaluation und studentische Veranstaltungskritik. Projekte, Instrumente und Grundlagen.* Bonn: Bundesministerium für Bildung, Wissenschaft, Forschung und Technologie (bmb+f)

Hakan, A. & Saglam, M. (1997): *Fernstudium in der Türkei.* TABO-Aktuell, Heft 6/97, S. 30-34

Halang, W.A., Krämer, B.J. & Schormann, J. (1996): Integrated multimedia-based distance teaching of information technology. In: Fandel, G., Bartz, R. & Nickolmann, F. (eds.): *University level Distance Education in Europe. Assessment and Perspectives.* Pp. 261-269. Weinheim: Deutscher Studien Verlag

Hardy, D. (1997): Open Learning: The Future in the UK. *EADTU-News,* first edition, No. 1, February, p. 5

Hauff, M. & Laaser, W. (1997): Videokonferenz. In: Zentrum für Fernstudienentwicklung (Hrsg.): *Virtuelles Kolloqium: Medienentwicklung im Fernstudium.* S. 27-33. Hagen: FernUniversität, ZFE

Heger, J. & Kramer, S. (1979): Studium im Knast. *CONTACTE* - Zeitschrift der FernUniversität, 1979 (3), S. 63

Heidbrink, H. (1997): Ein virtuelles Methodenseminar an der FernUniversität. In: Batinic, B. (Hrsg.): *Internet für Psychologen.* S. 395-420. Göttingen: Hogrefe

Herzberg, A. (1997): *Frauen im Strafvollzug - Erfahrungsbericht.* Hagen/Mönchengladbach: FernUniversität, Dezernat 2

Hesse, F.W. & Schwan, S. (1996): Learning in a „Virtual Seminar" - Mataphor and Virtuality in Computer-mediated Communicative Learning Settings. In: Fandel, G., Bartz, R. & Nickolmann, F. (eds.): *University Level Distance Education in Europe. Assessment and Perspectives. Proceedings of a Workshop Jointly Initiated and Organised by FernUniversität and EADTU in Hagen, December 1994.* Pp. 243-250. Weinheim: Deutscher Studien Verlag

Hofmann, K. & Ommerborn, R. (1997): *Studieren trotz Behinderung.* München: Beck

Holmberg, B. (1977): Distance education: a survey and bibliography. London: Kogan Page

Holmberg, B. (1985): *Status & trends of distance education.* Second revised edition. Lund: Lector Publishing

Holmberg, B. (1995): *Theory and practice of distance education.* London: Routledge

Holmberg, B. & Ortner, G.E. (eds.) (1991): *Research into Distance education. Fernlehre und Fernlehrforschung.* Frankfurt a.M.: Peter Lang

Holmberg, B. & Schuemer, R. (1997): Lernen im Fernstudium. In: Mandl, H. & Weinert, F.E. (Hrsg.): *Psychologie der Erwachsenenbildung, Bd. 4 der Serie „Pädagogische Psychologie", im Rahmen der Enzyklopädie der Psychologie.* S. 507-566. Göttingen: Hogrefe

Hötter, U. (Hrsg.) (1989): 10 Jahre Justizvollzugsanstalt Geldern. Geldern: JVA Geldern

Hunger, F. (o.J.): *Fernunterricht als Ausbildungsmöglichkeit für Strafgefangene und Strafentlassene.* Hamburg: HFL (zit.n. Borchert, 1969, S. 274)

Literaturverzeichnis

Ink, A. (1990): Studium hinter Gittern - Inhaftierte studieren an der FernUniversität Hagen. Ein Bericht aus der JVA Geldern. *Zeitschrift für Strafvollzug und Straffälligenhilfe*, 39 (2), S. 84-89

International Council for Distance Education (ICDE) (ed.) (1997): *The new learning environment. A global perspective. Proccedings of the 18th ICDE World Conference. June 2-6, 1997.* The Pennsylvania State University, University Park, Pennsylvania, USA. (Abstract-Band und CD)

Jakupec, V. (1993): *Das Fernstudium in Australien.* Neuere Entwicklungen unter besonderer Berücksichtigung der Umstrukturierung des Hochschulwesens sowie neuerer bildungspolitischer Ziele der 1980er Jahre. Geelong/Victoria, Australia: Deakin University Press

Justin, J.J. (1996): s. Müllges, U. (1996)

Justizministerium des Landes Nordrhein-Westfalen (1988[7]): *Strafvollzug in NRW.* Düsseldorf: Justizministerium des Landes Nordrhein-Westfalen

Justizministerium des Landes Nordrhein-Westfalen (Hrsg.) (1994): *Strafvollzug in Nordrhein-Westfalen.* Düsseldorf: Justizministerium des Landes Nordrhein-Westfalen

Justizministerium des Landes Nordrhein-Westfalen (Hrsg.) (1995): *Justiz in Zahlen.* Düsseldorf: Justizministerium des Landes Nordrhein-Westfalen

Justizministerium des Landes Nordrhein-Westfalen (Hrsg.) (1996): *Justiz in Zahlen 1996.* Düsseldorf: JVA Geldern

Justizvollzugsanstalt Freiburg (Hrsg.) (1995): *Schulprogramm. Ausbildung und Weiterbildung im Schuljahr 1995/96 der Schule in der Justizvollzugsanstalt Freiburg im Breisgau.* Freiburg: Lingg Druck

Kaiser, G., Kerner, H.-J. & Schöch, H. (1978): *Strafvollzug. Eine Einführung in die Grundlagen.* 2., völlig neubearbeitete Auflage. Heidelberg-Karlsruhe: utb - C.F. Müller

Kalnoky, B. (1988): Wenn die Zelle zur Studierstube wird. *Die Welt*, 17.2.1988

Kalnoky, B. (1989): Open university runs courses behind bars in North Rhine - Westphalia. *Western European Education*, 21 (4), pp. 100-103 (Win 1989-90)

Karow, W. (1980): *Privater Fernunterricht in der Bundesrepublik Deutschland und im Ausland (= Schriften zur Berufsbildungsforschung 58).* Hannover: Schroedel

Keegan (1990): *Foundations of distance education.* London: Routledge

Keegan (1991): The study of distance education: Terminology, Definition and the field of study. In: Holmberg, B. & Ortner, G.E. (eds.): *Research into Distance education. Fernlehre und Fernlehrforschung.* Pp. 36-47. Frankfurt a.M.: Peter Lang

Keegan, D. (1994a): Teaching by satellite in a European virtual classroom. *ZIFF-Papiere 92.* Hagen: FernUniversität, ZIFF

Keegan, D. (1994b): Very large distance education systems: The case of China. *ZIFF-Papiere 94.* Hagen: FernUniversität, ZIFF

Keegan, D. (1995): Distance education technology for the new millennium: Compressed video teaching. *ZIFF-Papiere 101.* Hagen: FernUniversität, ZIFF

Kennard, R. (1982): *The Open University in Prison.* Unpublished paper from a Senior Counsellor, London Region, February 1982

Klaus, J. (1997): *Betreuung der Fernstudierenden in der Justizvollzugsanstalt Freiburg. Projektskizze.* Karlsruhe: Fernstudienzentrum - Universität Karlsruhe (TH)

Kleinmann, E. (1974): Die Aktion Bildungsinformation e.V. (Abi) - Portrait einer Bürgerinitiative. In: Vesper, B. (Hrsg.): *Fernunterricht in Deutschland: Analysen, Initiativen, Reformen.* S. 65-71. Bad Honnef: Bock

Klusemann, H.-W. (1992): Mentorielle Betreuung in den Sozialwissenschaften. Thesen zu einem wissenssoziologisch begründeten Kontext sozialwissenschaftlicher Ausbildung. In: Bückmann, N.-M., Ortner, G.E. & Schuemer, R. (Hrsg.): *Lehre und Betreuung im Fernstudium. Abschlußbericht zum Ringkolloquium des ZIFF im Wintersemester 91/92.* S. 97-106. Hagen: FernUniversität, ZIFF

Kommission der Europäischen Gemeinschaften (1993): *Qualitätsmanagement und Qualitätssicherung im Europäischen Hochschulwesen.* Luxemburg: Amt für amtliche Veröffentlichungen der Europäischen Gemeinschaften

Literaturverzeichnis

Kramme, M. (1996): Opening/Welcome Adresses. In: Fandel, G., Bartz, R. & Nickolmann, F. (eds.): *University Level Distance Education in Europe. Assessment and Perspectives. Proceedings of a Workshop Jointly Initiated and Organised by FernUniversität and EADTU in Hagen, December 1994.* Pp. 13-15. Weinheim: Deutscher Studien Verlag

Krause, C.[3] (1994): *Erwachsenenbildung im Strafvollzug unter besonderer Berücksichtigung der Studienangebote in der Justizvollzugsanstalt Geldern. Unveröffentl. Diplomarbeit an der Fachhochschule Düsseldorf - Fachbereich Sozialarbeit.* Düsseldorf: Fachhochschule Düsseldorf, Fachbereich Sozialarbeit

Kromrey, H. (1995): *Empirische Sozialforschung.* Opladen: Leske + Budrich

Kuhn, C. (1989): *Strafvollzug in einer deutschen JVA. Auszug aus dem Untersuchungsbericht der Menschenrechtskommission der Vereinten Nationen aus dem Jahre 1989.* Sonderdruck der JVA Geldern. Geldern: JVA Geldern Pont

Kühn, H. (1976): Sich den künftigen Herausforderungen stellen! Grußwort im Rahmen der feierlichen Eröffnung des ersten Studienjahres der FernUniversität. In: Der Gründungsrektor (Hrsg.): *Die FernUniversität. Das erste Jahr. Aufbau, Aufgabe, Ausblicke. Bericht des Gründungsrektors.* S. 19-23. Hagen: v.d. Linnepe

Lamnek, S. (1994): *Neue Theorien abweichenden Verhaltens.* München: Fink

Lauzon, A.C. (1992): Integrating computer-based instruction with computer conferencing: An evaluation of a model for designing online education. *The American Journal of Distance Education, 6,* pp. 32-46

Leskovar, R. (1997): Zwischenfrage: Sind im Gefängnis die Gedanken frei? *Süddeutsche Zeitung* vom 01.02.1997, S. 39

Lewis, K.G. (1997): A brief history and overview of faculty development in the United States. *Das Hochschulwesen,* 45(1), S. 21-30

Locke, J. & Galler, A.M. (1988): Innovative prison project - Breaking out with books. *Canadian Library Journal,* 45 (2), pp. 77-81

Lorch, A., Schulte-Altedorneburg, M. & Stäwen, G. (1989): Die Behandlungswohngruppe als lernende Gemeinschaft - Grundlagen und Folgerungen. *Zeitschrift für Strafvollzug und Straffälligenhilfe,* 38 (5), S. 265-272

Lorentsen, A. (1991): Evaluation of Danish distance education at university level. In: Schuemer, R. (ed.): *Evaluation concepts and practice in selected distance education institutions.* Pp. 123-143. Hagen: FernUniversität, ZIFF

Lorentsen, A. & Rasmussen, P. (1989): Toward a communicative distance education concept. Open and distance education in Danish higher education. *ZIFF-Papiere 76.* Hagen: FernUniversität, ZIFF

MacLean, B. (1981): Exchanging Shackles for Scholastik. *The Green and White-University of Saskatchewan Alumni Assoziation Magazin.* Winter 1981/82, pp. 5-7

Mandl, H., Hron, A., Tergan, S.-O. (in collaboration with: Hartge, Th. & Schneider, B.) (1990): *Computer-based systems for open learning: State of the art.* Tübingen: DIFF

Marquart, U. (1996): Fernstudieren in der Justizvollzugsanstalt Geldern. *Sprachrohr,* 18 (3), S. 4-7

Marrec, A. (1996): *The use of technologies in a distance education program on ISO 9000 Quality System Design.* Paper submitted to the ICDE Task Force on Educational Technologies in preparation for the ICDE SCOP Meeting, Lillehammer, Norway

Mason, R. (1989): An evaluation of CoSy on an Open University course. In: Mason, R. & Kaye, A. (eds.) (1989): *Mindwave. Communication, computers and distance education.* Pp. 115-145. Oxford: Pergamon

Mason, R. & Kaye, A. (eds.) (1989): *Mindwave. Communication, computers and distance education.* Oxford: Pergamon

Meade, J.P. (1983): British magistrate lauds Bucks prison system. *Bucks County Courier Times Pennsylvania,* Friday, November 18, 1983, p. A 4

Mehta, C.R. & Patel, N.R. (1983): A network algorithm for performing Fisher's exact test in r x c contingency tables. *Journal of the American Statistical Association,* 78, pp. 427-434

---

[3] jetzt: Clever

Literaturverzeichnis

Michelson, W. (1987): Measuring macroenvironment and behavior: The time budget and time geography. In: Bechtel, R.B., Marans, R.W. & Michelson, W. (eds.): *Methods in environmental and behavioral research.* Ch. 7, pp. 216-243. New York: Van Nostrand

Ministry of Justice, Helsinki (ed.) (1996): *Education in Prison in Finland.* Helsinki: Department of Prison Administration

Müller, H. (1997): Multimediale Lehrsoftware - eine didaktische Herausforderung. In: Zentrum für Fernstudienentwicklung (Hrsg.): *Virtuelles Kolloqium: Medienentwicklung im Fernstudium.* S. 51-58. Hagen: FernUniversität, ZFE

Müller-Dietz, H. & Walter, M. (Hrsg.) (1995): *Strafvollzug in den 90er Jahren. Perspektiven und Herausforderungen.* Pfaffenweiler: Centaurus

Müllges, U. (1966): *Erziehung und Bildung. Analysen ihrer Theorie und Wirklichkeit.* Eingeleitet und ausgew. von J.J. Justin. Frankfurt a.M.: Peter Lang

Münch, J. (1996): Sonderpädagogik und Lehrerbildung im Fernstudium. Bestandsaufnahme, Evaluationsdaten, Perspektiven. *Berichte zur Sonderpädagogik und Rehabilitation* Nr. 4, 1996, hrsg. vom Lehrgebiet Heil- und Sonderpädagogik. Hagen: FernUniversität

Münch, J. (1997): *Sonderpädagogische Aufgabenstellungen, Lehrerbildung und Fernstudium. Evaluation und Perspektiven eines Modells wissenschaftlicher Weiterbildung.* Weinheim: Beltz - Deutscher Studienverlag

Murphy, D. (1996): *Case Study: Supporting student services.* Paper submitted to the ICDE Task Force on Educational Technologies in preparation for the ICDE SCOP Meeting, Lillehammer, Norway

Nedden, D. (1987): Aufgaben des Lehrers im Justizvollzug. *Zeitschrift für Strafvollzug und Straffälligenhilfe,* 36 (5), S. 275-278

Ommerborn, R. (1981): Studienberatung in den Studienzentren der FernUniversität - Einige konzeptionelle Hinweise und Beratungserfahrungen. *Zeitschrift für Hochschuldidaktik,* 5, 3-4, S. 440-459

Ommerborn, R. (1982): Gastkommentar in Transparent: Studium hinter Gittern - „Warum sollte gerade ein Mörder studieren, wo doch sein Aufseher selbst nicht die mittlere Reife hat?". *Transparent,* 6 (4), S. 2

Ommerborn, R. (1995a): *Fernstudium für Behinderte. Voraussetzungen, Formen und Möglichkeiten.* Egelsbach: Hänsel-Hohenhausen

Ommerborn, R. (1995b): *Professionelles Bewußtsein von Gewerbe- und Gymnasiallehramtskandidaten in der ersten Ausbildungsphase. Eine explorative empirische Untersuchung unter Anwendung des Gruppendiskussionsverfahrens.* Egelsbach: Hänsel-Hohenhausen

Ommerborn, R. & Schuemer, R. (1996): Fernstudium im Strafvollzug - Eine empirische Untersuchung. *ZIFF-Papiere 102.* Hagen: FernUniversität, ZIFF

Ommerborn, R. & Tilly, R. (1993): Grundwehrdienst- und Zivildienstleistende im Fernstudium. In: Bundesministerium für Bildung und Wissenschaft (Hrsg.): *Studienorientierung und Studienvorbereitung für Grundwehrdienst- und Zivildienstleistende.* S. 67-72. Bonn: Wintermann

Open University (1996): s. The Open University (1996)

Paulsen, M.F. & Rekkedal, T. (1990): *The electronic college. Selected articles from the EKKO project.* Bekkestua: NKI

Penalver, L.M. (1990): Distance education: a strategy for development. In: Croft, M., Mugridge, I., Daniel, J.S. & Hershfield, A. (eds.): *Distance Education: Development and Access (xv-th International Council for Distance Education (ICDE) World Conference).* Pp. 21-30. Caracas: Universidad Nacional Abierta

Pendón, M.M. (1988): Berufliche Bildung im Vollzug durch externe Träger. *Zeitschrift für Strafvollzug und Straffälligenhilfe,* 37, S. 140-142

Peters, O. (1976): *Die FernUniversität. Das erste Jahr.* Hagen: v.d. Linnepe

Peters, O. (1988): Anmerkungen zum Studienabbruch. *ZIFF-Papiere 73.* Hagen: FernUniversität, ZIFF

Peters, O. (1992): Some observations on dropping out in distance education. *Distance Education, 13(2),* pp. 234-269

Pitsela, A. (1995): Die Rechtsstellung der Gefangenen in Griechenland. In: Müller-Dietz, H. & Walter, M. (Hrsg.): *Strafvollzug in den 90er Jahren. Perspektiven und Herausforderungen.* S. 159-179. Pfaffenweiler: Centaurus

Literaturverzeichnis

Prim, R. (1995): Lehrer im Justizvollzug: doppelte Exoten? *Zeitschrift für Strafvollzug und Straffälligenhilfe,* 44 (5), S. 266-273

Purcell, D. (1988): Counselling Open University students in prisons in Ireland. *Open Learning,* 3 (2), pp. 49-51

Raapke, H.D. (1993): Studienorientierung: Schlüsselkompetenz zwischen Anforderungen und Selbstwahl. In: Bundesministerium für Bildung und Wissenschaft (Hrsg.): *Studienorientierung und Studienvorbereitung für Grundwehrdienst- und Zivildienstleistende. Dokumentation einer Klausurtagung.* S. 37-45. Bonn: Wintermann

Rau, J. (1974): *Die neue FernUniversität.* Düsseldorf: Econ

Rau, J. (1976): Die FernUniversität wird angenommen! In: Peters, O. (Hrsg.): *Die FernUniversität - Das erste Jahr.* S. 23-26. Hagen: v.d. Linnepe

Rekkedal, T. (1991): Evaluation Concepts and Practices at NKI, Norway. In: Schuemer, R. (ed.): *Evaluation concepts and practice in selected distance education institutions.* Pp. 175-192. Hagen: FernUniversität, ZIFF

Rekkedal, T. (in Vorb.): Quality assessment and evaluation. Basic philosophy, concepts and practices at NKI, Norway. In: Rathore, H. & Schuemer, R. (eds.): *Evaluation practices in distance education.*

Richardson, E. (1989): POLO: Prison open learning opportunities in England and Wales. *Journal of Correctional Education,* 40 (2), pp. 98-102

Rinta-Kanto, J. & Vaherva, T. (1995): Open University Education in Finland. In: Ukkola, M. (ed.): *Access to Open Learning. Developing Open University Studies in Finland.* Pp. 11-16. Helsinki: Hakapaino Oy

Rohrmann, B. (1978): Empirische Studien zur Entwicklung von Antwortskalen für die sozialwissenschaftliche Forschung. *Zeitschrift für Sozialpsychologie,* 9, S. 222-245

Rowntree, D. (1992): *Exploring open and distance learning.* London: Kogan Page

Rumble, G. & Harry, K. (eds.) (1982): *The distance teaching universities.* London: Croom Helm

Schaumann, F. (1995): Hochschulreform im internationalen Vergleich. Ein Überblick über die Entwicklung im Hochschulrecht der Niederlande, Österreichs, Schwedens und Deutschlands. *Wissenschaftsrecht,* 28(1), S. 47-61

Schewe, J. (1982): Fernstudium im Strafvollzug - Beitrag zur Resozialisierung. *Transparent. Zeitschrift für die Mitarbeiter und Freunde der FernUniversität,* 6 (4), S. 3-7

Schmölzer, G. (1995): Aktuelle Diskussion zum Thema „Frauenkriminalität": ein Einstieg in die Auseinandersetzung mit gegenwärtigen Erklärungsversuchen. *Monatsschrift für Kriminologie und Strafrechtsreform,* 78 (4-5), S. 219-235

Schnell, R., Hill, P.B. & Esser, E. (1989): *Methoden der empirischen Sozialforschung.* 2. Auflage. München: R. Oldenburg

Schöneborn, W. (1976): Zur Situation der bildungsmäßigen Resozialisierung von Strafgefangenen durch Fernunterricht. *Soziale Arbeit,* 25 (7), S. 321-325

Schrage, K. (1992): Die Gedanken sind frei, aber ein Hochschulstudium in den Studienzentren der deutschen Haftanstalten ist beschwerlich. *Süddeutsche Zeitung* Nr. 234 vom 10./11.10.1992, S. 5

Schuemer, R. (ed.) (1991): *Evaluation concepts and practice in selected distance education institutions.* Hagen: FernUniversität, ZIFF

Schuemer, R. & Ströhlein, G.: Dropout-Forschung und Dropout-Prophylaxe: Zur Theorie und Methodologie. In: Holmberg, B. & Ortner, G.E. (eds.): *Research into Distance Education. Fernlehre und Fernlehrforschung.* S. 196-222. Frankfurt a.M.: Peter Lang

Schwind, H.P. (1995): Orientierungspunkte der (Straf-) Vollzugspolitik. In: Müller-Dietz, H. & Walter, M. (Hrsg.): *Strafvollzug in den 90er Jahren. Perspektiven und Herausforderungen.* S. 216-223. Pfaffenweiler: Centaurus

Scriven, M. (1967): *The methodology of evaluation.* AERA Monograph Series on Curriculum Evaluation. No. 1. Chicago: Rand McNally

Scriven, M. (1980): *The logic of evaluation.* Inverness, Cal.: Edgepress

Scriven, M. (1991): *Evaluation thesaurus.* London: Sage

Literaturverzeichnis

Smartt, U. (1995a): Berichte aus dem englischen Strafvollzug. *Zeitschrift für Strafvollzug und Straffälligenhilfe,* 44 (3), S. 131-137

Smartt, U. (1995b): Privatisierung im englischen Strafvollzug: Erfahrungen mit englischen Privatgefängnissen. *Zeitschrift für Strafvollzug und Straffälligenhilfe,* 44 (5), S. 290-293

Smaus, G. (1990): Das Strafrecht und die Frauenkriminalität. *Kriminologisches Journal,* 22 (4), S. 266-283

Snow, R.E. & Swanson, J. (1992): Instructional psychology: Aptitude, adaptation and assessment. *Annual Review of Psychology,* 43, pp. 583-626

SOFF (ed.) (1996): *SOFF. The Norwegian Executive Board for Distance Education at University and College Level.* Tromsø: SOFF

Sternberger, K. (1992): PortaCom - Ein Konferenzsystem zur Kommunikation mit Fernstudenten. In: Bückmann, N.-M., Ortner, G.E. & Schuemer, R. (Hrsg.): *Lehre und Betreuung im Fernstudium. Abschlußbericht zum Ringkolloquium des ZIFF im Wintersemester 91/92.* S. 140-147. Hagen: FernUniversität, ZIFF

Stock, S. (1993): *Behandlungsuntersuchungen und Vollzugsplan. Zum Instrumentarium einer an der Rückfallverhinderung orientierten Ausgestaltung des Strafvollzugs in der Bundesrepublik Deutschland.* Egelsbach: Hänsel-Hohenhausen

Strafvollzugsgesetz (StVollzG): Gesetz über den Vollzug der Freiheitsstrafe und der freiheitsentziehenden Maßregeln der Besserung und Sicherung - Strafvollzugsgesetz (StVollzG) - vom 16. März 1976. In: *Bundesgesetzblatt,* Teil I, 1976 (ausgegeben zu Bonn am 20. März 1976), Nr. 28, S. 581-612

Suckau, G. (1983a): Fragebogenaktion: Zur Situation inhaftierter Fernstudenten. *FernUni-Express, Hagener Studentenzeitung,* Nr. 1/83, S. 43

Suckau, G. (1983b): Fernstudium im Strafvollzug. Eine Chance zur Resozialisierung. *FernUni-Express, Hagener Studentenzeitung,* Nr. 1/83, S. 41

Sunshine, K. (1997): Interactive video: expanding educational opportunities in prisons. In: International Council for Distance Education (ICDE) (ed.) (1997): *The new learning environment. A global perspective. Proceedings of the 18th ICDE World Conference. June 2-6, 1997.* The Pennsylvania State University, University Park, Pennsylvania, USA. (CD)

Taylor, J.C. (1992): Distance education and technology in Australia: A conceptual framework. *International Council for Distance Education Bulletin,* 28, pp. 22-30

Taylor, J.C. (1994): Technology, distance education and the tyranny of proximity. *Higher Education Management,* (6)2, pp. 179-190

Taylor, J. C. (1996): *Perspectives on the Educational Uses of Technologie.* Report produced for the International Council for Distance Education Standing Conference of Presidents, Lillehammer, Norway on behalf of the Task Force on Educational Technologies, June 1996. Australia, University of Southern Queensland: icde

Tergan, S.-O., Hron, A., Mandl, H., in collaboration with: Hartge, Th. & Schneider, B. (1992): Computer-based systems for open learning: State of the art. In: Zimmer, G. & Blume, D. (eds.): *Open Learning and distance education with computer support.* Bd. 4 der Reihe „Multimediales Lernen in der Berufsbildung". Pp. 97-195. Nürnberg: BW Bildung und Wissen

The Open University (ed.) (1996): *Studying with the Open University 1997/8.* Milton Keynes: Belmont Press

Thorpe, M. (1988): *Evaluating open and distance learning.* Harlow, UK: Longmann

Thorpe, M. (1993): *Evaluating open and distance learning.* Harlow, UK: Longmann

TR-Verlagsunion (Hrsg.) (1996): *Freie Fahrt in Ihre Zukunft - Telekolleg 1996/98. Wirtschaftstechnik - Sozialwesen.* Amberg: TR-Verlagsunion

Ukkola, M. (ed.) (1995): *Access to open learning. Developing open university studies in Finland.* Helsinki: Hakapaino Oy

von Prümmer, Ch. (1997): *Frauen im Fernstudium.* Frankfurt a.M.: Campus

von Prümmer, Ch. & Rossié, U. (1989): *Relevanz von Studienzentren für Frauen und Männer: ausgewählte Ergebnisse einer Befragung von Fernstudentinnen und Fernstudenten. Frauen im Fernstudium.* Hagen: FernUniversität, ZFE

Literaturverzeichnis

von Prümmer, Ch. & Rossié, U. (1990): *Einschreibungen und Fachwahlverhalten von Studentinnen und Studenten der FernUniversität in den 80-er Jahren. Frauen im Fernstudium.* Hagen: FernUniversität, ZFE

von Prümmer, Ch. & Rossié, U. (1994): *Kommunikation im Fernstudium. Ergebnise einer Befragung im Wintersemester 1992/93.* Hagen: FernUniversität, ZFE

von Schweitzer, R., Ehling, M., Schäfer, D. u.a. (1990): *Zeitbudgeterhebungen. Ziele, Methoden und neue Konzepte. Band 13 der Schriftenreihe Forum der Bundesstatistik,* hrsg. vom Statistischen Bundesamt. Stuttgart: Metzler-Poeschel

Waldorf-Schäfer, H. (1997): Gedanken sind frei - auch hinter Gittern. *Neue Ruhr-Zeitung* vom 15.01.1997, S. 9

Walter, M. (1991): *Strafvollzug. Lehrbuch.* Stuttgart: Boorberg

Walter, M. (1995): Sicherheit durch Strafvollzug. Zum Spannungsbogen zwischen der Legitimation der Freiheitsstrafe und Illusionen in kriminalpolitischen Auseinandersetzungen. In: Müller-Dietz, H. & Walter, M. (Hrsg.): *Strafvollzug in den 90er Jahren.* S. 191-202. Pfaffenweiler: Centaurus

Wiendieck, G., Mayer, D. & Hauff, M. (1996): *Fern-Seminare. Ein Erfahrungsbericht über Videokonferenzen des Lehrgebiets Arbeits- und Organisationspsychologie in Zusammenarbeit mit dem ZFE. Ein Projekt im Rahmen des MWF-Programms „Qualität der Lehre".* Hagen: FernUniversität

Winters, G. (1993): Werner studiert hinter Schwedischen Gardinen. *Neuss-Grevenbroicher-Zeitung* vom 31.07.1993, S. 6

Wissenschaftsrat (1992): *Empfehlungen zum Fernstudium.* Drucksache 929/92. Hannover 1992

Wohlgemuth, R. (1995): Wie kann sich der Vollzug in Niedersachsen trotz „leerer Kassen" weiterentwickeln? *Zeitschrift für Strafvollzug und Straffälligenhilfe,* 44 (3), S. 145-149

Woodley, A. & Parlett, M. (1983): Student drop-out. *Teaching at a Distance,* 24, 2, 2-23

Worth, V. (1994): The same difference: tutoring for the Open University in prison. *Open Learning,* 9 (1), pp. 34-41

Wottawa, H. & Thierau, H. (1990): *Lehrbuch Evaluation.* Bern: Huber

Wupper, J. (1992): Überlegungen zu einem „Elektronischen Studienzentrum". In: Bückmann, N. M., Ortner, G. E. & Schuemer, R. (Hrsg.): *Lehre und Betreuung im Fernstudium.* S. 125-131. Hagen: FernUniversität, ZIFF

Zentrum für Fernstudienentwicklung (Hrsg.) (1997): *Virtuelles Kolloqium: Medienentwicklung im Fernstudium.* Hagen: FernUniversität, ZFE

Anhang

Anhang A-1.4

Anhang A-1.4: Liste ausgewählter Personen, denen wir für ihre Unterstützung unseren besonderen Dank aussprechen möchten

Für organisatorische Unterstützung bei der Durchführung der Untersuchung:
- Anne Blohm, damalige stellvertretende AStA-Vorsitzende und Referentin für Recht und Soziales
- Haskes, Waltraud, Studienzentrum Goch/Geldern

Für Informationen und Beratung zu den Themen „Strafvollzug" und „Ausbildung im Strafvollzug" sowie ebenfalls für organisatorische Unterstützung bei der Durchführung der Untersuchung:
- Hötter, Ulrich, Leiter der Justizvollzugsanstalt Geldern
- Ink, Aloys, Pädagogischer Dienst, JVA Geldern
- Nedden, Dirk, Pädagogischer Dienst, JVA Geldern
- Springer, Hartmut, Justizministerium des Landes NW

Für Übersetzungen (Englisch und Französisch):
- Fehmel, Heidrun, Dezernat 2, FernUniversität
- Ommerborn, Ingrid, Hagen
- Rathore, Dr. Harish C.S., Banaras Hindu University, Indien

Für Mitarbeit bei der Kategorisierung von Fernlehreinrichtungen:
- Knödgen-Jansen, Detlef, Aachen

Für Textverarbeitung und -gestaltung:
- Müller, Inge, Dezernat 2, FernUniversität

Anhang A-4.2

FernUniversität
-Gesamthochschule- in Hagen

Zentrales Institut für
Fernstudienforschung (ZIFF)

Auskunft erteilt:
Dr. Rudolf Schuemer
☎ 02331 / 987-2583
Postanschrift: FernUniversität / ZIFF, D-58084 Hagen

Hagen, im November 1995

| Befragung zum Fernstudium in der Haft |

Hinweis: Dieser Brief und der nachfolgend abgedruckte Fragebogen richtet sich nur an *inhaftierte* StudentInnen der FernUniversität. *

Liebe Fernstudentin, lieber Fernstudent,

mittlerweile studieren an der FernUniversität einige hundert StudentInnen, die wie Sie zur Zeit inhaftiert sind.

Die FernUniversität weiß aber bisher nur wenig über die besonderen Probleme und Sorgen ihrer inhaftierten StudentInnen; daher möchten wir Sie sehr herzlich bitten, uns den beiliegenden Fragebogen zu beantworten.

Die Untersuchung wird von der Sozialreferentin des AStA der FernUniversität, Frau Anne Blohm, sowie vom Beauftragten für Sondergruppen im Fernstudium, Herrn Dr. Rainer Ommerborn, der im *Dezernat für studentische und akademische Angelegenheiten* für die Information und Beratung von inhaftierten StudentInnen zuständig ist, unterstützt, so daß wir auch in ihrem Namen um Ihre Mithilfe bitten.

Bei der Entwicklung des Fragebogens haben uns einige Ihrer (ebenfalls inhaftierten) Mitstudenten mit vielen wertvollen Hinweisen geholfen; der Fragebogen wurde von ihnen sorgfältig geprüft und ist also nicht einfach am „grünen Tisch" entworfen worden.

Der Fragebogen wirkt zwar recht umfangreich; seine Beantwortung nimmt aber nur einige Minuten Ihrer Zeit in Anspruch. Ihre Antworten können mit dazu beitragen, die Studienbedingungen für ein "Studium im Gefängnis" zu verbessern.

Die Auswertung Ihrer Antworten erfolgt selbstverständlich unter strikter Wahrung der Anonymität. Bitte senden Sie den ausgefüllten Fragebogen mit dem beigefügten Umschlag für die Rückantwort (Gebühr bezahlt Empfänger) an uns zurück: FernUniversität / ZIFF, D-58084 Hagen.

Mit freundlichen Grüßen und bestem Dank im voraus für Ihre Unterstützung !

---

* Da die FernUniversität keine gesonderten Listen Ihrer inhaftierten StudentInnen führt, konnten wir beim Versand des Fragebogens zur Erreichung der Zielgruppe nur auf die Postleitzahl rückgreifen, d.h. wir haben den Bogen an alle StudentInnen gesandt, deren Anschrift eine Postleitzahl aufwies, die mit der einer Justizvollzugsanstalten identisch ist. „Irrläufer" sind dabei unvermeidlich - wenn Sie also nicht zur Zielgruppe der inhaftierten StudentInnen gehören, brauchen Sie diesen Fragebogen nicht zu beachten. Wir bitten um Ihr Verständnis!

Anhang A-4.2

Fragebogen zur Studiensituation inhaftierter Student/inn/en der FernUniversität

Hinweise zum Ausfüllen des Fragebogens:
Bei den meisten der folgenden Fragen brauchen Sie nur die jeweils für Sie zutreffende Antwort (d.h. eines der Antwortkästchen: ☐) anzukreuzen. Bei einigen Fragen werden Sie gebeten, Ihre Antwort in frei-formulierter Form (auf durch Striche vorgegebenen Linien: _____) niederzuschreiben. Bei Fragen, die für Sie nicht zutreffen und die daher für Sie entfallen, machen Sie bitte einen Strich durch die entsprechende Frage.

Wenn Sie zusätzliche Anmerkungen oder Kommentare machen möchten, schreiben Sie diese bitte direkt in den Fragebogen oder verwenden Sie getrennte Blätter und fügen diese dann bitte dem ausgefüllten Fragebogen bei.

---

1) Ihr Geburtsjahr: 19____

---

2) Ihr Geschlecht: ☐ männl. / ☐ weibl.

---

3) Ihre Nationalität bzw. Staatsbürgerschaft:
   ☐ deutsch / ☐ andere Staatsbürgerschaft; welche ? _____

---

4) Ihr letzter Schulabschluß aus der Zeit vor der Inhaftierung:

   ☐ kein Schulabschluß
   ☐ Haupt-/Volksschulabschluß
   ☐ Mittlere Reife (Realschulabschluß)
   ☐ allgemeine Hochschulreife, Abitur
   ☐ fachgebundene Hochschulreife
   ☐ Fachhochschulreife
   ☐ sonstiger:
      Bitte eintragen:_____

---

5) Haben Sie während der Haft Schulabschlüsse erworben?

   ☐ ja / ☐ nein

   Wenn "ja": welchen?

   ☐ Haupt-/Volksschulabschluß
   ☐ Mittlere Reife (Realschulabschluß)
   ☐ allgemeine Hochschulreife, Abitur
   ☐ fachgebundene Hochschulreife
   ☐ Fachhochschulreife
   ☐ sonstiger:
      Bitte eintragen:_____

Anhang A-4.2

6) Haben Sie eine Berufsausbildung und/oder Hochschulausbildung (aus der Zeit vor Ihrer Inhaftierung)?

☐ ja / ☐ nein

Wenn "ja": Welche?
☐ angelernt; als was?
*Bitte eintragen:*_____

☐ abgeschlossene Lehre; als was?
*Bitte eintragen:*_____

☐ Berufsfachschule

- Fachhochschule
  a) ☐ ohne Abschluß:
  Anzahl der studierten Semester:___ im Studienhauptfach:_____

  b) ☐ mit Abschluß
  als:_____

- Universität / Hochschule
  a) ☐ ohne Abschluß
  Anzahl der studierten Semester:___ im Studienhauptfach:_____

  b) ☐ mit Abschluß
  als:_____

☐ Sonstiges: Was?
*Bitte eintragen:*_____

7) Haben Sie während der Haftzeit berufliche Qualifikationen erworben:

☐ ja / ☐ nein

Wenn "ja": Art der Qualifikation?

*Bitte eintragen:*_____

8) Letzter ausgeübter Beruf: Waren Sie vor Ihrer letzten Inhaftierung berufstätig?

☐ ja / ☐ nein

Wenn "ja": als was?
Bitte eintragen: _____

Anhang A-4.2

9) Ihr Familienstand:
☐ ledig
☐ verheiratet / feste Partnerschaft
☐ geschieden
☐ verwitwet

10) Leben Ihre Eltern noch?
Mutter: ☐ ja / ☐ nein
Vater: ☐ ja / ☐ nein

11) Wieviele Geschwister haben Sie?
Anzahl bitte eintragen: _____

12) Anzahl der eigenen Kinder:
Anzahl bitte eintragen: _____

13) Haben Sie Kontakt (z.B. Besuch oder brieflich) zu:
(Zutreffendes bitte ankreuzen)
☐ Ihrer Mutter
☐ Ihrem Vater
☐ Ihren Geschwistern
☐ Ihrer Lebensgefährtin/Ehepartnerin bzw. Ihrem Lebensgefährten/Ehepartner
☐ Ihrem Kind bzw. Ihren Kindern
☐ Freund/inn/en außerhalb der Anstalt
☐ ehrenamtlichen Betreuer/inne/n
☐ einer anderen Person außerhalb der Anstalt; zu welcher Person?

_____

14) Name des Gefängnisses, in dem Sie inhaftiert sind:

Bitte eintragen: JVA _____

Typ des Vollzugs: ☐ offen / ☐ geschlossen

Wenn „offen": Hätten Sie auch die Möglichkeit, an einer Präsenzuniversität zu studieren?

☐ ja / ☐ nein

Anhang A-4.2

15) Haftstatus: Befinden Sie sich in Untersuchungshaft oder in Strafhaft?
    (Zutreffendes bitte ankreuzen)
    ☐ in U-Haft
    ☐ in Strafhaft
    ☐ sonstiges (z.B. laufendes Revisionsverfahren): *bitte kurz erläutern:*

    _____

16) Dauer der bisherigen Haft: Seit wielange sind Sie in Haft?

    a) Dauer der bisher verbüßten Strafhaft (seit der letzten Verurteilung; *ohne* Untersuchungshaft): *Anzahl der Jahre und Monate bitte eintragen:*

    _____ Jahre und _____ Monate

    b) Dauer der Untersuchungshaft: *Anzahl der Jahre und Monate bitte eintragen:*

    _____ Jahre und _____ Monate

17) Voraussichtliche Dauer Ihrer noch zu verbüßenden Haftstrafe:

    a) gemessen am „Strafende"-Termin:
    Anzahl der Jahre und Monate bitte eintragen:

    _____ Jahre und _____ Monate

    a) gemessen am „Zwei-Drittel"-Termin:
    Anzahl der Jahre und Monate bitte eintragen:

    _____ Jahre und _____ Monate

18) Wieviele Quadratmeter (qm) hat Ihr Haftraum?
    Bitte, (geschätzte) Anzahl der qm rechts eintragen: _____

19) Zu wievielen Personen sind Sie in dem Haftraum untergebracht?
    Bitte, Personenanzahl rechts eintragen: _____

    Wenn mehr als eine Person im Haftraum: Handelt es sich dabei um eine eher dauerhafte Unterbringung oder um eine Notgemeinschaft (etwa wegen Überbelegung der Haftanstalt)?

    ☐ dauerhafte Unterbringung / ☐ Notgemeinschaft

Anhang A-4.2

20) Wie sind Sie auf die Möglichkeit, während der Haft an der FernUniversität studieren zu können, aufmerksam geworden?
(Zutreffendes bitte ankreuzen; Mehrfachnennungen möglich)
- ☐ durch die Einweisungskommission
- ☐ durch pädagogische Mitarbeiter in der Anstalt
- ☐ durch Sozialarbeiter in der Anstalt
- ☐ durch Pfarrer in der Anstalt
- ☐ durch den psychologischen Dienst
- ☐ durch Angehörige des Allgemeinen Vollzugsdienstes
- ☐ durch die Gefangenenzeitschrift
- ☐ durch sonstige allgemeine Medien: Zeitung / Rundfunk / Fernsehen
- ☐ durch Freunde außerhalb der Anstalt
- ☐ über Familienangehörige (Eltern, Geschwister, Partner/in)
- ☐ durch Mitgefangene
- ☐ durch ehrenamtliche Betreuer
- ☐ durch Informationsbroschüren der FernUniversität
- ☐ wußte ich schon vor meiner Inhaftierung
- ☐ Sonstiges: _____

21) Weswegen haben Sie mit dem Fernstudium an der FernUniversität begonnen? Was waren Ihre Gründe oder Motive?
(Zutreffendes bitte ankreuzen; Mehrfachnennungen möglich)
- ☐ Verbesserung meiner beruflichen Perspektiven und Chancen nach der Entlassung
- ☐ Wunsch, die Haftzeit sinnvoll zu nutzen
- • Wunsch nach den Sonderregelungen bzw. „Privilegien" für studierende Gefangene:
    - ☐ Freistellung von der Arbeitspflicht in der Anstalt
    - ☐ Zugang zu zusätzlichen Medien (Fernsehen, Videorecorder, Computer)
    - ☐ zusätzliche Haftraumausstattung
    - ☐ besonderer Status in der Haft
- ☐ Langeweile; Wunsch nach sinnvoller Freizeitgestaltung
- ☐ Wunsch nach zeitlicher Strukturierung meines Alltags durch Terminvorgaben der FernUniversität (z.B. für Einsendeaufgaben oder Klausuren)
- ☐ Wunsch, eine Studienabsicht - aus der Zeit vor der Haft - zu verwirklichen
- ☐ Wunsch, ein bereits vor der Inhaftierung begonnenes Studium fortzusetzen
- ☐ Hoffnung auf Ermöglichung oder Erleichterung einer vorzeitigen Entlassung durch das Studium
- ☐ Wunsch nach Kontakt zu studierenden Mitgefangenen
- ☐ Wunsch nach Kontakt nach „draußen" und nach Rückmeldung von „draußen"
- ☐ meinem Leben einen neuen Sinn geben
- ☐ andere Gründe; welche? *Bitte eintragen:*

_____

_____

Anhang A-4.2

22) In welchem Jahr haben Sie mit Ihrem Studium an der FernUniversität begonnen?
   Bitte Jahr des Studienbeginns eintragen: 19____

23) Ihr derzeitger Hörerstatus an der FernUniversität:
   ☐ Vollzeitstudent
   ☐ Teilzeitstudent
   ☐ Gasthörer
   ☐ Zweithörer (Studiengang/einzelne Kurse)
   ☐ in Orientierungsphase

24) In welchen Studienfächern haben Sie Kurse belegt? *(Bitte Fächer eintragen)*

   Hauptfach/-fächer: _____

   Nebenfach/-fächer: _____

25) Ihr Studiengang / Ihr angestrebter Abschluß:
   (Zutreffendes bitte ankreuzen; bitte ggf. Fächer spezifizieren)
   ☐ kein formeller Abschluß angestrebt
   ☐ Magister
     wenn ja: für welches Hauptfach?_____
   ☐ Diplom I
     wenn ja: für welches Hauptfach?_____
   ☐ Diplom II
     wenn ja: für welches Hauptfach?_____
   - Zusatz-/Ergänzungsstudiengänge:
     ☐ Wirtschaftswissenschaften
     ☐ Rechtswissenschaften
     ☐ Sportökonomie
     ☐ praktische Informatik
     ☐ Elektrotechnik
   - Vorkurse / Brückenkurse:
     ☐ Englisch oder Französisch
     ☐ Mathematik
     ☐ Deutsch
   ☐ Weiterbildungsangebote:
     welche?_____

26) *Wenn Vollzeit- oder Teilzeitstudent/in:* Im wievielten Semester Ihres *Fach*studiums sind Sie derzeit?
   Zahl bitte eintragen: ____

Anhang A-4.2

27) Wenn Sie voraussichtlich vor Ihrem angestrebten Studienabschluß entlassen werden: Beabsichtigen Sie, Ihr Studium nach Ihrer Entlassung fortzusetzen?

☐ ja / ☐ nein

Wenn "ja":
☐ an der FernUniversität
☐ an einer anderen Universität
☐ Weiß ich noch nicht

Wenn Sie derzeit im geschlossenen Vollzug untergebracht sind: Werden Sie bei einer Verlegung in den offenen Vollzug das Studium fortsetzen?

☐ ja / ☐ nein

Wenn "ja":
☐ an der FernUniversität
☐ an einer anderen Universität
☐ Weiß ich noch nicht

28) Sind Sie in Ihrer Anstalt zum Zweck des Studiums von der Arbeitspflicht befreit?

☐ ja / ☐ nein

29) Haben sich für Sie die Haftbedingungen insgesamt durch Ihr Studium verbessert, verschlechtert oder sind sie gleichgeblieben?

☐ haben sich verbessert
☐ haben sich verschlechtert
☐ sind gleichgeblieben
☐ haben sich teils verbessert und teils verschlechtert

30) Hilft Ihnen Ihr Studium, mit Ihrer Inhaftierung *alles in allem* besser fertigzuwerden?

☐ ja / ☐ nein

31) Erhalten Sie eine finanzielle Förderung Ihres Studiums nach dem Bundesausbildungsförderungsgesetz (BAföG)?

☐ ja / ☐ nein

Erhalten Sie eine Ausbildungsbeihilfe nach dem Strafvollzugsgesetz?

☐ ja / ☐ nein

Erhalten Sie eine sonstige regelmäßige finanzielle Förderung für Ihr Studium von nichtprivater Seite (z.B. aus einer Stiftung)?

☐ ja / ☐ nein

Wenn „ja": Woher? *Bitte eintragen:*

Anhang A-4.2

32) Werden Sie finanziell für Ihr Studium unterstützt durch:
(Zutreffendes bitte ankreuzen)

☐ Ihre Eltern
☐ Ihre Gesschwister
☐ Ihre/n Partner/in bzw. Lebensgefährten/in
☐ Ihre Kinder
☐ Freunde bzw. Freundinnen außerhalb der JVA
☐ Gefangenenhilfeverein
☐ Sonstige; durch wen bzw. durch welche Stelle? *Bitte eintragen:*

_____

33) Inwieweit werden Sie in Ihrem Studium durch folgende Personen (a) emotional oder (b) praktisch (z.B. bei der Beschaffung von benötigtem Material) unterstützt?

a) Zunächst zur **emotionalen** Unterstützung:
Kreuzen Sie bitte in der **Spalte (a)** unter „emotionaler Unterstützung" an, ob Sie sich durch die jeweilige Person „*nicht*" oder „*etwas*" oder „*sehr*" emotional unterstützt fühlen.

	(a) emotionale Unterstützung:			(b) praktische Unterstützung:		
	nicht	etwas	sehr	nicht	etwas	sehr
• Eltern: meine Mutter / meinen Vater	☐	☐	☐	☐	☐	☐
• meine Geschwister	☐	☐	☐	☐	☐	☐
• meine/n Partner/in bzw. Lebensgefährten/in	☐	☐	☐	☐	☐	☐
• Freunde bzw. Freundinnen außerhalb der JVA	☐	☐	☐	☐	☐	☐
• meine Kinder	☐	☐	☐	☐	☐	☐
• Mentor	☐	☐	☐	☐	☐	☐
• Studienberater	☐	☐	☐	☐	☐	☐
• Leiter(in) des Studienzentrums	☐	☐	☐	☐	☐	☐
• Verwaltungsangestellte des Studienzentrums	☐	☐	☐	☐	☐	☐
• Anstaltsleitung in der JVA	☐	☐	☐	☐	☐	☐
• Mitarbeiter des pädagogischen Dienstes in der JVA	☐	☐	☐	☐	☐	☐
• Mitarbeiter des allgemeinen Vollzugsdienstes in der JVA	☐	☐	☐	☐	☐	☐
• Sozialarbeiter; Mitarbeiter des Sozialdienstes in der JVA	☐	☐	☐	☐	☐	☐
• Pfarrer in der JVA	☐	☐	☐	☐	☐	☐
• Gefangenenhilfeverein	☐	☐	☐	☐	☐	☐
• ehrenamtliche Betreuer	☐	☐	☐	☐	☐	☐
• sonstige; wen?_____	☐	☐	☐	☐	☐	☐

b) Und nun zur **praktischen** Unterstützung: Inwieweit werden Sie in Ihrem Studium durch die genannten Personen praktisch (z.B. bei der Beschaffung von benötigtem Material) unterstützt?:
Kreuzen Sie bitte oben in der **Spalte (b)** ganz rechts unter „praktischer Unterstützung" an, ob Sie sich durch die jeweilige Person „*nicht*" oder „*etwas*" oder „*sehr*" praktisch unterstützt fühlen.

Anhang A-4.2

34) Wurden Sie wegen Ihres Studiums in eine andere Haftanstalt verlegt?

☐ ja / ☐ nein

Wenn "ja": Ist diese Haftanstalt weiter weg von Ihrer Familie oder Ihren Freunden?

☐ ja / ☐ nein

Empfinden Sie das:

als ☐ belastend oder
als ☐ nicht belastend?

35) Haben Sie aufgrund Ihres Studiums weniger Zeit für Kontakte (beispielsweise brieflicher Art) zu Ihrer Familie oder zu Freunden?

☐ ja / ☐ nein

Wenn "ja": Empfinden Sie das:

als ☐ belastend oder
als ☐ nicht belastend?

36) Bitte, chrakterisieren Sie kurz Ihr Verhältnis zu den übrigen (nicht-studierenden) Gefangenen in der JVA:

_____

_____

_____

Hat sich durch Ihr Fernstudium Ihr Verhältnis zu den übrigen (nicht-studierenden) Gefangenen in der JVA verbessert, verschlechtert oder ist es unverändert geblieben?
(Zutreffendes bitte ankreuzen)
☐ hat sich verbessert
☐ hat sich verschlechtert
☐ ist unverändert geblieben.
☐ Ich habe keinen Kontakt mehr zu den übrigen nicht-studierenden Gefangenen

Anhang A-4.2

37) a) Wie ist die Haltung Ihrer (nicht-studierenden) Mithäftlinge zu Ihrem Studium?
Benützen Sie für Ihre Antwort bitte eine der folgenden Antwortmöglichkeiten:

☐	☐	☐	☐	☐	☐	☐
sehr negativ	negativ	eher negativ als positiv	neutral: weder negativ noch positiv	eher positiv als negativ	positiv	sehr positiv

b) Und wie ist die Haltung der Vollzugsbeamten (Mitarbeiter des allgemeinen Vollzugsdienstes) zu Ihrem Studium?
Benützen Sie für Ihre Antwort bitte wieder eine der folgenden Antwortmöglichkeiten:

☐	☐	☐	☐	☐	☐	☐
sehr negativ	negativ	eher negativ als positiv	neutral: weder negativ noch positiv	eher positiv als negativ	positiv	sehr positiv

---

38) Haben Sie die Möglichkeit, mit anderen Fernstudenten innerhalb der JVA zusammenzuarbeiten?

☐ ja / ☐ nein

Wenn "ja": Nutzen Sie diese Möglichkeit?

☐ ja / ☐ nein

---

39) Haben Sie Kontakte (z.B. brieflicher Art) zu anderen Fernstudent/inn/en außerhalb der JVA?

☐ ja / ☐ nein

Möchten Sie gerne mehr Kontakte zu anderen Fernstudent/inn/en außerhalb der JVA?

☐ ja / ☐ nein

---

40) Haben Sie Kontakte zum Allgemeinen Studentenausschuß (AStA) der FernUniversität?

☐ ja / ☐ nein

---

41) Werden die Fernstudenten hier in dieser JVA durch Mentoren der FernUniversität betreut?

☐ ja / ☐ nein

Anhang A-4.2

---

42) Stehen Sie in schriftlichem oder telefonischen Kontakt zu einem Studienzentrum der FernUniversität außerhalb der JVA ?

- schriftlicher Kontakt zu Studienzentrum: ☐ ja / ☐ nein
- telefonischer Kontakt zu Studienzentrum: ☐ ja / ☐ nein

---

43) Haben Sie die Möglichkeit, die JVA vorübergehend (mit oder ohne Bewachung) zu Studienzwecken zu verlassen,
(Zutreffendes bitte ankreuzen; Mehrfachnennungen möglich)

☐ um ein Studienzentrum der FernUniversität außerhalb der JVA zu besuchen?
☐ um an einer Präsenzveranstaltung teilzunehmen?
☐ um eine Bibliothek zu besuchen?
☐ um an Praktika teilzunehmen?
☐ zu Prüfungszwecken?

---

44) Haben Sie Kontakt zu den Kursbetreuern (bzw. Mitarbeitern bei den Lehrgebieten) in der Zentrale in Hagen?

☐ ja / ☐ nein

Haben Sie auch die Möglichkeit zur *telefonischen* Kontaktaufnahme zu den Kursbetreuern in der Zentrale in Hagen?

☐ ja / ☐ nein

---

45) An wievielen Kurs-Abschlußklausuren haben Sie bisher teilgenommen?
Anzahl bitte eintragen: _____

Und wieviele Klausuren davon haben Sie erfolgreich abgeschlossen bzw. bestanden?
Anzahl bitte eintragen: _____

---

46) *Falls in Ihrem Studiengang Zwischenprüfungen vorgesehen sind:* Haben Sie schon an einer Zwischenprüfung teilgenommen?

☐ ja / ☐ nein

Wenn "ja": Waren Sie dabei erfolgreich ?

☐ ja / ☐ nein

Anhang A-4.2

47) Stehen Sie in schriftlichem oder telefonischem Kontakt zu den Prüfungsämtern?

- schriftlicher Kontakt zu den Prüfungsämtern: ☐ ja / ☐ nein
- telefonischer Kontakt zu den Prüfungsämtern: ☐ ja / ☐ nein

48) Wer oder welche Stelle in der FernUniversität ist Ihr wichtigster Ansprechpartner oder Kontakt für Ihr Fernstudium?

☐ Studentensekretariat / Gebührenstelle / Studentisches Auslandsamt
☐ Allgemeiner Studentenausschuß (AStA)
☐ Allgemeine Studienberatung
☐ Mentoren in den Studienzentren
☐ Kursbetreuer bei den Fachbereichen in der Zentrale
☐ Prüfungsämter
☐ Sonstige; Wer bzw. welche Stelle? _____

Zu welcher Stelle in der FernUniversität hätten Sie gerne mehr Kontakt?
Bitte eintragen:

49) Wie zufrieden sind Sie mit folgenden Aspekten und Bedingungen Ihres Studiums? Bitte sagen Sie bei jedem der im Folgenden genannten Aspekte, ob Sie damit „**nicht zufrieden**" oder „**etwas zufrieden**" oder „**sehr zufrieden**" sind.

Kreuzen Sie bitte bei jedem der Aspekte eine der drei Antwortmöglichkeiten an.

	zufrieden:		
	nicht	etwas	sehr
Informationen über die Studiermöglichkeiten durch Mitarbeiter der Anstalt	☐	☐	☐
Studieneingangsberatung durch Mitarbeiter der JVA	☐	☐	☐
Studieneingangsberatung durch die FernUniversität	☐	☐	☐
Verhalten der Mitarbeiter des Studentensekretariats gegenüber inhaftierten Fernstudent/inn/en	☐	☐	☐
Bemühungen des AStA um die Belange der inhaftierten Student/inn/en	☐	☐	☐
Kosten des Fernstudiums	☐	☐	☐
Zusendung und Zustellung des Studienmaterials	☐	☐	☐
Qualität des Studienmaterials	☐	☐	☐
Verständlichkeit des Studienmaterials	☐	☐	☐

Fortsetzung von Fr.49): s. nächste Seite

49) *Fortsetzung: Zufriedenheit mit Aspekten und Bedingungen des Fernstudiums.*
Bitte, geben Sie auch für die folgenden Aspekte und Bedingungen Ihres Studiums an, wie zufrieden Sie damit sind: **„nicht zufrieden"** *oder* **„etwas zufrieden"** *oder* **„sehr zufrieden".**
Kreuzen Sie bitte bei jedem der Aspekte eine der drei Antwortmöglichkeiten an.

	zufrieden:		
	nicht	etwas	sehr
Möglichkeiten zum Arbeiten für Ihr Studium in Ihrem Haftraum	☐	☐	☐
Möglichkeiten zum Arbeiten für Ihr Studium außerhalb Ihres Haftraums in anderen Räumen der JVA	☐	☐	☐
räumliche Gegebenheiten für Ihr Studium in der JVA bzw. Ihre räumliche Studiensituation	☐	☐	☐
Ruhe zum Studium	☐	☐	☐
Ausstattung mit Lehrmitteln und zusätzlichem Studienmaterial (z.B. mit Büchern oder weiterführender Studienliteratur)	☐	☐	☐
Bibliothek der JVA	☐	☐	☐
Möglichkeiten zur Buchausleihe oder zur Beschaffung von Kopien von Aufsätzen über die FernUni-Bibliothek in Hagen	☐	☐	☐
Kopiermöglichkeiten	☐	☐	☐
Zugang zu und Verfügbarkeit von Computern	☐	☐	☐
Software-Ausstattung	☐	☐	☐
Qualität der Kursbetreuung durch die Fachmentoren der FernUniversität	☐	☐	☐
Qualität der Kursbetreuung durch die Kursbetreuer (in der Zentrale) in Hagen	☐	☐	☐
Ausmaß der Kontakte zu den Mentoren der FernUniversität	☐	☐	☐
Ausmaß der Kontakte zu den Kursbetreuern in der Zentrale in Hagen	☐	☐	☐
Umlaufzeiten bei der Korrektur und Kommentierung der Einsendeaufgaben	☐	☐	☐
Qualität/Umfang der Korrekturen und Kommentare zu den Einsendeaufgaben	☐	☐	☐
Klausurbedingungen	☐	☐	☐
Prüfungsbedingungen	☐	☐	☐
Leistungsbewertung bei Klausuren und Zwischenprüfungen	☐	☐	☐
Kontakte zu den Prüfungsämtern	☐	☐	☐
Zusammenarbeit mit anderen Fernstudent/inn/en innerhalb der JVA	☐	☐	☐
Kontakte zu anderen Fernstudent/inn/en außerhalb der JVA	☐	☐	☐
Betreuung durch Mitarbeiter des pädagogischen Dienstes der JVA	☐	☐	☐

50) Wie zufrieden sind Sie *insgesamt* mit Ihren Studienbedingungen?
Kreuzen Sie bitte eine der folgenden Antwortkategorien an:

☐	☐	☐	☐	☐
nicht	wenig	mittelmäßig	ziemlich	sehr

Z U F R I E D E N

Anhang A-4.2

51) Wie wir aus Gesprächen mit inhaftierten Fernstudent/inn/en wissen, klagen manche von ihnen über bestimmte Probleme, die sich aus ihrer besonderen Studiensituation ergeben. Im Folgenden sind eine Reihe solcher Probleme aufgelistet. Bitte geben Sie bei jedem der Probleme an, inwieweit dieses Problem auch für Sie persönlich bzw. für Ihre persönliche Studiensituation zutrifft: ob das Problem für Sie **„nicht zutrifft"** oder **„etwas zutrifft"** oder **„sehr zutrifft"**.

Kreuzen Sie bitte bei jedem der Probleme eine der drei Antwortmöglichkeiten an.

zutreffend:
nicht etwas sehr

- zu wenig Ruhe zum Studium: a) Lärmbelästigungen im Gefängnisalltag, die den Lernprozeß stören .... ☐ ☐ ☐
- zu wenig Ruhe zum Studium: b) häufige Unterbrechungen oder Störungen beim Lernen .... ☐ ☐ ☐
- kein oder unzureichender Arbeitsplatz zum Studieren (z.B. im Haftraum) ...... ☐ ☐ ☐
- unzureichende Möglichkeiten zur räumlichen Unterbringung des benötigten Arbeitsmaterials .... ☐ ☐ ☐
- Nicht-Zulassung von Lehr- und Hilfsmitteln durch die Anstaltsleitung .... ☐ ☐ ☐
- Verzögerungen bei der Aushändigung der per Post eingehenden Studienmaterialien .... ☐ ☐ ☐
- Verweigerung der Annahme oder der Weitergabe von eingehenden Paketen durch das Anstaltspersonal .... ☐ ☐ ☐
- zu hohe Kosten des Fernstudiums insgesamt .... ☐ ☐ ☐
- keine Entbindung von der Arbeitspflicht für das Studium (z.B. bei Gasthörerstatus) .... ☐ ☐ ☐
- Isolation beim Lernen .... ☐ ☐ ☐
- keine Möglichkeit zur Gruppenarbeit .... ☐ ☐ ☐
- Die Anstaltsleitung behindert eine Zusammenarbeit mit anderen Fernstudent/inn/en in der JVA .... ☐ ☐ ☐
- fehlende oder zu seltene Fachberatung .... ☐ ☐ ☐
- mangelnder Kontakt zu den Fachbereichen .... ☐ ☐ ☐
- keine Möglichkeit zur Teilnahme an Präsenzphasen oder Seminaren .... ☐ ☐ ☐
- fehlender Zugang zu oder mangelhafte Ausstattung mit Medien (u.a. Fernseher, Video) .... ☐ ☐ ☐
- fehlender Zugang zu oder mangelhafte Ausstattung mit Computern .... ☐ ☐ ☐
- Nicht-Zulassung eigener Computer durch die Anstaltsleitung .... ☐ ☐ ☐
- mangelhafte Ausstattung mit Computer-Software .... ☐ ☐ ☐
- fehlender Zugang zu Telekommunikationseinrichtungen; keine 'electronic mail' möglich .... ☐ ☐ ☐
- fehlende oder unzureichende Kopiermöglichkeiten .... ☐ ☐ ☐
- Nicht-Verfügbarkeit der in den Studienbriefen angegebenen Literatur oder Probleme bei ihrer Beschaffung .... ☐ ☐ ☐
- unzureichende Versorgung mit weiterführender Literatur .... ☐ ☐ ☐
- keine Handbibliothek mit Fachliteratur vorhanden .... ☐ ☐ ☐

Fortsetzung von Fr.51): s. nächste Seite

Anhang A-4.2

51) *Fortsetzung: Zutreffen von Problemen.*
Bitte, geben Sie auch für jedes der folgenden Probleme an, inwieweit es für Sie persönlich bzw. für Ihre persönliche Studiensituation zutrifft: *„nicht"* oder *„etwas"* oder *„sehr"*

Kreuzen Sie bitte bei jedem der Probleme eine der drei Antwortmöglichkeiten an.

	zutreffend:		
	nicht	etwas	sehr
fehlende Möglichkeit zur Nutzung von Fachbibliotheken	☐	☐	☐
zu lange Zeitverzögerungen bei der Literaturbeschaffung über Fernleihe	☐	☐	☐
zu hohe Kosten bei der Beschaffung weiterführender Studienliteratur	☐	☐	☐
Nicht alle benötigten Bücher oder Aufsätze sind über die Fernleihe zu beschaffen	☐	☐	☐
Die Einsendeaufgaben und Klausuren sind zu schwierig	☐	☐	☐
Die Anstaltsleitung und das -personal sind zu wenig über das Fernstudium informiert	☐	☐	☐
Sonstiges; was? *Bitte eintragen:*	☐	☐	☐
und noch etwas? *Bitte eintragen:*	☐	☐	☐

52) In welchen Bereichen nimmt die FernUniversität nicht hinreichend Rücksicht auf die besondere Studiensituation ihrer inhaftierten Studenten?
(Zutreffendes bitte ankreuzen; Mehrfachnennungen möglich)
☐ bei der Betreuung durch die Mentoren der FernUniversität
☐ bei der Kursbetreuung durch die Kursbetreuer in Hagen
☐ bei den Einsendeaufgaben
☐ bei den Semesterabschlußklausuren
☐ bei den Prüfungsbedingungen
☐ bei der Anfertigung von Semesterarbeiten
☐ bei der Anfertigung von Examensarbeiten
☐ bei Literaturrecherchen (z.B. für Semester- oder Examensarbeiten)
☐ Sonstiges: bei was? _____

_____

_____

_____

Anhang A-4.2

53) Was müßte die FernUniversität in welchen Bereichen des Studiums (z.B. Studienmaterial, Kursbetreuung durch Zentrale, mentorielle Betreuung, Prüfungsbedingungen ....) vordringlich ändern oder verbessern, um Ihnen in Ihrer besonderen Situation Ihr Studium zu erleichtern?

(Bitte, jeweils links den Bereich und rechts Ihre Verbesserungs-/Änderungsvorschläge eintragen. Falls der Platz nicht ausreicht, schreiben Sie bitte weitere Hinweise und Anmerkungen auf ein gesondertes Blatt und legen dieses dem ausgefüllten Fragebogen bei.)

Bereich   Änderungsvorschlag

_____   _____

_____   _____

_____   _____

_____   _____

_____   _____

_____   _____

_____   _____

_____   _____

54) Haben Sie schon mal daran gedacht, Ihr Studium wieder abzubrechen?

☐ ja / ☐ nein

Wenn "ja": Was waren die hauptsächlichen Gründe oder Anlässe?
Bitte eintragen:

_____

_____

_____

Und was hat Sie bewogen, trotzdem weiterzustudieren?
Bitte eintragen:

_____

_____

Falls der Platz nicht ausreicht, schreiben Sie bitte weitere Hinweise und Anmerkungen auf ein gesondertes Blatt und legen dieses dem ausgefüllten Fragebogen bei.

Anhang A-4.2

55) Die Ausübung welcher beruflichen Tätigkeiten streben Sie nach Ihrer Entlassung an?

_____

_____

56) Wenn Sie die Möglichkeit dazu hätten: würden Sie lieber an einer Fachhochschule oder einer anderen Art von Hochschule (als der FernUni) studieren?

☐ ja / ☐ nein

Wenn "ja": An welcher Art von Hochschule?

_____

57) Wenn Sie die Möglichkeit dazu hätten: würden Sie lieber ein anderes Fach (als Ihr jetziges Studienfach) studieren?

☐ ja / ☐ nein

Wenn "ja": Welches?

_____

58) Wenn Sie zum jetzigen Zeitpunkt die Entscheidung für oder gegen die Aufnahme eines Fernstudiums treffen sollten, würden Sie sich dann wieder dafür oder dagegen entscheiden?

☐ dafür / ☐ dagegen

Wenn „dagegen": Warum?

Gründe bitte eintragen:

_____

_____

59) Wenn Sie zu dem Zeitpunkt, als Sie mit Ihrem Fernstudium begonnen haben, nicht inhaftiert gewesen wären, hätten Sie dann studiert oder lieber etwas anderes gemacht (z.B. einen Beruf ausgeübt)?

☐ hätte studiert / ☐ hätte etwas anderes gemacht

Wenn "studiert": Hätten Sie dann Ihr Studium an der FernUniversität oder an einer anderen Universität aufgenommen?

☐ an der FernUniversität / ☐ an anderer Universität

Anhang A-4.2

60) Wenn Sie mal alle die Erfahrungen, die Sie mit einem Fernstudium an der Fern-Universität gemacht haben, insgesamt betrachten:
- Was ist besonders *gut* für Sie am Fernstudium? *Bitte eintragen:*

_____

_____

_____

_____

_____

_____

- Und was ist besonders *schlecht* für Sie am Fernstudium? *Bitte eintragen:*

_____

_____

_____

_____

_____

_____

Falls der Platz nicht ausreicht, schreiben Sie bitte weitere Hinweise und Anmerkungen auf ein gesondertes Blatt und legen dieses dem ausgefüllten Fragebogen bei.

Anhang A-4.2

Ein Fragebogen kann nicht alle Details und Besonderheiten des Einzelfalls erfassen. Daher machen Sie bitte von der Möglichkeit Gebrauch, von sich aus noch Anmerkungen zu machen und Hinweise zu geben.
Besonders hilfreich wäre es auch für uns, wenn Sie weitere Verbesserungsvorschläge für ein "Fernstudium hinter Gittern" machen könnten.

VIELEN DANK FÜR IHRE FREUNDLICHE UNTERSTÜTZUNG !

Bitte den ausgefüllten Fragebogen zurück an:

FernUniversität / ZIFF

D-58084 Hagen

Anhang A-6.2.1

-Gesamthochschule- in Hagen

The Distance Teaching University
of the Federal Republic of Germany

Zentrales Institut für
Fernstudienforschung (ZIFF)
(Central Institute for Research in Distance Education)

for further information:
Dr. Rudolf Schuemer
Fax: ++49 2331 / 88 06 37

Postal Address:
FernUniversität / ZIFF, D-58084 Hagen , Germany
e-mail: Rudolf.Schuemer@FernUni-Hagen.de

Questionnaire on distance teaching for prison inmates

1) Name of your institution:

Address:

Country / State:

Phone:

Fax:

Anhang A-6.2.1

2) Type / level of your distance teaching courses
estimated number of courses
☐   basic / primary and secondary school level .... _____
☐   college level .... _____
☐   university level .... _____
☐   undergraduate degree courses................................ _____
☐   post-graduate degree courses................................ _____
☐   vocational training courses .... _____
for which jobs?
_____
_____
☐   others; which? .... _____
_____
_____

3) Total number of students enrolled for distance-teaching courses at your institution:
number of students enrolled: _____

4) Does your institution offer distance-education courses also for the group of prisoners? ☐   yes / ☐   no
if „yes": please go on to answer question no. 5
If „no": Many thanks for your cooperation. Please return the questionnaire to: FernUniversitaet / ZIFF, D-58084 Hagen, Germany

The following questions are only for institutions offering distance-education courses for prison inmates:

5) Estimated number of prison inmates enrolled for courses at your institution:
number of prison inmates: _____

Anhang A-6.2.1

6) Are the prison inmates specially addressed as a target group in your institution?

☐ yes / ☐ no

if „yes": in what way?

_____

_____

7) Do the prison inmates have free choice of courses or are there any restrictions for them with regard to course contents or level ?
   ☐ free choice
   ☐ restrictions

if „restrictions": in what way / type?

_____

_____

8) Are the: (i) courses; (ii) programmes; and (iii) teaching materials specially designed or developed particulary for the prison inmates as a separate target group?

(i) courses ☐ yes / ☐ no

(ii) programmes ☐ yes / ☐ no

(iii) teaching materials ☐ yes / ☐ no

9) Which of the following methods of instruction are used and mainly used for prison inmates at your institutions?

	used	mainly used
correspondence courses / study letters	☐	☐
direct 'face-to-face' teaching (e.g. seminars, lessons)	☐	☐
direct 'face-to-face' tutoring	☐	☐
individual tutoring by correspondence	☐	☐
individual tutoring by telephone	☐	☐
group tutoring / regional learning groups	☐	☐
study centres outside of prison	☐	☐
study centres within prison	☐	☐
others; which? _____ _____	☐	☐

Anhang A-6.2.1

10) Which instructional media are used and mainly used for the prison inmates?		
	used	mainly used
• written teaching materials......................................	☐	☐
• audio media / tapes..	☐	☐
• video	☐	☐
• radio	☐	☐
• TV..	☐	☐
• learning software / computer-based training, CBT type of CBT:	☐	☐
- drill & practice..	☐	☐
- intelligent tutorial systems (ITS)	☐	☐
• others; which? _____		
_____........	☐	☐

---

11) Are the curricula and examinations for the prison inmates:

☐   developed and worked out by your own institution?
or
☐   developed in accordance with official (state) curricula?

☐   others: _____

_____

---

12) Do the prison inmates get regular tutorial help?

☐   yes / ☐ no

if „yes": how often:
☐   once a week
☐   once a month
☐   irregularly
☐   others: _____

Anhang A-6.2.1

13) Does your institution adopt special counselling / tutoring strategies for for this special target group?

☐ yes / ☐ no
if „yes": which?

_____

_____

14) Does your institution run study centres in prisons?

☐ yes / ☐ no

if „yes": how are they funded?
☐ by your institution
☐ by the government
☐ by others:

_____

_____

15) Are there special exam procedures or regulations for this target group?

☐ yes / ☐ no

if „yes": which? please specify:

_____

_____

16) What are the estimated success rates (percentage of the enrolled prison inmates passing the course succesfully) for the different types/levels of courses ?

          estimated success rate

- basic / primary and secondary school level .... _____
- college level .... _____
- university level:
    - undergraduate degree courses .... _____
    - post-graduate degree courses .... _____
- vocational training courses .... _____
- other courses .... _____

Anhang A-6.2.1

17) Are the prison inmates required to work regularly for their living (in addition to their study work)?

☐ yes / ☐ no

if „yes": Can the prisoners be released completely or partly from work for their studies?

☐ they can be released completely

☐ they can be released partly

18) Do the prison inmates have to pay fees for participating in your study programmes?

☐ yes / ☐ no

if „yes": How do the prison inmates finance their studies?

_____

_____

Are there any reductions of fees for the prison inmates?

☐ yes / ☐ no

if „yes": what percentage of reduction? _____ %

19) What are the main problems of those imprisoned learners who are not successful or drop-outs?

☐ low levels of formal education of the inmates
☐ problems of comprehension
☐ low study motivation
☐ problems of study organization in prison
☐ no release from work
☐ no support from prison authorities or staff
☐ problems with tutorial help
☐ other problems: _____

_____

Anhang A-6.2.1

20) Has your institution developed special models for „prison education" for this target group?

☐ yes / ☐ no

if „yes": special forms with regard to:
☐ course contents
☐ teaching methods
☐ media
☐ tutoring & counselling
☐ examination procedures

Please, describe in brief these special models:

_____

_____

_____

21) Is there a special department or an „ombudsman" (contact person) for the prison inmates at your institution?

☐ yes / ☐ no

22) What main didactic and organizational problems you face with this target group of prison inmates at your institution?

_____

_____

_____

23) As a questionnaire cannot consider every detail of the matter, we would like you to write down any further experience or possible advice in the space below:

_____

_____

_____

_____

_____

_____

Anhang A-6.2.1

Many thanks for your friendly support !

> Please return the questionnaire to:
>
> FernUniversitaet / ZIFF
> D-58084 Hagen
> Germany

Anhang A-6.2.2

Anhang A-6.2.2: Liste der Institutionen, an die der Fragebogen zur Institutionenerhebung versandt wurde

Hinweis: Einige der in der Liste genannten Einrichtungen dienten als Multiplikatoren; sie wurden gebeten, Fragebögen an solche andere Einrichtungen weiterzugeben, die - ihrem Kenntnisstand nach - ein Fernstudium für Inhaftierte anbieten.

Institut	Ort, Provinz	Land
Ministère de l'Education Nationale, Centre National d'Enseignement généralisé	Alger-Bourse	Algerien
CIRSE, Circulo de Suboficiales del Ejército	Godoy Cruz, Capital Federal	Argentinien
Ferrocarriles Argentinos	Buenos Aires	Argentinien
Ministerio de Educación y Justicia	Buenos Aires	Argentinien
Sistema Provincial de Teleducación y Desarollo,Educación Secundaria Abierta, Ministerio de Bienestar Social y Educacion	Posadas	Argentinien
ULSA - Universidad LaSalle de Sud America	Buenos Aires	Argentinien
Universidad Nacional La Plata	La Plata, Pais de Bs Aires	Argentinien
Universidad Nacional del Comahue, Centro de Educacion a Distancia	Buenos Aires	Argentinien
Universidad Santa Maria la Antiqua, Facultad de Humanidades y Ciencies Religiosas, Escuela de Teologia a Distancia	El Dorado	Argentinien
Armidale College of Advanced Education		Australien
Brisbane College of Advanced Education, External Studies Unit-	Kelvin Grove, Queensland	Australien
Capricornia Institute	Rockhampton, Queensland	Australien
Catholic College of Educaction, External Studies Unit	North Sidney	Australien
Correspondence School	Melbourne, Victoria	Australien
Curtin University, Centre for External Studies	Perth, West Australia	Australien
Deakin University, Burwood, Course Development Centre	Burwood Vic	Australien
Deakin University, Off Campus Studies	Victoria	Australien
Grippsland Institute, External Studies Division	Churchill, Victoria	Australien
International Council for Distance Education, The University of Southern Queensland	Toowoomba, Queensland	Australien
James Cook University, External Studies Centre	Townsville, N.Q.	Australien
Lamacraft Education & Management, Services	Hollywell	Australien
Macquarie University, Centre for Evening and External Studies	Sydney	Australien
Murdoch University, External Studies Unit	Murdoch, West Australia	Australien
RMIT Faculty of Education	Coburg Vic	Australien
School of Mines and Industries, Tafe Off-Campus	Melbourne	Australien
South Australian College of Advanced Education, External Studies Unit	Underdale, South Australia	Australien
South Australian Correspondence School	Adelaide, South Australia	Australien
STOTTS Correspondence College	Melbourne	Australien
Technical Extension Service	Perth, West Australia	Australien
University of New England, Department of External Studies	Armidale NSW	Australien
University of Queensland, School of External Studies and Continuing Education	St. Lucia	Australien
University of Southern Queensland, Distance Education Centre	Toowoomba, Qld	Australien
University of Wollong, Institute of Advanced Educaction, External Studies Division	Wollong, N.S.W.	Australien
Victoria College, External Studies, Toorok Campus	Malvern, Victoria	Australien
Victorian TAFE Off-Campus Network	Melbourne, Victoria	Australien
Western Australian College of Advance Education	Doubleview, Western Australia	Australien

Anhang A-6.2.2

Institut	Ort, Provinz	Land
International Correspondence Institute	Rhode-Saint-Genese	Belgien
Botswana Extension College, Department of Non-formal Education	Gaborone	Botswana
University of Botswana, Institute of Adult Education	Gaborone	Botswana
FEPLAM (Fundacao Educacional Padre Landell de Moura)	Porto Alegre - R.G. do Sul	Brasilien
Occidental Schools Brazil	Sao Paulo	Brasilien
Instituto Nacional de Capacitacion Profesional (INACAP)	Las Condes - Santiago	Chile
Universidad Estatal a Distancia (UNED)	San José	Costa Rica
Danmarks Brevskole	Hellerup	Dänemark
Handelsfladens Kursuscenter	Kopenhagen	Dänemark
Monsteds Kursus	Frederiksberg, Kobenhavn	Dänemark
International Council for Distance Education, Studienzentrum Oldenburg, Branch of the ICDE	Oldenburg	Deutschland
Universität Hamburg, Euro+mba	Hamburg	Deutschland
Centros Apec de Educacion a Distancia, CENAPEC	Santo Domingo	Dominikanische Republik
Universidad Technica, Particular de Loja, Universidad Abierta	Loja	Ecuador
Universidat Technica, Particular de Loja, Universidad Abierta	Loja	Ecuador
University of the South Pacific, Extension Services	Suva	Fiji
Finnish Export Institute, Distance Education Programmes in Marketing	Helsinki	Finnland
Helsinki University of Technology, Lifelong Learning Institute Dipoli	Espoo	Finnland
KVSK-Institute	Helsinki	Finnland
Markkinointi Instituutti, The Institute of Marketing	Helsinki	Finnland
MJK-Merkonomien	Helsinki	Finnland
Svenska Brevinstitutet i Finland	Helsingfors	Finnland
TIETOMIES	Helsinki	Finnland
Universität Jyväskylä, Jyväskylä Sommeruniversität	Jyväskylä	Finnland
Centre de Télé-Enseignement Universitaire	Nancy	Frankreich
CNED Laurent Porte, Centre National D'Ensignement A Distance Direction Générale	Tuturoscope	Frankreich
Fédération Interuniversitaire de l'Enseignement à Distance FIED	Paris	Frankreich
FIED	Nanterre	Frankreich
Ministére de l'Education Nationale, Centre National d'Enseignement à Distance, C.N.E.D.	Vanves	Frankreich
Ministère de l'Education Nationale, Centre Natrional d'Enseignement à Distance, C.N.E.D.	Paris	Frankreich
Paris III, Sorbonne Nouvelle	Paris	Frankreich
Université Blaise-Pascal (Clermont II), Centre de Télé-Enseignement	Clermont	Frankreich
Université de Caen (C.T.U.), Télé-Enseignement	Caen	Frankreich
Université de Paris X Nanterre	Nanterre	Frankreich
Université de Rouen, Centre de Tele-enseignement	Mont-Saint-Aignan	Frankreich
Université du Mirail, Service d'Enseignement à Distance	Toulouse	Frankreich
Université Rennes 2	Rennes	Frankreich
Accra Academy	Accra	Ghana
KOYER, Organisation of Advanced Studies	Athens	Griechenland
Civil Service Correspondence College	Hertfordshire	Großbritannien
Cornwall College	Redruth, Cornwall	Großbritannien
Doncaster Metropolitan Institute of Higher Education	Waterdale, Doncaster	Großbritannien
ICS LTD	Glasgow	Großbritannien
Luton College of Higher Education, Open Learning Unit	Luton, Bedfordshire	Großbritannien
MODELLS (Modern Language and Learning Systems Limited)	London	Großbritannien
O.W.T.L.E.T. (Other Ways to Laern - Educational Technology), Harrogate College of Arts and Technology, Open Learning	Harrogate - North Yorkshire	Großbritannien
Open College	London	Großbritannien
Rapid Results College (RRC)	London	Großbritannien

Anhang A-6.2.2

Institut	Ort, Provinz	Land
South Bank Polytechnic, Dept. of Modern Languages	London	Großbritannien
South West London College, Streatham Centre	London	Großbritannien
Telford College of Further Education, Open Access	Edinburgh	Großbritannien
Trowbridge Technical College	Trowbridge	Großbritannien
University of Birmingham, Department of Special Education	Birmingham	Großbritannien
University of Dundee, Centre for Medical Education, Ninewells Hospital and Medical School	Dundee	Großbritannien
University of Sunderland, Learning Development Services	Sunderland	Großbritannien
Caritas Adult & Higher Education Service, Multi Media Education Programme		Hongkong
David Murphy	Kowloon	Hongkong
Open Learning Institute of Hongkong		Hongkong
Annamalai University, Directorate of Distance Education	Annamalainagar	Indien
Board of Secondary Education, Department of Distance Education	Madhya Pradesh	Indien
Indira Gandhi National Open University (IGNOU)	New Delhi	Indien
Ministry of Human Resource Development, Dept. of Correspondence Courses	New Delhi	Indien
Model Institute of Education & Resarch, Centre of Distance and Continuing Education	Jammu	Indien
Patna University, Institute of Correspondence Courses	Patna	Indien
University of Jammu, Institute of Correspondence Education	Jammu	Indien
University of Kashmir, Department of Distance Education	Naseembagh, Srinagar, Kashmir	Indien
University of Kerala, Institute of Correspondence Courses	Trivandrum, S. India	Indien
University of Mysore, Institute of Correspondence Course and Continuing Education	Manasa Gangotri, Mysore	Indien
Utkal University, Directorate of Correspondence Courses	Vanivihar, Bhubaneswar	Indien
Universitas Terbuka	Jakarta	Indonesia
Bréfaskólinn, The Icelandic Correspondence College	Reykjavik	Island
Open University of Israel	Ramat Aviv	Israel
Consorzio Nettuno	Roma	Italien
Consorzio per l'Università a Distanza (CUD)	Rom	Italien
Istituto Promozione, Centre di formazione professionale	Firenze	Italien
University of the West Indies, UWI Distance Teaching Experiment	Kingston	Jamaica
Chuo University	Hachioji-shi, Tokyo	Japan
Japan Women's University	Bunkyo-ku, Tokyo	Japan
National Translation Institute of Science & Technology, College of Foreign Languages	Tokyo	Japan
University of the Air	Chiba	Japan
Al-Quds Open University, Academic Affairs	Um-Summaq	Jordanien
Acadia University, Continuing Education	Wolfville NS	Kanada
Alberta Correspondence School	Barrhead, Alberta	Kanada
Athabasca University, Centre for Distance Education	Athabasca, AB	Kanada
CJRT-FM/Open College	Toronto, Ontario	Kanada
Edmonton Study Centre	Edmonton, Alberta	Kanada
Laurentian University, Centre for Continuing Education and Part-time Studies	Sudbury, Ontario	Kanada
Manitoba Education, Correspondence School	Winnipeg, Manitoba	Kanada
Ontario Institute for Studies in Education	Toronto, Ontario	Kanada
Open Learning Agency, Technology and Educational Television	Burnaby, British Columbia	Kanada
Queen's University, Division of Part-Time Studies, Faculty of Arts and Science	Kingston, Ontario	Kanada
Saskatchewan Correspondence School	Regina, Sask.	Kanada
Simon Fraser University, Centre for Distance Education, Continuing Studies	Burnaby, B.C.	Kanada

Anhang A-6.2.2

Institut	Ort, Provinz	Land
Télé-université	Sainte-Foy, Québec	Kanada
Université de Montreal, Cours Autodidactique de Francais Ecrit, Faculte des Arts et des Science	Montreal, Québec	Kanada
Université du Québec - Télé-université	Montréal, Quebec	Kanada
University de Montreal, Cours Autodidactique de Francais Ecrit, Faculte des Arts set des Science	Montreal, Quebec	Kanada
University of British Columbia, UBC Access	Vancouver, B.C.	Kanada
University of Calgary, Faculty of Continuing Education, Distance Education Unit	Alberta	Kanada
University of Manitoba, Correspondence Program, Continuing Educ. Division	Winnipeg, Manitoba	Kanada
University of New Brunswick, Department of Extension & Summer Session	Fredericton, New Brunswick	Kanada
University of Ottawa, Second Language Institute	Ottawa, Ontario	Kanada
University of Toronto, School of Continuing Studies, Independent Study Program	Toronto	Kanada
University of Victoria, Distance Education Group, Division of University Extension	Victoria BC	Kanada
University of Waterloo, Teaching Resources and Continuing Education	Waterloo, Ontario	Kanada
University of Western Ontario	London, Ont.	Kanada
University of Windsor, Part Time Studies	Windsor, Ont.	Kanada
Yellowhead School	Edson, Alberta	Kanada
University of Guelph, Independent Study Division, School of Continuing Education	Guelph, Ontario	Kanada
Accion Cultural Popular	Bogota	Kolumbien
Fundacion Educativa de Estudios Superiores (EES), Facultad de Communicacion	Bogotá	Kolumbien
Fundacion Universitaria Catolica de Oriente	Rionegro - Antioquia	Kolumbien
Fundación Universitaria Luis Amigó	Medellin	Kolumbien
Instituto Central Femenino	Medellin	Kolumbien
Pontificia Universidad Javeriana, Facultad de Educacion	Bogota	Kolumbien
Unidad Universitaria del Sur de Bogotá, Educacion Superior Abierta y a Distancia	Bogotá	Kolumbien
Universida de San Buenaventura, Facultad de Educación	Bogotá, D.E.	Kolumbien
Universidad Antonio Marino, Instituto de Educación Abierta y a Distancia	Bogotá	Kolumbien
Universidad de Antioquia, Centro de Educación a Distancia	Medellin	Kolumbien
Universidad de Cartagena, Centro de Educacion Abierta y a Distancia	Cartagena	Kolumbien
Universidad de La Sabana, Instituto de Educacion a Distancia	Bogotá	Kolumbien
Universidad de Santo Tomás, Centro de Educación a Distancia	Bucuramanga, Santander	Kolumbien
Universidad del Tolima, Centro Expecial de Educación a Distancia	Ibaque - Tolima	Kolumbien
Universidad del Valle, Departamento de Idiomas	Melendez, Cali	Kolumbien
Universidad Industrial de Santander, Facultad de Estudios a Distancia	Bucuramanga	Kolumbien
Universidad Mariana, Decanatura de Educación Abierta y a Distancia	Pasto	Kolumbien
Universidad Pedagogica y Tecnologica de Colombia, Instituto de Educación Abierta y a Distancia	Tunja - Boyacá	Kolumbien
Universidad Pontificia Bolivariana, Escuela de Educación y Humanidades	Medellin	Kolumbien
Universidad Popular del Cesar	Valledupar-Cesar	Kolumbien
Birotehnika, Oour Centar za Dopisno Obrazovanje	Zagreb	Kroatien
Malawi College of Distance Education	Chichiri, Blantyre	Malawi
Hemphill Schools	México City	Mexico
Instituto Maurer, S.A.	México City	Mexico
Instituto Tecnológico de Monterrey	Monterrey, Nuevo Leon	Mexico
University of New Guinea, Department of Extension Studies	Papua	Neu Guinea
Correspondence School	Wellington	Neuseeland
Massey University, Dept. of Modern Languages	Palmerston North	Neuseeland
Massey University, Maori Studies Section	Palmerston North	Neuseeland
European Association of Distance Teaching Universities (EADTU)	Heerlen	Niederlande

Anhang A-6.2.2

Institut	Ort, Provinz	Land
Koninklijke PBNA	Arnhem	Niederlande
Leidse Onderwijsinstellingen	Leiderdorp	Niederlande
Open universiteit	Heerlen	Niederlande
TELEAC	Utrecht	Niederlande
Ahmadu Bello University, Institute of Education	Zaria	Nigeria
Exam Success Correspondence College LTD.	Taba Lagos	Nigeria
National Teachers' Institute, Field Services Department	Kaduna	Nigeria
Bankakademiet	Oslo	Norwegen
Folkets Brevskole	Oslo	Norwegen
Forsvarets Psykologiske og, Pedagogiske Senter	Oslo	Norwegen
International Council for Distance Education, Secretary General	Oslo	Norwegen
L/L Fram Brevskole	Oslo	Norwegen
NKI	Bekkestua	Norwegen
Norsk Rikskringkasting (NRK), Norwegian Broadcasting Corporation	Oslo	Norwegen
Norwegian Association for Distance Education	Oslo	Norwegen
Norwegian Executive Board for Distance Education at University and College Level, University of Tromsoe	Tromsoe	Norwegen
University of Tromsoe, UNIKOM	Tromsoe	Norwegen
Bildungswerk der Industrie	Wien	Österreich
Studienzentrum Wien der FernUniversität	Wien	Österreich
INTE-Instituto Nacional de Teleducacion, Ministerio de Educacion	Lima	Peru
Universidad INCA Garcilaso de la Vega, Centro Superior de Educacion a Distancia	Lima	Peru
Akademia Wychowania Fizycznego im. Jedrzeja Sniadeckiego w Gdánsku	Gdansk	Polen
Polish Open University	Warszawa	Polen
Uniwersytet A. Mickiewicza	Poznan	Polen
Universidade Aberta	Lisboa	Portugal
All Union Financial and Economic Institute	Moskau	Rußland
Association of International Education	Moscow	Rußland
Information Systems Research, Inst. Of Russia	Moscow	Rußland
Moscow Instrumentation Institute	Moskau	Rußland
Ministry of Education, National Correspondence College	Luanshya	Sambia
Hoegskolan i Karlstad	Karlstad	Schweden
Högskolan i Lulea	Lulea	Schweden
Liber Hermods	Malmö	Schweden
Lunds Universitet, Pedagogiska Institutionen	Lund	Schweden
States skola för vuxna	Norrköping	Schweden
Stockholms Universitet	Stockholm	Schweden
Uppsala Universitet	Uppsala	Schweden
Växjö University	Växjö	Schweden
Neues Gymnasium Zürich	Zürich	Schweiz
Studienzentrum Brig	Brig	Schweiz
Radio Educative Rurale O.R.T.S.	Daka	Senegal
Stanford Educational Towers		Singapur
ANCED Asociacion Nacional de Centres de Ensenanza a Distancia	Madrid	Spanien
Centro de Estudios a Distancia (CEAC)	Barcelona	Spanien
Centro Technolgico ARE	Madrid	Spanien
ECCA	Las Palmas de Gran Canaria	Spanien
EPISE - Ensenanza Programada e Ingenierea de Sistemas Educativos	Barcelona	Spanien
UNED - Universidad Nacional de Educacion a Distancia	Madrid	Spanien
Open University of Sri Lanka	Nawala, Nugegoda	Sri Lanka
Damelin Correspondence College	Johannesburg	Südafrika
Institute of Personnel Management	Braamfontein	Südafrika
SACHED Trust, Turret Correspondence College	Johannesburg	Südafrika
University of South Africa, Science, Technology and Informatics	Pretoria	Südafrika
Veasey's Engineering College	Johannesburg	Südafrika
National Open University	Lu Chow Country, Taipei County	Taiwan, Republic of China
Institut of Adult Education, National Correspondence Institution	Dar Es Salaam	Tansania

239

Anhang A-6.2.2

Institut	Ort, Provinz	Land
Ministry of Education, Distance Education Division	Bangkok	Thailand
Sukhothai Thammathirat Open University, STOU	Bangpood, Pakkred, Nonthaburi	Thailand
Anadolu universitesi, Open Faculty	Eskisehir	Türkei
Ankara Üniversitesi, Tömer, Egitim Belimleri Fakultesi	Cebeci, Ankara	Türkei
FONO, Mektupla Ögretim Kurumu	Istanbul	Türkei
CIEP, Centro de Investigacion y Experimentacion Pedagogica	Montevideo	Uruguay
American College	Bryn Mawr, PA	USA
American Medical Record Association, Independent Study Division	Chicage, Illinois	USA
American School	Chicago, Illionois	USA
Arkansas State University, Center for Continuing Education		USA
Boise State University	Boise, Idaho	USA
Brigham Young University, BYU Dep. of Independent study	Provo, Utah	USA
California State University, Independent study program	Sacramento	USA
Cambridge Academy	Ft. Mc Coy, Florida	USA
Colorado State University, Division of Continuing Education	Ft. Collins, Colorado	USA
East Tennessee State University, Department of Environmental Health	Johnson City, Tennessee	USA
Florida State University, Distance Learning	Tallahassee, Florida	USA
Hadley School for the Blind	Winnetka, Illionois	USA
Home Study International	Takoma Park, Maryland	USA
Humboldt State University, Office of Continuing Education	Arcata, CA	USA
Indiana State University, Independent Study	Terre Haute, Indiana	USA
Indiana University, Independent Study Program	Bloomington, Indiana	USA
International Correspondence Schools (ICS)	Scrangon, PA	USA
Kamehameha Schools, Extension Education Division	Honolulu, Hawaii	USA
Luther Rice Seminary	Jacksonville, Florida	USA
Massachusetts Department of Education, Bureau of Student, Community & Adult Services	Quincy, Ma	USA
National Technical Schools	Los Angeles, CA	USA
North Dakota Division of Independent Study	Fargo, North Dakota	USA
Ohio University, Independent Study	Athens, OH	USA
Oklahoma State University, Independent Correspondence Study	Stillwater, Oklahoma	USA
Pennsylvania State University, Department of Independent Study, Continuing and Distance Education	University Park, PA	USA
Seminary Extension Department, Independent Study Institute	Nashville, TN	USA
Texas Tech University, Division of Continuing Education, Independent Study and Extension	Lubbock, Texas	USA
United States Distance Learning Association	San Ramon, CA	USA
University of Florida, Department of Independent Study	Gainesville, Florida	USA
University of Alabama, Independent Study Division	Tuscaloosa, AL	USA
University of Alaska, Correspondence Study Program, Center for Distance Education	Fairbanks, Alaska	USA
University of Arizona, Extended University	Tucson, Arizona	USA
University of California Extension, Independent Study	Berkeley, California	USA
University of Colorado at Boulder, Independent Study Programs	Boulder, Colorado	USA
University of Georgia, Independent Study Program, Georgia Center for Continuing Education	Athens, GA	USA

Anhang A-6.2.2

Institut	Ort, Provinz	Land
University of Illionois at Urbana-Champaign, Guided Individual Study	Champaign, Illinois	USA
University of Iowa, Guided Correspondence Study Program	Iowa City, IA	USA
University of Kentucky, Independent Study Program	Lexington, Kentucky	USA
University of Michigan, Extension Service	Annarbor, MI	USA
University of Minnesota, Department of Independent Study	Minneapolis, Mn	USA
University of Missouri, Center for Independent Study	Columbia, MO	USA
University of Nebrasca-Lincoln, Independent Study High School	Lincoln, NE	USA
University of Pittsburgh, University External Studies Program	Pittsburgh, Pa	USA
University of South Florida	Tampa, Florida	USA
University of Tennessee, Center of Extended Learning	Knoxville, TN	USA
University of Utah, Correspondence Study Department	Salt Lake City, Utah	USA
University of Washington, Distance Learning	Seattele, Washington	USA
University of Wisconsin, Extension Independent Study	Madison, Wisconsin	USA
University of Wyoming, Correspondence Study Department	Laramie, WY	USA
Utah State University, Independent Study	Logan, Utah	USA
Washington State University, Office of Continuing University Studies	Pullman, WA	USA
Weber State College, Division of Continuing Education, Distance Learning	Ogden, UT	USA
Western Michigan University, Office of Self-Instructional Programs	Kalamazoo, Michigan	USA
Western Washington University, Continuing Education	Bellingham, Washington	USA
Universidad Nacional Abierta (UNA)	Caracas	Venezuela
Zimbabwe Distance Education College	Harare	Zimbabwe

Anhang A-7.1

Anhang A-7.1: Liste der Fernlehreinrichtungen, die einen ausgefüllten Fragebogen einsandten

IDNO	Name	Stadt, Provinz	Land	Anz. Studierender	Anz. inhaftierter Stud.
100	Central Queensland University	Rockhampton, Queensland	Australien	5500	2
85	Curtin University	Perth, West. Australia	Australien	4700	10
37	Edith Cowan University	Claremont, West. Australia	Australien	3500	20
41	Midland College of Technical and Further Education (TAFE)	Midland, West. Australia	Australien	k.A.	*
109	Murdoch University	Murdoch, West. Australia	Australien	3027	12
127	Open Access College	Po Marden, South Australia	Australien	1950	30
40	Stotts Correspondence College	Melbourne	Australien	3500	30
83	University of New England	Armidale, N.S.W.	Australien	11246	25
25	University of Queensland, Gatton College	St. Lucia, Queensland	Australien	1400	5
24	University of South Australia	Underdale, South Australia	Australien	3500	20
15	University of Southern Queensland	Toowomba, Queensland	Australien	13000	60
145	Ministere de la Communaute Francaise, Enseignement a distance	Brüssel	Belgien	18312	1200
6	Tietomies	Helsinki	Finnland	2000	2
89	Université de Caen, Centre de Télé-Enseignement	Caen	Frankreich	900	8
105	Université de Rouen, Centre de Télé-Enseignement	Mont Saint Aignan	Frankreich	1300	2
118	Edinburgh's Telford College	Edinburgh, Scotland	Grossbritannien	2500	15
75	Caritas Institute for Further and Adult Education, Multi Media Education Programme Section	Hongkong	Hongkong	2000	20
94	Open Learning Institute of Hongkong	Hongkong, Kowloon	Hongkong	20000	25
132	Open University of Israel	Ramat Aviv	Israel	27000	32
97	Acadia University	Wolfville, Nova Scotia	Kanada	1500	derzeit 0
106	Alberta Distance Learning Centre	Barhead, Alberta	Kanada	18000	200
112	Independent Learning Centre	Toronto, Ontario	Kanada	63000	2600
33	Laurentian University	Sudbury, Ontario	Kanada	1651	k.A.
117	Ministry of Education and Training, Saskatchewan Correspondence School	Regina, Saskatchewan	Kanada	4510	14
45	Open Learning Agency	Burnaby, British Columbia	Kanada	13065	5
51	Queens University	Kingston, Ontario	Kanada	4500	40
126	Télé-Université	Sainte-Foy, Québec	Kanada	15000	19
148	University of Manitoba	Winnipeg, Manitoba	Kanada	1000	7
70	University of Waterloo	Waterloo, Ontario	Kanada	3300	10
17	University of Windsor	Windsor, Ontario	Kanada	1200	3
134	UNISUR, Unidad Universitaria del Sur de Bogotá	Bogota	Kolumbien	k.A.	86
14	Instituto Maurer	Mexico City	Mexiko	11300	*
58	Massey University	Palmerston North	Neuseeland	16000	35
56	Open universiteit	Heerlen	Niederlande	26000	45
9	NKI	Bekkestua	Norwegen	10000	15

IDNO	Name	Stadt, Provinz	Land	Anz. Studierender	Anz. inhaftierter Stud.
149	University of Papua New Guinea, Institute of Distance and Continuing Education		Papua Neuguinea	16000	50
98	Republic of Zambia, Ministry of Education, National Correspondence College	Luanshya	Sambia	3794	46
84	National Institute for Distance Education	Norrköping	Schweden	10000	geschätzt: 25
91	ANCED, Asociación Nacional de Centros de Ensenanza a Distancia	Madrid	Spanien	400000	k.A.
27	Fundación ECCA	Las Palmas, Gran Canaria	Spanien	62000	50
120	Damelin Correspondence College	Braamfontein	Südafrika	20000	430
99	Institute of Personnel Management	Braamfontein	Südafrika	2400	3
68	STOU, Sukhothai Thammathirat Open University	Bangpood, Park Kred, Nontaburi	Thailand	450000	k.A.
12	American Health Information Management, Independent Study Program	Chicago, Illinois	USA	2500	derzeit 0
16	Hadley School for the Blind	Winnetka, Illinois	USA	10000	k.A.
123	ICI University	Irving, Texas	USA	1240000	1000
22	Ohio University	Athens, Ohio	USA	4850	480
110	Seminary Extension Department, Independent Study Institute	Nashville, Tennessee	USA	6500	k.A.
32	University of Alabama	Tuscaloosa, Alabama	USA	5000	4
18	University of Georgia	Athens, Georgia	USA	3352	*
67	University of Iowa, Guided Correspondence Study	Iowa City, Iowa	USA	5000	100
11	University of Nebraska	Lincoln, Nebraska	USA	5000	k.A.
130	University of Pittsburgh, University External Studies Program	Pittsburgh, Pennsylvania	USA	1100	20
42	University of Wisconsin, Independent Learning	Madison, Wisconsin	USA	12000	k.A.
79	University of Wyoming, Correspondence Study Department	Laramie, Wyoming	USA	500	10
43	Utah State University	Tooele, Utah	USA	8000	150

* Inhaftierte Studierende werden nicht gesondert registriert

Zu den Autoren

Dr. Rainer Ommerborn arbeitet in der Hochschulverwaltung (Dezernat 2, Abt. Studienzentren und dezentrale Studienberatung) und ist Beauftragter für Sondergruppen im Fernstudium.

Dr. Rudolf Schuemer ist Mitarbeiter des Zentralen Instituts für Fernstudienforschung (ZIFF) der FernUniversität.

Anschriften der Verfasser: Dr. R. Ommerborn
FernUniversität
Dezernat 2.3
D-58084 Hagen
Tel.: ++49 2331 987-2450
Fax: ++49 2331 987-2464

Dr. R. Schuemer
FernUniversität / ZIFF
D-58084 Hagen
Tel.: ++49 2331 987-2583
Fax: ++49 2331 88 06 37
e-mail: rudolf.schuemer@fernuni-hagen.de

The manufacturer's authorised representative in the EU is Springer Nature Customer Service Centre GmbH, Europaplatz 3, 69115 Heidelberg, Germany. If you have any concerns regarding our products, please contact ProductSafety@springernature.com

Printed and bound by CPI Group (UK) Ltd, Croydon, CR0 4YY
25/03/2026
02078172-0005